本书得到了国家社会科学基金重大项目（13&ZD134）的支持

实验语言学初探

石锋 夏全胜 于秒 张锦玉◎著

中国社会科学出版社

图书在版编目（CIP）数据

实验语言学初探/石锋等著.—北京：中国社会科学出版社，2017.6

ISBN 978-7-5161-9506-2

Ⅰ.①实… Ⅱ.①石… Ⅲ.①神经语言学 Ⅳ.①H0-05

中国版本图书馆 CIP 数据核字（2016）第 316157 号

出 版 人	赵剑英
责任编辑	喻　苗
特约编辑	胡新芳
责任校对	任晓晓
责任印制	王　超

出　　版	中国社会科学出版社
社　　址	北京鼓楼西大街甲 158 号
邮　　编	100720
网　　址	http://www.csspw.cn
发 行 部	010-84083685
门 市 部	010-84029450
经　　销	新华书店及其他书店

印　　刷	北京君升印刷有限公司
装　　订	廊坊市广阳区广增装订厂
版　　次	2017 年 6 月第 1 版
印　　次	2017 年 6 月第 1 次印刷

开　　本	710×1000　1/16
印　　张	29.5
插　　页	2
字　　数	468 千字
定　　价	118.00 元

凡购买中国社会科学出版社图书，如有质量问题请与本社营销中心联系调换

电话:010-84083683

序　言

　　实验语言学这个名称的英文对译是 exprimental linguistics。最早我是从荷兰莱顿大学文森特教授（Vincent van Heuven）那里看到的。他名片上的头衔就是"实验语言学教授"。他来南开，我去莱顿，相见恨晚。我们交流最多的是关于语调的实验分析。他对于语调共性的研究给我很好的启示；我讲语调韵律层级的想法曾使他很感兴趣。现在他已经退休。莱顿大学的实验室由他过去的一位学生主持。我这里跟学生们一起，年复一年，从实验语音学做到实验音系学，如今已经开始做实验语言学。有机会还想再去莱顿看望文森特教授，再到他家去师生聚餐，再一起侃大山。

　　让我们以自己的经历和体会来看实验语音学、实验音系学和实验语言学这三者之间有什么关系。知道实验语音学的人多些。罗常培先生指明了语音实验的意义："解决积疑，可资实验以补听官之缺；举凡声韵现象，皆可据生理物理讲明。从兹致力。庶几实事求是，信而有征矣。"（罗著《汉语音韵学导论》）从口耳之学的发音听音、审音辨音，到采用实验方法的证明，这实在是一个革命性的飞跃。例如，普通话三声的变调、吴语浊音声母的表现、粤语长短 a 的时长区别和音质差异等等，用实验方法立刻分明，省去很多主观的争议。只凭耳朵听难免各持己见，加上眼睛看容易客观一致。真是"语言今可见，不待听斯聪"（吴宗济《咏语图仪》）。

　　1991 年在法国开国际语音科学大会，美国欧哈拉教授（John Ohala）开幕报告说，语音学跟音系学原本是一家，后来分离，渐行渐远，现在需要再复合为一家，成为总合音系学云云。当时我很赞同，把它译为中文发表。我们一直在朝这个方向努力。实验音系学是用语音实验的方法研究音系学，正是把语音学跟音系学结合起来。它们的接合部在哪里？我们的回答是《语音格局——语音学与音系学的交汇点》（商务印书馆）。语音格局把抽象的语音系统具体化为语音范畴的分布统计图。格局就是可视化的系统，就是能够进行科学观察的对象。我们可以看到，实验音系学是以实验语音学为基础，更新了研究的理念，拓展了实验的领域，这同样是一种飞跃。《实验音系学探索》（北京大学出版社）记录了我们走过的道路，其中有着成功的喜悦和失败的思考。从零散的原子式研究到系统性成系列的研究，使我们大开眼界，看到各种图形画面，进入新的语言空间。

我们在汉语语调的实验分析中，深深体会到句法语义对于语音的重要作用。语调研究在语言学中是跨领域的，只从语音角度来看语调，是得不到语调本质的。我们在语调实验的同时，在句法语义等方面下了大功夫，阅读了很多文献。结果收获了《语调格局——实验语言学的奠基石》（商务印书馆），又收获了《汉语功能语调研究》（北京语言大学出版社排印中）。从语调分析开始，应该是实验语言学的研究了。我们可以由此看到，实验语言学是以实验音系学为基础的，从分析语音系统到分析语言系统，从语音格局到语言格局，这又是一个飞跃。

人们常说，语法分析需要考虑句法、语义、语用三个平面，这是很好的观念。我觉得还应该加上语音平面，这个平面的影响所及，无所不在，像空气一样因太普通而被忽视，人们常常对语音平面的作用听而不闻、视而不见。为此我们出版了《语音平面实验录》（北京大学出版社），就是希望在研究语言其他平面的时候，不要忘记语音这个最基础的平面，同时在研究语音平面的时候，不要忘记这是语言巨系统中的组成部分，跟其他平面是密切联系的。

实验语言学为各种语言学研究打下了坚实的科学基础，展现出无限前景。从实验类别方面，语音格局不只是从物理角度的声学格局，还应有从心理角度的听觉格局（《听觉格局——语音感知范畴的边界与分布》，商务印书馆编辑中）和从生理角度的发音格局，再加上呼吸测试、眼动追踪、仿真建模以及脑科学的各种实验研究。真是十八般武艺全有用武之地，多视角、全方位、跨学科地聚焦人类语言的各种表现，探索语言的奥秘。语言的奥秘其实就是人的奥秘，因为人是有语言的动物；语言的奥秘就是社会的奥秘，因为语言和社会相互依存。这一事业的重要意义怎样评价都不为过。

本书所收的内容就是我和学生们在实验语言学道路上起步的蹒跚足迹。尽管青涩，虽然稚嫩，但是向前，朝着一个方向，奔向一个目标。感谢在这条路上热情鼓励和帮助我们的王士元、彭刚、沈德立（已故）、白学军、闫国利、吕勇等各位老师和他们的学生们。感谢我的学生们在踏入一片陌生领域时的勇气和毅力，付出了艰辛的努力，收获了成功的欢乐。语言学界的各位学子们，愿意跟我们一起走上实验语言学之路吗？这是一条苦在其中又乐在其中的道路，是一条通向未来之路，然而必定是一条成功之路。

是为序。

石锋

2015 年 10 月 7 日

目 录

第一篇

ERP 实验研究

名动分离来自哪个层面[*]

——来自 ERP 研究的证据

夏全胜

摘　要： 本文通过对目前名词和动词的 ERP 研究进行归纳和比较，试图回答"名动分离现象来自哪个层面"这个问题。通过比较无启动项条件和有启动项条件下，名词和动词的 ERP 研究，笔者发现，名动分离现象不应源自词汇—形态层面和语法层面，很可能源于语义层面。同时，我们还发现，无启动项条件下，名词和动词之间的差异具有跨语言的共性特征；有启动项条件下，名词和动词之间的差异体现了不同语言的个性特征。实验设计、任务等因素都会对名词和动词的加工产生影响。

关键词： 名词　动词　名动分离　ERP

§一　引言

在人类语言中，几乎所有语言都区分名词和动词这两个词类（Langacker，1987；Robins，1952）。名词和动词是语言中基本而重要的词类，它们在语义、句法、语用等诸多方面存在差异和联系。研究者通过各种研究手段，试图回答名词和动词是否具有不同的神经基础。

对于这些问题的探索大致起始于 20 世纪 70 年代对失语症病人的研究。失语症病人的研究表明，名词和动词具有不同的神经基础，动词失语症患者主要在额部存在损伤，而名词失语症患者主要在颞部存在损伤

---

[*] 本文曾在第五届演化语言学国际会议上宣读，文章发表时做了一定的改动。

（Damasio & Tranel，1993；Cappa & Perani，2003）。这个现象被称为名词和动词的双向分离（double-dissociation）现象。已有研究表明，名动的双向分离现象出现在语义层面（如 Gainotti et al.，1995；Bird et al.，2000）、词汇—语音层面（如 Rapp & Caramazza，2002）、词汇—形态层面（如 Caramazza & Berndt，1985）和语法层面（如 Lapointe，1985）。不过，对于名动的双向分离究竟源于哪个层面，失语症的研究目前尚无定论。

近年来，电生理学技术和脑成像技术等被应用到对名动分离现象探索上。不过，脑成像方面的研究成果不支持名词和动词在大脑中是分离的（Berlingeri et al.，2008；Crepaldi et al.，2011，2013；Vigliocco et al.，2011）。即使采用相同的实验技术、同一语言的实验材料、类似的实验设计和实验任务，不同研究的结果也不同（Crepaldi et al.，2011）。造成这种现象的原因一方面是由于实验任务和设计有待提高、实验分析有待精细（Crepaldi et al.，2011），另一方面也可能因为脑成像技术时间分辨率较低，名词和动词的各个加工阶段（字形、语义、语法加工等）激活的大脑区域叠加在一起，而难以区分。

与脑成像技术相比，ERP（Event Related-Potentials）技术具有较高的时间分辨率（精确到毫秒），可以分别考察与字形、语义、语法加工等有关的心理变化，被广泛运用于语言研究之中。顾介鑫、张强（2005）曾对名动双向分离的 ERP 研究成果进行过述评，认为名动分离应源于语法层面。10 年过去了，新的研究成果不断涌现。因此，本文通过对现有名词、动词 ERP 研究的比较和分析，进一步探索名动分离的原因。

本文通过检索中外学术期刊数据库，共获得了 23 篇文章。这些文章都是通过 ERP 技术，对名词和动词的加工进行考察的。其中有 2 篇文章，没有详细说明使用的实验语境，没有纳入比较和分析。同时，本文只讨论没有歧义、不兼类的名词和动词的加工情况，歧义和兼类现象将另文讨论。

§二 无启动项条件下的名词和动词加工异同

本文将有关名词和动词加工的 ERP 研究进行了汇总（见表 1 和表 2）。根据实验设计将已有研究分为目标刺激前无启动项的和有启动项的两类，表 1 是无启动项条件下，名词和动词加工的 ERP 研究；表 2 是有启动项条件下，名词和动词加工的 ERP 研究。表 1、表 2 又根据实验使用的语言进行了归并。根据各研究的实验结果，对早期成分、N400 和晚期成分分别进行归纳和比较。图 1 是 ERP 波形图图例，图中横轴代表时间（单位 ms），横轴上的-100 和 1000 分别代表目标刺激呈现前 100ms 和呈现后 1000ms；纵轴代表波幅（单位 μV），负值在上，正值在下。P2 是波峰出现在 200ms 左右的正波，属于早期成分；N400 是波形出现在 400ms 左右的负波；P600 是波峰出现在 600ms 左右的正波，属于晚期成分。C3 的位置在电极点的头皮分布图中标出，它是一个位置偏左的中央区电极。

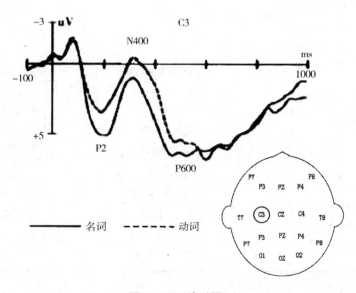

图 1 ERP 波形图

　　表1显示的是无启动项条件下，名词和动词加工的 ERP 研究。在这11项研究中，在早期成分上，3项德语研究、2项汉语研究和1项荷兰语研究发现动词诱发的 ERP 比名词更正，名动存在差异的区域在各研究中不一致；同时，3项德语研究还发现名词在后部电极上诱发的 ERP 比动词更正，其他研究没有发现差异。在 N400 上，1项德语研究、3项汉语研究、1项意大利语研究和1项荷兰语研究发现名词比动词更负，名动存在差异的区域也有所差异。在晚期成分上，3项德语研究发现名词诱发的 ERP 在中部电极上比动词更负，1项意大利语研究则发现这种差异出现在前部电极上，同时3项德语研究还发现名词诱发的 ERP 在后部电极比动词更正。

表1　　　　无启动项条件下的名词和动词加工的 ERP 研究汇总

作者	实验设计	语言	早期成分	N400	晚期成分
Preissl et al. (1995)	词汇判断	德语	动词的 P2 在前、中部电极上比名词更正	—	—
Pulvermüller et al. (1996)	词汇判断	德语	—	—	500—800ms，名词在中部电极比动词更负，在后部电极比动词更正
Pulvermüller et al. (1999a)	词汇判断	德语	动词的 P2 在前、中部电极比名词更正，名词在后部电极比动词更正	—	500—800ms，名词在中部电极比动词更负，在后部电极比动词更正
Pulvermüller et al. (1999b)	词汇判断	德语	动词的 P2 在前、中部电极比名词更正，名词在后部电极比动词更正	—	500—600ms，名词在中部电极比动词更负，在后部电极比动词更正

续表

作者	实验设计	语言	早期成分	N400	晚期成分
Rösler et al. (2001)**	词汇判断	德语	—		
Khader et al. (2003)	语义关联判断	德语	—	名词在中后部电极比动词更负	—
	产出任务和语义关联判断		—	名词在前、中部电极比动词更负	—
张钦等 (2003)***	词汇判断	汉语	200—300ms 上，动词的 P2 在前部电极比名词更正	名词在前部电极比动词更负	—
Tsai et al. (2009)	词汇判断	汉语	—	名词在右半球中后部电极比动词更负	—
	语义关联判断		—	名词在左半球前部、中后部电极比动词更负	
夏全胜等 (2013)	词汇判断	汉语	动词的 P2 在右侧中后部电极上比名词更正	名词在前部、中后部电极比动词更负	—
Kellenbach et al. (2002)	回想任务	荷兰语	动词的 P2 在后部电极比名词更正	名词在中部电极比动词更负	
Barber et al. (2010)	回想任务	意大利语	—	名词在后部电极上比动词更负	450—1000ms，动作动词在前部电极比感官名词更正

注：* "—" 代表该研究没有报告存在显著差异。

** 罗斯勒等（Rösler et al.，2001）采用语义启动范式下的词汇判断任务（primed lexical decision task），启动项先出现，而后出现目标词，被试判断目标词是否为真词，这里统计的是启动项的实验结果。卡德尔等（Khader et al.，2003）、蔡培舒等（Tsai et all.，2009）也报告的是启动项的实验结果。

*** 张钦等（2003）将名词和动词进一步分为具体和抽象两组，这里报告的是具体组结果，抽象组中名动之间没有发现差异。

通过对无启动项的 ERP 研究结果的比较，我们发现以下几点：
（1）名词和动词加工的差异可以在早期成分、N400 和晚期成分上找到。（2）如果名词和动词在 N400 上存在差异，则这两个词类之间的相对关系在不同语言中都是一致的，名词的 N400 比动词的更负。（3）名词和动词在语义加工上存在差异。N400 是一个与语义加工有关的成分（Lau et al.，2008；Kutas & Federmeier，2011）。不同语言的研究表明，名词和动词在 N400 上存在不同，说明名词和动词在语义加工过程中的差异。五项德语研究没有发现名、动在 N400 上的差异。其中一个研究（Rösler et al.，2001）没有提供 N400 时间窗口的波形图和统计结果。另外四个研究（Preissl et al.，1995；Pulvermüller et al.，1996，1999a，1999b）在早期成分和晚期成分上都发现了名动的差异。普鲁沃穆勒等（1996，1999a，1999b）认为名词和动词出现的差异，源于视觉与动作的差异，体现了名词和动词语义加工的差异。（4）名词和动词之间的差异很可能不是来源于词汇—形态层面。失语症研究（Caramazza & Berndt，1985）和脑成像研究（Tyler et al.，2001，2004）发现，在单独呈现条件下，名词和动词的差异来源于形态差异。与印欧语相比，汉语是缺乏形态变化的语言，汉语的名词和动词很难仅通过词形来区分。如果名动的分离来自于词汇—形态层面，那么在无启动项条件下，名词和动词的加工应不存在差异。但汉语 ERP 研究结果显示，名词和动词的加工存在差异，说明名词和动词的差异不来自于词汇—形态层面。（5）名动存在差异的区域不一致，受到实验设计、任务等方面的影响。即使是同一研究中的两个实验，当实验设计和实验任务发生改变时，名动存在差异的区域也会发生变化（如 Khader et al.，2003；Tsai et al.，2009）。

§三 有启动项条件下的名词和动词加工异同

表 2 显示的是有启动项条件下，名词和动词加工的 ERP 研究汇总。在 10 项有启动项的研究中，早期成分上，2 项汉语研究和 1 项德语研究发现名词诱发的 ERP 比动词更正，与之相似，1 项汉语研究和

1 项德语研究发现动词诱发的 ERP 比名词更负，名动存在差异的区域基本一致，而 1 项英语研究得到相反的结果，动词诱发的 ERP 在左前部电极上比名词更正，其余研究没有发现差异；N400 上，3 项英语研究发现名词比动词更负，但分布区域有差异，4 项汉语研究、2 项德语研究的发现与英语的不同，动词的 N400 比名词更负，名动存在差异的区域在不同研究中不一致；晚期成分上，2 项英语研究、1 项汉语研究和 1 项德语研究发现动词诱发的 ERP 比名词更正，这种差异主要集中在前部电极上，3 项汉语研究和 1 项德语研究发现名词诱发的 ERP 比动词更正，这种差异主要集中在中后部电极上，其他研究没有发现差异。

表 2　　有启动项条件下，名词和动词加工的 ERP 研究汇总

作者	实验设计	启动项	语言	早期成分	N400	晚期成分
Gomes et al. (1997)	词汇判断（视觉）、探测任务（听觉）	名：名＿＿＿＿ 动：名＿＿＿＿	英语	—	—	—
Federmeier et al. (2000)	语义一致判断	名：John wanted the ＿ 动：John wanted to ＿	英语	200—400ms，动词在左前部电极比名词更正	名词在中后部电极比动词更负	—
Lee & Federmeier (2006)	语义关联判断	名：the ＿＿＿＿ 动：to ＿＿＿＿	英语	—	名词在中后部电极比动词更负	300—700ms，动词在前部电极上比名词更正
Lee & Federmeier (2008)	语义关联判断	名：the ＿＿＿＿ 动：to ＿＿＿＿	英语	—	名词在前部电极比动词更负	450—900ms，动词在前部电极上比名词更正

作者	实验设计	启动项	语言	早期成分	N400	晚期成分
杨亦鸣等（2002）	词语搭配判断	名：一+名量词＿＿＿ 动：不＿＿＿	汉语	—	单音节动词在前中部电极比名词更负；双音节名词在前部电极比动词更负*	双音节动词的 LPC 在前部电极上比名词更正；单音节名词和动词之间没有差异
Liu et al.（2007）	探测任务（视觉）	名：动物名词＿＿＿ 动：动物名词＿＿＿	汉语	名词的 P2 在前部、中后部电极比动词更正	动词在前部、中后部电极比名词更负	500—700ms，名词在前部和中后部电极比动词更正
		名：工具名词＿＿＿ 动：工具名词＿＿＿		—	动词在前部、中后部的中央电极比名词更负	—
刘涛等（2008）	词语搭配判断	名：一+名量词＿＿＿ 动：不+能愿动词＿＿＿	汉语	名词的 P2 在前部、中后部电极比动词更正	动词在前部、中后部电极比名词更负	名词的 P600 在中后部电极比动词更正
刘涛等（2011）	词语搭配判断	名：一+名量词＿＿＿ 动：不+能愿动词＿＿＿	汉语	动词的 N170 在前部、中后部电极比名词更负	动词在中线电极比名词更负	名词的 P600 在右侧中后部电极比动词更正
Rösler et al.（2001）**	词汇判断	名：名＿＿＿ 动：动＿＿＿	德语	210—240ms，名词诱发的 ERP 在左侧前部、中后部电极比动词更正		330—600ms，名词诱发的 ERP 在左侧前部、中后部电极比动词更正

续表

作者	实验设计	启动项	语言	早期成分	N400	晚期成分
Khader et al. (2003)	语义关联判断	名：动+名 —— 动：名+名	德语	180—420ms，动词诱发的 ERP 在中后部电极比名词更负		—
	产出任务和语义关联判断	名：动+名 —— 动：名+名		—		450—810ms，动词在前部、中部电极比名词更正

注：＊虽然杨亦鸣等（2002）报告名词和动词在 N2 成分上存在差异，但是通过仔细和对比原文中提供波形图，N2 也可认为是 N400，所以这里将其结果归入 N400。

＊＊罗斯勒等（2001）的分析窗口（330—600ms）覆盖 N400 和晚期成分两个时间窗口，所以将 N400 和晚期成分两栏合并；卡德尔等（2003）的分析窗口（180—420ms）覆盖早期成分和晚期成分两个时间窗口，所以将早期成分和 N400 两栏合并。

通过对有启动项的 ERP 研究结果的比较，我们发现以下几点：（1）在有启动项的条件下，大多数研究中，名词和动词加工的差异可以在早期成分、N400 和晚期成分上找到。（2）不同研究的差异较大。名词和动词在早期成分、N400 和晚期成分上的相对关系缺乏一致性。相对而言，N400 的结果呈现出一定的规律性：英语的研究中，名词的 N400 都比动词更负；而汉语的 N400 结果基本上与英语相反，动词的 N400 比名词更负；德语的结果与汉语相似，在 N400 的时间窗口上，动词诱发的 ERP 体现出比名词更负的趋势。（3）每种语言内部的结果呈现出一定的规律性。在英语研究中，多数研究都发现名词的 N400 比动词更负，而费德迈尔等（Federmeier et al.，2000）发现的名动在 P2 上面的差异，与其他两项研究中发现的晚期成分都来自于同一加工过程（Lee & Federmeier，2006，2008），均反映了名动加工的差异；在汉语研究中，多数研究都发现动词的 N400 比名词更负，而名词在晚期成分上比动词更正；在德语研究中，在早期成分上，名词都体现出比动词更正的趋势，在 N400 上，动词都体现出比名词更负的趋势。（5）名动存在差异的区域具有一致性倾向，早期成分广泛分布在头皮分布图的前、中和后部；晚期成分，当动词诱发的 ERP 比名词更正时，名动差异主要集中在前部电极上，当名词诱发的 ERP 比动词更正时，名动差异主要集中在中后部电极上。

§四　讨论

通过分别归纳无启动项条件下和有启动条件下名词和动词加工的 ERP 研究，我们取得了一些发现。下面我们将对无启动项条件与有启动项条件下名词和动词加工的情况进行比较。

（一）整体比较

（1）在无启动项条件和有启动项条件下，都发现了名词和动词的加工存在差异，这些差异在早期成分、N400 和晚期成分上可以找到，其中 N400 是一个反映名动差异较为稳定的指标。N400 是一个与语义加工有关的成分。这说明，无论有无启动项，名词和动词在语义加工上都存在差异。

（2）在无启动项条件下，名词和动词诱发的 ERP 成分间的相对关系在不同语言中具有一致性；而在有启动项条件下，两个词类诱发的 ERP 成分间的相对关系在不同语言中表现不同，在同一语言内部具有较高的一致性。这说明，在单独呈现条件下，名词和动词间的加工差异具有跨语言的共性特征，同多于异。而当有启动项出现时，不同语言将启动项与名词、动词进行加工整合时存在一定的差异，语言之间异多于同，语言内各研究间具有一致性，体现了不同语言的个性特征。

（3）在无启动项条件下，名动存在差异的区域在各实验中不一致；而在有启动条件下，名动存在差异的区域在各实验中趋同。这可能是因为在无启动项条件下，名词和动词的加工受到实验设计和实验任务影响而不一致；而当有启动项出现时，启动项对目标刺激加工具有显著影响，这种影响的作用较大，在不同语言中的机制较为相似，所以名动存在差异的区域在各实验中趋同。

（二）具体比较

在有启动项条件下，名动的加工呈现出语言的个性特征。我们下面从语言内部着眼，比较无启动项和有启动项条件下，名词和动词加工的异同。目前，关于名词和动词的 ERP 研究主要集中在德语、英语和汉语上。但是由于英语研究没有无启动项条件的相关研究，德语研究之间还存在一定的差异，所以这里仅比较汉语无启动项和有启动项的情况。

在无启动项条件下，汉语名词的 N400 比动词的更负；在有启动项条件下，汉语名词和动词在 N400 上的相对关系发生反转，多数情况下，动词的 N400 比名词的更负。N400 可以体现语义加工的情况。在单独呈现条件下，名词和动词在 N400 上的差异主要源于语义特征的差异，因为名词和动词的 N400 差异与感官和动作的 N400 差异具有共同的源头（Barber et al.，2010）；而有启动项时，名动 N400 的相对关系发生反转，动词的 N400 比名词的更负。对于这种关系反转，大体可以有两种解释：一是在有启动项条件下，与动词有关的论元（施事、受事、工具等）将与动词语义一同被激活（Li et al.，2006），而名词不会出现这种情况，所以动词激活的语义特征多于名词，动词的 N400 比名词的更负；二是在有启动项条件下，动词需要将相关的论元分配合适的题元角色，以达到语义上的自足，需要额外的加工，而名词不包含论元信息，也没有分配题元角色的能力，所以不需要额外的加工，动词的 N400 比名词的更负（刘涛等，2008）。无论采取哪种解释，都说明启动项对于名词和动词的语义加工产生了显著影响。同时，从晚期成分来看，启动项对名词和动词的加工影响也很显著。在无启动项条件下，名词和动词在晚期成分上没有差异；而当启动项出现时，名词的晚期成分（主要是 P600）比动词的更正。P600 是与句法加工有关的成分，反映大脑对语法的分析、整合过程（Osterhout & Holcomb，1992；Kotz et al.，2008；也有认为 P600 体现语义整合加工，见 B - Schlesewsky & Schlesewsky M.，2008；Zhou et al.，2010）。汉语是缺乏形态变化的语言，在单独呈现条件下，名词和动词不会产生与句法有关的加工，所以在 P600 上没有差异；在有启动项条件下，名词和动词因具有不同的语法能力，与启动项发生了不同的整合加工，体现出二者在 P600 上的差异。以上比较说明，名词和动词的分离不应源于语法层面。因为如果名词和动词的分离源于语法层面，则名词和动词应在无启动项条件下没有差异，而仅在有启动项条件时才体现出差异，但 ERP 结果显示名词和动词在无启动项条件下的加工存在差异，说明名动的分离不应出现在语法层面。但从 N400 和晚期成分的结果看，当名词和动词与启动项进行整合加工时，名词和动词显示出不同的语法功能，表现出不同于无启动项条件时的加工情况，说明语法功能在名动分离中也起到重要作用。

通过以上比较，我们发现，名词和动词的分离不应源于词汇—形态层面，也不应源于语法层面。名词和动词的分离很可能来自于语义层面，因为在单独呈现条件下，名词和动词的差异主要表现在与语义加工有关的 N400 上。在有启动项的条件下，N400 也是一个较为稳定的指标，反映了名词和动词在语义加工上的差异。名动分离源于语义的差别与语言类型学的研究也是一致的。克罗夫特（Croft，1991，2007）指出，典型的名词指称事物，典型的动词陈述动作。可见，从跨语言的角度来看，语义在区别名词和动词方面扮演着重要角色。在无启动项条件下，名词和动词的语义加工差异也体现出跨语言的共性特征，这与语言类型学的研究结果具有对应一致性，也说明名动的分离很可能源于语义层面。

至于名词和动词的分离是否来源于词汇—语音层面，目前的 ERP 研究结果暂时不能给出答案。但英语研究（Farmer et al.，2006）和汉语研究（杨亦鸣等，2002）显示，音节对于词类的加工具有重要作用，这提示我们应对词汇—音节层面加以重视，需要进一步研究。同时，本文的发现仅限于现有研究结果，还需要更多的研究加以验证。

§五 结论

通过对比无启动项条件和有启动项条件下名词和动词的 ERP 研究，我们对名动分离现象进行了比较和探讨，获得以下发现。

（1）名动分离现象不应源于词汇—形态和语法层面，很可能源于语义层面，是否源于词汇—音节层面有待研究。

（2）无启动项条件下，名词和动词之间的加工差异具有跨语言的共性特征；有启动项条件下，名动的加工差异在语言间差异较大，在语言内一致性较高，体现了不同语言的个性特征。

（3）无启动项条件下，实验设计和实验任务会对名动差异的分布区域产生影响；有启动项条件下，启动项对名词和动词的加工影响较大，体现为名动相对关系的反转和存在差异区域的趋同。

致　谢

感谢南开大学石锋教授、香港中文大学彭刚教授对本文提出的宝贵意见！感谢香港中文大学麦子茵博士、邓湘君博士、邹一帆同学对本文的意见和帮助！感谢香港中文大学语言与人类复杂系统研究中心同事进行的有意义的讨论！感谢第五届演化语言学国际会议上与会专家提出的宝贵意见。

参考文献

［1］Barber, H. A., Kousta, S. T., Otten, L. J. & Vigliocco, G., "Event-related potentials to event-related words: Grammatical class and semantic attributes in the representation of knowledge", *Brain Research*, Vol. 1332, 2010.

［2］Berlingeri, M., Crepaldi, D., Roberti, R., Scialfa, G., Luzzatti, C. & Paulesu, E., "Nouns and verbs in the brain: Grammatical class and task specific effects as revealed by fMRI", *Cognitive Neuropsychology*, Vol. 25, 2008.

［3］Bird, H., Howard, D. & Franklin, S., "Why is a verb like an inanimate Object? Grammatical category and semantic category deficits", *Brain and Language*, Vol. 72, 2000.

［4］Bornkessel—Schlesewsky I. & Schlesewsky M., "An alternative perspective on 'semantic P600' effects in language comprehension", *Brain research reviews*, Vol. 59, No. 1, 2008.

［5］Cappa, S. F. & Perani, D., "The neural correlates of noun and verb processing", *Journal of Neurolinguistics*, Vol. 16, 2003.

［6］Caramazza, A. & Berndt, R. S., "A multicomponent deficit view of agrammatic Broca's aphasia", In M. -L. Kean, ed., *Agrammatism*, New York: academic, 1985.

〔7〕 Crepaldi, D., Berlingeri, M., Paulesu, E. & Luzzatti, C., "A place for nouns and a place for verbs? A critical review of neurocognitive data on grammaticalclass effects", *Brain and Language*, Vol. 16, No. 1, 2011.

〔8〕 Crepaldi, D., Berlingeri, M., Cattinelli, I., Borghese, N. A., Luzzatti, C. & Paulsesu, E., "Clustering the lexicon in the brain: a meta—analysis of the neurofunctional evidence on noun and verb processing", *Frontiers in Human Neuroscience*, Vol. 7, 2013.

〔9〕 Croft, W., *Syntactic categories and grammatical relations: The cognitive organization of information*, Chicago: University of Chicago Press, 1991.

〔10〕 Croft, W., "The origins of grammar in the verbalization of experience", *Cognitive Linguistics*, Vol. 18, 2007.

〔11〕 Damasio, A. & Tranel, D., "Nouns and verbs are retrieved with differentially distributed neural systems", *Proceeding of National Academy of Science of the United States of America*, Vol. 90, 1993.

〔12〕 Farmer, T. A., Christiansen, M. H. & Monaghan, P., "Phonological typicality influences on—line sentence comprehension", *Proceeding of National Academy of Science of the United States of America*, Vol. 103, No. 32, 2006.

〔13〕 Federmeier, K. D., Segal, J. B., Lombrozo, T., & Kutas, M., "Brain responses to nouns, verbs and class—ambiguous words in context", *Brain*, Vol. 123, No. 12, 2000.

〔14〕 Gainott, G., Silveri, M. C., Daniel, A. & Giustolisi, L., "Neuroanatomical correlates of category—specific semantic disorders: a critical survey", *Memory*, Vol. 3, No. 3-4, 1995.

〔15〕 Gomes, H., Ritter, W., Tartter, V. C., Vaughan, H. G. & Rosen, J. J., "Lexical processing of visually and auditorily presented nouns and verbs: Evidence from reaction time and N400 priming data", *Cognitive Brain Research*, Vol. 6, No. 2, 1997.

〔16〕 Kellenbach, M., Wijers, A., Hovius, M., Mulder, J. & Mulder, G., "Neural differentiation of lexico—syntactic categories or semantic features? Event—related potential evidence for both", *Journal of Cognitive Neuroscience*, Vol. 14, No. 4, 2002.

〔17〕 Khader, P., Scherag, A., Streb, J. & Rösler, F., "Differences between noun and verb processing in a minimal phrase context: a semantic priming study using event—related brain potentials", *Cognitive Brain Research*, Vol. 17, No. 2, 2003.

〔18〕 Kotz, S. A., Holcomb, P. J. & Osterhout, L., "ERPs reveal comparable syntactic sentence processing in native and non—native readers of English", *Acta Psychologi-*

ca, Vol. 128, No. 3, 2008.

[19] Kutas, M. & Federmeier, K. D., "Thirty years and counting: Finding meaning in the N400 component of the event-related brain potential (ERP) ", *Annual Review of Psychology*, Vol. 62, 2011.

[20] Langacker, R. W., "Nouns and verbs", *Language*, Vol. 63, 1987.

[21] Lapointe, J. S. , "A theory of verb form use in the speech of agrammatic aphasics", *Brain and Language*, Vol. 24, No. 1, 1985.

[22] Lau, E. F., Phillips, C. & Poeppel, D., "A cortical network for semantics: [de] constructing the N400", *Nature Reviews Neuroscience*, Vol. 9, No. 12, 2008.

[23] Lee, C. -L. & Federmeier, K. D. , "To mind the mind: an event-related potential study of word class and semantic ambiguity", *Brain Research*, Vol. 1081, No. 1, 2000.

[24] Lee, C. -L. & Federmeier, K. D., "To watch, to see, and to differ: an event—related potential study of concreteness effects as a function of word class and lexical ambiguity", *Brain and Language*, Vol. 104, No. 2, 2008.

[25] Li, X., Shu, H., Liu, Y., & Li, P. "Mental representation of verb meaning: behavioral and electrophysiological evidence", *Journal of Cognitive Neuroscience*, Vol. 18, No. 10, 2006.

[26] Liu, Y., Hua, S. & Weekes, B. S., "Differences in neural processing between nouns and verbs in Chinese: Evidence from EEG", *Brain and Language*, Vol. 103, No. 1-2, 2007.

[27] Osterhout, L. & Holcomb, P. J., "Event-related Potentials and Syntactic anomaly: Evidence of anomaly Detection During the Perception of Continuous Speech", *Language and Cognitive Processes*, Vol. 8, No. 4, 1993.

[28] Preissl, H., Pulvermüller, F., Lutzenberger, W. & Birbaumer, N., "Evoked potentials distinguish between nouns and verbs", *Neuroscience Letters*, Vol. 197, No. 1, 1995.

[29] Pulvermüller, F., Preissl, H., Lutzenberger, W. & Birbaumer, N., "Brain rhythms of language: nouns versus verbs", *European Journal of Neuroscience*, Vol. 8, No. 5, 1996.

[30] Pulvermüller, F., Mohr, B. & Schleichert, H. , "Semantic or lexico-syntactic factors: what determines word-class-specific activity in the human brain?", *Neuroscience Letters*, Vol. 275, No. 2, 1999a.

[31] Pulvermüller, F., Lutzenberger, W. & Preissl, H. , "Nouns and verbs in the

intact brain: Evidence from event-related potentials and high-frequency cortical responses", *Cerebral Cortex*, Vol. 9, No. 5, 1999b.

［32］ Rapp, B. & Caramazza, A., "Selective difficulties with spoken nouns and written verbs: a single case study", *Journal of Neurolinguistics*, Vol. 15, 2002.

［33］ Robins, R. H., "Noun and verb in universal grammar", *Language*, Vol. 28, 1952.

［34］ Rösler, F., Streb, J. & Haan, H., "Event-related brain potentials evoked by verbs and nouns in a primed lexical decision task", *Psychophysiology*, Vol. 38, No. 4, 2001.

［35］ Tsai, P. -S., Yu, B. H. -Y., Lee, C. -Y., Tzeng, O. J. -L., Hung, D. L. & Wu, D. H., "An event-related potential study of the concreteness effect between Chinese nouns and verbs", *Brain Research*, Vol. 1253, 2009.

［36］ Tyler, L., Russell, R., Fadili, J. & Moss, H., "The neural representation of nouns and verbs: PET studies", *Brain*, Vol. 124, 2001.

［37］ Tyler, L., Bright, P., Fletcher, P. & Stamatakis, E., "Neural processing of nouns and verbs: the role of inflectional morphology", *Neuropsychologia*, Vol. 42, No. 4, 2004.

［38］ Vigliocco, G., Vinson, D. P., Druks, J., Barber, H., Cappa, S. F., "Nouns and verbs in the brain: a review of behavioural, electrophysiological, neuropsychological and imaging studies", *Neuroscience & Biobehavioral Reviews*, Vol. 35, No. 3, 2011.

［39］ Zhou, X., Jiang, X., Ye, Z., Zhang, Y., Lou, K. & Zhan, W., "Semantic integration processes at different levels of syntactic hierarchy during sentence comprehension: an ERP study", *Neuropsychologia*, Vol. 48, No. 6, 2010.

［40］ 顾介鑫、张强：《名动两重分离现象的神经电生理学研究述评》，《外语研究》2005 年第 5 期。

［41］ 刘涛、马鹏举、于亮、刘俊飞、杨亦鸣：《汉语名—动兼类效应的神经机制研究》，《心理科学》2011 年第 34 卷第 3 期。

［42］ 刘涛、杨亦鸣、张辉等：《语法语境下汉语名动分离的 ERP 研究》，《心理学报》2008 年第 40 卷第 6 期。

［43］ 夏全胜、吕勇、白学军、石锋：《汉语名词、动词和动名兼类词语义加工的 ERP 研究》，《Journal of Chinese Linguistics》2013 年第 41 卷第 1 期。

［44］ 杨亦鸣、梁丹丹、顾介鑫、翁旭初、封世文：《名动分类：语法的还是语义的——汉语名动分类的神经语言学研究》，《语言科学》2002 年第 1 期。

［45］张钦、丁锦红、郭春彦、王争艳：《名词与动词加工的 ERP 差异》，《心理学报》2003 年第 6 期。

本文发表于《实验语言学》2015 年第 4 卷第 2 期

汉语名词、动词和动名兼类词语义加工的 ERP 研究[*]

夏全胜　吕勇　白学军　石锋

摘　要：本文运用 ERP 技术，通过词汇判断任务，对汉语双音节名词、动词和动名兼类词的语义加工机制进行了研究。实验结果显示，名词、动词和动名兼类词在 P2、N400 和 LPC 上都存在差异。P2 和 N400 体现了名词、动词和动名兼类词的语义差异。N400 还可以进一步分为前部脑区分布的 N400 和后部脑区分布的 N400。其中，前部脑区分布的 N400 主要与具体性有关，名词和动词比动名兼类词更加具体，所以它们的 N400 波幅比动名兼类词的更大；后部脑区分布的 N400 主要与语义特征有关，指称人和事物的名词 N400 波幅最大，表示动作和行为的动词 N400 波幅较小，表示行为和指称活动的动名兼类词 N400 波幅最小。LPC 体现词汇判断时的确定性。偏（名）的语义激活最多，判断的确定性较高，其 LPC 波幅最大；偏（动）的语义激活较多，判断的确定性高于名词和动词，其 LPC 波幅较大；名词和动词只激活单一语义，最不容易判断，其 LPC 最小。名词、动词、偏（动）和偏（名）在 LPC 上的关系，可反映"动词—偏（动）—偏（名）—名词"这个体现句法功能的连续统，说明语言的句法层面与语义层面是对应一致的。

关键词：名词　动词　动名兼类词　语义加工　事件相关电位

---

* 本研究得到教育部人文社会科学研究基地重大项目（05JJDXLX003）的资助。感谢匿名评审专家对文章提出的宝贵意见。

§一　引言

词类作为一种范畴，在大脑中是如何表征和组织的，一直以来都是认知神经科学和神经语言学关注的问题。以往研究中，研究者使用行为实验、电生理学技术和脑成像技术等对不同词类，特别对名词和动词是否具有不同的神经基础进行探讨，但未能达成一致（Crepaldi et al.，2011；Vigliocco et al.，2011）。

中外学者利用 ERP（事件相关电位）技术对名词和动词进行了一系列研究，发现名词、动词之间的差异主要体现在 P2 和 N400 两个成分上。在 P2 上，普来舍尔等（Preissl et al.，1995）、普鲁沃穆勒等（1999a，1999b）发现动词的 P2 在脑前中部电极上比名词的更正，凯伦巴赫等（Kellenbach et al.，2002）发现动词的 P2 在脑后部电极上比名词更正。在汉语研究中，张钦等（2003）发现在 200—300ms 时间窗口上，具体动词在额叶和颞叶电极上诱发的 ERP 比具体名词的更正；刘涛等（2008）发现在语境中，名词的 P200 在额区、额—中央区、中央区、中央—顶区电极上比动词更正。在 N400 上，费德迈尔等（2000）、李佳霖和费德迈尔（Lee & Federmeier，2006）发现在语境中，名词的 N400 在脑区中后部电极上比动词更负，巴伯（Barber）等（2010）发现名词的 N400 在脑后部电极上比动词更负；在汉语研究中，张钦等（2003）发现具体名词的 N400 在额叶和颞叶电极比具体动词更负，蔡培舒等（Tsai et al.，2009）发现名词的 N400 在右半球中后部电极上比动词更负，刘涛等（2008）发现在语境中动词的 N400 在额区、额—中央区、中央区、中央—顶区电极上比名词更负。

同时，为了进一步了解名词与动词之间的关系，一些研究者开始将兼类词纳入研究范围中。李佳霖和费德迈尔（2006）发现在 250—500ms 时间窗口上，语境中的非兼类名词和动词在脑区前部电极上诱发的 ERP 比语境中的句法歧义、语义非歧义词（word class ambiguous and semantically unambiguous word）的 ERP 更负。刘涛等（2011）发现在语境中，非兼类名词和动词的 N400 在额区、额—中央区、中央区、中

央—顶区、顶区电极上比动名或名动兼类词①的 N400 更负。刘涛等
（2008）发现在语境中，在左半球前中部电极上，动名或名动兼类词用
作名词时的 P2 比用作动词时更正，而二者在 N400 上没有差异。

以往研究结果表明，名词、动词和动名或名动兼类词在 P2 和
N400 上存在差异，只是不同研究在这两个成分的脑区分布上有所不
同。这主要与实验材料和实验任务的不同有关。同时，一些研究还存
在需要改善的地方。第一，一些研究中的兼类词包括名动和动名两种
兼类词，而这两种兼类词的性质是不同的。② 霍伯和汤普森（Hopper
& Thompson，1984）指出，名用的动词说出"一个被视为实体的活
动"，而动用的名词只说出"一个与某实体有关的活动"。名用的动
词仍然具有动词性；而动用的名词不具有名词性，只具有动词性。③
动词转化为名词一般只能指称与动作相关的某一类人和事物，而名词
转化为动词，同一个名词在不同语境下可以表示与它相关的多类动
作。④ 从实际使用来看，动词名用是本体隐喻，具有普遍性，而名词
动用因为特殊而被称作"活用"（沈家煊，2007），动词名用在现代
汉语中的使用频率是名词动用的 57 倍（王冬梅，2001）。因此，动名

---

① 本文中的动名兼类词指原本是动词后兼有名词用法的兼类词，名动兼类词指原本是
名词后兼有动词用法的兼类词。其中，动名兼类词是本文的研究对象，它与抽象动词（张钦
等，2003；Zhang et al.，2006；Tsai et al.，2009）并不完全对应。比如，"比赛"是一个动名
兼类词，但它既可表示可直接感知的活动（参加比赛），也可表示不能直接感知的状态（比赛
状态）。而抽象动词一般只表示不能直接感知的状态。

② 李佳霖和费德迈尔（2006）研究中的兼类词既包括动名兼类词也包括名动兼类词。
刘涛等（2008，2011）提到动名兼类词的选取标准是词典中"兼有名词和动词两种词性的
双音节词语"。这种选取标准可能会将名动兼类词作为实验材料。有些双音节词语虽然有名
词和动词两种词性，但不是从动词发展而来的动名兼类词，而是从名词转化而来的，如戏
言、祸害（王冬梅，2001）。

③ 汉语中，如"这本书的迟迟不出版"中的"出版"仍能受"迟迟"和"不"修
饰，说明名用的动词仍有动词性；而如"我又大款了一回"中的"大款"后可加"了"，
只具有动词性，不具有名词性了。英语的情况也是如此，"V-ing"形式的动名词可以受
"not"和其他副词的修饰，作动词用的名词可加时态标记"-ed"或"-s"（沈家煊，
2007：34）。

④ 汉语中，"兜"作动词使用时，根据语境可以指"用来装东西"（兜着几个鸡蛋），
也可以指"从中掏出东西"（把私事全兜出来），还可以指"转圈"（在外边兜了一圈）。英
语的情况也是如此，如"water"根据语境可以用来指"浇水"（water the flower）、"洒水"
（water the street）、"掺水"（water the milk）等多种意思（王冬梅，2001：106，109）。

兼类词和名动兼类词是不同性质的两类兼类词，它们之间的差异可能会对加工产生影响，应分开考察。本文的研究对象仅限动名兼类词。第二，李佳霖和费德迈尔（2006）、刘涛等（2008，2011）的研究都将兼类词置于名词和动词语境中，比较两种语境下，名词、动词和兼类词之间的异同。在单独呈现条件下，名词、动词和兼类词的语义加工是否存在区别还不清楚，需要进一步研究。

汉语是缺少形态变化的语言，汉语的词类划分难以以形态为标准，存在一些不同的意见。本文通过 ERP 技术对名词、动词和动名兼类词的加工机制和神经表征进行考察。实验任务为词汇判断任务，实验刺激单独呈现。这是因为在没有语境的情况下，句法信息在词汇提取过程中不是一个自动且必须被提取的信息（Vigliocco et al.，2011），词汇单独呈现可以较好地反映其在大脑词库中的状态。实验材料采取汉语双音节名词、动词和动名兼类词。名词和动词是汉语的两个基本词类，在语言结构和功能中承担重要角色；动名兼类词处于典型名词和典型动词连续统的中间部分（袁毓林，1995），双音节书面语动词在向动名兼类词转化（胡明扬，1996），引入动名兼类词，对研究名词、动词间的动态转化都较为有益。为了深化研究，本文还将动名兼类词分为偏向于名词和偏向于动词的两类，并分别简称为偏（名）和偏（动）。

§二　研究方法

（一）被试

16 名（八男八女）南开大学和天津大学非心理学专业学生参加实验，年龄 24±2.23 岁，右利手，母语为汉语，视力或矫正视力正常，实验后有一定报酬。

（二）实验材料

实验材料包括汉语双音节名词、动词、偏（名）、偏（动）各 80 个以及 320 个非词，共 640 个实验材料。名词、动词以典型的名词、动

词为主①，偏（名）和偏（动）按照倾向性评定结果划分。② 从胡明扬
（1996）和齐沪扬等（2004）归纳的动名兼类词中选取 200 个作为备
选。由天津外国语大学非心理学专业的 24 名学生在 11 点量表上，判断
一个词经常用作名词还是动词（1 代表经常用作名词，11 代表经常用
作动词）。为了降低难度以及平衡被试可能采取的某些策略，评定中还
随机加入了 20 个名词和 20 个动词。按照评定结果，从 200 个动名兼类
词中选取偏（名）和偏（动）各 80 个，两类词汇的倾向性评分差异显
著（$p<0.05$）。在此基础上，将选出的 80 个偏（名）、80 个偏（动）、
80 个名词和 80 个动词再进行名词和动词的倾向性评定（量表与第一次
相同），由南开大学和天津外国语大学非心理学专业的 17 名学生（未
参加第一次评定）完成，评定结果显示这四类词汇的倾向性评分两两
之间均差异显著（$ps<0.05$）；同时，它们在词频③和笔画数上两两之间
都不存在差异（$ps>0.05$）（见表 1）。

将 640 个实验材料平均分为 4 组，每组 160 个，包括 20 个名词、
20 个动词、20 个偏（名）、20 个偏（动）和 80 个非词。非词是由两个
符合正字法的汉字组成、在现代汉语中不存在的词语，如承景。实验材
料采取伪随机排列，真词和非词连续出现不超过四个，每类真词连续出
现不超过两个。

表 1　　　目标词倾向性评分、词频、笔画数的平均值和标准差

类型	倾向性评分（M±SD）	词频（M±SD）	笔画数（M±SD）
名词	1.42±0.4	23.73±18.2	16.6±3.8
动词	9.27±0.73	23.11±21.8	17.6±4
偏（动）	8.13±0.88	26.06±22.5	17.4±4
偏（名）	5.83±1.54	26.2±20.7	16.8±4.1

注：词频的单位为：次/200 万。

---

① 典型名词选取的是离散的、有形的、占有三维空间的实体名词（Taylor，1989）；典
型动词选取的是动作性强、具有时间特征的动词（张伯江，1994）。为了匹配词频、笔画数变
量，实验材料中也有少量不是非常典型的名词和动词。

② 以往研究中，根据语法功能对动名兼类词进行分类的并不常见。本文参照张亚旭等
（2003）的做法，按照名词和动词倾向性评定结果进行分类。

③ 参考"现代汉语研究语料库"查询系统，www.dwhyyjzx.com/cgi—bin/yuliao/。

（三） 实验程序

实验过程中，被试坐在隔音、亮度适中的隔音电磁屏蔽室内。双字词以 21 英寸显示器呈现，高度与被试眼睛高度基本一致。被试距离显示器约 1 米，双字词大小为 8 厘米×4 厘米。要求被试尽可能迅速而准确地按键判断呈现在屏幕上的两个汉字是否为词。每个刺激项目呈现时间为 300ms，两个刺激项目之间的间隔为 1700±100ms。被试的按键反应必须在刺激消失后的 1400ms 内做出，否则不予记录。正式实验前，每个被试都要做一个包含 30 个项目的练习，在确认被试理解了实验要求后再开始正式实验。按键的手在被试间进行了平衡。每个被试都要完成 4 组实验，每组约 7 分钟。组与组之间有约 3 分钟的休息。将 640 个实验用词用 PhotoShop 软件进行编辑并存储为 .bmp 文件格式，使用 E-prime 软件呈现，该软件同时记录被试的行为数据。

（四） 脑电记录

脑电数据的记录采用美国 Neuroscan 公司生产的 ERP 系统实现。使用 Scan4.2 记录脑电，电极帽为 Quick-Cap-64 型（ag/agcl 电极，电极位置按照国际标准的 10—20 系统放置），参考电极置于左耳乳突处（实验后离线处理时转换为双侧乳突的均值为参考），接地点在 Fpz 和 Fz 的中点，采用双极导联方法去除眼电。放大器为 Synamps，采样率 1000Hz，模拟滤波带通为 0.05—100Hz，放大倍数为 150000 倍，精确度 0.08μV/LSB。

（五） 数据处理

记录的脑电数据在离线条件下去眼电（ocular artifact reduction 方法）、分段（分析时程为目标词呈现前 200ms 至呈现后 1000ms，剔除反应时超出被试平均反应时+3×标准差外及判断错误的段）、纠斜（liner detrend）、无相移数字滤波（low pass，30Hz/12db）、基线校正（以刺激呈现前 200ms 为标准）、去除伪迹（标准为 -80—+80μV，拒绝率< 15%）、叠加、总平均。

（六）数据分析

数据分析采用重复测量方差分析。方差分析涉及词类因素，包括四个水平：名词、动词、偏（名）、偏（动）。首先将整个脑区分为前部和中后部（Lee & Federmeier, 2008; Tsai et al., 2009），然后分别对两个脑区的中线和两侧电极的 ERP 进行方差分析，评价单侧化效应。这样，前部中线位置因素包括（Fz、FCz）；两侧位置还包括半球因素（左半球、右半球）和电极（F7/F8、F3/F4、FT7/FT8、FC3/FC4）。从而，在中线位置进行的是 4（词类）×2（电极位置）的重复测量方差分析，在两侧位置进行的是 4（词类）×4（电极位置）×2（半球）的重复测量方差分析。中后部中线位置包括电极因素（Cz、CPz、Pz、POz、Oz）；两侧位置还包括半球因素（左半球、右半球）和电极（T7/T8、C3/C4、TP7/TP8、CP3/CP4、P7/P8、P3/P4、PO7/PO8、PO3/PO4、O1/O2）（见图1）。因此，在中线位置进行的是 4（词类）×5（电极位置）的重复测量方差分析，在两侧位置进行的是 4（词类）×9（电极位置）×2（半球）的重复测量方差分析。所有的方差分析均使用 Greenhouse-Geisser P 值校正法。根据本实验结果并参照前人研究（张钦等，2003; Zhang et al., 2006），确定 200—300ms（P2）、300—400ms（N400）、450—600ms（LPC）三个分析窗口。

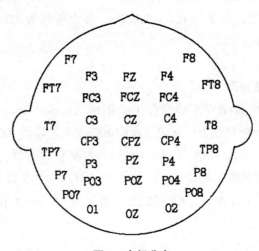

图 1　电极分布

§三 实验结果

（一）行为数据

表 2 显示的是行为数据的结果。正确率的卡方检验结果为 $X^2 = 6.455$，$p = 0.091$，说明不同词类在正确率上没有显著差异。反应时的重复测量方差分析显示词类效应显著 $[F_{(2.2, 33.6)} = 6.929, p < 0.01]$。邦弗罗尼（Bonferoni）多重检验表明，偏（名）的反应时小于动词和偏（动）的（$ps < 0.05$），名词、动词和偏（动）的反应时均没有差异（$ps > 0.05$）。

表 2　　　　　　　　　　　四种词类正确率和反应时

词汇类型	正确率（%）	反应时（M±SD）（ms）
名词	98.37	616±142
动词	96.68	646±163
偏（动）	96.88	633±152
偏（名）	96.69	610±150

（二）ERP 结果

1. 波形的整体特征

从 ERP 的波形上（见图 2）可以看出，几个早期成分被四个词类所诱发。它们包括一个早期负波 N1，峰值大约在 100ms。接着出现一个早期正波 P1，峰值出现在 160—170ms。接着在顶叶和枕叶，出现一个早期负波 N2，峰值大约在 200ms。随后，多数电极上出现一个正波 P2，峰值在 230—270ms。P2 之后是一个广泛分布的负波 N400，峰值在 310—330ms。N400 之后出现一个广泛分布的正波 LPC，峰值在 500ms 左右。

2. P2 成分

200—300ms 时窗（P2）部分所选电极的平均振幅见表 3。对平均振幅进行多因素方差分析，在前部区域，中央电极上，词类的主效应显著 $[F_{(2.2, 33.5)} = 9.701, p < 0.001]$；两侧电极上，词类的主效应

也显著〔F（2.3，33.8）= 6.573，$p<0.01$〕。邦弗罗尼多重检验表明，偏（动）的 P2 在中央和两侧电极上比动词更正（$ps<0.05$），在中央电极上与名词差异边缘显著（$p=0.06$），偏（动）更正。偏（名）的 P2 在中央电极上比动词 P2 更正（$p<0.01$），在两侧电极上与动词差异边缘显著（$p=0.064$），偏（名）更正；偏（名）的 P2 在中央和两侧电极上比名词更正（$ps<0.05$）。

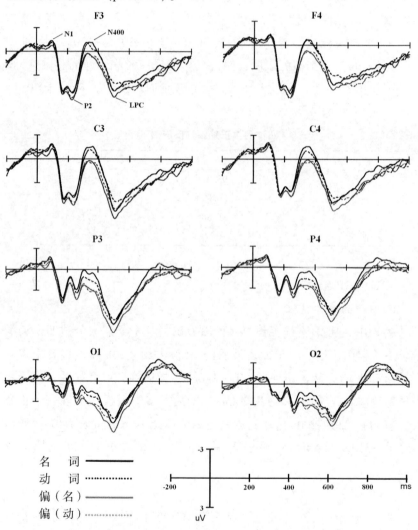

名　词 ——————
动　词 ·············
偏（名）——————
偏（动）··············

图 2　名词、动词、偏（动）和偏（名）在部分电极上的 ERP 波形对比

在中后部区域，中央电极上，词类的主效应显著 $[F_{(2, 29.3)} = 5.348, p<0.05]$；两侧电极上，词类的主效应显著 $[F_{(2, 30)} = 6.748, p<0.01]$。邦弗罗尼多重检验表明，偏（名）的 P2 在中央和两侧电极上比名词和动词更正 $(ps<0.01)$。在两侧电极上，词类和半球的交互作用显著 $[F_{(3, 45)} = 4.419, p<0.05]$，进一步简单分析发现，名词与动词的差异在右半球电极上（C4、T8、CP4、TP8、P4、P8、PO8、O2）$(ps<0.05)$，动词的 P2 比名词 P2 更正。偏（名）和偏（动）在任何电极上都没有发现差异 $(p>0.05)$。

表3　　　　　　　　　不同电极位置 P2 的平均振幅值　　　　　　单位：μV

	F7	F3	Fz	F4	F8	T7	C3	Cz	C4
名词	5.35	3.82	4.48	4.35	3.86	2.44	3.09	2.11	2.63
动词	5.32	4.05	4.5	4.36	3.97	2.51	3.26	2.59	3.08
偏（动）	5.82	4.75	5.42	5.29	4.36	2.87	4.02	3.19	3.53
偏（名）	6.1	4.94	5.55	5.26	4.5	3.21	4.37	3.29	3.57
	T8	P7	P3	Pz	P4	P8	O1	Oz	O2
名词	2.1	−1.01	1.97	1.64	1.79	0.4	0.06	0.26	1.27
动词	2.61	−0.79	2.28	2.25	2.45	1.08	0.49	0.57	1.82
偏（动）	2.85	−0.65	3.09	2.6	2.71	1.11	0.8	0.76	2.16
偏（名）	2.88	−0.03	3.24	2.87	2.93	1.31	1.23	1.28	2.25

3. N400 成分

300—400ms 时窗（N400）部分所选电极的平均振幅见表4。对平均振幅进行方差分析，在前部区域，中央电极上，词类的主效应显著 $[F_{(2.4, 35.5)} = 17.329, p<0.001]$。两侧电极上，词类的主效应显著 $[F_{(2.3, 34.7)} = 18.021, p<0.001]$。邦弗罗尼多重检验表明，动词的 N400 在中央和两侧电极上比偏（动）的更负 $(ps<0.01)$，动词的 N400 在中央和两侧电极上比偏（名）的更负 $(ps<0.001)$；名词的 N400 在中央和两侧电极上比偏（动）的更负 $(ps<0.01)$，名词的 N400 在中央和两侧电极上比偏（名）更负 $(ps<0.001)$。

在中后部区域，中央电极上，词类的主效应显著 [F (1.7, 25) = 15.328, $p<0.001$]；两侧电极上，词类的主效应显著 [F (1.8, 27.2) = 17.692, $p<0.001$]。邦弗罗尼多重检验表明，动词的 N400 在中央和两侧电极上比偏（动）和偏（名）更负（$ps<0.05$），名词的 N400 在中央和两侧电极上比偏（动）和偏（名）更负（$ps<0.05$）。在两侧电极上，词类和半球的交互效应显著 [F (3, 45) = 3.937, $p<0.05$]。进一步简单分析发现，名词的 N400 在中后部电极上（C4、T8、CP3、CP4、TP8、P4、P8、PO3、PO4、PO7、PO8、O1、O2）比动词更负（$ps<0.05$）。偏（名）和偏（动）在任何电极上都没有发现显著差异（$p>0.05$）。

表 4　　　　　　　　不同电极位置 N400 的平均振幅值　　　　　　单位：μV

	F7	F3	Fz	F4	F8	T7	C3	Cz	C4
名词	1.16	−0.36	−0.12	0.2	0.24	−0.26	−1.03	−2.13	−1.16
动词	1.37	0.25	0.11	0.4	0.67	−0.12	−0.36	−1.18	−0.36
偏（动）	2.08	1.22	1.29	1.56	1.07	0.63	0.75	−0.17	0.57
偏（名）	2.49	1.6	1.83	1.98	1.76	1.01	1.29	0.18	0.9

	T8	P7	P3	Pz	P4	P8	O1	Oz	O2
名词	−0.25	−0.57	0.78	0.19	0.36	−0.08	0.05	−0.29	0.61
动词	0.49	−0.24	1.49	1.34	1.52	1	0.8	0.44	1.58
偏（动）	1.08	0.28	2.74	2.18	2.34	1.53	1.6	1.11	2.33
偏（名）	1.44	0.83	2.81	2.63	2.71	1.89	2.08	1.7	2.58

4. LPC 成分

450—600ms 时窗（LPC）部分所选电极的平均振幅见表 5。对平均振幅进行方差分析，在前部区域，中央电极上，词类的主效应显著 [F (2.6, 39.5) = 5.428, $p<0.01$]；两侧电极上，词类的主效应显著 [F (2.7, 40.3) = 6.112, $p<0.01$]。邦弗罗尼多重检验表明，偏（名）的 LPC 在中央和两侧电极上比名词和动词的更正（$ps<0.05$）。

表5　　　　　　　　不同电极位置 LPC 的平均振幅值　　　　　单位：μV

	F7	F3	Fz	F4	F8	T7	C3	Cz	C4
名词	4.11	4.13	5.02	4.42	2.72	3.86	5.12	4.9	4.37
动词	4.13	4.15	4.59	4.04	3.64	3.34	4.71	4.78	4.26
偏（动）	4.77	4.72	5.33	4.86	3.92	4	5.36	5.2	4.79
偏（名）	5.24	5.31	6.09	5.44	4.2	4.63	6.46	6.15	5.61
	T8	P7	P3	Pz	P4	P8	O1	Oz	O2
名词	2.7	2.92	5.4	5.58	4.89	1.96	3.3	3.73	3.19
动词	2.96	2.4	5	5.53	4.86	2.19	2.76	3.14	3.01
偏（动）	3.25	2.84	5.78	5.75	5.14	2.43	3.27	3.76	3.53
偏（名）	3.97	3.59	3.88	6.86	6.15	3.09	4.33	4.7	4.26

在中后部区域，中央电极上，词类的主效应显著 $[F_{(2.6, 38.4)} = 6.288, p<0.01]$；两侧电极上，词类的主效应显著 $[F_{(2.6, 38.5)} = 8.287, p<0.001]$。邦弗罗尼多重检验表明，偏（名）的 LPC 在中央和两侧电极上比名词和动词的更正（$ps<0.05$）。在两侧电极上，词类和半球的交互效应边缘显著，$F_{(2.6, 38.6)} = 2.875, p = 0.056$。进一步简单分析发现，偏（名）的 LPC 在中后部多数电极上（C3、C4、T8、TP7、CP4、P7、P3、P4、PO7、PO3、PO4、PO8、O1）比偏（动）更正（$ps<0.05$）。偏（动）的 LPC 在 T7 和 C3 上与动词显著差异（$ps<0.05$），在 C5、PO7 上与动词差异边缘显著（$ps = 0.069$），偏（动）更正；偏（动）的 LPC 在 T8 上与名词显著差异（$p<0.05$），在 TP8 上与名词差异边缘显著（$p = 0.072$），偏（动）更正。

§四　讨论

行为数据表明，不同词类之间在正确率上没有差别；在反应时上，偏（名）要快于动词和偏（动），名词、动词和偏（动）的反应时均没有差异。以往研究表明，名词和动词在正确率上没有差异（Pulvermüller et al. , 1996, 1999b; 刘涛等，2008; Tsai et al. , 2009 等)，但在反应时上，不同研究结果不同。普鲁沃穆勒等（1996, 1999b)、刘涛等（2008）发现名词和动词反应时上不存在差别。塞雷诺和琼曼（Sereno & Jongman, 1997)、蔡培舒等（2009）发现，名词反应时要快于动词。科尼亚斯和霍尔科姆（Kounios & Holcomb, 1992）认为反应时可能对决策过程和任务策略比较敏感。不同实验任务可能是造成反应时存在差异的原因。关于不同词类的反应时差异还需进一步研究。

以往的研究结果表明，P2 是一个与词汇语义有关的成分，即使实验任务没有要求对语义进行加工，不同词类语义加工的差异在 200ms 左右就出现了，体现为 P2 波幅的差异（Preissl et al. , 1995; Pulvermüller et al. , 1995, 1999a、1999b; 张钦等，2003 等)。在语义上，名词主要指称人和事物，动词主要表示行为动作，而动名兼类词主要表示行为和指称活动、事件。① 所以，P2 的波幅可能体现了早期识别名词、动词和动名兼类词词汇语义信息的差异。

在 N400 上，名词和动词的 N400 在前部和中后部电极上比动名兼类词的 N400 更负，而偏（名）和偏（动）之间没有差异。以往研究还表明，在不同区域分布的 N400 可能反映不同的语义记忆存储和加工过程，包括在脑前部区域分布的对想象敏感的 N400（imagistically sensitive N400）和脑后部区域分布的对语言敏感的 N400（linguistically sensitive N400）（Holcomb et al. , 1999; Swaab et al. , 2002)。通过对 N400 波幅的回归分析② （见表6）发现，具体性③和词类对 N400 波幅的影响呈现

---

① 朱德熙（1983）将动词名化的途径分为"自指"和"转指"。汉语中，多数动名兼类词作名词时，都可以自指与之相关的活动、事件，不用加标记；而只有一部分动名兼类词作名词时，可以转指与之相关的施事、受事和工具等，其中的相当一部分需要加标记（王冬梅，2001)。所以，对于动名兼类词来说，指称活动和事件是普遍的；转指相关的施事、受事和工具等是有条件的，受到制约的。动名兼类词用作名词时主要指称活动、事件。

② 具体计算方法见夏全胜、吕勇、石锋（2012)。具体性的评定程序如下：南开大学和天津外国语大学非心理学专业的 19 名学生（未参加倾向性评定）在 7 点量表上，判断一个词是具体还是抽象（1 代表最具体，7 代表最抽象)。具体和抽象的定义参照张钦等（2003, 2006)，具体指可直接被感官感知到的，如桌子、微笑；抽象指不能被感官直接感知的，如爱情、推测。

③ 佩维沃（Paivio, 1968)、托利亚和巴迪治（Toglia & Battig, 1978）与科特斯和福格特（Cortese & Fugett, 2004）都发现，具体性和想象力（imageability）很相近，具有高度的相关性。因此，本文不区分这两个概念。

为两端分布的趋势。具体地说，在额部电极上，N400 波幅大小主要受
到具体性的影响；在顶部、枕部电极上，N400 波幅大小主要受到词类
的影响；而中央区则呈现为一种过渡状态。因而，前、后部脑区分布的
N400 需要分别分析。在前部脑区分布的 N400 主要与具体性相关，具体
词的 N400 比抽象词的 N400 更负（Kounios & Holcomb，1994；Lee &
Federmeier，2008；Tsai et al.，2009）。名词和动词的 N400 比动名兼类
词更负，说明名词和动词比动名兼类词更为具体。王冬梅（2001）指
出动词的指称化是把关系视作"抽象的"事物，也就是把关系作为一
个整体来勾勒而不凸显动作的过程内部随时间而发生的变化。多数动名
兼类词用作名词时都可以指称活动、事件，其语义比名词更加抽象。而
动名兼类词之所以具有指称功能，是因为它们表示抽象的行为动作。抽
象的程度越高，匀质度和稳定性越高，给人的存在感越强，将其视为静
态存在物的认知理据就越充分，指称化的实现也就越容易（任鹰，
2008）。因而，动名兼类词的语义比典型动词的语义更抽象。

表6   **具体性和词类逐步回归分析汇总**

保留变量	F7	F3	Fz	F4	F8	FT7	FC3
	具体性	具体性	具体性	具体性	具体性	—	具体性

保留变量	FCz	FC4	FT8	T7	C3	Cz	C4
	具体性	具体性	具体性	—	具体性	具体性	具体性

保留变量	T8	TP7	CP3	CPz	CP4	TP8	P7
	词类	词类	词类	词类	词类	具体性	词类

保留变量	P3	Pz	P4	P8	PO7	PO3	POz
	词类	词类	词类	词类	词类	词类	词类

保留变量	PO4	PO8	O1	Oz	O2
	词类	词类	词类	词类	词类

注："—"表示没有变量的 p 值小于 0.05，都未被保留。

凯伦巴赫等（2002）、蔡培舒等（2009）、巴伯等（2010）的研究

结果表明，单独呈现的名词和动词在脑区的中后部区域电极上存在差异，名词的 N400 比动词的更负。本文研究结果与这些研究基本一致。结合动名兼类词的结果，名词、动词和动名兼类词的 N400 在脑区中后部存在差异。回归分析的结果显示，顶部和枕部电极上分布的 N400 主要与词类相关（见表6）。本实验的任务是词汇判断，不涉及句法加工，且 N400 成分与语义加工有关（Kutas & Federmeier，2000），所以该区域的 N400 体现的是名词、动词和动名兼类词在语义特征上的差异。巴伯等（2010）在匹配了具体性等变量后发现，具有感觉特征的词语（sensory word）比具有动作特征的词语（motor word）在中后部电极上诱发出更负的 N400。这说明，感觉语义特征比动作语义特征在中后部区域激活更加明显。① 名词指称人和事物，包含与人和事物有关的感觉信息，所以在中后部区域的 N400 波幅较大。动词表示动作和行为，在中后部区域动作信息不如感觉信息激活明显，其 N400 波幅小于名词。动名兼类词表示行为动作时，其动作信息少于典型动词，因为动名兼类词比典型动词更容易进入"名词+的+动词"结构，而进入该结构的动词大多没有具体对应的动词图式，动性较弱，"指称事件性"较强（齐沪扬等，2004）。动名兼类词指称活动和事件时，与活动相关的施事、受事、工具等的信息并不明确，包含的感觉信息少于名词。所以，与名词和动词相比，动名兼类词包含的感觉和动作信息最少，其 N400 波幅最小。当然，不同词类具体性的高低与其语义特征存在着重要联系，这种联系与前部和后部脑区分布的 N400 之间存在怎样的关系，还需进一步的研究。

在 LPC 上，偏（名）的 LPC 在多个电极上大于名词、动词和偏（动）的；偏（动）的 LPC 和名词、动词的 LPC 在一些电极上存在差异；名词和动词的 LPC 没有差异。以往的语言研究表明，LPC 既可能是与句法加工、整合有关的 P600（Osterhout & Holcomb，1992；Hagoort et al.，1993 等），也可能是与语义加工有关的 P3（Hill et al.，2002；张珊珊等，2006 等）。本实验中采取的是词汇判断任务，不涉及句法分

---

① 科尼亚斯和霍贝科姆（1994）指出，N400 波幅反映了词语概念中所包含的语义特征的数量。

析、整合等加工过程，所以这里发现的 LPC 很可能是 P3。诱发 P3 的
典型范式是怪球（Oddball）范式（Donchin et al.，1978；Polish，
2007），在无启动（non-primed）的词汇判断任务中并不常见。笔者认
为，实验中发现的 LPC 很可能与被试进行词汇判断时的确定性有关。
以往实验表明，P3 的波幅可以体现判断的自信心，判断越有把握，波
幅越大（Hillyard et al.，1971；Squires et al.，1973，1975；Parasurman
et al.，1982）。在词汇判断任务中，多义词（polysemy）会产生较多的
语义激活，使正字法单元得到更多反馈（Hino & Lupker，1996），加工
起来比单义词更加容易（Rodd et al.，2002；Klepousniotous，2002；Be-
retta et al.，2005）。从而，多义词在进行词汇判断时比单义词更有把
握，其 LPC 波幅更大。与名词、动词和偏（动）相比，偏（名）的义
项最多①，可以产生较多的语义激活，在词汇判断过程中加工更容易，
判断起来更加确定，LPC 波幅最大。偏（动）的义项较多，判断的确
定性高于名词、动词，其 LPC 在一些电极上大于名词和动词。名词和
动词的语义激活最少，最不容易判断，其 LPC 最小。

　　袁毓林（1995）指出汉语词类是一种原型范畴，是根据词与词之
间在分布上的家族相似性而聚集成类的。属于同一词类的词有典型成员
和非典型成员之别，典型成员是一类词的原型，是非典型成员归类时的
参照标准。根据这个观点，汉语动名兼类词应该处于典型名词和典型动
词连续统的中间部分，表现为"动词—偏（动）—偏（名）—名词"
的连续统。LPC 的结果可以体现这个连续统：只有一个语义的名词和动
词处在连续统的两端；偏（动）是动名兼类词从动词向名词转化的初

---

　　① 阿伦斯等（Ahrens et al.，1998）、林千哲阿伦斯（Lin & Ahrens，2010）提出区分不
同意义（sense）和意义不同方面（meaning facets）的标准。根据这些标准，可以对词语的义
项进行合并，如"火锅"可以指器皿（铜火锅），也可以指器皿里面的食物（吃顿火锅），还
可以指篮球中的盖帽（挨火锅）。其中，前两个是意义不同方面，可归并为一个义项，最后一
个是独立的义项，"火锅"共有两个不同意义（Lin & Ahrens，2010：4—5）。根据阿伦斯等
（Ahrens et al.，1998）、林千哲和阿伦斯（2010）的标准，对本实验中使用的名词、动词、动
名兼类词在《现代汉语词典》（第 5 版）中的义项数量进行汇总，对一些义项进行合并，得出
了各个词类每个实验词的义项数量。经过统计发现，偏（名）（1.5+0.53）的义项数量多于
名词（1.04+0.19）、动词（1.02+0.18）和偏（动）（1.23+0.44）的义项数量（$ps < 0.001$），
偏（动）的义项数量多于名词和动词的（$ps < 0.01$），名词和动词的义项数量没有差异（$p >$
0.05）。

始阶段，开始具有名词语义，但动词语义更占优势，更接近动词的一端；偏（名）是动名兼类词进一步向名词转化的产物，名词语义进一步增加，处在连续统的中间状态。LPC 所体现出的名词、动词、偏（动）和偏（名）的语义加工关系与其句法功能相对应，体现出语言的句法层面与语义层面的对应一致性。

§五　结论

本文采用 ERP 技术，利用词汇判断任务，对汉语双音节名词、动词和动名兼类词的语义加工机制进行了研究。实验结果显示，名词、动词和动名兼类词的语义加工在 P2、N400 和 LPC 上存在差异。P2 和 N400 都体现名词、动词和动名兼类词的语义差异。N400 还可以进一步分为前部脑区分布和后部脑区分布的两类：前部脑区分布的 N400 主要与具体性有关，名词和动词的语义比动名兼类词更加具体，所以它们的 N400 比动名兼类词的更负。后部脑区分布的 N400 主要与语义特征有关，名词主要指称人和事物，在该区域 N400 波幅最大；动词主要表示动作和行为，N400 波幅小于名词；动名兼类词表示行为和指称活动，包含的感觉和动作信息最少，N400 波幅也最小。LPC 可以体现判断的信心。具有名动语义的偏（名）语义激活最多，判断最有把握，LPC 波幅最大；动词语义占优势的偏（动）的语义激活较多，判断的确定性高于名词和动词，其 LPC 在一些电极上大于名词和动词；名词和动词只激活单一语义，判断最不容易，LPC 最小。名词、动词、偏（动）和偏（名）在 LPC 上的关系，可反映"动词—偏（动）—偏（名）—名词"的句法功能连续统，说明语言的句法与语义层面是对应一致的。

致　谢

感谢香港中文大学彭刚、郑洪英老师、王瑞晶同学对文章提出的宝贵意见。在实验和写作过程中，得到了南开大学郭嘉副教授，天津师范大学胡伟、宋娟老师，天津外国语大学于秒老师和南开大学陈曦丹、荣蓉等同学的支持和协助，在此一并致谢！

参考文献

［1］胡明扬：《动名兼类词的计量考察》，载胡明扬主编《词类问题考察》，北京语言学院出版社 1996 年版。

［2］刘涛、杨亦鸣、张辉等：《语法语境下汉语名动分离的 ERP 研究》，《心理学报》2008 年第 40 卷第 6 期。

［3］刘涛、马鹏举、于亮等：《汉语名—动兼类效应的神经机制研究》，《心理科学》2008 年第 34 卷第 3 期。

［4］齐沪扬主编：《与名词动词相关的短语研究》，北京语言大学出版社 2004 年版。

［5］任鹰：《"这本书的出版"分析中的几个疑点——从"'这本书的出版'与向心结构理论难题"说起》，《当代语言学》2008 年第 10 卷第 4 期。

［6］沈家煊：《汉语里的名词和动词》，《汉藏语学报》2007 年第 1 期。

［7］孙宏林、孙德金、黄建平等：《现代汉语研究语料库系统》（http：//www. dwhyyjzx. com/cgi－bin/yuliao/）。

［8］王冬梅：《现代汉语动名互转的认知研究》，博士学位论文，中国社会科学院语言研究生院，2001 年。

［9］夏全胜、吕勇、石锋：《汉语名词和动词语义加工中具体性效应和词类效应的 ERP 研究》，《南开语言学刊》2012 年第 1 期。

［10］袁毓林：《词类范畴的家族相似性》，《中国社会科学》1995 年第 1 期。

［11］张伯江：《词类活用的功能解释》，《中国语文》1994 年第 5 期。

［12］张钦、丁锦红、郭春彦等：《名词与动词加工的 ERP 差异》，《心理学报》2003 年第 35 卷第 6 期。

［13］张珊珊、赵仑、刘涛等：《大脑中的基本语言单位——来自汉语单音节语言单位加工的 ERPs 证据》，《语言科学》2006 年第 5 卷第 3 期。

［14］张亚旭、刘友谊、舒华等：《中文句子中双音节兼类词句法分析历程初探》，《心理学报》2003 年第 35 卷第 4 期。

［15］中国社会科学院语言研究所词典编辑室：《现代汉语词典》（第 5 版），商务印书馆 2005 年版。

［16］朱德熙：《自指和转指——汉语名词化标记"的、者、所、之"的语法功能和语义功能》，《方言》1983 年第 1 期。

［17］Ahirens, Kathleen, Li－li Chang, Ke－jiann Chen & Chu－Ren Huang., "Meaning representation and meaning instantiation for Chinese nominals", *Computational Linguistics and Chinese Language Processing*, Vol. 3, No. 1, 1998.

［18］Barber, Horacio, A. , Stavroula—Thaleia Kousta, Leun, J. Otten & Gabriella Vigliocco. , "Event—related potentials to event—related words: Grammatical class and semantic attributes in the representation of knowledge", *Brain Research*, Vol. 1332, 2010.

［19］Beretta, Alan, Robert Fiorentino & David Poeppel, "The effects of homonymy and polysemy on lexical access: an MEG study", *Cognitive Brain Research*, Vol. 24, 2005.

［20］Cortese, Michael, J. & April Fugett, "Imageability ratings for 3000 monosyllabic words", *Behavior Research Methods, Instruments, & Computers*, Vol. 36, 2004.

［21］Crepaldi, Davide, Manuela Berlingeri, Eraldo Paulesu & Claudio Luzzatti, "A place for nouns and a place for verbs? a critical review of neurocognitive data on grammatical—class effects", *Brain & Language*, Vol. 116, No. 1, 2011.

［22］Donchin, Emanuel, Walter Ritter & Cheyne McCallum, "Cognitive psychophysiology: The endogenous components of the ERP", In Enoch Callaway, Patricia Tueting & Stephen H. Koslow, *Brain—Event Related Potentials in Man*, New York: Academic Press, 1978.

［23］Federmeier, Kara, D. , Jessica B. Segal, Tania Lombrozo & Marta Kutas. , "Brain responses to nouns, verbs and class—ambiguous words in context", *Brain*, Vol. 123, No. 12, 2000.

［24］Hagoort, Peter, Colin Brown & Jolanda Groothusen, J. , "The syntactic positive shift (SPS) as an ERP measure of syntactic processing", *Language and Cognitive Processes*, Vol. 8, No. 4, 1993.

［25］Hill, Holger, Marion Strube, Daniela Roesch—Ely & Matthias Weisbrod. "Automatic vs. controlled processes in semantic priming—differentiation by event—related potentials", *International Journal of Psychophysiology*, Vol. 44, 2002.

［26］Hillyard, Steven A. , Kenneth C. Squires, Jay W. Bauer & Peter H. Lindsay, "Evoked potential correlates of auditory signal detection", *Science*, Vol. 172, No. 3990, 1971.

［27］Hino, Yasushi & Stephen, J. Lupker, "Effects of polysemy in lexical decision and naming: an alternative to lexical access accounts", *Journal of Experimental Psychology: Human Perception and Performance*, Vol. 22, No. 6, 1996.

［28］Holcomb, Phillip, J. , John Kounios, Jane, E. Anderson & W. Caroline West, "Dual-coding, context-availability, and concreteness effects in sentence comprehension: an electrophysiological investigation", *Journal of Experimental Psychology: Learning, Memory & Cognition*, Vol. 25, No. 3, 1999.

[29] Hopper, Paul, J. & Sandra, A. Thompson, "A discourse basis for lexical categories in universal grammar", *Language*, Vol. 60, No. 4, 1984.

[30] Kellenbach, Marion L., Albertus A. Wijers, Marjolijn Hovius, Juul Mulder & Gijsbertus Mulder, "Neural differentiation of lexico-syntactic categories or semantic features? Event-related potential evidence for both", *Journal of Cognitive Neuroscience*, Vol. 14, No. 4, 2002.

[31] Klepousniotou, Ekaterini, "The processing of lexical ambiguity: homonymy and polysemy in the mental lexicon", *Brain & Language*, Vol. 81, 2002.

[32] Kounios, John & Phillip, J. Holcomb, "Structure and process in semantic memory: evidence from event-related brain potentials and reaction times", *Journal of Experimental Psychology: General*, Vol. 121, No. 4, 1992.

[33] Kounios, John & Phillip, J. Holcomb, "Concreteness effects in semantic processing: ERP evidence supporting dual—coding theory", *Journal of Experimental Psychology: Learning, Memory, and Cognition*, Vol. 20, No. 4, 1994.

[34] Kuatas, Marta & Kara, D. Federmeier, "Electrophysiology reveals semantic memory use in language comprehension", *Trends in Cognitive Sciences*, Vol. 4, No. 12, 2000.

[35] Lee, Chia-lin & Kara, D. Federmeier, "To mind the mind: an event—related potential study of word class and semantic ambiguity", *Brain Research*, Vol. 1081, No. 1, 2006.

[36] Lee, Chia-lin & Kara, D. Federmeier, "To watch, to see, and to differ: an event-related potential study of concreteness effects as a function of word class and lexical ambiguity", *Brain Language*, Vol. 104, No. 2, 2008.

[37] Lin, Chien—Jer Charles & Kathleen Ahrens, "Ambiguity advantage revisited: two meanings are better than one when accessing Chinese nouns", *Journal of Psycholinguistic Research*, Vol. 39, No. 1, 2010.

[38] Osterhout, Lee & Phillip J. Holcomb, "Event—related brain potentials elicited by syntactic anomaly", *Journal of Memory and Language*, Vol. 31, No. 6, 1992.

[39] Paivio, Allan, John, C. Yuille & Stephen, A. Madigan, "Concreteness, imagery and meaningfulness values for 925 nouns", *Journal of Experimental Psychology*, Vol. 76, No. 1, 1968.

[40] Parasuraman, Raja., Francois Richer & Jackson Beatty, "Detection and recognition: concurrent processes in perception", *Perception & Psychophysics*, Vol. 31, No. 1, 1982.

［41］ Polish, John, "Updating P300: an integrative theory of P3a and P3b", *Clinical Neurophysiology*, Vol. 118, No. 10, 2007.

［42］ Preissl, Hubert, Friedemann Pulvermüller, Werner Lutzenberger & Niels Birbaumer, "Evoked potentials distinguish between nouns and verbs", *Neuroscience Letters*, Vol. 197, No. 1, 1995.

［43］ Pulvermüller, Friedemann, Werner Lutzenberger & Niels Birbaumer, "Electrocortical distinction of vocabulary types", *Electroencephalography and Clinical Neurophysiology*, Vol. 94, No. 5, 1995.

［44］ Pulvermüller, Friedemann, Hubert Preissl, Werner Lutzenberger & Niels Birbaumer, "Brain rhythms of language: nouns versus verbs", *European Journal of Neuroscience*, Vol. 8, No. 5, 1996.

［45］ Pulvermüller, Friedemann, Bettina Mohr & Hans Schleichert, "Semantic or lexico—syntactic factors: what determines word – class – specific activity in the human brain? ", *Neuroscience Letters*, Vol. 275, No. 2, 1990a.

［46］ Pulvermüller, Friedemann, Werner. Lutzenberger & Hubert Preissl, "Nouns and verbs in the intact brain: Evidence from event—related potentials and high—frequency cortical responses", *Cerebral Cortex*, Vol. 9, No. 5, 1999b.

［47］ Rodd, Jennifer, M. , M. Gareth Gaskell & William, D. Marslen–Wilson, "Making sense of semantic ambiguity: Semantic competition in lexical access", *Journal of Memory and Language*, Vol. 46, No. 2, 2000.

［48］ Sereno, Joan, A. & Allard Jongman, "Processing of English inflectional morphology", *Memory Cognition*, Vol. 25, No. 4, 1997.

［49］ Squires, Kenneth, C. , Steven, A. Hillyard & Peter, H. Lindsay, "Vertex potentials evoked during auditory signal detection: relation to decision criteria", *Perception & Psychophysics*, Vol. 14, No. 2, 1973.

［50］ Squires, Kenneth, C. , Nancy, K. Squires & Steven, A. Hillyard, "Decision—related cortical potentials during an auditory signal detection task with cued observation intervals", *Journal of Experimental Psychology: Human Perception and Performance*, Vol. 1, No. 3, 1975.

［51］ Swaab, Tamara, Y. , Kathleen Baynes & Robert, T. Knight, "Separable effects of priming and imageability on word processing: an ERP study", *Cognitive Brain Research*, Vol. 15, No. 1, 2002.

［52］ Toglia, Michal, P. & William, F. Battig, *Handbook of semantic word norms*, Hillsdale, NJ: Erlbaum. 1978.

［53］ Tsai, Pei Shu, Brenda, H. Y. Yu, Chia Ying Lee, Ovid, J. L. Tzeng, Daisy L. Hung & Denise, H. Wu "An event-related potential study of the concreteness effect between Chinese nouns and verbs", *Brain Research*, Vol. 1253, 2009.

［54］ Talyor, John, R., *Linguistic Categorization: Prototypes in Linguistic Theory*, Foreign Language Teaching and Research Press, Oxford University Press, 2001.

［55］ Vigliocco, Gabriella, David, P. Vinson, Judit Druks, Horacio Barber & Stefano F. Cappa, "Nouns and verbs in the brain: a review of behavioural, electrophysiological, neuropsychological and imaging studies", *Neuroscience & Biobehavioral Reviews*, Vol. 35, No. 3, 2011.

［56］ Zhang, Qin, Chun-yan Guo, Jin-hong Ding & Zheng-yan Wang, "Concreteness effects in the processing of Chinese words", *Brain and Language*, Vol. 96, No. 1, 2006.

本文发表于《中国语言学报》2013 年第 41 卷第 1 期

汉语名词、动词和动名兼类词语义加工的偏侧化现象

——来自 ERP 的研究[*]

夏全胜　彭　刚　石　锋

摘　要：将 ERP 技术和半视野技术相结合，采用词汇判断任务，对汉语名词、动词和动名兼类词在左脑和右脑中的加工机制进行了考察。实验结果显示，名词和动词的 N400 仅在左视野/右脑存在差异，名词和动词的 N400 在左视野/右脑和右视野/左脑中都比偏（动）和偏（名）更负。不同词类的 LPC 在右视野/左脑中没有显著差异；偏（名）和偏（动）的 LPC 在左视野/右脑中比名词和动词更正。实验结果表明，在没有语境条件下，汉语名词和动词的差异主要在具体性上，动名兼类词体现出不同于名词、动词的加工机制。

关键词：名词　动词　动名兼类词　偏侧化　ERP

§一　引言

　　人类的大脑由两个外观相似、功能互补的半球组成。自从布罗卡（Broca）将左脑第二（或第三）额回后部与语言能力联系起来后，大脑左、右半球在语言加工中的偏侧化（lateralization）现象逐渐受到关注。名词和动词是语言中重要而基本的两个词类，研究名词和动词在左脑和右脑中是如何加工和表征的，对认识语言和大脑都具有重要的

------

* 本研究得到了国家自然科学基金重点项目（批准号：61135003）资助。

意义。

名词和动词的偏侧化研究起始于对裂脑病人的研究。随着技术发展，研究者通过半视野技术，以正常人为对象，考察名词和动词在左脑和右脑中的加工。戴（Day，1979）通过考察具体性高、低的名词、动词，发现动词和具体性低的名词在右视野/左脑中的加工比左视野/右脑中更快，存在右视野/左脑优势，而具体性高的名词在左、右视野的加工速度没有差别。涅托、圣克鲁斯和埃尔南德斯（Nieto，Santacruz & Hernández，1999）、塞雷诺（1999）也采用具体性高、低的名词、动词，发现名词在右脑的加工比动词加工更有优势。基亚雷洛、刘、希尔斯、艾斯金（Chiarello，Liu，Shears & Kacinik，2002）通过匹配具体性、词频等变量，没有发现动词与名词在右脑的加工存在不同。以上结果未能表明，名词和动词在左、右脑的加工存在差异。不过，戴（1979）、基亚雷洛等（1999，2002）都发现，具体性不同的词语在左、右脑中的加工存在不同，体现左脑和右脑具有不同功能，左脑主要进行（verbal）言语编码加工，右脑对（nonverbal）非言语编码加工更有优势（Pavio，1991）。

脑成像研究显示，没有足够证据证明名词和动词在左脑或右脑中具有独立的神经基础（Crepaldi，Berlingeri，Paulesu & Luzzatti，2011；Vigliocco et al.，2011）。在词汇判断任务中，不同语言研究结果不一。意大利语动词在左脑中的激活比名词更显著，包括左侧额中回和额下回、顶下小叶、颞中回和颞下回、枕下回（Perani et al.，1999）。英语动词只在右侧黑质（substantia nigra）（并非某一脑区）比英语名词激活更显著（Tyler，Russell，Fadili & Moss，2001）。汉语的名词和动词激活没有显著差异（Chan et al.，2008；Li，Jin & Tan，2004 等）。这可能是语言材料不同造成的。而日语研究中，使用相同的研究技术和大体一致的实验设计，结果也不一致。藤卷等人（Fujimaki et al.，1999）发现，日语名词在左脑和右脑的下顶叶沟（inferior parietal sulcus）和中央前沟比动词激活更显著；而横山等人（Yokoyama et al.，2006）则发现，日语动词在左侧颞叶中回比名词激活更显著。脑成像研究显示，在词汇判断任务中，名词在左脑和右脑中的激活没有动词显著。

　　行为实验和脑成像实验结果表明，词类、具体性和半球三个变量都会对加工产生影响。行为实验和脑成像实验结果不一致，可能由两方面原因造成：一是以往研究主要集中在形态变化丰富的语言，名词和动词大多在形态上有所差异，难以将名词、动词的语义特征和形态变化的影响分离开。不同语言的形态变化又有差异，所以结果不同。二是以往研究中使用的技术在时间分辨率上较低，难以考察名词、动词不同阶段的加工情况。本文以汉语为研究对象。因为汉语是形态变化不丰富的语言，名词和动词难以通过形态变化来区分，对汉语的研究可以避免形态加工对结果的影响。同时，本文采用时间分辨率较高的 ERP 技术。已有 ERP 研究表明，在词汇判断任务中，名词和动词在 P2（Kellenbach, Wijers, Hovius, J. Mulder & G. Mulder, 2002；Pulvermüller, Lutzenberger & Preissl, 1999 等）和 N400（Barber, Kousta, Otten & Vigliocco, 2010；Kellenbach et al., 2002 等）两个成分上存在差异，说明名词和动词在不同阶段的加工存在差异。

　　本书将半视野技术和 ERP 技术相结合，考察汉语词类加工的偏侧化现象，探讨左脑和右脑在语言加工中的功能。研究对象包括汉语双音节名词、动词和动名兼类词。选择动名兼类词是因为现代汉语双音节动词在向双音节名词转化（胡明扬，1996），而动名兼类词处于典型名词和典型动词连续统的中间部分（袁毓林，1995），在动词向名词的变化过程中，汉语动词是否具有与动名兼类词不同的加工机制，值得关注。已有研究发现，在语境条件下，汉语名词和动词都与兼类词的加工存在差异（刘涛、马鹏举、于亮、刘俊飞、杨亦鸣，2011）。那么，这种差异是由语境带来的，还是由不同词类之间差异带来的，是值得探讨的。为了深化研究，本文还将动名兼类词分为偏向于名词和偏向于动词的两类，分别简称为偏（名）和偏（动）。

　　在词汇加工中，词频、笔画数、词类、具体性等变量都会影响加工过程。本文考察不同词类在左脑和右脑中加工，主要操纵词类和半球变量，对词频和笔画数进行控制。佩维沃（1991）指出左脑和右脑具有不同功能，左脑主要进行言语编码加工，右脑主要进行非言语编码加工。

本文通过比较动词与动名兼类词①匹配具体性前后的变化，探索左脑和右脑对具体性的加工。实验假设：（1）左脑主要负责言语加工，右脑主要负责非言语加工。（2）语义特征加工主要与言语加工有关，具体性加工主要与非言语加工有关，汉语名词、动词在语义特征和具体性上都存在差异，名词与动词在左脑和右脑中的加工都存在差异。（3）名词、动词在语义特征、具体性和义项数量上都与动名兼类词存在差异，汉语名词、动词在左脑和右脑的加工都与动名兼类词存在差异。

§二　研究方法

（一）被试

17名（十男七女）非心理学专业大学生参加实验，平均年龄24岁，右利手，母语为汉语，视力或矫正视力正常，实验后有一定报酬。

（二）实验材料

实验材料包括汉语双音节名词、动词、偏（名）、偏（动）各80个以及320个非词，共640个实验材料。名词、动词以典型的名词、动词为主②，偏（名）和偏（动）按照词类倾向性评分划定。③ 名词、动词、偏（名）、偏（动）的倾向性评分均差异显著（$p<0.05$），而词频④和笔画数都不存在差异（$p>0.05$）（见表1）。非词是由两个符合正字法的汉字组成、在现代汉语中不存在的词语，如承景。每个实验材料在左、右视野各出现一次。双字词的两个汉字垂直排列，从而保证每个汉字到达中央注视点的距离相同。双字词中心的偏心视角约为4.25°，大小为上下、左右约为1.6°。

---

① 由于典型名词和动词的具体性难以匹配，所以这里选择动词与动名兼类词作为研究对象。

② 典型名词选取的是离散的、有形的、占有三维空间的实体名词（Taylor, 1989）；典型动词选取的是动作性强、具有时间特征的动词（张伯江, 1994）。

③ 具体评定方法请见夏全胜、吕勇、白学军、石锋（2013）。

④ 词频参考"现代汉语研究语料库"查询系统。

表1   目标词的倾向性评分、词频、笔画数

类型	倾向性评分（M±SD）	词频（M±SD）	笔画数（M±SD）
名词	1.42±0.4	23.73±18.2	16.6±3.8
动词	9.27±0.73	23.11±21.8	17.6±4
偏（动）	8.13±0.88	26.06±22.5	17.4±4
偏（名）	5.83±1.54	26.2±20.7	16.8±4.1

（三）实验程序

使用 E-prime 软件呈现实验刺激，具体程序如图1所示。要求被试尽可能迅速而准确地按键判断屏幕上的两个汉字是否为词。每个被试要完成8组实验，每组约6分钟。按键的手在被试内进行了平衡。正式实验前进行适当练习，保证被试熟练实验程序。

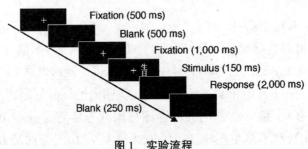

图1 实验流程

（四）脑电记录

脑电数据的记录采用美国 Neuroscan 公司生产的 ERP 系统实现。使用 Scan 4.2 记录脑电，电极帽为 Quick-Cap 64 型（Ag/Agcl 电极，电极位置按照国际标准的 10—20 系统放置），参考电极置于左耳乳突处（离线处理转换为双侧乳突的均值为参考），接地点在 Fpz 和 Fz 的中点，采用双极导联方法去除眼电。放大器为 Synamps，采样率 1000Hz，模拟滤波带通为 0.05—100Hz，放大倍数为 150000 倍，精确度 0.08μV/LSB。

（五）数据处理

记录的脑电数据在离线条件下去眼电（ocular artifact reduction 方法）、分段（分析时程为目标词呈现前 200ms 至呈现后 1000ms，剔除反应时超出被试平均反应时+3×标准差外及判断错误的段）、无相移数字滤波（low pass，30Hz/12db）、基线校正（以刺激呈现前 200ms 为标准）、去除伪迹（标准为−80—+80μV，拒绝率<15%）、叠加、总平均。

（六）数据分析

数据分析采用重复测量方差分析。行为数据分析包括词类和视野两个因素，词类因素包括四个水平：名词、动词、偏（名）、偏（动）；视野因素包括两个水平：左视野、右视野，进行 4（词类）×2（视野）的重复测量方差分析。脑电数据分析包括词类、视野和电极位置（见图 2）三个因素。进行 4（词类）×21（电极位置）×2（视野）的重复测量方差分析，并使用 Greenhouse-Geisser P 值进行校正。

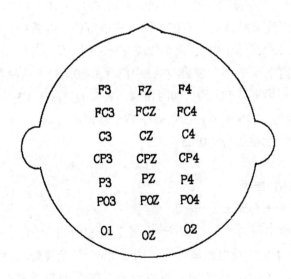

图 2　电极分布

§三　实验结果

（一）行为数据

反应时结果显示，词类主效应显著 $[F_{(2, 34)} = 5.59, p<0.01]$。邦弗罗尼多重检验表明，名词在左视野/右脑和右视野/左脑的反应时快于偏（动）和偏（名）$(ps<0.05)$，与动词的边缘显著 $(p=0.058)$，名词的加工时间更短。视野的主效应显著 $[F_{(1, 16)} = 6.521, p<0.05]$。不同词类在右视野/左脑的反应时要小于在左视野/右脑的。词类和视野的交互效应显著 $[F_{(2, 27)} = 8.263, p<0.01]$。简单效应分析表明，名词和偏（名）在右视野/左脑加工的反应时快于在左视野/右脑加工的 $(ps<0.05)$；偏（动）和偏（名）的反应时在左视野/右脑和右视野/左脑中快于动词的 $(ps<0.05)$；偏（名）在左视野/右脑中的反应时快于偏（动）的 $(p<0.05)$。

正确率结果显示，词类主效应不显著 $[F_{(2, 26)} = 1.837, p>0.05]$，视野主效应显著 $[F_{(1, 16)} = 20.843, p<0.05]$。不同词类在左脑加工的正确率总体高于右脑。词类和视野的交互效应边缘显著 $[F_{(2, 34)} = 3.232, p=0.05]$。简单效应分析表明，偏（动）在右视野/左脑加工的正确率高于在左视野/右脑中的 $(ps<0.05)$。右视野/左脑中，偏（动）的正确率高于名词、动词和偏（名）的 $(ps<0.05)$；左视野/右脑中，偏（动）和偏（名）的正确率高于动词的 $(ps<0.05)$，偏（名）的正确率高于名词的 $(p<0.05)$。

（二）ERP 结果

1. 波形的整体特征

图 3 显示不同词类在大脑中线电极上的 ERP 波形图，图 3（a）是右视野/左脑下的中线电极波形图，图 3（b）是左视野/右脑下的中线电极波形图。从 ERP 的波形上可以看出，四个词类诱发以下 ERP 成分：N1、P1、N2、P2、N400 和 LPC。经过统计，早期成分 N1、P1、N2 和 P2 在不同词类和不同视野之间都没有显著差异。根据以往研究

（Tsai，Yu，Lee，& Tzeng，2009）和本实验结果，确定 350—500ms（N400）、500—650ms（LPC）两个分析窗口。

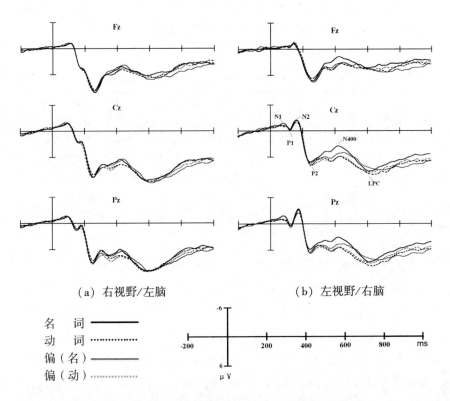

（a）右视野/左脑　　　　　　（b）左视野/右脑

名　　词 ——————
动　　词 ·············
偏（名） ——————
偏（动） ·············

**图3　名词、动词、偏（动）和偏（名）在大脑中线
电极上的 ERP 波形对比**

2. N400 成分

对平均波幅进行重复测量分析，词类的主效应显著 $[F(2, 34) = 30.659, p<0.001]$；视野的主效应不显著 $[F(1, 16) = 0.403, p>0.05]$；词类与电极的交互作用显著 $[F(5, 76) = 4.476, p<0.05]$；词类、电极和视野的交互作用显著 $[F(6, 97) = 19.672, p<0.001]$。简单效应分析（见表2），在右视野/左脑中，名词的 N400 在中后部区域电极上比偏（动）更负，在顶区电极上比偏（名）更负；动词的 N400 在前、中、后电极上比偏（动）更负，在中后部电极上比偏

（名）更负；名词和动词、偏（动）和偏（名）的 N400 不存在差异。在左视野/右脑中，名词的 N400 在前、中、后电极上比动词、偏（动）和偏（名）更负；动词的 N400 主要在中后部区域电极上比偏（动）和偏（名）更负；偏（动）和偏（名）的 N400 没有显著差异。

表2　　　　名词、动词、偏（动）和偏（名）N400 结果汇总

	右视野/左脑	左视野/右脑
名词—动词	—	额区、中央区、顶区和枕区
名词—偏（动）	中央区、顶区和枕区	额区、中央区、顶区和枕区
名词—偏（名）	顶区	额区、中央区、顶区和枕区
动词—偏（动）	额区、中央区、顶区和枕区	中央区、顶区和枕区
动词—偏（名）	中央区、顶区和枕区	顶区和枕区
偏（动）—偏（名）	—	—

3. LPC 成分

对平均振幅进行重复测量分析，词类的主效应显著 $[F_{(2, 33)} = 28.896, p<0.001]$；视野的主效应不显著 $[F_{(1, 16)} = 0.132, p>0.05,]$；词类、电极和视野的交互效应显著 $[F_{(3, 53)} = 9.956, p<0.001]$。简单效应分析（见表3），在右视野/左脑中，不同词类的 LPC 不存在显著差异。在左视野/右脑中，偏（动）的 LPC 在中后部电极上分别比名词、动词的更正；偏（名）的 LPC 在前、中、后电极上分别比名词、动词的更正；偏（名）的 LPC 在顶部和枕部电极上比偏（动）的更正。

表3　　　　名词、动词、偏（动）和偏（名）LPC 结果汇总

	右视野/左脑	左视野/右脑
名词—动词	—	—
名词—偏（动）	—	中央区、顶区和枕区
名词—偏（名）	—	额区、中央区、顶区和枕区
动词—偏（动）	—	中央区、顶区和枕区
动词—偏（名）	—	额区、中央区、顶区和枕区
偏（动）—偏（名）	—	顶区和枕区

§四 讨论

　　行为实验结果表明，不同词类总体上在左脑中的加工速度快于在右脑中，在左脑中的正确率高于在右脑中，说明言语编码主要在左脑中进行。在名词和动词的加工上，名词在左脑和右脑的反应时都要小于动词，体现名词和动词语义加工的差异。而同一词类在左脑和右脑的比较中，只发现名词具有右视野优势。这与基亚雷洛等人（2002）的发现一致，但与戴（1979）、塞雷诺（1999）的结果不同。这种不同是否由语言差异引起的还不清楚。不过，行为数据主要反映词语整体加工过程，无法体现不同加工阶段的情况，需要对 ERP 结果进一步分析。

　　N400 是与语义加工有关的成分（Kutas & Federmeier, 2000），既可以体现不同词类语义特征差异（Barber et al., 2010; Kellenbach et al., 2002 等），也可体现具体词与抽象词的差异（Kounios & Holcomb, 1994; Tsai et al., 2009 等）。为了深入考察具体性变量在左脑和右脑加工中的影响，本文对四个词类的具体性进行评定。① 根据评定结果，笔者匹配了动词和偏（名）② 的具体性，选取上文 N400 分析中发现差异的顶区和枕区电极（见表 2 和图 2），对匹配具体性前、后的动词和偏（名）N400 进行重新分析。结果表明，在右视野/左脑，匹配具体性前后，动词的 N400 都比偏（名）更负（$ps < 0.05$）；在左视野/右脑，匹配前，动词的 N400 比偏（名）更负（$p < 0.05$），匹配后，动词和偏（名）N400 的差异消失（$p > 0.05$）。这说明，在右视野/左脑中，N400 主要反映词类语义特征的差异，具体性影响不大；在左视野/右脑中，N400 受到具体性的影响。不过，动词与偏（动）的具体性没有显著差

---

　　① 具体评定方法请参照张钦、丁锦红、郭春彦、王争艳（2003）。经调查和统计，名词的具体性（1.72+0.8）高于动词（4.25+0.92）、偏（动）（4.29+0.64）和偏（名）（3.95+1.07）的（$ps < 0.05$），偏（名）的具体性高于动词和偏（动）的（$ps < 0.05$），动词和偏（动）的具体性没有差异（$p > 0.05$）。

　　② 根据具体性评定结果，名词与其他三类词汇的具体性结果差异较大。如果匹配具体性，各词类叠加的次数较少，结果可能不够可靠。为了保证足够的叠加次数，笔者选择动词与偏（名）为对象。

异，动词的 N400 在左视野/右脑中比偏（动）更负，说明左视野/右脑中的 N400 也可体现语义特征差异。脑成像研究也发现具有不同语义特征的词语在右脑的激活存在差异（Bright, Moss & Tyler, 2004；Tyler et al., 2001 等）。因此，在右视野/左脑中，N400 体现不同词类语义特征加工；在左视野/右脑中，N400 体现不同词类语义特征和具体性加工。

根据这个发现，本文对 N400 结果进行解释。对名词和动词来说，名词和动词的 N400 在右视野/左脑中没有显著差别，表明它们在词汇判断过程中语义激活程度大致相同。因此，名词与动词在左视野/右脑中的 N400 主要体现具体性差异。名词凸显实体，动词凸显实体之间的相互关系（Langacker, 1987），名词比动词更具体，所以名词的 N400 比动词更负。名词、动词的 N400 在右视野/左脑和左视野/右脑中都比动名兼类词更负，说明在语义特征和具体性上有所差异。在语义特征上，典型名词一般指称事物，包含较多感觉信息；典型动词一般表示动作，包括较多动作信息；动名兼类词表示行为动作时，其动作信息少于典型动词，因为动名兼类词大多没有具体对应的动词图式，动性较弱（齐沪扬，2004）；动名兼类词指称活动和事件时，与活动相关的施事、受事、工具等信息并不明确，包含的感觉信息少于名词。动名兼类词具有的感觉和动作信息少于名词和动词的，诱发的 N400[①] 波幅较小。在具体性上，多数动名兼类词用作名词时都指称活动、事件，是把"关系"视作抽象事物（王冬梅，2001），而典型名词主要指称占据三维空间的实体，所以名词比动名兼类词更具体，名词 N400 更负。

在词汇判断任务中，多义词会比单义词产生更多的语义激活，判断确定性更高，诱发的 LPC 更正（夏全胜等，2013）。根据统计[②]，偏（名）的义项最多，所以其 LPC 波幅应最大。偏（动）的义项多于名

---

① N400 可以体现加工过程信息激活数量，激活越多，N400 的幅值越大（Huang, Lee, Huang & Chou, 2011）。

② 参照阿伦斯等（Ahrens, Chang, Chen & Huang, 1998）提出的区分意义（sense）和意义方面（meaning facets）的标准，对本实验中使用的名词、动词、动名兼类词在《现代汉语词典》（第 5 版）中的义项数量进行统计，偏（名）（1.5+0.53）的义项数量多于名词（1.04+0.19）、动词（1.02+0.18）和偏（动）（1.23+0.44）的义项数量（$ps < 0.001$），偏（动）的义项数量多于名词和动词的（$ps < 0.01$），名词和动词的义项数量没有差异（$p > 0.05$）。

词、动词，其 LPC 应大于名词和动词。名词和动词只激活一个语义，其 LPC 应最小。但这种预期的 LPC 效应只在左视野/右脑中出现，而在右视野/左脑中不同词类的 LPC 没有显著差异。这是因为左脑会选择某一个具有优势的、确定的语义进行激活，而右脑会同时激活广泛的语义场，具有优势和不具优势的语义都会被激活（Beeman，1998；Jung-Beeman，2005 等）。所以，在右视野/左脑中，不同词类仅有优势语义激活，LPC 没有差异；在左视野/右脑中，具有优势和不具优势的语义都会激活，从而出现预期的 LPC 效应。

实验结果表明，左脑主要负责言语加工，右脑既进行非言语加工，也参与言语加工。在单独呈现条件下，汉语名词和动词仅在具体性上存在差异，这一定程度上说明，汉语名词和动词之间是虚实之别（沈家煊，2012）。同时，虽然汉语动词在向名词的发展过程中，但是动词并没有完全变成动名兼类词。动词和名词在语义特征和义项数量上与动名兼类词存在差异，体现出非兼类词与兼类词不同的加工机制。

参考文献

［1］胡明扬：《动名兼类的计量考察》，《语文研究》1995 年第 2 期。

［2］刘涛、马鹏举、于亮、刘俊飞、杨亦鸣：《汉语名—动兼类效应的神经机制研究》，《心理科学》2011 年第 34 卷第 3 期。

［3］齐沪扬主编：《与名词动词相关的短语研究》，北京语言大学出版社 2004 年版。

［4］沈家煊：《论"虚实象似"原理——韵律和语法之间的扭曲对应》，《汉语作为第二语言研究》2012 年第 1 卷第 1 期。

［5］孙宏林、孙德金、黄建平、李德钧、邢红兵：现代汉语研究语料库系统（http：//www.dwhyyjzx.com/cgi—bin/yuliao/）。

［6］王冬梅：《现代汉语动名互转的认知研究》，博士学位论文，中国社会科学院，2001 年。

［7］夏全胜、吕勇、白学军、石锋：《汉语名词、动词和动名兼类词语义加工的 ERP 研究》，《中国语言学报》2013 年第 41 卷第 1 期。

［8］袁毓林：《词类范畴的家族相似性》，《中国社会科学》1995 年第 1 期。

［9］张伯江：《词类活用的功能解释》，《中国语文》1994 年第 5 期。

［10］张钦、丁锦红、郭春彦、王争艳：《名词与动词加工的 ERP 差异》，《心

理学报》2003 年第 6 期。

[11] 中国社会科学院语言研究所词典编辑室编:《现代汉语词典》(第 5 版),商务印书馆 2005 年版。

[12] Ahrens, K. , Chang, L. L. , Chen, K. J. & Huang, C. R. , "Meaning representation and meaning instantiation for Chinese nominals", *Computational Linguistics and Chinese Language Processing*, Vol. 3, No. 1, 1998.

[13] Barber, H. A. , Kousta, S. T. , Otten, L. J. & Vigliocco, G. , "Event-related potentials to event-related words: Grammatical class and semantic attributes in the representation of knowledge", *Brain Research*, Vol. 1332, 2010.

[14] Beeman, M. , "Coarse semantic coding and discourse comprehension", In Beeman, M. & Chiarello, C. (Eds.), *Right hemisphere language comprehension: Perspectives from cognitive neuroscience*, Mahwah, NJ: Lawrence Erlbaum associates, 1998.

[15] Bright, P. , Moss, H. & Tyler, L. K. , "Unitary vs. multiple semantics: PET studies of word and picture processing", *Brain and Language*, Vol. 89, 2004.

[16] Chan, A. H. D. , Luke, K. K. , Li, P. , Yip, V. , Li, P. , Weekes, B. et al. , "Neural correlates of nouns and verbs in early bilinguals", *Annals of the New York Academy of Sciences*, Vol. 1145, 2008.

[17] Chiarello, C. , Liu, S. , Shears, C. , & Kacinik, N. , "Differential asymmetries for recognizing nouns and verbs: Where are they? ", *Neuropsychology*, Vol. 16, 2002.

[18] Crepaldi, D. , Berlingeri, M. , Paulesu, E. & Luzzatti, C. , "A place for nouns and a place for verbs? A critical review of neurocognitive data on grammatical-class effects", *Brain and Language*, Vol. 16, No. 1, 2011.

[19] Day, J. , "Visual half-field word recognition as a function of syntactic class and imageability", *Neuropsychologia*, Vol. 17, 1929.

[20] Fujimaki, N. , Miyauchi, S. , Pütz, B. , Sasaki, Y. , Takino, R. , Sakai, K. et al. , "Functional magnetic resonance imaging of neural activity related to orthographic, phonological, and lexico-semantic judgments of visually presented characters and words", *Human Brain Mapping*, Vol. 8, 1999.

[21] Huang, C. H. , Lee, C. Y. , Huang, H. W. & Chou, C. J. , "Number of sense effects of Chinese disyllabic compounds in the two hemispheres", *Brain and Language*, Vol. 119, No. 2, 2011.

[22] Jung-Beeman, M. , "Bilateral brain processes for comprehending natural language", *Trends in Cognitive Sciences*, Vol. 9, 2005.

［23］Kellenbach, M. L., Wijers, A. A., Hovius, M., Mulder, J. & Mulder, G., "Neural differentiation of lexico-syntactic categories or semantic features? Event-related potential evidence for both", *Journal of Cognitive Neuroscience*, Vol. 14, No. 4, 2002.

［24］Kounios, J. & Holcomb, P. J., "Concreteness effects in semantic processing: ERP evidence supporting dual-coding theory", *Journal of Experimental Psychology: Learning, Memory, and Cognition*, Vol. 20, No. 4, 1994.

［25］Kutas, M. & Federmeier, K. D., "Electrophysiology reveals semantic memory use in language comprehension", *Trends in Cognitive Sciences*, Vol. 4, No. 12, 2000.

［26］Langacker, R. W., "Nouns and verbs", *Language*, Vol. 63, 1987.

［27］Li, P., Jin, Z. & Tan, L. H., "Neural representations of nouns and verbs in Chinese: an fMRI study", *NeuroImage*, Vol. 21, No. 4, 2004.

［28］Nieto, A., Santacruz, R. & Hernández, S., "Hemispheric asymmetry in lexical decisions: the effects of grammatical class and imageability", *Brain and Language*, Vol. 70, No. 3, 1999.

［29］Paivio, A., "Dual coding theory: retrospect and current status", *Canadian Journal of Psychology*, Vol. 45, No. 3, 1991.

［30］Perani, D., Cappa, S. F., Schnur, T., Tettamanti, M., Collina, S., Rosa, M. M. et al., "The neural correlates of verb and noun processing—a PET study", *Brain*, Vol. 122, 1999.

［31］Pulvermüller, F., Lutzenberger, W. & Preissl, H., "Nouns and verbs in the intact brain: Evidence from event-related potentials and high-frequency cortical responses", *Cerebral Cortex*, Vol. 9, No. 5, 1999.

［32］Sereno, J. A., "Hemispheric differences in grammatical class", *Brain and Language*, Vol. 70, No. 1, 1999.

［33］Tyler, L. K., Russell, R., Fadili, J. & Moss, H. E., "The neural representation of nouns and verbs: PET studies", *Brain*, Vol. 124, 2001.

［34］Taylor, J. R., *Linguistic Categorization: Prototypes in Linguistic Theory*, Clarendon Press, Oxford, 1989.

［35］Tsai, P. S., Yu, B. H., Lee, C. Y., Tzeng, O. J., Huang, D. L., Wu, D. H., "An event-related potential study of the concreteness effect between Chinese nouns and verbs", *Brain Research*, Vol. 1253, 2009.

［36］Vigliocco, G., Vinson, D. P., Druks, J., Barber, H., Cappa, S. F.,

"Nouns and verbs in the brain: a review of behavioural, electrophysiological, neuropsychological and imaging studies", *Neuroscience & Biobehavioral Reviews*, Vol. 35, No. 3, 2011.

[37] Yokoyama, S., Miyamoto, T., Riera, J., Kim, J., Akitsuki, Y., Iwata, K. et al., "Cortical mechanisms involved in the processing of verbs: an fMRI study", *Journal of Cognitive Neuroscience*, Vol. 18, 2006.

本文发表于《心理科学》2014 年第 37 卷第 6 期

汉语名词和动词语义加工中具体性效应和词类效应的 ERP 研究

夏全胜　吕　勇　石　锋

摘　要：使用 ERP 技术对典型名词和典型动词的语义加工进行了研究和分析，发现具体性和词类之间虽然有一定的相关性，但它们是彼此独立的，名词和动词在语义加工上的差异不能完全由具体性来解释；进一步发现具体性效应和词类效应的脑区分布区域有所差异，具体性主要在额区、中央区对语义加工产生影响，而词类主要在顶区、枕区对语义加工产生影响。

关键词：语义加工　词类效应　具体性效应　事件相关电位

§一　引言

世界上多数语言都具有名词和动词这两个基本的词类，它们在语言结构和语言功能等方面都担当着重要作用，相互之间既有区别又有联系。在神经语言学方面，失语症研究、脑成像研究等都对名词和动词是否具有不同的神经基础进行了大量研究。其中，关于具体性效应①（concretness effect）和词类效应（grammatical class effect）对名词和动词加工的影响引人关注。

行为实验结果表明，具体概念比抽象概念加工得更快，正确率更高

---

① 佩维沃（1968）、托利亚和巴迪治（1978）与科特斯和福格特（2004）都发现，具体性和想象力（imageability）很相近，具有高度的相关性。因此，本文不区分这两个概念。

（如 de Groot，1989；Paivio，1986；张钦、张必隐，1997 等），这就是具体性效应。ERP 实验中，具体性效应表现为具体词的 N400 比抽象词的更大（Kounios & Holcomb，1994；Lee & Federmeier，2008；Tsai et al.，2009 等）。同时，名词和动词作为不同的词类在加工上也有所差异。行为实验结果表明，在严格控制了各种影响因素后，名词图片的命名时间要快于动词的（Szekely et al.，2005）。ERP 实验中，名词和动词语义加工的差异体现在 P2（Preissl et al.，1995；Pulvermüller et al.，1999a，b；Kellenbach et al.，2002；刘涛等，2008 等）和 N400（Federmeier et al.，2000；张钦等，2003；Lee & Federmeier，2006，2008；刘涛等，2008；Barber et al.，2010 等）两个成分上，体现了词类对语义加工的影响。以往研究结果表明，具体性和词类都会对语义加工产生效应，但它们的关系如何，不同的研究结果不一。

伯德等（Bird et al.，2000）认为名词和动词在加工上的差别主要源于它们在具体性上的差异。当具体性匹配时，动词失语症（verb deficit）患者在名词和动词的加工上的差异消失（Bird et al.，2000，2001，2003）。其他一些研究也发现了类似的结果。基亚雷洛等（2002）发现在控制了具体性后，没有发现名词和动词的加工在左右半球存在差异。伯格卡等（Bogka et al.，2003）发现动作图片的命名时间要慢于物体图片的命名时间，但是当把具体性纳入延迟分析后，动作和物体图片命名时间的差异就消失了。蔡培舒等（2009）的实验结果表明，具体名词和具体动词的 N400 在广泛区域内分别比抽象名词和抽象动词更负，但是词类的主效应、词类和具体性的交互效应都不显著。脑成像研究的结果显示，在具体性得到控制并且没有句法形态加工的情况下，名词和动词在大脑激活的区域没有显著差别（Tyler et al.，2001，2004；Longe et al.，2006）。

但是，其他一些研究表明，具体性效应和词类效应是彼此独立的，分别对名词和动词的加工产生影响，词类效应不能完全由具体性效应来解释。其中的一些研究，通过控制具体性，探索词类对加工的影响。巴伯等（2010）利用 ERP 技术发现，在控制具体性等变量后，名词的 N400 在后部电极上比动词的更负。脑成像研究表明，在控制具体性等变量后，动词在前运动区的背部（doral premotor region）和顶叶后部

（posterior parietal region） 等区域 （Berlingeri et al.， 2008） 和左颞叶后部 （posterior left temporal lobe）（Burton et al.， 2009） 比名词激活显著。另外一些研究，按照具体性的高低，进一步分为具体和抽象的两组，观察词类与具体性对加工的影响。其中，裴拉妮等 （Perani et al.， 1999） 和凯伦巴赫等 （2002） 分别通过 PET 技术和 ERP 技术发现，具体性和词类分别在不同脑区产生影响，具体性和词类没有交互作用。而其他研究发现，在加工过程中，具体性和词类存在着交互作用，共同影响名词和动词的加工 （张钦等，2003；Zhang et al.， 2006；Lee & Federmeier， 2008）。失语症研究中，伯恩特等 （Berndt et al.， 2002） 发现在控制了具体性等变量后，有些失语症病人对名词和动词的加工仍有差异，体现出词类效应；有些病人对具体性高和具体性低的词加工有差异，体现出具体性效应；而有些病人同时表现出词类效应和具体性效应。贝德妮 （Bedny） 和汤普森·希尔 （Thompson-Schill， 2006） 利用 fMRI 技术发现，具体性效应主要在左顶叶上回 （left superior parietal lobule） 和左侧梭状回 （left fusiform） 区域激活明显；而当两个词类的具体性匹配时，动词在左颞叶上回 （left superior temporal gyrus） 比名词激活明显；词类和具体性在左额叶下回 （left inferior frontal gyrus） 出现交互作用。以上实验结果说明，在加工过程中，具体性和词类是彼此独立的，词类效应不能完全由具体性效应来解释。

以往研究为了探索词类和具体性之间的关系，主要采取了两种方法：一是控制具体性变量，观察词类对加工的影响；二是操纵具体性变量，进一步分为具体的和抽象的两组，观察词类与具体性对加工的影响。由于多数名词比多数动词更为具体 （Howard et al.， 1995；Marshall et al.， 1996a, b；Bird et al.， 2001, 2003），这两种方法都存在一定的问题。就第一种方法而言，为了匹配名词和动词的具体性，就要选择一些具体性相对较低的名词作为实验材料，而把一些具体性较高的典型名词排除在外；就第二种方法而言，有些研究的具体名词的具体性高于具体动词，而有些研究在具体组中匹配了名词和动词的具体性，也出现了第一种方法的问题。总之，由于名词和动词在具体性上的差异，无论采用哪种方法，都难以全面地考察具体性和词类在名词、动词加工中的效应。本文希望在这一方面做一些新的尝试，将具体性较高的典型名词和典型动词①纳入研究范围，通过 ERP 实验和对实验数据的回归分析进一步厘清具体性效应和词类效应在加工过程中的关系，加深我们的认识。

§二　研究方法

（一）被试

16 名（八男八女）南开大学和天津大学非心理学专业学生参加实验，年龄 24±2.23 岁，右利手，母语为汉语，视力或矫正视力正常，实验后有一定报酬。

（二）实验材料

实验材料包括名词、动词各 80 个以及 160 个非词。由南开大学和天津外国语大学非心理学专业的 17 名学生在 11 点量表上，判断一个词经常用作名词还是动词（1 代表经常用作名词，11 代表经常用作动词）。另外，还对实验材料进行了具体性评定。由南开大学 19 名学生（未参加词类倾向评定）在 7 点量表上，判断一个词的具体性（1 代表最具体，7 代表最抽象）。评定结果显示这两类词汇在词类和具体性评分上均差异显著（$p<0.001$）；同时，它们在词频②和笔画数（见表 1）上差异不显著（$ps>0.05$）。

将 320 个实验材料平均分为四组，每组由 80 个实验材料组成，包括 20 个名词、20 个动词和 40 个非词。每组中的材料采取伪随机排列，真词和非词连续出现不超过四个，每类真词连续出现不超过两个。

---

① "典型"的概念来自袁毓林（1995）。他指出汉语词类是一种原型范畴，是根据词与词之间在分布上的家族相似性而聚集成类的。属于同一词类的词有典型成员和非典型成员之别，典型成员是一类词的原型，是非典型成员归类时的参照标准。具体性低的名词如年龄、自然等不能受到量词的修饰，不是典型名词；具体性低的动词如推测、考虑等可以同时兼作名词，也不是典型动词。

② 参考的"现代汉语研究语料库"词频查询系统（孙宏林等，1997）。

表 1　　　　　目标词词类、具体性、词频、笔画数平均值和标准差

类型	词类（M±SD）	具体性（M±SD）	词频（M±SD）	笔画数（M±SD）
名词	1.42±0.4	1.75±0.8	23.73±18.2	16.6±3.8
动词	9.27+0.7	4.31+0.9	23.11+21.8	17.6+3.9

（三）实验程序

实验过程中被试坐在隔音、亮度适中的电磁屏蔽室内。双字词以21 英寸显示器呈现，高度与被试眼睛高度基本一致。被试距离显示器约 1 米，双字词大小为 8 厘米×4 厘米。要求被试尽可能迅速而准确地按键判断呈现在屏幕上的两个汉字是否为词。每个刺激项目呈现时间为300ms，两个刺激项目之间的间隔为 1700±100ms。被试的按键反应必须在刺激消失后的 1400ms 内做出，否则不予记录。正式实验前，每个被试都要做一个包含 30 个项目的练习，在确认被试理解了实验要求后再开始正式实验。按键的手在被试间进行了平衡。每个被试都要完成 4 组实验，每组约 4 分钟。组与组之间有约 2 分钟的休息时间。将 320 个实验用词用 PhotoShop 软件进行编辑并存储为 .bmp 文件格式，使用 E-prime 软件呈现。

（四）脑电记录

脑电数据的记录采用美国 Neuroscan 公司生产的 ERP 系统实现。使用 Scan 4.2 记录脑电，电极帽为 Quick-Cap 64 型（ag/agcl 电极，电极位置按照国际标准的 10—20 系统放置），参考电极置于左耳乳突处（实验后离线处理时转换为双侧乳突的均值为参考），接地点在 Fpz 和 Fz 的中点，采用双极导联方法记录眼电。放大器为 Synamps，采样率1000Hz，模拟滤波带通为 0.05—100Hz，放大倍数为 150000 倍，精确度 0.08μV/LSB。

（五）数据处理及分析

记录的脑电数据在离线条件下去眼电（ocular artifact reduction 方法）、分段（分析时程为刺激呈现前 200ms 至呈现后 1000ms，剔除反应时超出被试平均反应时+3 标准差及判断错误的段）、纠斜（liner detrend）、无相移数字滤波（low pass，30Hz/12db）、基线校正（以刺激呈现前 200ms 为标准）、去除伪迹（标准为 -80—$+80\mu V$，拒绝率 $<$ 15%）、计算每个刺激指定时域的波幅值、叠加平均（以实验刺激为单位）、总平均。

数据分析采用回归分析进行。回归分析以词类评分和具体性评分为自变量，以每个电极相关 ERP 成分的波幅值为因变量，考察词类和具体性对波幅值影响大小。由于词类和具体性存在一定的联系，回归分析时首先要考虑二者是否存在多重共线性关系。多重共线性指当自变量之间高度相关时，回归方程中的自变量就会互相削弱各自对 y 的边际影响，使本身的回归系数的数值下降而其标准误差扩大，于是就会出现回归方程整体显著，但各个自变量都不显著的现象（郭志刚等，1999）。为了减低多重共线性对结果的影响，采用“逐步回归法”（Frisch 综合分析法）进行修正，在 SPSS 中通过逐步回归法（Stepwise）计算。这种方法首先计算各自变量对因变量的贡献大小，按由大到小的顺序挑选贡献最大的一个先进入方程。随后重新计算各自变量对因变量的贡献，并考察已在方程中的变量是否由于新变量的引入而不再具有统计学意义。如果有则将它剔除，如果没有则保留。然后，再引入新的变量进入方程考察，直到方程内没有变量可被剔除，方程外没有变量可被引入为止（杨端和，2004）。选取 21 个电极进行分析（见图 1），根据本实验结果并参照前人研究（张钦等，2003；Zhang et al.，2006），确定 300—400ms（N400）为分析窗口。

§三　实验结果

（一）波形的整体特征

从 ERP 的波形上（见图 2）可以看出，几个早期成分被名词和动词诱发。它们包括一个早期负波 N1，峰值大约在 100ms。接着出现一个早期正波 P1，峰值出现在 160—170ms。接着在顶叶和枕叶，出现一个负波 N2，峰值大约在 200ms。随后，多数电极上出现一个正波 P2，峰值在 230—270ms。P2 之后是一个广泛分布的负波 N400，峰值在 310—330ms。

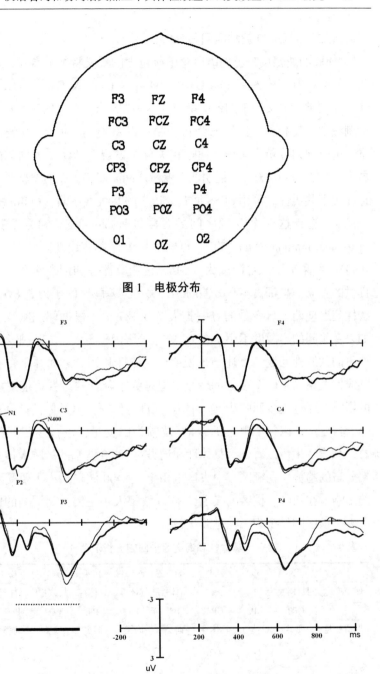

图 1　电极分布

图 2　名词、动词在部分电极上的 ERP 波形对比

（二）对 N400 波幅的回归分析

N400 的波幅反映了词语概念中所包含的语义特征的数量，与神经元激活的数量有直接关系（de Groot，1989；Kounios & Holcomb，1994）。具体性和词类对语义加工的效应都可在 N400 成分上有所体现。从而，以每个刺激的词类和具体性评分为自变量，以每个刺激的 N400 波幅为因变量，进行回归分析。首先，通过相关分析发现，具体性和词类的相关系数为 0.828（$p<0.001$），说明两个变量之间高度相关，需要检查它们是否存在多重共线性。采用 SPSS 回归分析中的共线性诊断（Collinearity diagnostics）检查这两个变量之间的容限度（tolerance）和方差膨胀因子（variance inflation factor，VIF）可确认是否存在共线性问题（郭志刚等，1999）。结果显示，容限度为 0.314，说明具体性和词类两个自变量能够提供的独立信息都占本身方差的 31.4%；方差膨胀因子为 3.187，说明共线性问题使两个自变量的方差扩大了 3.187 倍。根据郭志刚等（1999），如果变量间的容限度不小于 0.1，方差膨胀因子不大于 10，那么就不存在严重的共线性问题。上述结果说明，具体性和词类之间并不存在严重的共线性关系，是两个独立的变量。但是为了降低共线性可能对实验结果的影响，通过逐步回归法（Stepwise）进行修正。将具体性评分和词类评分为自变量，以每个电极的 N400 波幅为因变量，进行逐步回归（见表 2）。从表 2 中可以看到，具体性和词类对 N400 波幅的影响大体呈现为两端分布的趋势。在额区、中央区电极上，N400 波幅大小主要受到具体性的影响；在顶区、枕区电极上，N400 波幅大小主要受到词类的影响；而中央—顶区则呈现为一种过渡状态。

表 2 具体性和词类逐步回归分析汇总

	F3	Fz	F4	FC3	FCz	FC4	C3	Cz	C4
保留变量	具体性	—	—	具体性	具体性	具体性	具体性	具体性	具体性
	CP3	CPz	CP4	P3	Pz	P4	PO3	POz	PO4
保留变量	词类	具体性	具体性	词类	词类	词类	词类	词类	词类
	O1*	Oz	O2						
保留变量	—	词类	词类						

注："—"表示没有变量的 p 小于 0.05，都未被保留。

* 词类评分与 O1 电极上的 N400 波幅值边缘显著（$p = 0.055$）。

§四　讨论

　　沃林顿和麦卡锡（Warrington & McCarthy，1983，1987）、沃林顿和莎琳斯（Warrington & Shallice，1984）提出语义系统由感觉/功能信息来组织（sensory/function theory，SFT），生命度高（animate）的概念具有更多的感觉特征，生命度低（inanimate）的概念具有更多的功能特征。伯德等（2000）进一步扩展了感觉/功能理论（extended sensory/function theory，ESFT），将动词也纳入进来，提出生命度高的名词，生命度低的名词、动词形成一个连续统，生命度高的名词感知特征最强，动词功能特征最强，生命度低的名词在中间。这种语义特征的差异可以通过具体性来体现，生命度高的名词具体性最高，动词的具体性最低。当控制了具体性差异后，动词失语症患者在名词和动词的加工上的差异消失（Bird et al.，2000，2001，2003），说明名词和动词加工上的差异源于其具体性的差异。

　　虽然名词和动词在具体性上存在差异，但具体性并不是名词和动词的全部差异，具体性效应并不能完全解释名词和动词在加工过程中出现的差异。普来舍尔等（1995）、普鲁沃穆勒等（1996，1999a，1999b）发现，名词具有更强视觉特征，加工时会更多地激活视觉皮层区和颞区；而动词具有很强的运动特征，在加工时更多地激活运动皮层区。这说明视觉、动作特征会对名词和动词的加工产生影响。巴伯等（2010）发现，名词、动词 N400 的差异与感觉、运动词汇 N400 的差异在潜伏期、头皮分布等方面都没有差别，说明名词、动词与感觉、运动具有共同的神经元。无论是视觉与动作的差异，还是感觉与运动的差异都不能完全由具体性来解释。同时，具体性在名词、动词中的表现也并不一致。张伯江（1994）指出典型的词类有其基本的意义和形式表现，名词拥有空间性，前加名量词；动词拥有时间性，后加时体成分。空间特征可以从具体与抽象的角度分析，泰勒（Taylor，1989）将离散的、有形的、占有三维空间的实体作为最典型的名词特征，将抽象的实体作为最不典型的名词特征；而时间特征难以以具体性为标准进行分析。因而，较之拥有时间特征的动词，拥有时间特征的名词与具体性的关系更为密切。本实验的结果也可以验证这一点。本文将名词、动词的具体性评分分别和其词类评分进行相关分析发现，名词的具体性和词类的相关性为 0.437（$p<0.001$），动词的具体性和词类的相关性为 0.063（$p>0.05$），说明名词的具体性与其词类的关系密切；而动词的具体性与其词类关系不大，具体性在名词和动词上的表现并不一致。这也说明了具体性和词类不是同一变量，具体性效应不能完全解释词类效应。

实验结果显示，虽然具体性和词类间存在着相关性，但是它们仍然是彼此独立的。不仅如此，具体性和词类产生效应的区域上也有所差别。在额区、中央区电极上，N400 波幅大小主要受到具体性的影响；在顶区、枕区电极上，N400 波幅大小主要受到词类的影响；而中央—顶区则呈现为一种过渡状态。具体性和词类对 N400 波幅的影响呈现为两端分布的趋势。这个结果可以得到以往研究的支持。科尼亚斯和霍尔科姆（1994）利用词汇判断任务和具体抽象分类任务发现，具体名词在前部电极上诱发的 N400 比抽象名词更大。霍尔科姆等（Holcomb et al.，1999）通过语义一致性判断任务发现，语义违反的语境在中后部电极上比语义一致的语境诱发更大的 N400，具体名词在前部电极上诱发出比抽象名词更大的 N400。斯瓦伯等（Swaab et al.，2002）通过语义判断任务发现，具体词的 N400 与抽象词的 N400 在前部电极上差异最大，而语义启动效应诱发的 N400 出现在后部电极上。以上研究结果说明，在不同区域分布的 N400 可能反映不同的语义记忆存储和加工过程，包括在脑前部区域分布的对想象敏感的 N400（imagistically sensitive N400）和脑后部区域分布的对语言敏感的 N400（linguistically sensitive N400）（Holcomb et al.，1999），说明语义加工存在着语言为基础（verbal-based）和图像为基础（image-based）的两个系统（Paivio，1986，1991）。需要说明的是，虽然脑区前部的 N400 大小主要受具体性影响，但这并不说明脑区后部的 N400 不受具体性影响，同理词类也可能对脑区前部的 N400 产生效应。因为逐步回归法只能比较两个自变量对因变量的贡献大小，而不能排除自变量对因变量的影响。所以本文的结果与李佳霖和费德迈尔（2008）、蔡培舒等（2009）发现的具体性在后部电极上对 N400 的效应和张钦等（2003）发现词类在前部电极上对 N400

的影响并不矛盾。当然，由于本文只是以具体性较高的名词和动词作为研究对象，得到的结论还需要其他研究的进一步证实。

§五　结论

本文以 ERP 为手段，对具体性较高的典型名词和典型动词的语义加工进行了研究和分析，发现具体性和词类之间虽然有一定的相关性，但它们是彼此独立的，名词和动词在语义加工上的差异不能完全由具体性来解释；同时，还进一步发现具体性和词类产生效应的脑区分布区域有所差异，具体性主要在额区、中央区对语义加工产生影响，而词类主要在顶区、枕区对语义加工产生影响。

参考文献

［1］刘涛、杨亦鸣、张辉等：《语法语境下汉语名动分离的 ERP 研究》，《心理学报》2008 年第 40 卷第 6 期。

［2］郭志刚等：《社会统计分析方法——SPSS 软件应用》，中国人民大学出版社 1999 年版。

［3］孙宏林、孙德金、黄建平等：现代汉语研究语料库系统（http：//www.dwhyyjzx.com/cgi-bin/yuliao/）。

［4］杨端和：《语言研究应用 SPSS 软件实例大全》，中国社会科学出版社 2004 年版。

［5］袁毓林：《词类范畴的家族相似性》，《中国社会科学》1995 年第 1 期。

［6］张钦、丁锦红、郭春彦等：《名词与动词加工的 ERP 差异》，《心理学报》2003 年第 35 卷第 6 期。

［7］张伯江：《词类活用的功能解释》，《中国语文》1994 年第 5 期。

［8］张钦、张必隐：《中文双字词的具体性效应研究》，《心理学报》1997 年第 2 期。

［9］Barber, H. A., Kousta, S. T., Otten, L. J. et al., "Event-related potentials to event-related words: Grammatical class and semantic attributes in the representation of knowledge", *Brain Research*, Vol. 1332, 2010.

［10］Bedny, M., Thompson-Schill S. L., "Neuroanatomically separable effects of imageability and grammatical class during single word comprehension", *Brain and Language*, Vol. 98, 2006.

[11] Berlingeri, M., Crepaldi, D., Roberti, R., "Nouns and verbs in the brain: grammatical class and task specific effects as revealed by fMRI", *Cognitive Neuropsychology*, Vol. 25, No. 4, 2008.

[12] Berndt, R. S., Haendiges, A. N., Burton, M. W. et al., "Grammatical class and imageability in aphasic word production: their effects are independent", *Journal of Neurolinguistics*, Vol. 15, 2002.

[13] Bird, H., Lambon Ralph, M. A., Patterson, K. et al., "The Rise and fall of frequency and imageability: Noun and verb production in semantic dementia", *Brain and Language*, Vol. 73, No. 1, 2000.

[14] Bird, H., Franklin, S., Howard, D., "Age of acquisition and imageability ratings for a large set of words, including verbs and function words", *Behavior Research Methods, Instruments, & Computers*, Vol. 33, No. 1, 2001.

[15] Bird, H., Howard, D., Franklin, S., "Verbs and nouns: the importance of being imageable", *Journal of Neurolinguist*, Vol. 16, 2003.

[16] Bogka, N., Masterson, J., Druks, J. et al., "Object and action picture naming in English and Greek", *European Journal of Cognitive Psychology*, Vol. 15, 2003.

[17] Burton, M. W., Krebs−Noble, D., Gullapalli, R. P. et al., "Functional neuroimaging of grammatical class: ambiguous and unambiguous nouns and verbs", *Cognitive Newropsychology*, Vol. 26, No. 2, 2009.

[18] Chiarello, C., Liu, S., Shears, C., et al., "Differential asymmetries for recognizing nouns and verbs: where are they?", *Neuropsychology*, Vol. 16, No. 1, 2002.

[19] Cortese, M. J., Fugett, A., "Imageability ratings for 3000 monosyllabic words", *Behavior Methods and Research, Instrumentation and Computers*, Vol. 36, 2004.

[20] de Groot, A. M. B., "Representational aspects of word imageability and word frequency as assessed through word association", *Journal of Experimental Psychology: Learning, Memory, and Cognition*, Vol. 15, No. 5, 1989.

[21] Federmeier, K. D., Segal, J. B., Lombrozo, T. et al. "Brain responses to nouns, verbs and class−ambiguous words in context", *Brain*, Vol. 123, No. 12, 2000.

[22] Holcomb, P. J., Kounios, J., Anderson, J. E. et al., "Dual−coding, con-

text-availability, and concreteness effects in sentence comprehension: an electrophysiological investigation", *Journal of Experimental Psychology: Learning, Memory & Cognition*, Vol. 25, 1999.

[23] Howard, D., Best, W., Bruce, C. et al., "Operativity and animacy effects in aphasic naming", *European Journal of Disorders of communication*, Vol. 30, 1995.

[24] Kellenbach, M. L., Wijers, A. A., Hovius, M. et al., "Neural differentiation of lexico-syntactic categories or semanticfeatures? Event-related potential evidence for both", *Journal of Cognitive Neuroscience*, Vol. 14, No. 4, 2002.

[25] Kounios, J., Holcomb, P. J., "Concreteness effects in semantic processing: ERP evidence supporting dual-coding theory", *Journal of Experimental Psychology: Learning, Memory, and Cognition*, Vol. 20, No. 4, 1994.

[26] Lee, C. L., Federmeier, K. D., "To mind the mind: an event-related potential study of word class and semantic ambiguity", *Brain Research*, Vol. 1081, 2006.

[27] Lee, C. L., Federmeier, K. D., "To watch, to see, and to differ: an event-related potential study of concreteness effects as a function of word class and lexical ambiguity", *Brain Language*, Vol. 104, No. 2, 2008.

[28] Longe, O., Randall, B., Stamatakis, E. A. et al., "Grammatical categories in the brain: The role of morphological structure", *Cerebral Cortex*, Vol. 17, 2007.

[29] Marshall, J., Pring, T., Chiat, S. et al., "Calling a salad a federation: an investigation of semantic jargon. Part 1—nouns", *Journal of Neurolinguist*, Vol. 9, 1996a.

[30] Marshall, J., Chiat, S., Robson, J. et al., "Calling a salad a federation: an investigation of semantic jargon. Part 2—verbs", *Journal of Neurolinguist*, Vol. 9, 1996b.

[31] Paivio, A., Yuille, J. C., Madigan, S. A., "Concreteness, imagery and meaningfulness values for 925 nouns", *Journal of Experimental Psychology*, Vol. 76, 1968.

[32] Paivio, A., *Mental representations: a dual coding approach*, Oxford University, 1986.

[33] Paivio, A., "Dual coding theory: Retrospect and current status", *Canadian Journal of Psychology*, Vol. 45, 1991.

[34] Perani, D., Cappa, S. F., Schnur, T. et al., "The neural correlates of verb and noun processing. a PET study", *Brain*, Vol. 122, No. 12, 1999.

[35] Pulvermüller, F., Mohr, B., Schleichert, H., "Semantic or lexico-syntac-

tic factors: what determines word-class-specific activity in the human brain?", *Neuroscience Letters*, Vol. 275, No. 2, 1999a.

[36] Pulvermller, F., Lutzenberger, W., Preissl, H., "Nouns and verbs in the intact brain: Evidence from event-related potentials and high-frequency cortical responses", *Cerebral Cortex*, Vol. 9, No. 5, 1999b.

[37] Preissl, H., Pulvermüller, F., Lutzenberger, W. et al., "Evoked potentials distinguish between nouns and verbs", *Neuroscience Letters*, Vol. 197, No. 1, 1995.

[38] Szekely, A., D'amico, S., Devescovi, A. et al., "Timed action and object naming", *Cortex*, Vol. 41, 2005.

[39] Swaab, T. Y., Baynes, K., Knight, R. T., "Separable effects of priming and imageability on word processing: an ERP study", *Brain Research Cognitive Brain Research*, Vol. 15, No. 1, 2002.

[40] Talyor, J. R., *Linguistic Categorization: Prototypes in Linguistic Theory*, Clarendon Press. Oxford, 1989.

[41] Toglia, M. P., Battig, W. F., *Handbook of semantic word norms*, Hillsdale, NJ: Erlbaum, 1978.

[42] Tsai, P. S., Yu, B. H., Lee, C. Y. et al., "An event—related potential study of the concreteness effect between Chinese nouns and verbs", *Brain Research*, Vol. 1253, 2009.

[43] Tyler, L. K., Russell, R., Fadili, J. et al., "The neural representation of nouns and verbs: PET studies", *Brain*, Vol. 124, No. 8, 2001.

[44] Tyler, L. K., Bright, P., Fletcher, P. et al., "Neural processing of nouns and verbs: the role of inflectional morphology", *Neuropsychologia*, Vol. 42, No. 4, 2004.

[45] Warrington, E. K., McCarthy, R., "Category specific access dysphasia", *Brain*, Vol. 106, 1983.

[46] Warrington, E. K., McCarthy, R. A., "Categories of knowledge: Further fractionations and an attempted integration", *Brain*, Vol. 110, 1987.

[47] Warrington, E. K., Shallice, T., "Category specific semantic impairments", *Brain*, Vol. 107, 1984.

[48] Zhang, Q., Guo, C. Y., Ding, J. H. et al., "Concreteness effects in the processing of Chinese words", *Brain and Language*, Vol. 96, No. 1, 2006.

本文发表于《南开语言学刊》2012 年第 1 期

第二篇

眼动实验研究

"三个工厂的工人"类词组歧义
倾向性研究

——来自眼动实验的证据

于　秒　闫国利　姜　茜　夏全胜　石　锋

摘　要：本文采用眼动技术分析了"三个工厂的工人"类词组歧义的倾向性：分析发现，"三个工厂的工人"类词组的强倾向意义与弱倾向意义在眼动指标上差异显著，"三个工厂的工人"类词组中的数量词和"的"都起到了很重要的作用。强倾向性的意义表现，可以从认知上的距离象似性、可及性和标记理论得到解释。总注视时间在强弱倾向性上的显著差异性是被试从认知上进行重新分析的结果。

关键词：眼动　歧义　倾向性　认知

§一　引言

歧义度问题，前人已有不少研究，取得了一些成果。吕叔湘、朱德熙早在 1952 年就提出歧义有轻重之分这样的观念。赵元任（1992）、马庆株（2004）、陈一民（2005）等都提到了歧义的意义之间具有不平衡性这一思想，对本文的研究具有一定的启发性。尤庆学（2000）开始以问卷调查的形式考察歧义结构，并提出了歧义结构的相对歧义度和绝对歧义度。邹韶华（2001）、刘贤俊（2006）也采用问卷调查的方法，说明了歧义句的几个意义间的解读是不平衡的。刘贤俊（2006）还通过认知心理学的可及性理论对造成歧义倾向性进行了解释。这些研究加深了我们对歧义的认识。对歧义进行量化分析，具有重要的理论意义和实用意义。问芳莲和卢植（2000），张亚旭、张厚粲、舒华（2002）等通过行为实验对歧义问题进行了研究。问芳莲、卢植（2000）通过电脑屏幕呈现歧义语句让被试判断，发现歧义的两种解释中一种为优先性解释，优先效应的表现比较明显。张亚旭、张厚粲、舒华（2002）通过操纵短语续接方向及歧义性，采用移动窗口范式，考察了均衡型、偏正型和述宾型三类歧义短语的加工，实验发现，被试实际上按偏正结构来分析这种短语。

由于眼动技术反映人的即时加工，能准确地反映人的认知规律。因此本文采用眼动技术，在问卷调查的基础上，使用眼动技术记录的数据证明问卷调查的结果，增进对歧义度的认识。

本文选择"三个工厂的工人"类歧义词组作为分析对象，具体分析"三个工厂的工人"类歧义词组两个意义中哪个意义是倾向性比较强的，并且进一步分析"三个工厂的工人"类歧义词组中的组成成分"三个"、"工厂"、"的"和"工人"哪个成分在歧义的认知中起到关键作用，并解释产生歧义倾向性的原因。本文预测"三个工厂的工人"类歧义词组的两个意义的认知具有不平衡性，强倾向义与弱倾向义相比，在具体的眼动指标上存在显著差异。其中，"三个工厂的工人"类词组中的"三个"部分将是整个词组中表现最敏感的一个成分。

§二 研究方法

（一）被试

天津外国语大学本科生 21 人，视力或矫正视力正常，母语均为汉语，实验结束后可获得一份小礼品。

（二）实验材料

选择 24 个"三个工厂的工人"类的歧义短语，对材料进行了歧义句语义倾向性评定和句子合理性的评定。

歧义句语义倾向性进行评定例题如下：

请大家选择一个与所给短语意义最接近的选项。以第一印象为主，不做详细分析。(请尽量选择最符合你语感的那种)

三个工厂的工人

A. 三个工厂工人，不是农场工人。

B. 三个不同工厂的工人，可能多于三个。

请 29 名被试（不参加正式实验）对问卷调查设计的问题进行选择，被试倾向选择的意义为歧义短语的强倾向意义，未选择的选项意义为歧义短语的弱倾向意义。问卷调查结果显示被试倾向于选择 B。评定结果用 χ^2 独立性检验分析，结果表明，强倾向意义与弱倾向意义之间差异显著（$\chi^2 = 48.00$，$df = 23$，$p < 0.05$）。用选定的 24 个歧义短语造句，句子结构前半部分带有歧义短语，后半部分为解歧信息或没有解歧信息（语境）。这样，每个实验用的歧义句就有三种形式，例如：

(1) 后语境的解歧信息支持歧义句的强倾向意义：强倾向性
上周三，三个工厂的工人共三十人参加了体检。
(2) 后语境的解歧信息支持歧义句的弱倾向意义：弱倾向性
上周三，三个工厂的工人一男两女参加了体检。
(3) 后语境不包含解歧信息：中性
上周三，三个工厂的工人一起参加了此次体检。

根据上述三种形式，编制三组实验材料，每组各有 24 个实验句子。

请 60 名（20 名评强倾向性，20 名评中倾向性，20 名评弱倾向性）大学生（不参加正式实验）对实验句进行 5 点通顺性评定，"1"代表句子非常不通顺，"2"代表句子不通顺，"3"代表一般，"4"代表句子通顺，"5"代表句子非常通顺。对评价结果进行统计，强倾向性组的句子通顺性平均值为 4.25，弱倾向性组的句子通顺性平均值为 4.18，中性组的句子通顺性平均值为 4.08，对三组句子通顺性的平均值进行方差分析，结果发现分析无显著差异 $[F(2, 69) = 2.418, p > 0.05]$。

将实验材料按拉丁方平衡分为三个实验程序组。另外每组程序均构建 15 个填充句子，结构和长度与实验材料类似。总计每组程序都有 39 个句子。此外，随机插入 13 个判断题，以保证被试认真阅读句子。每个歧义短语由 7 个字组成，后语境的平均长度为 9.29 个字。实验程序采用 SR Research 公司开发的眼动仪 EyeLink II 自带的 Experiment Builder 编程软件编写。

（三）实验设计

采用单因素被试为实验设计，自变量为后语境解歧信息的倾向性，有三个水平：强倾向性、弱倾向性和中性。即当后语境的解歧信息支持的是歧义句的强倾向意义时为强倾向性，支持弱倾向意义时为弱倾向性，后语境不包含解歧信息的为中性。

（四）实验仪器

本实验采用 Eyelink II 型眼动仪呈现材料并记录被试的眼动情况。Eyelink II 的采样频率为每秒 500 次，刷新频率为 150Hz。

（五）实验程序

（1）被试进入实验室后，坐在仪器前面。眼睛距离屏幕 75 厘米的地方，戴好眼动仪头盔。

（2）对仪器进行三点校准。

（3）在屏幕上呈现指导语，并简要说明。被试的任务是正常的阅读理解，其中一些句子阅读完毕后会呈现一个判断句，要求被试口头回答其意义是否与所阅读的句子一致。正式实验前有九个练习句，确认被试完全理解整个实验要求后，正式开始实验。整个实验过程大约需要 20 分钟。

（六）兴趣区的划分

兴趣区是指研究者在实验材料中要考察的区域。本文将实验句划分为五个兴趣区，兴趣区 1 为"三个工厂的工人"类词组整体，兴趣区 2 为"三个工厂的工人"类词组中的数量词组，兴趣区 3 为"三个工厂的工人"类词组中的"名词$_1$,如'工厂'",兴趣区 4 为"三个工厂的工人"类词组中的"的",兴趣区 5 为"三个工厂的工人"类词组中的"名词$_2$,如'工人'"。① 例如:

上周三,【三个工厂的工人】共三十人参加了记者招待会。
　　　　　兴趣区 1

上周三,【三个】　【工厂】　【的】　【工人】共三十人参加了记者招待会。
　　　　兴趣区 2　兴趣区 3　兴趣区 4　兴趣区 5

§三　实验结果与分析

用 SPSS 软件和眼动分析软件"Data Viewer"对实验数据进行分析。处理实验数据时,删除首次注视时间小于 80ms 和大于 1200ms 的数据,并删除三个标准差以外的数据,确保数据的有效性。此外,所有被试对判断题回答的正确率都在 92% 以上。

为了全面考察"三个工厂的工人"类词组的歧义倾向性及人们对"三个工厂的工人"类歧义句认知加工特点,实验采用了四个眼动指标:(1)首次注视时间:被试第一次注视某兴趣区的时间;(2)注视次数:被试注视某兴趣区的所有次数;(3)回视入次数:回视落入某个区域的次数;(4)总注视时间:对兴趣区注视时间的总和。其中,首次注视持续时间一般反映的是早期的初始加工,总注视时间反映的是晚期加工指标。不同条件下,四个眼动指标的平均值见表 1。对结果进行被试分析(F_1)和项目分析(F_2)。

(一)兴趣区 1

如表 1 所示,三种条件的总注视时间、注视次数的平均值的大小趋

---

① 为了说明方便,本文中的"数量词"对应出现在"三个"位置上的词,"名词$_1$"对应"工厂"位置出现的名词,"名词$_2$"对应"工人"位置出现的名词,下同。

势均为：强<中<弱。

对于总注视时间，被试分析与项目分析均显著［F_1（2，40）= 8.17，$p<0.01$，F_2（2，46）= 4.04，$p<0.05$］，事后检验（LSD）发现，强倾向意义与中性义差异不显著（$p>0.05$，$p>0.05$），强倾向意义与弱倾向意义差异显著（$p<0.05$，$p<0.05$），中性义与弱倾向意义差异显著（$p<0.05$，$p<0.05$）。

表1　　　　五个兴趣区上的注视时间（ms）或注视次数均值和
标准差（括号中）

		兴趣区1	兴趣区2	兴趣区3	兴趣区4	兴趣区5
首次注视时间	强倾向性	248.13（36.95）	250.63（30.81）	254.56（39.85）	218.35（53.52）	242.76（35.44）
	中性	251.62（37.53）	266.13（29.82）	260.19（39.00）	219.10（29.34）	241.13（37.16）
	弱倾向性	250.55（33）	257.77（47.43）	262.49（41.39）	240.8（35.90）	246.71（37.08）
注视次数	强倾向性	8.98（2.43）	2.76（0.91）	3.05（0.88）	1.40（0.34）	2.74（0.76）
	中性	9.20（2.99）	2.97（1.16）	3.07（1.13）	1.60（0.38）	2.29（0.71）
	弱倾向性	10.52（3.29）	3.37（1.26）	3.40（1.06）	1.66（0.50）	2.85（0.84）
回视入次数	强倾向性	0.89（0.39）	1.63（0.49）	1.48（0.41）	0.19（0.18）	0.16（0.13）
	中性	0.74（0.30）	1.72（0.44）	1.45（0.45）	0.19（0.21）	0.10（0.14）
	弱倾向性	1.04（0.37）	1.86（0.45）	1.48（0.38）	0.34（0.28）	0.15（0.18）
总注视时间	强倾向性	2327.82（739.57）	755.36（280.60）	773.71（224.29）	312.97（111.89）	668.28（225.94）
	中性	2386.50（904.26）	820.12（396.83）	801.38（330.41）	343.34（105.92）	570.90（203.24）
	弱倾向性	2780.47（1006.29）	894.09（349.51）	897.32（314.36）	403.92（117.46）	708.09（257.23）

对于注视次数，被试分析显著 $[F_1 (2, 40) = 8.01, p<0.01]$，事后检验表明，强倾向意义与中性义差异不显著 $(p=0.61)$，强倾向意义与弱倾向意义差异显著 $(p<0.01)$，中性义与弱倾向意义差异显著 $(p<0.05)$；项目分析差异边缘显著 $[F_2 (2, 46) = 2.87, p=0.07]$，事后检验（LSD）表明，强倾向意义与中性义差异不显著 $(p=0.76)$，强倾向意义与弱倾向意义差异显著 $(p<0.05)$，中性义与弱倾向意义差异边缘显著 $(p=0.07)$。

回视入次数被试分析显著 $[F_1 (2, 40) = 5.56, p<0.01]$，事后检验表明，强倾向意义与中性义差异不显著 $(p=0.12)$，强倾向意义与弱倾向意义差异不显著 $(p>0.05)$，中性义与弱倾向意义差异显著 $(p<0.01)$；项目分析不显著 $[F_2 (2, 46) = 2.03, p>0.05]$；回视入次数的平均值的大小趋势为：中（0.74）<强（0.89）<弱（1.04），但是强倾向性与中性差异不显著 $(p>0.05)$。

对于首次注视时间，被试分析和项目分析均不显著 $[F_1 (2, 40) = 0.08, p>0.05; F_2 (2, 46) = 0.13, p>0.05]$。

兴趣区 1 的眼动指标表明，倾向性三种条件下的总注视时间、注视次数、回视入次数具有一定的差异性。"三个工厂的工人"类歧义词组意义具有倾向性。

（二）兴趣区 2

对于总注视时间、注视次数、回视入次数等指标的平均值的大小趋势均为：强<中<弱。

对于总注视时间，被试分析和项目分析均显著 $[F_1 (2, 40) = 3.29, p<0.05]$，$[F_2 (2, 46) = 5.44, p<0.01]$，事后检验（LSD）表明，强倾向意义与中性义差异不显著 $(p>0.05)$，强倾向意义与弱倾向意义差异显著 $(p<0.05, p<0.01)$，中性义与弱倾向意义差异不显著 $(p<0.05, p>0.05)$；事后检验（LSD）表明，强倾向意义与中性义差异不显著 $(p>0.05)$，强倾向意义与弱倾向意义差异显著 $(p<0.01)$，中性义与弱倾向意义差异显著 $(p<0.05)$。

对于注视次数，被试分析显著 $[F_1 (2, 40) = 6.07, p<0.01]$，事后检验表明，强倾向意义与中性义差异不显著 $(p>0.05)$，强倾向意义与弱倾向意义差异显著（$p<0.01$），中性义与弱倾向意义差异显著（$p<0.05$）；项目分析不显著［F_2 (2, 46) = 2.38，$p>0.05$］。

对于回视入次数，被试分析显著［F_1 (2, 40) = 3.71，$p<0.05$］，事后检验表明，强倾向意义与中性义差异不显著（$p>0.05$），强倾向意义与弱倾向意义差异显著（$p<0.01$），中性义与弱倾向意义差异不显著（$p>0.05$）；项目分析不显著［F_2 (2, 46) = 1.49，$p>0.05$］。

对于首次注视时间，被试分析和项目分析均不显著［F_1 (2, 40) = 1.02，$p>0.05$，F_2 (2, 46) = 1.70，$p>0.05$］。

兴趣区 2 在总注视时间、注视次数、回视入次数指标上的差异性表明，"三个"是"三个工厂的工人"类歧义词组中敏感的成分。

（三）兴趣区 3

对于总注视时间、注视次数和首次注视时间等指标的平均值的大小趋势均为：强<中<弱。

对于总注视时间，被试分析显著［F_1 (2, 40) = 3.41，$p<0.05$］，后检验表明，强倾向意义与中性义差异不显著（$p>0.05$），强倾向意义与弱倾向意义差异显著（$p<0.01$），中性义与弱倾向意义差异不显著（$p>0.05$）；项目分析不显著［F_2 (2, 46) = 1.43，$p>0.05$］。

对于注视次数，被试分析和项目分析均不显著［F_1 (2, 40) = 2.59，$p>0.05$，F_2 (2, 46) = 1.24，$p>0.05$］。

对于回视入次数，被试分析和项目分析均不显著［F_1 (2, 40) = 0.05，$p>0.05$，F_2 (2, 46) = 0.51，$p>0.05$］。

对于首次注视时间，被试分析和项目分析均不显著［F_1 (2, 40) = 0.38，$p>0.05$，F_2 (2, 46) = 0.23，$p>0.05$］。

（四）兴趣区 4

对于总注视时间、注视次数和首次注视时间等指标的平均值大小趋势均为：强<中<弱。

对于总注视时间，被试分析显著［F_1 (2, 40) = 6.55，$p<0.01$］，事后检验表明，强倾向意义与中性义差异不显著（$p>0.05$），强倾向意义与弱倾向意义差异显著（$p<0.01$），中性义与

弱倾向意义差异显著（$p<0.05$）；项目分析不显著 [F_2（2，46）
= 2.39，$p>0.05$]。

对于注视次数，被试分析显著 [F_1（2，40）= 3.92，$p<0.05$]，
事后检验表明，强倾向意义与中性义差异显著（$p<0.05$），强倾向意义
与弱倾向意义差异显著（$p<0.01$），中性义与弱倾向意义差异不显著
（$p>0.05$）；项目分析不显著 [F_2（2，46）= 2.10，$p>0.05$]。

对于回视入次数，被试分析显著 [F_1（2，40）= 4.13，$p<0.05$]，
[F_2（2，46）= 3.46，$p<0.05$]，事后检验表明，强倾向意义与中性义
差异不显著（$p>0.05$），强倾向意义与弱倾向意义差异显著（$p<0.05$），
中性义与弱倾向意义差异显著（$p<0.05$），强倾向意义与中性义差异不
显著（$p>0.05$），强倾向意义与弱倾向意义差异显著，中性义与弱倾向
意义差异显著。

对于首次注视时间，被试分析不显著 [F_1（2，40）= 2.45，$p>$
0.05]，项目分析显著 [F_2（2，46）= 3.44，$p>0.05$]。

兴趣区4在总注视时间、注视次数、回视入次数指标上的差异性表
明，"的"也是"三个工厂的工人"类歧义词组中敏感的成分。

（五）兴趣区5

对于总注视时间，被试分析显著 [F_1（2，40）= 3.65，$p<0.05$]，
事后检验表明，强倾向意义与中性义差异边缘显著（$p=0.07$），强倾向
意义与弱倾向意义差异不显著（$p>0.05$），中性义与弱倾向意义差异显
著（$p<0.05$）；项目分析不显著 [F_2（2，46）= 1.54，$p>0.05$]。总注
视时间平均值的顺序为：中<强<弱，但是强倾向性与中性差异不显著
（$p>0.05$）。

对于注视次数，被试分析显著 [F_1（2，40）= 6.78，$p<0.01$]，
事后检验表明，强倾向意义与中性义差异显著（$p<0.05$），强倾向意义
与弱倾向意义差异不显著（$p>0.05$），中性义与弱倾向意义差异显著
（$p<0.01$）；项目分析不显著 [F_2（2，46）= 1.36，$p>0.05$]。总注视
次数平均值的顺序为：中<强<弱。

对于回视入次数，被试分析和项目分析均不显著 [F_1（2，40）=
0.87，$p>0.05$，F_2（2，46）= 1.05，$p>0.05$]。

首次注视时间被试分析和项目分析均不显著 $[F_1 (2, 40) = 0.17$, $p>0.05$, $F_2 (2, 46) = 0.30$, $p>0.05]$。

§四　讨论

从搭配上看，"三个工厂的工人"类词组中的"三个"、"工厂"和"工人"可以两两搭配，这样的搭配性是"三个工厂的工人"类词组产生歧义的基本条件。从组合顺序上，"三个工厂的工人"类词组可以有两种组合顺序：顺向组合，即从左到右的组合，"三个"与"工厂"先组合，然后再和"工人"组合；逆向组合，即从右到左的组合，"工厂"和"工人"先组合，再与"三个"组合。① 两种不同的组合顺序分别对应着"三个工厂的工人"类词组的两种意义。事实上，所谓组合顺序的不一样，也是"数量词"语义指向的不同，"三个"可以指向"名词₁"，也可以指向"名词₂"。另外，从语法关系上看，"三个工厂的工人"类词组中的"名词₁"和"名词₂"可以表示领属关系，理解为"工人"属于"三个工厂的"，"三个工厂"拥有的"工人"；"名词₁"和"名词₂"也可以表示属性关系，理解为"三个工厂工人"，"工人"是来自"工厂"的，不是来自别的地方。因此，领属关系与属性关系重合导致了歧义的产生。

强倾向性的意义与表领属关系的"三个工厂的工人"意义相对应，此时，"三个"指向"工厂"，与"工厂"率先组合。弱倾向性的意义与表属性关系的"三个工厂的工人"意义相对应，"三个"语义指向"工人"，"工厂"和"工人"率先组合。

实验首先证明了问卷调查得出的"三个工厂的工人"类词组歧义的倾向性。兴趣区 1 在总注视时间、注视次数、回视入次数和首次注视时间等眼动指标上的平均值大小趋势均为：强<弱。强倾向性的意义加工时间短、注视次数和回视入次数少，弱倾向性的意义加工时间长、注

① 齐沪扬（2004）曾用顺向组合和逆向组合来分析"三个体院的学生"这个结构的组合顺序。

视次数和回视入次数多。即"三个工厂工人"被优先理解为：来自三个工厂的工人，可能有很多人。

在兴趣区2和兴趣区4，即"三个"和"的"上，总注视时间、注视次数、回视入次数和首次注视时间等指标平均值的大小顺序均为：强倾向性<中性<弱倾向性，总注视时间、注视次数、回视入次数被试分析均显著，这与兴趣区1相同。可见，兴趣区2的"数量词"部分和兴趣区4的"的"表现敏感。歧义词组"三个工厂的工人"类词组中，"三个"和"的"是造成其产生歧义的主要因素，这在实验数据上得到了证明。"三个"作为敏感成分在"三个工厂的工人"类歧义词组中起着重要的作用，将"三个"替换，"三个工厂的工人"类歧义词组的歧义自动消除，如，"三名工厂的工人"就是没有歧义的。有"的"无"的"也是区分是否歧义的因素，比如，"三个工厂工人"一般也是没有歧义的。

"三个工厂的工人"类词组强倾向性的表现，从组合顺序上看，"名词$_1$"更倾向于先与数量词组组合。从语法关系上看，"三个工厂的工人"类词组表示的领属关系是强倾向性的，这可以用认知心理学的可及性理论解释。认知心理学上的可及性，通常用来指说话人从记忆中提取某个语言单位的难易程度。对于歧义句的几种可能理解而言，它们的相对概率并不是完全均等的。如果一种解释的概率大大超过了其他解释，那么它就是最有可能的解释。这种最有可能的解释也就是最可及的、最容易接受的解读（Pamela Downing，1977，转引自刘贤俊，2006）。刘贤俊（2006）指出高可及性解读往往与经济自然的语言形式相匹配，具备一些易于把握的外在形式特征。可及性理论里的"从简原则"有一个低标记性准则，这个准则认为，高可及性解读是低标记的，低可及性的解读则是高标记的。按照钱书新（2004）的观点，两个名词之间为领属关系时，需要用"的"；为非领属关系时，一般不用"的"。显然，"的"在领属关系里是无标记的，或者说是低标记的，在表示属性关系时，"的"则是高标记的，高标记的往往是低可及性的解读。"三个工厂的工人"类歧义词组，当其中的两个名词表示领属关系的时候是低标记的，因此是高可及性的解读，强倾向性的解读。当其中的两个名词表示属性关系的时候是高标记的，因此是低可及性的解读，弱倾向性的解读。"三个工厂的工人"表示领属关系的时候是自然的，而当表示属性关系时则是有标记的，因为当我们要表达"三个工厂工人""工人"是来自"工厂"的不是别的地方的时候，其中的"工厂"一词要重读、强调，才能凸显出属性关系。重读本身就是高标记的。沈家煊（2004）也指出典型成员或无标记项具有认知上的"显著性"，它们最容易引起人的注意，在信息处理中最容易被贮存和提取，它们在人形成概念时最接近人的期待和预料。"的"作为领属关系的标志是典型的，而作为属性关系则是非典型的、标记性的，因为表示属性关系时，经常可以省略掉"的"。"三个工厂的工人"歧义词组的倾向性也可以从认知语言学的距离象似性得到解释，张敏（1998）就指出，事物的属性与事物的概念关系更加紧密，概念距离更小；而领有者和他所拥有的物体，必须被感知为两个独立的个体，二者之间有一条明确的界限，其间的概念距离相对较大。"三个工厂的工人"中的"的"隔断了"工厂"和"工人"的概念距离，使其概念距离变远，使得"工厂"的概念向"三个"靠拢，率先与"三个"组合。从信息处理的角度看，相邻近的概念就容易被快速激活，从而缩短处理时间（赵艳芳，2004）。

　　首次注视时间在任何一个兴趣区上方差分析都不显著，表明了"三个工厂的工人"类歧义词组在早期加工时不存在明显的倾向性。而恰恰相反，总注视时间在每个兴趣区的被试分析中差异都显著，在兴趣区1和兴趣2的项目分析上也显著，表明"三个工厂的工人"类歧义词组在晚期加工时差异明显。晚期指标反映了信息再分析和再加工的后期情况（Rayner K. & Arnold D. W.，1996）。强倾向意义的语言结构关系符合人的认知特点，因此得到更快的激活。弱倾向意义的结构关系与人的认知特点相抵触，因此激活速度会受到限制，在后语境支持弱倾向意义时，被试不得不对语言的结构关系进行重新分析。重新分析就要伴随着对弱倾向意义部分进行更多回视，这必然会导致对弱倾向意义的注视时间和注视次数的增加。

§五 结论

(1)"三个工厂的工人"类词组歧义是有倾向性的，其两种或几种意思之间是不平衡的。眼动指标显示，总注视时间、注视次数、回视入次数等指标的平均值基本上符合"强<中<弱"这一顺序，其中强倾向性意义在眼动数据中都要小于弱倾向性，差异显著；强倾向性意义与中性义差异不显著。"三个工厂的工人"类词组强倾向性与领属结构相对应，弱倾向性与属性结构相对应，强倾向性反映了低标记更容易被加工提取这一认知特点。

(2)"三个工厂的工人"类词组的结构中，"数量词"和"的"都起到了很重要的作用，在眼动数据上得到了证明。在以"数量词"和"的"为兴趣区的眼动指标中，总注视时间、注视次数、回视入次数和首次注视时间等的平均值大小顺序均为：强倾向性<中性<弱倾向性。

(3)首次注视时间在任何一个兴趣区上方差分析都不显著，总注视时间在每个兴趣区的被试分析中差异都显著，表明了"三个工厂的工人"类歧义词组在早期加工时不存在明显的倾向性，而在晚期加工中存在显著差异，这是被试从认知上进行重新分析的结果。

通过眼动技术的统计分析，使我们能够更全面细致地认识"三个工厂的工人"类词组的歧义情况。诚然，所谓倾向性只是一种总体上的倾向，事实上，语义、句法和语用等因素都会对歧义结构的理解造成影响。本文的研究希望引入眼动量化的方法，提供一种新的语言研究的分析角度。

参考文献

[1] 陈一民：《歧义结构的意义优选》，《语言文字应用》2005年第3期。

[2] 刘贤俊：《歧义句的可及性考察》，《语言研究》2006年第3期。

[3] 吕叔湘、朱德熙：《语法修辞讲话》，开明书店1952年版。

[4] 马庆株：《汉语动词和动词性结构》，北京大学出版社2004年版。

[5] 齐沪扬等：《与名词动词相关的短语研究》，北京语言大学出版社2004

年版。

［6］钱书新：《也谈"N1+N2"结构中"的"之使用规律》，《南昌大学学报》（人社版）2004 年第 6 期。

［7］沈家煊：《不对称和标记论》，江西教育出版社 2004 年版。

［8］王才康：《基于项目的方差分析探讨》，《心理学报》2000 年第 2 期。

［9］问芳莲、卢植：《歧义句理解过程中优先效应的实验研究》，《解放军外国语学院学报》2000 年第 2 期。

［10］徐阳春、钱书新：《"N1+的+N2"结构歧义考察》，《汉语学习》2004 年第 5 期。

［11］尤庆学：《歧义度的调查与分析》，《汉语学习》2000 年第 5 期。

［12］邹韶华：《语用频率效应研究》，商务印书馆 2001 年版。

［13］赵艳芳：《认知语言学概论》，上海外语教育出版社 2004 年版。

［14］赵元任：《汉语中的歧义问题》，载清华大学中文系《中国语言学的开拓与发展——赵元任语言学论文选》，清华大学出版社 1992 年版。

［15］张敏：《认知语言学与汉语名词短语》，中国社会科学出版社 1998 年版。

［16］张仙峰、叶文玲：《当前阅读研究中眼动指标述评》，《心理与行为研究》2006 年第 3 期。

［17］张亚旭、张厚粲、舒华：《汉语偏正/述宾歧义短语加工初探》，《心理学报》2002 年第 1 期。

［18］周明强：《认知在歧义的辨识与消解中的作用》，《修辞学习》2006 年第 5 期。

［19］Rayner，K.，Arnold，D. W.，"Effect of contextual constraint on eye movements in reading：a further examination"，*Psychonomic Bulletin & Review*，Vol. 4，1996.

本文发表于《汉语学习》2011 年第 2 期

现代汉语名动差异的心理现实性研究

于 秒 闫国利 韩 飞 石 锋

摘　要：本文通过两个实验考察现代汉语双音节名词和动词典型性效应和词性效应。实验一为单独呈现的词汇判断实验，研究发现：名词典型性效应发生在低频条件下，高频条件下典型性差异不显著。动词典型性效应在高频和低频条件下均不显著；动词和名词的词性效应在高频和低频条件下均显著。实验二为句子语境条件下的眼动实验，研究发现：低频条件下仍存在名词典型性效应，但名词和动词的词性效应消失。文章还对上述发现做了理论上的解释。

关键词：名词　动词　典型性　心理现实性

§一　引言

　　心理词典理论是心理语言学研究中的一个重要成果。一般认为，心理词典既是研究者主观虚拟出来的一个概念，又是客观存在于人脑的一个系统（杨亦鸣、曹明、沈兴安，2001）。这一理论认为，具有言语和阅读能力的人都具有一个心理词典，在这个词典中词的各种信息以层次网络的形式组织在一起，形成不同单元的表征（冯丽萍，2002）。

　　目前所进行的心理词典中词汇意义加工方式的研究主要集中在

词汇的概念意义、词义的具体性对词汇识别的影响。关于名词具体性效应的研究已经取得了一些成绩。一般都认为，具体词的加工和识别比抽象词容易（James，1975；de Groot，1989；Kroll，1986；Schwanenflugel & Shoben，1983，1991；Paivio，1991；Jessen et al.，2000；张钦、张必隐，1997；陈宝国、彭聃龄，1998），但是关于名词具体性效应产生的条件（低频和高频）以及语境对具体性效应的影响，观点不一，尚无定论。所以，关于名词的具体性效应还有待于进一步的研究。

关于名动词类是否具有心理现实性的研究并不多见。在一些相关研究中，如巴斯蒂安瑟 和杨克斯（Bastiaanse & Jonkers，1998）在记忆实验中发现，名词比动词更容易回忆；谢尔顿和卡拉马扎（Shelton & Caramazza，1999）对失语症病人的研究发现，他们使用名词比使用动词更容易；在儿童语言习得的研究中，很多研究都发现，与习得动词相比，儿童能够更早地习得名词，并且习得名词的数量比例也要大大多于动词（Gentner，D.，1982；An et al.，1994；Bates，1994；Tomassello，M.，Akhtar，N.，Dodson，K.，1997；Bornstein，M.，2004），而且这些研究涉及英语、德语、日语、土耳其语、卡鲁利语、西班牙语、荷兰语、法语、意大利语和韩语等。

世界上几乎所有的语言都有名词和动词两大词类。词类作为一种范畴，是否具有心理现实性是一个重要的问题，也是一个基本问题。长期以来，汉语的词类划分以语法功能作为主要标准，而这种划分是否具有心理现实性是值得关注的一个问题。

本文选择汉语双音节名词和动词为研究语料，通过词汇判断任务和眼动实验探讨现代汉语名词和动词的典型性效应及其词性效应的心理现实性。本书希望通过两个实验来解决以下问题：（1）词汇判断任务中名词和动词是否具有典型性效应，存在的条件是什么，如何解释这种效应；（2）名词与动词是否存在词性效应，如何解释这种效应。

§二 实验一及其结果分析

（一）实验设计

采用两因素 2（典型①、非典型）×2（动词、名词）被试内设计。

（二）实验材料

选择典型名词、非典型名词、典型动词、非典型动词若干，控制各类词的词频和笔画数，并请 15 名学生对高频词和低频词的典型性进行了 5 点量表调查。1 代表该词最不典型，是个抽象实体；5 代表最典型，是离散的、有形的、占有三维空间的实体。1—5 是个等级序列，最后确定低频的典型名词、非典型名词、典型动词、非典型动词各 15 个，共计 60 个词，高频的典型名词、非典型名词、典型动词、非典型动词各 10 个，共计 40 个词，其词频、前字字频、后字字频、前字笔画和后字笔画等数据详见下表 1 和表 2。另外，实验中填充了 60 个假词。本文高频词频率控制在百万分之八十以上，低频词频率控制在百万分之十以下。词语词频采用的是孙宏林等（1997）开发的"现代汉语研究语料库系统"，字频查找参照北京大学 CCL 现代汉语语料库的统计。对所选语料进行方差检验，词的典型性差异显著（$p<0.01$），高频词和低频词差异显著（$p<0.01$）。而前字字频和后字字频、前字笔画和后字笔画差异不显著（$p>0.05$）。

表1			低频词的实验材料			
	典型性	词频	前字字频	后字字频	前字笔画	后字笔画
典型名词	4.3	5.6	16.4	18.6	8.3	8.3

---

① 名词典型性指的是有三维空间的实体，名词的典型性序列为：离散的、有形的、占有三维空间的实体>非空间领域的实体>集体实体>抽象实体（Taylor，1989，转引自张伯江，2005：206）。本文所提的典型性与具体性基本一致，在汉语里，越具体的名词越具有典型性，越抽象的名词越不具有典型性；本文的动词典型性指的是及物性强，动作性强，变化性强，时间性强，并且有界。

续表

	典型性	词频	前字字频	后字字频	前字笔画	后字笔画
非典型名词	2.4	5.6	13.9	18.8	7.9	8.4
典型动词	4.1	5.6	13.6	18.1	8.3	8.1
非典型动词	2.4	5.5	13.9	18.6	8.2	8.5

表 2 高频词的实验材料

	典型性	词频	前字字频	后字字频	前字笔画	后字笔画
典型名词	4.4	101.1	26.7	30.0	7.9	8.3
非典型名词	2.3	100.8	25.1	31.2	8.6	9.2
典型动词	3.7	101.7	24.1	27.1	7.7	8.8
非典型动词	2.5	101.0	25.6	29.1	7.3	9.1

（三）被试

天津外国语大学本科生共 42 名，右利手，视力正常。

（四）实验程序

实验使用 DMDX 实验软件编程。刺激呈现在电脑显示器上，呈现的字体颜色均为白底黑字。实验采用的是词汇判断任务。被试坐在电脑屏幕前，眼睛距离屏幕约 40 厘米，将右手的食指放在"→"键上，左手的食指放在"←"键上，要求被试尽量快而准确地判断屏幕中心出现的两个字是不是词，如果是词就按"→"键，如果不是就按"←"键。实验开始时，首先在屏幕上出现一个十字形的注视点，持续时间为 300ms，然后空屏 300ms，刺激项目呈现的时间为 300ms。前后刺激项目的呈现时间间隔为 3s。计算机记录下刺激开始呈现到被试开始反应的时间。正式实验前，被试要进行 10 个刺激项目的练习，练习词中包括 5 个真词和 5 个假词。实验中途休息 2 分钟。

（五）结果分析

用 SPSS 软件和 Excel 对实验数据进行分析。删除三个标准差以外以及错误率在 10% 以上的数据，确保数据的有效性。平均反应时见表 3。

表 3	被试平均反应时（ms）及标准差（括号内）			
	典型名词	典型动词	非典型名词	非典型动词
低频	537.19（44.95）	559.58（47.31）	560.32（68.22）	563.33（53.46）
高频	539.40（68.59）	543.51（61.79）	550.20（71.83）	558.05（62.28）

低频的情况下，反应时的方差分析表明：词性主效应差异显著 $[F(1, 17) = 4.24, p<0.05]$。名词的加工时间比动词的短。典型性的主效应差异显著 $[F(1, 17) = 5.448, p<0.05]$。词性与典型性的交互作用分析显著 $[F(1, 17) = 5.11, p<0.01]$。简单效应分析表明，典型名词与非典型名词差异显著 $(t=4.02, p<0.01)$；典型动词与非典型动词差异不显著 $(t=0.22, p>0.05)$。名词与动词的差异在非典型水平上差异不显著 $(t=0.21, p>0.05)$，即非典型名词与非典型动词差异不显著。在典型性水平上差异显著 $(t=-2.63, p<0.01)$，即典型名词与典型动词差异显著。

高频情况下，反应时的方差分析表明：词性主效应差异显著 $[F(1, 23) = 15.65, p<0.01]$。名词的加工时间小于动词。典型性的主效应差异不显著 $[F(1, 23) = 1.33, p>0.05]$。词性与典型性的交互作用分析不显著 $[F(1, 23) = 0.17, p>0.05]$。

实验一的结果表明，名词典型性效应发生在低频情况下，高频条件下典型性差异不显著。动词典型性效应在高频和低频条件下均不显著。词性效应在高频和低频条件下均显著。

§三　实验二及其结果分析

（一）实验设计
同实验一。

（二）实验材料
以实验一选用的高频词和低频词为关键词，造 100 个句子。使关键词尽量不在句子的前三个或后三个字的位置，以避免被试阅读句子的首尾效应，并对句子进行预测性调查，同时，对句子难度和各词放在句中的合理性进行 5 点量表评定。

预测性问卷调查指导语为：请你在以下句子的空格处填入你首先想到的双字词语，如果可以，请再填入第二个和第三个。比如：这家＿＿总是人很多。你可以在空格处填入"商场"、"医院"、"公司"等。如果预测性很高，那么将重新造新的句子以保证语境的低预测性，使关键词得到注视，而不被跳读。

对词在句中的预测性进行评定，低频和高频关键词的预测性均较低，分别为 1.6% 和 2%。低频词语的合理性评定的结果都在 4—4.6 之间，平均值为 4.2，高频词语的合理性评定的结果都在 4—4.7 之间，平均值为 4.1。低频词造的句子的平均难度为 1.97（1.4—2.4），高频词造的句子的平均难度为 2.04（1.7—2.5）。

表 4	预测性、合理性和难度		
	预测性	合理性	难度
低频	1.6%	4.2	1.97
高频	2%	4.1	2.04

（三）被试

天津外国语大学本科生 19 名，右利手，视力正常。

（四）实验仪器

本实验采用天津师范大学心理与行为研究院的 Eyelink II 型眼动仪呈现材料并记录被试的眼动情况。采样频率为每秒 500 次，刷新频率为 150Hz。

（五）实验程序

（1）被试进入实验室后，坐在仪器前面 75 厘米的地方，戴好头盔。

（2）对仪器进行眼校准。

（3）说明实验的指导语如下："一会屏幕上会出现一个注视点，当你注视这一点时请按左键；之后屏幕上会出现一个句子，请阅读并理解它们的意思，看完之后请按左键；在有些句子后面会有一个判断题，要求你判断该句与上一句话的含义是否一致，请将判断结果告诉我。继续进行下一个句子。"

（4）正式实验前，有 11 个练习句，确保被试理解实验过程。整个实验过程大约需要 30 分钟。

（六）结果分析

用 SPSS 软件和眼动分析软件"Data Viewer"对实验数据进行分析。处理实验数据时，删除注视点时间小于 80ms 和大于 1200ms 的数据，并删除三个标准差以外的数据，确保数据的有效性。此外，所有被试对判断题回答的正确率都在 90% 以上。因此，所有被试数据有效。分析关键词在首次注视时间（落在兴趣区关键词的首个注视点的持续时间）、凝视时间（从注视点首次落入兴趣区开始，到离开该区域为止，对该区域注视时间的总和）和总注视时间（是对兴趣区关键词的所有注视时间的总和）（见表5）。这三个指标是研究词汇识别时常用的指标。研究者根据所反映的认知加工过程的早晚，将不同注视时间分为早期指标和晚期指标。早期指标反映了信息加工初期的状况，包括首次注视时间、凝视时间等；晚期指标反映了信息再分析和再加工的后期情况，包括总注视时间、回归路径时间等（张仙峰、闫国利，2005）。

表5　　　被试眼动各指标平均注视时间（ms）及标准差

		典型名词	典型动词	非典型名词	非典型动词
首次注视时间	高频	255.73（35.96）	252.94（33.45）	255.34（43.06）	257.58（48.09）
	低频	255.71（44.77）	260.49（38.29）	262.17（39.00）	262.32（46.70）
凝视时间	高频	282.27（50.91）	297.29（48.07）	299.26（56.33）	293.82（57.76）
	低频	305.22（63.35）	296.18（53.32）	313.17（88.31）	307.67（47.51）
总注视时间	高频	420.59（145.64）	428.15（150.30）	436.46（157.07）	442.95（128.33）
	低频	444.53（228.28）	445.15（146.68）	462.14（173.23）	468.67（194.75）

高频首次注视时间：词性主效应差异不显著 [F（1，18）= 0.002，$p>0.05$]，典型性的主效应差异不显著 [F（1，18）= 0.11，

$p>0.05$]，词性与典型性交互效应不显著 [$F_{(1, 18)} = 0.18$, $p>0.05$]；低频首次注视时间：词性主效应差异不显著 [$F_{(1, 18)} = 0.18$, $p>0.05$]，典型性的主效应差异不显著 [$F_{(1, 18)} = 0.15$, $p>0.05$]，词性与典型性交互效应不显著 [$F_{(1, 18)} = 0.75$, $p>0.05$]。

高频凝视时间：词性主效应差异不显著 [$F_{(1, 18)} = 0.23$, $p>0.05$]，典型性的主效应差异不显著 [$F_{(1, 18)} = 0.45$, $p>0.05$]，词性与典型性交互效应不显著 [$F_{(1, 18)} = 0.93$, $p>0.05$]；低频凝视时间：词性主效应差异不显著 [$F_{(1, 18)} = 0.41$, $p>0.05$]，典型性的主效应差异不显著 [$F_{(1, 18)} = 1.27$, $p>0.05$]，词性与典型性交互效应不显著 [$F_{(1, 18)} = 0.26$, $p>0.05$]。

高频总注视时间：词性主效应差异不显著 [$F_{(1, 18)} = 0.76$, $p>0.05$]，典型性的主效应差异不显著 [$F_{(1, 18)} = 6.45$, $p>0.05$]，词性与典型性交互效应不显著 [$F_{(1, 18)} = 0.92$, $p>0.05$]；低频总注视时间：词性主效应差异不显著 [$F_{(1, 18)} = 0.76$, $p>0.05$]，典型性的主效应差异边缘显著 [$F_{(1, 18)} = 3.40$, $p = 0.06$]，说明典型性词小于非典型性词的注视时间。配对 t 检验发现，名词在典型性上效应边缘显著（$t = -2.01$, $p = 0.06$），词性与典型性交互效应不显著 [$F_{(1, 18)} = 0.92$, $p>0.05$]。

眼动数据表明，名词和动词在首次注视时间和凝视时间这两个指标上，典型性效应和词性效应消失。而在总注视时间上，名词典型性效应在低频条件下依然存在，名词和动词的词性效应差异消失。

§四　讨论

（一）名词和动词的典型性效应

实验一严格控制了考察词的词频、字频和笔画，通过单独呈现词语的词汇判断实验，在低频条件下发现了名词典型性效应，而在高频条件下，名词不存在典型性效应。实验二在句子语境下，同样也发现了低频条件下的名词典型性效应，这个结论与詹姆斯（James, 1975）、克罗尔（Kroll, 1986）、德·格鲁特（de Groot, 1989）、张钦等（1997）、德·

莫妮戴维斯（de Mornay Davies，2000）等的研究结论相同，不同于陈宝国等人（1998）认为的词的具体性效应只表现在高频词中的结论。在语言中，典型的名词相对于非典型的名词来说，在人的头脑中的实物性强，容易在人的头脑中形成清晰的表象，当看到一个非典型词时（如抽象词），我们就很难将其与实物很好地联系起来。因此，典型名词的提取速度快于非典型词的提取速度就比较好理解了。

在高频条件下，由于典型名词和非典型名词的使用都很频繁，因此人们对它们的熟悉度就相对比较高，在识别时解码的速度差异就会减小，甚至消失，所以很可能就不存在典型性效应。而在低频情况下，典型名词和非典型名词均不常用，因此更可能反映出词汇本身的属性，所以，存在差异。

从典型性效应的理论解释层面来看，双重编码理论和语境有效性模型是两个对立的理论体系。双重编码理论认为，人脑中存在两个功能独立却又相互联系的加工系统：一个是以言语为基础的加工系统，另一个是以意象为基础的加工系统。双重编码理论假设，具体词具有言语的、意象的两种代码，抽象词只有言语的代码。因此，具体词的呈现比抽象词具有了加工优势。语境有效性模型则认为，理解极大地依赖于语境信息。在刺激单独呈现时，从记忆中检索抽象词的语境信息要比检索具体词的语境信息更难，因为抽象词在语义上更含糊，因此抽象词比具体词更难理解。具体性效应是来自于抽象词的语境的缺乏。所以，按照语境有效性模型，在刺激单独呈现时，对抽象词的加工时间应长于具体词；但若提供合适的语境，则对两类词的加工时间应无显著差异，即具体性效应消失（张钦、崔丽霞，2002）。通过实验二，我们发现，当把关键词放入句子语境中时，名词的典型性效应仍然显著，突出表现在总注视时间这一指标上。总注视时间是反映晚期加工的指标。关键词在句中被识别提取的总注视时间反映了其在句中利用语境信息进行了整合。虽然首次注视时间和凝视时间这两个指标在典型性效应上差异不显著，但这两个指标反映的是早期加工情况。从平均注视时间上看，总注视时间与实验一中的反应时才是接近的。因此，从总注视时间这一关键指标来看，不管是否提供语境，都存在显著的名词典型性效应，即单独呈现和句子语境下都没有消除典型性效应，这与双重编码理论相一致。

在实验一和实验二中均未发现动词的典型性效应，这很可能跟选择的语料有关，实验中选择的动词基本都是动作变化动词，并且这些动词大都是二价动词。因此，典型动词与非典型动词价数相同可能导致了无差异。冯丽萍等（2006）研究表明，动词配价具有心理现实性。所以，对于动词的典型性效应还有待于进一步的研究。

（二）名词和动词的词性效应

实验一的分析发现，无论是在高频条件下，还是在低频条件下，词性效应均显著。而实验二采用眼动分析法，在句子语境下呈现关键词，结果发现，无论是在高频条件下，还是在低频条件下，首次注视时间、凝视时间和总注视时间三个指标的分析均未发现词性效应，即是说在句子语境下词性效应消失。

如何解释这种现象？可以从认知语言学和生成语法的相关理论中得到解释。

认知语言学认为，名词勾勒事物，事物概念具有自主性，它可以不依赖关系概念而存在，名词凸显实体，其实体意义在认知上采用总体扫描。动词勾勒一个随时间而变化的过程，凸显实体之间的关系，关系概念依赖于事物概念而存在，具有依存性，其过程述谓在认知上采用次第扫描（Langacker，1987a、1987b，1991，转引自张高远，2008：31）。因此，从上述可以看出，动词具有依存性，单独呈现动词和名词，在加工动词时，动词概念离不开与其动作发生关系的主体和对象，这样与具有自主性的名词相比必然要耗费更多的资源。另外，名词采用的总体扫描像是一幅静止的画，整体上作为一个完形被感知，而动词的次第扫描像是看电影，是个动态的过程，动态的认知过程显然比静态的过程要费时。

生成语法理论认为，大脑词库中的动词含有论元结构信息和题元结构信息，前者要求动词的论元必须满足动词所要求的数量，以达到语法上的自足；后者要求动词给论元结构中的每个论元位置分派合适的题元角色，使结构符合语义上的要求（刘涛，2008）。从论元结构来看，本实验中的动词均为二元动词，因此动词要找到两个论元成分，才能达到语法上的自足，实验一单独呈现关键词条件下，并没有论元成分出现，语法上仍不自足，所以需要投入更多的心理资源来寻找论元，以构建完整的论元结构。另外，题元结构也要求动词寻找潜在的论元结构位置分派合适的题元角色，以建立起与论元的语义关系，达到语义上的自足，这种语义加工也需要耗费更多心理资源。而名词不包含论元结构信息，也没有分派题元角色的能力（刘涛，2008）。所以，名词不需要再寻找论元和分派题元角色，其在语义和语法上都达到了自足。因此，与名词相比，动词无论是在语义加工方面还是在语法加工方面，消耗的能量都要更多，加工的难度也更大。实验二在句子语境下，动词在句中的论元成分得到了满足，题元角色也容易分派，此时动词的加工就不需要耗费更多的心理资源，因此，动词和名词的差异自然就消失了。

无论是认知语言学还是生成语法，虽然二者对名词和动词的阐释角度有些差异，但是基本上观点还是一致的。即名词本身就具有自主性，而动词不是一个孤立体，它需要与其他成分建立关系来自足。因此，动词就需要耗费更多的心理资源。当动词与其他成分的关系得到建立和满足时，其与名词的差异就会消失。

§五 结论

（1）在单独呈现条件下，现代汉语双音节名词在低频情况下发生了典型性效应。动词典型性效应在高频和低频条件下均不显著，这可能与动词的配价有关。词性效应在高频和低频条件下均显著。说明词性在心理词典中具有心理现实性。

（2）句子语境条件下，名词在低频条件下依然产生了典型性效应。而名词和动词的词性效应差异消失。

参考文献

[1] 白学军、刘丽萍、闫国利：《阅读句子过程中词跳读的眼动研究》，《心理科学》2008 年第 5 期。

[2] 陈宝国、彭聃龄：《词的具体性对词汇识别的影响》，《心理学报》1998 年第 4 期。

［3］冯丽萍、丁国盛、陈颖：《动词配价特征的心理现实性研究》，《语言文字应用》2006 年第 2 期。

［4］张钦、崔丽霞：《语义加工中的具体性效应研究》，《北京师范大学学报》（人文社会科学版）2002 年第 4 期。

［5］刘涛、杨亦鸣、张辉、张珊珊、梁丹丹、顾介鑫、胡伟：《语法语境下汉语名动分离的 ERP 研究》，《心理学报》2008 年第 6 期。

［6］孙宏林、孙德金、黄建平、李德钧、邢红兵：现代汉语研究语料库系统（http：//www. dwhyyjzx. com/cgi—bin/yuliao/）。

［7］向华东、吕勇、杨亦鸣、翁旭初：《心理词典中范畴化现象研究综述》，《心理与行为研究》2004 年第 2 期。

［8］杨亦鸣、曹明、沈兴安：《国外大脑词库研究概观》，《当代语言学》2001 年第 3 期。

［9］张伯江、方梅：《汉语功能语法研究》，江西教育出版社 2001 年版。

［10］张高远：《英汉名词化对比研究》，中国社会科学出版社 2008 年版。

［11］张金桥：《汉语句子阅读的心理学研究》，华中师范大学出版社 2008 年版。

［12］张仙峰、闫国利：《大学生词的获得年龄、熟悉度、具体性和词频效应的眼动研究》，《心理与行为研究》2005 年第 3 期。

［13］张钦、张必隐：《中文双字词的具体性效应研究》，《心理学报》1997 年第 2 期。

［14］张钦、丁锦红、郭春彦、王争艳：《名词与动词加工的 ERP 差异》，《心理学报》2003 年第 6 期。

［15］An, T. K. F., Dapretto, M., Song, Y. K., "Input versus constraints：Early word acquisition in Korean", *Journal of Memory andLanguage*, Vol. 33, 1994.

［16］Bastiaanse, R., Jonkers, R., "Verb Retrieval in action Naming and Spontaneous Speech in agrammatic and anomic aphasia", *Aphasiology*, Vol. 12, 1998.

［17］Bates, E., Marchman, V., Thal, D., "Development and stylistic variation in the composition of early vocabulary", *Journal of child Language*, Vol. 21, 1994.

［18］Bornstein, M., Cote, L., Maital S., painter K. park Spascual, L., "Cross—linguistic analysis of vocabulary in young children：Spanish, Dutch, French, Hebrew, Italian, Korean and american English", *Child Development*, Vol. 75, 2004.

［19］de Groot, A. M. B., "Representational aspects of word imageability and word frequency assessed through word associatio", *Journal of Experimental psychology：Learning, Memory, and Cognition*, Vol. 15, 1989.

［20］ de Mornay Davies, P. , Funnell, E. , "Semantic representation and ease of predication", *Brain and Language*, Vol. 73, 2000.

［21］ Gentner, D. , "Why nouns are learned before verbs", In S. Kuczaj（Ed. ）, *Language development Vol. 2: Language, cognition and culture.*

［22］ James, C. , "The role of semantic information in lexical decisions", *Journal of Experimental psychology: Human perception and performance*, Vol. 104, 1975.

［23］ Jessen, F. , Heun, R. , Erb, M. , Granath D. O. , Klose U. , Papassotiropoulos, A. , Grodd, W. , "The concreteness effect: evidence for dual coding and context availability", *Brain and Language*, Vol. 74, 2000.

［24］ Kroll, J. F. , Merves, J. S. , "Lexical access for concrete and abstract words", *Journal of Experimental psychology: Learning, Memory, and Cognition*, Vol. 12, 1986.

［25］ Paivio, A. , "Dual coding theory: Retrospect and current status", *Canadian Journal of psychology*, Vol. 45, 1991.

［26］ Schwanenflugel, P. J. , Shoben, E. J. , "Differential context effects in the comprehension of abstract and concrete verbal materials", *Journal of Experimental psychology: Learning, Memory, and Cognition*, Vol. 9, 1983.

［27］ Seidenberg, M. S. , Tanenhaus, M. K. , Leiman, J. M. , Bienkowski, M. , "Automatic access of the meanings of ambiguous words in context: Some limitations of knowledge—based processing", *Cognitive psychology*, Vol. 14, 1982.

［28］ Shelton, J. R. , Caramazza, A. , "Deficits in Lexical and Semantic processing: Implications for Models of Normal Language", *Psychonomic Bulletin & Review*, Vol. 6, 1999.

［29］ Tomassello, M. , Akhtar, N. , Dodson, K. , et al. , "Differential productivity in Young Children's Use of Nouns and Verbs", *Journal of Child Language*, Vol. 24, 1997.

本文发表于《南开语言学刊》2011 年第 1 期

后语境下均衡型"V+N"类歧义结构加工的眼动研究

于　秒

摘　要： 采用 Eyelink 2000 眼动仪，选择均衡型"V+N"类歧义结构为研究语料，探讨该类歧义结构在后语境下的加工。实验发现：（1）均衡型"V+N"类歧义结构实际上是按照定中义进行加工的，本文从使用频率、题元理论和组块认知策略等方面进行了解释。（2）在加工早期和晚期，均衡型"V+N"类歧义结构在兴趣区均出现了歧义性效应，结论既不支持基于制约的模型，也不支持花园路径模型，而是支持非限制竞赛模型。（3）均衡型的"V+N"类歧义结构最终采取了单一分析，属于系列加工。

关键词： 眼动　均衡型　加工　后语境

§一　研究背景

句法歧义消解研究是探讨句子加工的重要研究领域，围绕着语言理解是模块的还是相互作用的，提出了很多理论模型。如花园路径模型（Mitchell & Holmes，1985；Frazier，1987；Traxler et al.，1998）、基于制约的模型（MacDonald et al.，1994；McRae et al.，1998；Green & Mitchell，2006）。花园路径模型是模块化模型中最具影响力的，该模型认为，句子加工器最初只是句法分析，只采用单一的分析，非句法信息（如语义、语境、韵律等）在加工的后阶段才被采用。当最初的分析与后来的信息不一致时，加工器不得不重新分析。基于制约的模型是相互作用模型中的代表，该模型认为非句法信息能够立即用来指导句子加工。该模型假定所有可能的句法分析都平行激活，当一种分析比另一些分析有更高的激活并达到一定限度时，这种分析就会被确定为最后的分析。迄今为止，这些理论模型都在某种程度上得到了实验证明。

学者们围绕着语言加工是模块化的还是相互作用的，更多地探讨了非句法信息对歧义消解的影响。一些研究没有发现立即的语义效应，支持模块化模型（Ferreira & Clifton，1986；Trueswell et al.，1994；张文鹏、唐晨，2011）；而另一些研究，发现了语义对句法加工产生微弱或较强的影响，支持了基于制约的模型（Schriefers et al.，1995；Clifton et al.，2003；武宁宁、舒华，2003）。显然，语义是否立即影响句子加工还存在争论。斯皮维等人（Spivey et al.，2002）通过听觉呈现句子同时提供视觉语境的方法发现视觉参照语境立即影响句法歧义消解；皮克林等人（Pickering et al.，1998）的研究表明，由疑问制造的语境也立即影响句法歧义消解；张亚旭等人（2002）实验证明了话语参照语境在句子加工早期的作用。上述研究结论均支持基于制约的模型。任桂琴等人（2007）考察了汉语词汇歧义消解中句子语境作用，发现语境的作用位于后词汇阶段，结论支持词汇歧义消解的模块化观点。但斯内德克和特鲁斯威尔（Snedeker & Trueswell，2004）研究发现，儿童在可视语境下，没有发现语境对句法歧义消解的作用。有研究表明韵律能够立即被用来预测句子的句法结构和消除句法歧义（Friederici et al.，2001；Iglika Stoyneshka et al.，2010），斯内德克和特鲁斯威尔（2003）使用较为自然的游戏合作任务，发现讲话者产生的韵律线索在歧义短语出现前就已经影响了听者对话语的解释。多数研究表明韵律能够引导句子的最初分析。因此，研究结果多数支持基于制约的模型。

随着眼动实验和 ERP 实验技术的使用，研究已经不限于关注模块化模型和相互作用模型的对立，而是发现了一个新的理论模型：非限制竞赛模型（Traxler et al.，1998；Roger et al.，2005）。该模型认为，句法歧义的各种分析平行建构，处于一种竞赛中，构建最快的分析最终被采用。与基于制约的模型一样，各种信息资源会交互作用平行建立起最初分析；与基于制约的模型不同的是，这种模型每次构建一种分析，而并非让不同的分析相互竞争。如果最初的分析和后面的信息不一致，加工器就要进行重新分析。

国内对歧义消解方面的研究主要体现在近 10 年的时间里。研究涉及词类歧义、句法歧义、工作记忆与句法歧义等几方面，从整体上看，每个方面的研究都比较少，尤其是句法歧义加工方面，研究就更少。本文使用眼动记录技术，在更接近自然阅读的条件下，探讨人们对均衡型"V+N"这一歧义结构的歧义消解机制。具体探讨以下几个问题：第一，均衡型"V+N"类歧义结构两种分析是并行加工还是系列加工；第二，探讨语义和语境对均衡型"V+N"类歧义结构在消解过程中的作用，验证相关理论模型；第三，对均衡型"V+N"类歧义结构意义的最终建构进行理论解释。

§二 实验

（一）被试

被试均为天津外国语大学大二学生，共 36 名，年龄在 18—20 岁之间，母语均为汉语，视力或矫正视力正常，均为右利手。实验前未告诉被试实验目的。被试也没有参加过与本实验有关的材料评定与问卷调查。

（二）实验设计和材料

实验采用 2×2 被试内设计。两个因素分别为：（1）续接的语境条件，分为按定中语境续接和按动宾语境续接；（2）词组本身是否有歧义，分为有歧义和无歧义。把非歧义句作为控制句。

本文从前人公开发表的论文和出版的专著以及人民日报（2009 年 7—12 月）中，共搜索到 148 个"V+N"式歧义结构。首先，对该"V+N"式词组歧义度的评定，歧义度指的是一般人对某个潜在歧义格式是否有歧义的判断值，本文采用五点量表进行评定，1—5 依次代表该"V+N"式词组具有歧义的程度，5 代表被试一看到该词组就断定其具有歧义性，歧义度最高，1 代表该词组没有歧义性。歧义度平均值超过 3.5 以上被选为待考察的研究对象。其次，对歧义度在 3.5 以上的具体

"V+N" 式歧义结构进行相对歧义度①问卷调查，给出每个 "V+N" 式歧义结构的两个意义，请被试选出一个最符合他意义倾向的一个。本文规定相对歧义度在 0.65 以上为高歧义度，高歧义度指歧义结构两个意义被首选的概率近似，高歧义度的歧义结构称为均衡型歧义结构②；相对歧义度低于 0.35 的为偏向型。我们同时请 20 名对外汉语专业的大学生对歧义度在 3.5 以上 "V+N" 式歧义结构进行相对合理性评定。相对合理性的调查采用心理学研究中常用的 7 点量表法。选择 1 为动宾义，选择 7 为定中义，要求被试从 1—7 中选择一个符合自己的语感的数字。调查结果见表 1。

表 1 　　　　　　"V+N" 式词组相对歧义度和相对合理性均值

歧义结构类型	相对歧义度	相对合理性
均衡型	0.79（0.67—1）	4.03（3.7—4.3）
偏向定中型	0.19（0.03—0.33）	5.91（5.5—6.5）
偏向动宾型	0.21（0.03—0.35）	2.4（1.3—3.1）

经过问卷调查和评定后，本文用最终确定了 16 个均衡型 "V+N" 式歧义结构造句，造句时按照定中和动宾两种语境续接，使 "V+N" 式歧义结构呈现出定中义和动宾义。造句时使歧义结构处在句首，并且歧义结构后面第一个区域必须能够明确地消解该歧义结构。另外，编写一个与定中语境和动宾语境续接类似的控制句。这样，对于每一个 "V+N" 式歧义结构就产生了四个条件的句子。以 "参观队伍" 为例举例如下：

参观队伍之前，我们异常兴奋。（动宾语境，有歧义）
参观展览之前，我们异常兴奋。（动宾语境，无歧义）
参观队伍一到，大家就去迎接。（定中语境，有歧义）
学生队伍一到，大家就去迎接。（定中语境，无歧义）

① 相对歧义度是用 "V+N" 式歧义结构问卷调查得出的较小倾向的那个值与较大倾向的那个值的比值。详见尤庆学（2000）。

② 对于均衡型歧义结构来说，分析成定中义，分析成动宾义，都是合理的。

16 个 "V+N" 式歧义结构均按上面的条件造句，16 个歧义结构，每个都有四种条件，共 16×4＝64 个句子。实验采用拉丁方将 64 个语料分成四组，编成四个实验程序，保证每名被试只接受其中一组实验。每个被试要阅读 16 个实验句。除了实验句外，还给每组增加了 20 个填充句，填充句中包含 "V+N" 式词组，实验句与填充句随机排列。为了保证被试认真阅读句子，在语料中设置 15 个判断题。上述所有句子的长度不能超过计算机屏幕的一行。

请 15 名大学生（不参加正式实验）对实验句进行 5 点通顺性评定，1—5 依次代表句子的通顺程度。"1" 代表句子非常不通顺，"5" 代表句子非常通顺。均衡型组的四种条件句通顺性平均值分别为 4.11、4.17、4.12、4.14，统计分析后发现，四种条件的句子通顺性无显著差异 $[F(3, 60) = 1.977, p>0.05]$。

（三）实验仪器及程序

本实验采用 Eyelink II 型眼动仪呈现材料并记录被试的眼动情况。Eyelink II 的采样频率为每秒 500 次，刷新频率为 150Hz。

（1）被试进入实验室后，坐在仪器前面。眼睛距离屏幕 70 厘米，戴好眼动仪头盔；（2）对仪器进行三点校准；（3）在屏幕上呈现指导语，并简要说明。每个句子呈现在电脑屏幕上，读完一个句子后，被试按键，电脑自动呈现下一个句子。其中一些句子阅读完毕后会呈现一个判断句。让被试对判断句进行判断，如果该判断句与前面的句子表述内容一致按鼠标左键，否则按鼠标右键。正式实验前有 15 个练习句作为实验前的训练，确认被试完全理解整个实验要求后，正式开始实验。整个实验过程大约需要 10 分钟。

§三　实验结果与分析

在数据分析之前，删除了 4 名被试的不合格数据，共有 32 名被试的数据作为分析数据。删除注视点时间小于 80ms、大于 1200ms 以及三个标准差以外的数据。使用 SPSS 13.0 对实验数据进行被试分析（F_1）

和项目分析（F_2）。本文把要考察的句子分成7个兴趣区，分别为"V+N"歧义结构中的"V"、"N"、"V+N"，第四到第七个区为紧接歧义结构后依次划分的四个区域，分别称为解歧区、解歧后区1、解歧后区2和解歧后区3，其中，把前三个兴趣区称为关键区。以"吹奏乐器很多可以随意挑选"为例。

【吹奏】	【乐器】	【吹奏乐器】	【很多】	【可以】	【随意】	【挑选】
关键区1	关键区2	关键区3	解歧区	解歧后区1	解歧后区2	解歧后区3

为了数据分析方便，我们用C1、C2、D、J1、J2、J3和J4依次表示关键区1、关键区2、关键区3、解歧区、解歧后区1、解歧后区2和解歧后区3。考察的眼动指标有首次注视时间、凝视时间、总注视时间、回视路径时间四个（见表2）。

表2　　兴趣区各眼动指标的平均值（ms）及标准差（括号内）

眼动指标	续接语境	歧义性	C1	C2	D	J1	J2	J3	J4
首次注视时间	偏正	有	200.66 (50.27)	228.65 (50.81)	196 (31.74)	234.33 (41.75)	255.03 (70.58)	258.46 (82.67)	251.16 (41.75)
	偏正	无	188.23 (35.38)	225.38 (39.59)	185.44 (28.12)	224.58 (35.18)	250.46 (50.69)	250.94 (65.95)	260.99 (91.53)
	动宾	有	194.8 (44.47)	229.68 (47.79)	192.02 (20.25)	238.27 (45.23)	259.33 (60.84)	259.12 (88.92)	253.40 (95.84)
	动宾	无	192.22 (38.44)	225.99 (44.68)	189.04 (27.84)	216.61 (43.64)	223.90 (55.06)	265.09 (64.00)	258.12 (73.54)
凝视时间	偏正	有	329.16 (103.70)	293.99 (73.82)	711.03 (287.82)	259.59 (58.91)	285.35 (71.31)	340.78 (93.56)	258.12 (73.54)
	偏正	无	325.96 (106.80)	272.23 (58.99)	699.84 (263.62)	266.55 (75.58)	280.71 (82.48)	344.16 (95.55)	255.39 (84.40)
	动宾	有	315.66 (116.04)	293.08 (65.11)	720.90 (317.00)	278.17 (79.06)	289.54 (75.75)	341.63 (125.59)	268.22 (106.57)
	动宾	无	333.57 (125.52)	283.80 (71.13)	713.03 (300.11)	264.80 (91.44)	247.24 (60.02)	349.70 (131.93)	261.22 (110.72)

续表

眼动指标	续接语境	歧义性	C1	C2	D	J1	J2	J3	J4
总注视时间	偏正	有	859.47 (429.69)	743.9 (325.82)	1527.2 (614.69)	493.02 (227.26)	379.67 (187.35)	590.58 (276.24)	255.71 (191.62)
	偏正	无	785.94 (349.77)	627.23 (317.32)	1545.6 (609.34)	430.98 (244.73)	378.08 (171.02)	537.5 (260.16)	250.56 (220.97)
	动宾	有	870.09 (423.75)	814.21 (383.99)	1743.4 (700.14)	519.77 (292.72)	433.35 (199.93)	688.68 (329.5)	235.94 (232.95)
	动宾	无	852.33 (389.99)	764.15 (355.94)	1769.8 (670.87)	417.69 (264.83)	352.15 (156.83)	564.69 (277.08)	244.29 (186.86)
回视路径时间	偏正	有				450.93 (186.56)	399.58 (150.48)	871.74 (461.82)	1492.08 (1028.74)
	偏正	无				410.89 (129.91)	371.23 (178.70)	750.14 (347.02)	1421.34 (824.70)
	动宾	有				456.75 (173.54)	438.11 (170.78)	1007.9 (724.64)	1907.44 (993.06)
	动宾	无				448.46 (166.43)	384.71 (147.78)	1032.57 (709.94)	1408.65 (976.02)

（一）首次注视时间[①]

J1 续接语境主效应被试分析和项目分析均不显著 $[F_1 (1, 31) = 2.698, p>0.05; F_2 (1, 15) = 0.022, p>0.05]$，歧义性主效应被试分析不显著 $[F_1 (1, 31) = 1.730, p>0.05]$，但项目分析显著 $[F_2 (1, 15) = 5.329, p<0.05]$，配对样本 t 检验发现，动宾语境续接的条件下，歧义性效应边缘显著 $[t_2 (15) = -2.025, p>0.05]$；续接语境与歧义性交互作用均不显著 $[F_1 (1, 31) = 0.074, p > 0.05; F_2 (1, 15) = 0.371, p>0.05]$。J2 续接语境主效应被试分析和项目分析均不显著 $[F_1 (1, 31) = 1.723, p>0.05; F_2 (1, 15) = 0.066, p>0.05]$，歧义性主效应项目分析不显著 $[F_2 (1, 15) = 2.502, p>0.05]$，但被试分析边缘显著 $[F_1 (1, 31) = 3.069, p>0.05]$，配对 t

---

① 本文只对具有显著性差异的兴趣区进行统计分析，下同。

检验发现，动宾语境续接条件下，歧义性效应边缘显著 [t_1 (31) = −1.998, p=0.058]；续接语境与歧义性交互作用被试分析不显著 [F_1 (1, 31) = 0.908, p>0.05]，但是项目分析显著 [F_2 (1, 15) = 4.779, p<0.05]，进一步简单效应检验发现，动宾语境续接条件下，歧义性效应边缘显著 [t_2 (15) = −2.135, p=0.050]。

（二）凝视时间

J2 续接语境主效应被试分析和项目分析均不显著 [F_1 (1, 31) = 1.480, p>0.05；F_2 (1, 15) = 0.071, p>0.05]，歧义性主效应均边缘显著 [F_1 (1, 31) = 3.514, p=0.070；F_2 (1, 15) = 3.101, p = 0.099]，续接语境与歧义性交互作用均边缘显著 [F_1 (1, 31) = 3.032, p=0.092；F_2 (1, 15) = 4.113, p=0.061]。进一步简单效应检验发现，动宾语境续接时，歧义性效应显著 [t_1 (31) = 2.811, p<0.01；t_2 (15) = 2.367, p<0.05]。

（三）总注视时间

J1 续接语境主效应被试分析和项目分析均不显著 [F_1 (1, 31) = 0.001, p>0.05；F_2 (1, 15) = 0.403, p>0.05]，歧义性主效应被试分析不显著 [F_1 (1, 31) = 2.467, p>0.05]，项目分析边缘显著 [F_2 (1, 15) = 4.360, p=0.054]，配对样本 t 检验发现，动宾语境续接条件下，歧义性效应边缘显著 [t_2 (15) = −1.951, p=0.070]；续接语境与歧义性交互作用均不显著 [F_1 (1, 31) = 0.335, p>0.05；F_2 (1, 15) = 0.558, p>0.05]。J2 续接语境主效应被试分析和项目分析均不显著 [F_1 (1, 31) = 0.006, p>0.05；F_2 (1, 15) = 0.164, p>0.05]，歧义性主效应被试分析不显著 [F_1 (1, 31) = 2.091, p>0.05]，项目分析边缘显著 [F_2 (1, 15) = 3.297, p=0.089]，配对 t 检验发现，动宾语境续接条件下，歧义性效应显著 [t_2 (15) = −2.290, p<0.05]；续接语境与歧义性交互作用均不显著 [F_1 (1, 31) = 0.571, p>0.05；F_2 (1, 15) = 1.204, p>0.05]。J3 续接语境主效应被试分析和项目分析均不显著 [F_1 (1, 31) = 1.811, p>0.05；F_2 (1, 15) = 2.897, p>0.05]，歧义性主效应被试分析不显著 [F_1

$(1, 31) = 1.590$，$p > 0.05$]，但是项目分析显著 [F_2 $(1, 15) = 11.582$，$p < 0.05$]，配对 t 检验发现，动宾语境续接条件下，歧义性效应显著 [t_2 $(15) = -2.167$，$p < 0.05$]；续接语境与歧义性交互作用均不显著 [F_1 $(1, 31) = 0.210$，$p > 0.05$；F_2 $(1, 15) = 0.630$，$p > 0.05$]。

（四） 回视路径时间

J4 续接语境主效应被试分析和项目分析均不显著 [F_1 $(1, 31) = 2.531$，$p > 0.05$；F_2 $(1, 15) = 1.874$，$p > 0.05$]，歧义性主效应被试分析不显著 [F_1 $(1, 31) = 2.240$，$p > 0.05$]，项目分析边缘显著 [F_2 $(1, 15) = 3.978$，$p = 0.066$]；续接语境与歧义性交互作用被试分析边缘显著 [F_1 $(1, 31) = 4.611$，$p < 0.05$]，项目分析显著 [F_2 $(1, 15) = 4.708$，$p < 0.05$]，进一步简单效应检验发现，有歧义条件下，动宾语境续接的回视路径时间长于定中语境续接的回视路径时间 [t_1 $(31) = 2.395$，$p < 0.05$；t_2 $(15) = 1.840$，$p = 0.092$]，动宾语境续接条件下，歧义性效应显著 [t_2 $(15) = -2.442$，$p < 0.05$]。

§四 讨论

（一） 均衡型 "V+N" 歧义结构两种意义的建构

"V+N" 词组可以构成动宾结构关系，也可以构成定中结构关系，由动宾关系到定中关系形成了一个连续状态。

研究佛教—研究问题—研究机关
动宾　　动宾/定中　　定中

根据问卷调查发现，"V+N" 词组形成歧义时，其歧义结构内部也处于一种连续的状态。被试对有的 "V+N" 歧义结构语义识解为偏向定中义，对有的 "V+N" 歧义结构语义识解为偏向动宾义，对有的 "V+N" 歧义结构语义识解为既不偏向定中义也不偏向动宾义，处于一种均衡状态。本文关心的是，利用眼动实验动态地观察人的认知过程时，人们到底是如何建构均衡型"V+N"歧义结构两种意义的？从解歧区及解歧后区来看，J1、J2、J3 和 J4 上均在某些眼动指标上出现了歧义性效应，首次注视时间、凝视时间、总注视时间和回视路径时间等指标均在相关兴趣区上出现歧义性效应，这种歧义性效应发生在动宾语境续接的条件下，说明均衡型"V+N"歧义结构按照动宾语境续接时加工出现困难，被试实际是按照定中义进行理解的。为什么均衡型"V+N"歧义结构按照定中义加工呢？需要做进一步的解释。我们认为这除了跟动词和名词的特征相关外①，"V+N"歧义结构的使用频率、歧义结构自身的特性以及人们的认知策略都会影响被试的加工，下面来具体分析。

1. 语言理解是人们认知策略的表现

从人的心理认知和句子加工研究上看，句子加工是一个逐词递增的过程，语言理解者把每一个词都合并到先前的句法结构里（Altmann & Steedman，1988）。也就是说，在句法分析时，人们遵守即时原则，并非等到读完或者听完整个句子后再做分析，而是一旦读到或者听到一个句子就马上开始分析。人们理解话语的过程是不断组块的过程，短语的理解也是组块的过程。"V+N"短语可以认知为一个板块，也可以认知为两个板块。"自足时前者通常与偏正类型相对应，作为一个记忆板块留在短时记忆之中，而后者一般与动宾类型相对应，作为两个记忆块留在短时记忆中"（张国宪，1997）。而两块的存储显然要比一块存储的提取加工耗费更多的心理能量。定中结构很可能在实际加工中被当成一个词被提取。李晋霞（2008）指出概念上具有完型效应的定中"V 双+N 双"具有明显的词汇化倾向。因此，与提取动宾义相比，人们提取定中义更容易。人们在认知语言的过程中，期望用最小的心理能量获取尽量多的信息，这符合认知语言学中的经济性原则。均衡型"V+N"歧义结构实现定中义时，该歧义结构为一块，被当作一个整体来储存、使用，减轻了人们的编码负担。

---

① 上文已经提到李晋霞（2008）从名词的典型性、具体度、动词的常规用法等方面对"V 双+N 双"歧义结构的意义优先理解模式做了详细分析。

2. 动词题元结构影响均衡型"V+N"歧义结构的加工

本文的实验设计把均衡型"V+N"歧义结构放在了句首位置，其动词的施事没有出现，因此，当歧义结构实现为动宾义时，被试的加工很可能会在大脑里寻找动词的施事。因为，动词结构是个不自足的结构体，为了使结构自足，需要找到动词的论元。这样，在寻找施事的过程中就需要更多的心理能量。而实现定中关系时，定中结构整体上是名词性的，名词性本身是自足的实体，而且名词性实体本身也容易实物化，会在人的大脑里迅速建立一个图画，这样，相对于动词性的结构而言，加工提取时自然就更省力。

3. 语言使用频率影响"V+N"歧义结构加工

本文使用北京大学汉语语言学研究中心语料库 CCL 网络版对最初查找到的 148 个"V+N"歧义结构的使用情况进行了搜索，统计"V+N"歧义结构两种意义在语料库中的分布。搜索时，对于语料库中"V+N"歧义结构多于 100 条的选择 100 条，不到 100 条的都选，删除重复的句例，同时考虑该词组在不同文体中的分布。统计发现，148 个"V+N"歧义结构在语料库中实现定中关系分布的占 88%，而实现动宾关系分布的仅占 12%，实现定中关系的"比例明显高于实现动宾关系的"。因此，从总体上看，语言的实际使用频率是定中义明显高于动宾义，所以，在句子加工中，被试更易识解均衡型"V+N"歧义结构的定中义。从语言的演化趋势上来看，很多动宾关系的"V+N"词组在语言的发展过程中，逐渐顺应了"谓词性结构名词化"的历史潮流，名词性逐渐增强，动词性逐渐减弱（王玲玲，2005），这样在一定程度上增加了"V+N"词组名词性的用法。

（二）相关理论模型的验证

语义和语境信息到底在哪一个时间进程被用来进行语言加工，这关系到不同的句子加工理论在基本观点上的对立。根据基于制约的模型，各种信息资源应立即影响句子加工，也就是说，在早期加工中，语义和语境等信息立即被用来进行语言理解。而根据花园路径模型，各种信息资源只是在晚期加工时才起作用。一般认为，首次注视时间和凝视时间反映被试早期加工的情况，而总注视时间、回视（包括回视次数、回视路径时间）等指标反映被试晚期加工的情况。根据我们的假设，如果语义信息起作用，那么在加工均衡型 "V+N" 歧义结构时，不管后接哪一种语境均不会出现歧义性效应。但事实上，实验研究发现，动宾语境续接条件下，首次注视时间在 J1 和 J2 上出现歧义性效应，凝视时间在 J2 上也出现歧义性效应，表明加工早期被试就是建构的单一分析。反映晚期加工的总注视时间在 J1、J2 和 J3 上出现歧义性效应，回视路径时间在 J4 上出现语境效应和歧义性效应。显然，不管在加工早期还是加工晚期，语义信息均没有起到作用，因此，对于均衡型 "V+N" 歧义结构来说，研究结论既不支持基于制约的模型，也不支持花园路径模型。根据非限制竞赛模型，处于一种竞赛中构建最快的分析最终被采用。得到的信息支持越强的分析越有可能被率先建构。如果被试选择的最初分析与后续语境不发生违背，在解歧区及解歧后区不会出现歧义性效应，即歧义条件与控制条件在注视时间和回视路径时间上没有差异；反之则要进行重新分析，就会出现歧义性效应。从前文分析可以知道，当均衡型 "V+N" 歧义结构续接动宾语境时，在 J1、J2、J3 和 J4 上均出现了歧义性效应，而当其按定中语境续接时，在解歧区及解歧后区均没有出现歧义性效应，表明被试率先建构的是定中关系义。结论支持非限制竞赛模型。

（三）从均衡型 "V+N" 歧义结构的加工看系列加工和并行加工

关于句法歧义的认知加工，主要有：系列加工，认为遇到句法歧义时，一次只建立一种可能的解释；并行加工，认为遇到歧义时，同时生成多种可能的解释；混合模型，认为不同情况下句法歧义解决的策略也不同，如资源充足，就进行平行加工，如资源不足便使用系列加工策略等。[1] 从上文的分析可知，均衡型 "V+N" 歧义结构按照动宾语境续接时，在解歧区和解歧后区都出现了歧义性效应，表明被试最终按定中义提取的，采取的是单一分析，而不是两种可能的分析。从实验的研究结论来看，"V+N" 歧义结构的两种意义在句中最终建构是单表征的，因

---

① 转引自杨丽霞、崔耀、陈永明《工作记忆、意思相对频率与汉语歧义句的加工》，《心理科学》1999 年第 3 期，第 222—229 页。

此是系列加工的。

§五 结论

均衡型"V+N"歧义结构在加工早期和晚期在兴趣区均出现了歧义性效应，均衡的语义信息没有对歧义结构的加工产生影响，结论不支持基于制约的模型，也不支持花园路径模型。均衡型"V+N"歧义结构实际上是按照定中义进行加工的，这与定中结构的使用频率、定中结构的自足性和人们按照组块进行理解密切相关。均衡型的"V+N"歧义结构最终采取了单一的分析，属于系列加工。需要说明的是，本文选择的语料为均衡型"V+N"歧义结构，被试对偏向型歧义结构的加工是否与均衡型的表现一致？语境能够引导被试对歧义结构的两种或几种意义做出某种特定的理解，那么当出现前语境时，是否会影响被试的理解加工？根据混合模型的观点，资源充足，被试就进行平行加工；增加前语境比只有后语境的资源要相对充足，此时，被试是系列加工还是并行加工？另外，有研究表明工作记忆容量会影响歧义加工（Swets & Desmet，2007；Kim，2010；顾琦一、程秀苹，2010；陈宝国、徐慧卉，2010 等），限于篇幅，我们将另文继续讨论这些问题。

参考文献

［1］Altmann, G. & M. Steedman, "Interaction with context during human sentenceprocessing", *Cognition*, Vol. 30, No. 3, 1988.

［2］Clifton, C. , M. J. Traxler & M. T. Mohamed, "The use of thematic role information in parsing: Syntactic processing autonomy revised", *Journal of Memory and Language*, Vol. 49, No. 3, 2003.

［3］Ferreira, F. & Clifton. C. , "The independence of syntactic processing", *Journal of Memory and Language*, Vol. 25, No. 3, 1986.

［4］Frazier, L. , "Sentence processing: a tutorial review", In M. Cotheart（Ed. ）, *The Psychology of Reading*, Hillsdale, NJ: Lawrence Erlbaum associates Inc. , 1987.

［5］Friederici, A. D. , "Syntactic, prosodic, and Semantic processes in the Brain: Evidence from Event—Related Neuroimaging", *Journal of psycholinguistic Research*, Vol.

30, No. 3, 2001.

［6］Green, M. J. , Mitchell D. C. , "Absence of real evidence against competition during syntactic ambiguity resolution", *Journal of Memory & Language*, Vol. 55, No. 1, 2006.

［7］Kim, Ji Hyon, "The influence of sentence complexity on relative clause ambiguity resolution", *Language and Linguistics*, Vol. 48, 2010.

［8］Iglika Stoyneshka, Janet Dean Fodor & Eva, M. Fernández, "Phoneme restoration methods for investigating prosodic influences on syntactic processing", *Language and Cognitive processes*, Vol. 25, 2010.

［9］MacDonald, M. C. , Pearlmutter, N. J. , Seidenberg, M. S. , "Lexical nature of syntactic ambiguity resolution", *psychological Review*, Vol. 101, No. 4, 1994.

［10］Matthew, J. Green, Don C. Mitchell. , "Absence of real evidence against competition during syntactic ambiguity resolution", *Journal of Memory and Language*, Vol. 55, No. 1, 2006.

［11］McRae, K. , Spivey-Knowlton, M. J. , Tanenhaus, M. K. , "Modeling the influence of thematic fit (and other constraints) in on—line sentence comprehension", *Journal of Memory and Language*, Vol. 38, No. 3, 1998.

［12］Mitchell, D. C. , Holmes, V. I. , "The role of specific information about the verb in parsing sentences with local structural ambiguity", *Journal of Memory and Language*, Vol. 24, No. 5, 1985.

［13］Pickering, M. J. , Traxler, M. J. , "Plausibility and recovery from garden paths: an eye—tracking study", *Journal of Experimental psychology: Learning, Memory, and Cognition*, Vol. 24, No. 4, 1998.

［14］Roger, P. G. van Gompel, Martin, J. et al. , "Unrestricted race: a new model of syntactic ambiguity resolution", In: A. Kennedy, R. Radach, D. Heller & J. Pynte (Eds.), *Reading as a perceptual process*, 2000.

［15］Roger, P. G. , van Gompel, Martin, J. , et al. , "Evidence against competition during syntactic ambiguity resolution", *Journal of Memory and Language*, Vol. 52, No. 2, 2005.

［16］Schriefers, H. , Friederici, A. D. & Kühn, K. , "The processing of locally ambiguous relative clauses in German", *Journal of Memory and Language*, Vol. 34, No. 4, 1995.

［17］Snedeker, J. , Trueswel, J. C. , "Using prosody to avoid ambiguity: Effects of speaker awareness and referential context", *Journal of Memory and Language*, Vol. 48,

No. 1, 2003.

［18］Snedeker, J., Trueswell, J. C., "The developing constraints on parsing decisions: the role of lexical—biases and referential scenes in child and adult sentence processing", *Cognitive psychology*, Vol. 49, No. 3, 2004.

［19］Spivey, M. J., Tanenhaus, M. K., Eberhard, K. M. et al., "Eye movements and spoken language comprehension: Effects of visual context on syntactic ambiguity resolution", *Cognitive psychology*, Vol. 45, No. 4, 2002.

［20］Steinhauer, K., Alter K, Friederici, A. D. 1999. Brain potentials indicate immediate use of prosodic cues in natural speech processing", *Nature Neuroscience*, Vol. 2, No. 2, 1999.

［21］Swets, B., Desmet, T., Hambrick, D. Z. et al., "The role of working memory in syntactic ambiguity resolution: a psychometric approach", *Journal of Experimental Psychology General*, Vol. 136, No. 1, 2007.

［22］Traxler, M. J., Pickering, M. J., Clifton, C., "Adjunct attachment is not a form of lexical ambiguity resolution", *Journal of Memory and Language*, Vol. 39, No. 4, 1998.

［23］Trueswell, J. C., Tanenhaus, M. K., Garnsey, S. M., "Semantic influences onparsing: Use of thematic role information in syntactic ambiguity resolution", *Journal of Memory and Language*, Vol. 33, No. 3, 1994.

［24］Vos, S. H. & Friederici, A. D., "Intersentential syntactic context effects on comprehension: The role of working memory", *Cognitive Brain Research*, Vol. 16, No. 1, 2003.

［25］陈宝国、徐慧卉:《工作记忆容量的差异对第二语言句法歧义句加工的影响》,《心理学报》2010 年第 2 期。

［26］顾琦一、程秀苹:《中国英语学习者的花园路径句理解——与工作记忆容量和语言水平的相关研究》,《现代外语》2010 年第 3 期。

［27］李晋霞:《现代汉语动词直接做定语研究》,商务印书馆 2008 年版。

［28］任桂琴、韩玉昌、于泽:《句子语境中汉语词汇歧义消解的眼动研究》,《心理科学》2008 年第 4 期。

［29］王玲玲:《汉语述宾/偏正结构的歧义研究》,硕士学位论文,首都师范大学,2005 年。

［30］武宁宁、舒华:《汉语词类歧义解决（Ⅱ）》,《心理科学》2003 年第 6 期。

［31］尤庆学:《歧义度的调查与分析》,《汉语学习》2000 年第 5 期。

［32］张国宪：《"V 双+N 双"短语的理解因素》，《中国语文》1997 年第 3 期。

［33］张文鹏、唐晨：《汉英双语者对句子语境中歧义词加工的 ERP 研究》，《外语教学》2011 年第 4 期。

［34］张亚旭、舒华、张厚璨：《话语参照语境条件下汉语歧义短语的加工》，《心理学报》2002 年第 2 期。

本文发表于《现代外语》2012 年第 35 卷第 3 期

第三篇

呼吸实验研究

语调与呼吸的关系初探*

石　锋　张锦玉　白学军　朱昭红

摘　要：本文使用呼吸传感器对12位被试朗读时的呼吸曲线进行了量化分析和解读，探讨了呼吸在话语节律中的表现及其与韵律、语义的关系。结果表明，话语呼吸节律与自然呼吸节律不同，呼气和吸气曲线的各参数均与韵律单位等级有着密切的关系。根据呼吸斜率的不同，话语呼吸曲线均可分为陡、缓、平三种类型，它们或对应为不同的韵律等级，或负载着不同的语义特征，说明话语呼吸的升降变化是人们在说话时话语结构、话语意义以及情感表达的伴随现象，反映了说话人对不同级别韵律单位的理解和处理过程。

关键词：呼吸　话语　韵律　呼吸斜率

§一　引言

说话的三部曲是呼吸（respiration）、发声（phonation）及发音（articulation）（王士元，2008）。作为说话的动力，呼吸在言语产生的过程中有着非常重要的作用。王士元（2008）根据尤尔根斯（Jürgens）（2002）的研究将这三个步骤进行时相关的肌肉、神经系统做了总结，其中参与呼吸过程的胸肌和腹肌各有四种、神经线共七条，说明言语呼吸是一个复杂的生理过程。这些敏感、复杂的肌肉运动与认知因素相综

---

　　* 本文英文题目为 Intonation and Respiration：A Preliminary Analysis，原载 *Journal of Chinese Linguistics*，Vol. 38，No. 2，2010，pp. 323-335。文章经笔者、刊物授权译介。

合，对言语呼吸有重要影响（MacLarnon & Hewitt, 1999），同时与韵律、语义也有着对应的关系。有研究表明，由于语义表达和听觉感知的需要，每一个气呼的节落大致对应一个简单的意义单元（Passy, 1930），这些"气呼节落"被利伯曼（Lieberman, 1967）称为"呼吸群"（breath-group），它们是产生和感知语调的重要单位。郑秋豫（2008）在"阶层式多短语语流韵律（HPG）"架构中也将"呼吸组"作为一级重要的韵律单位。谭晶晶等（2008）则讨论了不同文体朗读时呼吸节奏变化的现象。

以上研究均表明，呼吸在话语理解和韵律产生中有着重要作用，一方面话语呼吸受言语处理等心理方面的制约而表现出与自然呼吸不同的节律特征，另一方面它又从生理角度将底层语义外化到表层语音韵律上来，形成呼吸群。因此，研究呼吸在话语节律中的表现对于揭示言语处理过程及生理机能与韵律结构间的关系具有重要的意义。本文拟利用呼吸传感器记录说话时的呼吸信号，通过解读呼吸曲线和分析各种呼吸参数，进而揭示呼吸在话语节律中的表现及其与韵律、语义的关系。

§二　实验方法

（一）被试

本实验选取五男七女共 12 名被试，平均年龄 26 岁，普通话均达到国家普通话测试一级乙等水平。

（二）实验材料

实验语料为小故事《北风跟太阳》。被试实验前要充分练习，达到熟练程度，然后再以中等语速朗读。

（三）语料录制和数据采集

本实验语料的录制和呼吸数据的采集均在天津师范大学心理学研究所情绪实验室中进行。语音文件由 Audacity 软件录制，音频采样率为 11025Hz，16 位单声道。呼吸数据的采集利用美国 BIOPAC 公司生产的

MP150 数据采集系统（BIOPAC Systems MP150）3.0 版，后期数据采用
该仪器自带软件 Acqknowledge 进行分析。

　　为了达到最大的呼吸测量灵敏性，实验时让被试吸气并屏气，在最
大吸气时，将呼吸传感器（TSD101）的绷带绕被试胸部固定，使呼吸
带接近最大张力，然后将传感器的两个针头插入呼吸描记放大器
（RSP100A）的两个输入端，即可进行呼吸记录。同时将麦克风置于被
试口边记录语音。

（四）实验过程

1. 参数说明及相对化

　　图 1 是一段呼吸曲线，其中横轴表示时间，纵轴表示由呼吸引起的
电压变化幅度。曲线中的上升段表示吸气，下降段表示呼气。本实验使
用的参数主要有吸气时长 T_i，呼气时长 T_e，呼吸峰值 P，呼吸谷值 V，
其他参数均可由以上参数计算得到。

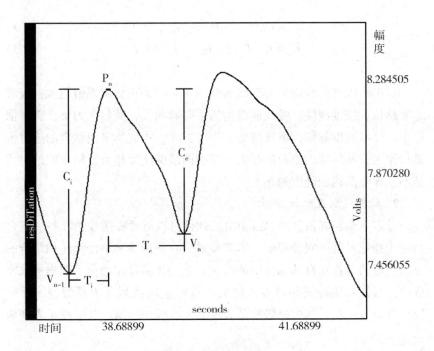

图 1　呼吸曲线示例

由于不同被试呼吸幅度的绝对值不同，因此要进行比较，就需要将绝对的呼吸幅度相对化。这里笔者提出呼吸度（H 值），即：

$$H = (P - V_{min}) / (P_{max} - V_{min}) \qquad (1)$$

其中，P 为某点的呼吸幅值，P_{max} 为被试呼吸中的最大峰值，V_{min} 为呼吸中的最小谷值，H 即为该点的呼吸度。H 值越大，呼吸度越大，呼吸幅度也越大；H 值越小，呼吸度越小，呼吸幅度也越小。由于 H 值是一个相对化的值，可以用来比较不同被试之间的呼吸特征，因此本文中的呼吸幅度均换算为 H 值进行计算。

由于呼吸曲线的斜率可以综合反映呼吸中时间与幅度的关系以及呼吸的变化情况，因此本文将呼吸斜率作为考察话语节律的敏感指标和主要参数。由图 1 可见，C_i 为某段呼吸曲线的前部峰谷差，C_e 为后部峰谷差，C_i 与 T_i 的比值就是吸气斜率 K_i，C_e 与 T_e 的比值则为呼气斜率 K_e。若设 V_{n-1}、V_n、P_n 的呼吸度分别为 H_{vn-1}、H_{vn}、H_{pn}，则有：

$$K_i = C_i / T_i = (H_{pn} - H_{vn-1}) / T_i \qquad (2)$$
$$K_e = C_e / T_e = (H_{vn} - H_{pn}) / T_e \qquad (3)$$

其中，吸气曲线均为上升状曲线，其斜率为正，斜率值越大，吸气速度越快，坡度越陡；呼气曲线均为下降状曲线，其斜率为负，斜率值越小，呼气速度越快，坡度越陡。为了方便，本文均采用斜率的绝对值进行比较，即斜率的绝对值越大，呼吸曲线的陡度越大；斜率的绝对值越小，呼吸曲线的陡度越小。

2. 数据提取及统计分析

设定一个临界值，Acqknowledge 软件可以对呼吸曲线的峰谷进行自动标注并记录其时间及幅值。本实验采用自动标注和手动标注相结合的方法，目的是修正自动标注中的错误并进一步将标注细化。数据提取完成后，根据起伏特征和峰谷差的大小将呼吸曲线划分为呼吸群、呼吸段、呼吸节三类。其中呼吸群是表现为全呼吸的段落，呼吸段是表现为半呼吸的段落，呼吸节是表现为微呼吸的段落。① 将相应的数据进行分类统计后，再把生理上的呼吸单位与语言中的韵律单位进行对比，从而确定二者之间的对应关系。

§三　实验结果和讨论

（一）话语呼吸与自然呼吸的差异

康拉德（Conrad）和舒勒（Schönle）（1979）认为言语呼吸与平静呼吸的表现不同。平静呼吸时，吸气时长和速率与呼气时的大小范围是相似的；在说话时，吸气时长变短且速率增快，呼气时长变长且气流量明显减小。正如麦克拉农（MacLarnon）和休伊特（Hewitt）（1999）所指出的，人类对于平静呼吸的调节对言语产生是非常重要的，它使得人们在快速吸气后产生了一个较长的呼气阶段，而短促的吸气段则对应了一个有意义的语言停顿。赖亚尔斯（Ryalls）和贝伦斯（Behrens）（2000）也指出，在说话时，人体的呼吸周期有90%用于呼气，只有10%用于吸气，呼气过程远远大于吸气过程。汉语言语呼吸与平静呼吸的差别也是这样。图2为某三位被试自然呼吸（a）与话语呼吸（b）曲线的对照图。自然呼吸时，呼吸节律平稳，平均频率约为16次/分。呼吸波呈准正弦波分布，一般为单一的对称峰，呼吸时长、幅度和速率基本相同，是自然状态下呼吸的表现形式。话语呼吸曲线峰形多样，包括平台型、斜坡型和多峰型三种，是呼吸被动地受语句结构、语句意义和情绪控制的动态表现。呼气段也并非一降到底，而是降中有升，表现为各种下降类型的共现。可见，呼气曲线的升降变化是呼吸肌肉控制肺部气流和声门下气压的表现，是人们在说话时话语结构、话语意义以及情感表达的伴随现象，反映了说话人对不同级别韵律单位的理解和处理过程。

---

① 峰谷差在0.5以上的为全呼吸，在0.2—0.5之间的为半呼吸，在0.2以下的为微呼吸。

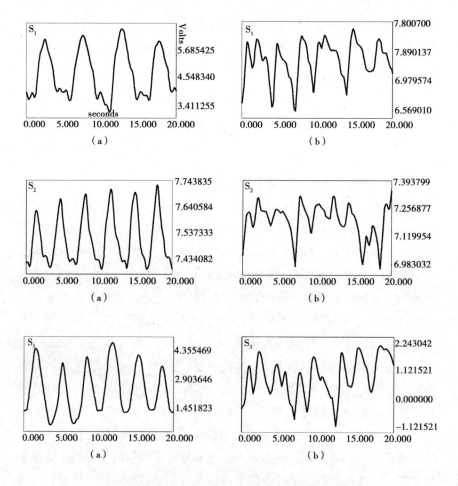

图 2　自然呼吸曲线（a）与话语呼吸曲线（b）对照图

（二）吸气段在话语节律中的表现

1. 吸气时长（T_i）与吸气幅度（C_i）

吸气段对应于语句间的较大停顿，而吸气段峰谷差则反映了不同呼吸单位前吸气幅度的大小。研究结果表明：呼吸群前的 T_i 最长，C_i 最大；呼吸节前的 T_i 最短，C_i 最小；呼吸段前的 T_i 和 C_i 都介于呼吸群和呼吸节之间，见表 1。

表1 不同呼吸单位前吸气时长和吸气幅度

	呼吸群		呼吸段		呼吸节	
	Mean	Std	Mean	Std	Mean	Std
T_i (s)	0.76	0.12	0.62	0.11	0.41	0.16
C_i (H value)	0.62	0.17	0.35	0.20	0.10	0.08

方差分析结果显示，在吸气时长（T_i）上，主效应 $F(2, 274) = 145.491$，$p < 0.05$，差异显著；经事后检验（LSD）发现，各组间差异均显著（$ps < 0.05$）。在吸气幅度（C_i）上，主效应 $F(2, 289) = 93.734$，$p < 0.05$，差异显著；事后检验发现各组间差异均显著（$ps < 0.05$）。对时长和幅度的相关分析显示，二者的相关系数为 $r = 0.468$，$p < 0.01$。以上数据表明，不同呼吸单位之间吸气参数的差异是显著的，且吸气时长与幅度存在显著的正相关关系。

2. 吸气斜率（K_i）

对不同吸气斜率的考察表明，呼吸群前 K_i 最大，呼吸段前 K_i 次之，呼吸节前 K_i 最小，见表2。方差分析显示，吸气斜率（K_i）的主效应显著［$F(2, 302) = 64.757$，$p < 0.05$］；经事后检验发现，各组间差异均显著（$ps < 0.05$）。以上数据说明不同呼吸单位间 K_i 差异显著。

表2 不同呼吸单位前吸气斜率

	呼吸群		呼吸段		呼吸节	
	Mean	Std	Mean	Std	Mean	Std
K_i (abs)	0.81	0.33	0.60	0.33	0.26	0.19

从吸气斜率的分布区间来看，呼吸群和呼吸段两个单位有重合的部分。根据王萍、石锋（2008）提出的偏分布计算方法，计算呼吸群和呼吸段的重合部分。结果表明，呼吸群的 K_i 集中区域位于上方，而呼吸段的 K_i 集中区域位于下方。这说明虽然二者的分布区间有所重合，但数据集中区域却没有重合，可见它们在一般情况下是可以区分开来的。

根据不同的吸气斜率值，笔者将吸气段上升类型分为陡升［见图

（3a）］、缓升［见图 3（b）］、平升［见图 3（c）］三类。大致说来，陡升型曲线多出现在呼吸群前，K_i 约在 0.8 左右；缓升型曲线多出现在呼吸段前，K_i 约在 0.6 左右；平升型曲线多出现在呼吸节前，K_i 约在 0.3 左右。

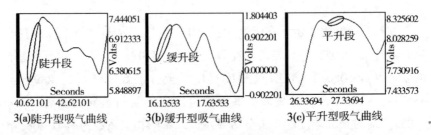

3(a)陡升型吸气曲线 3(b)缓升型吸气曲线 3(c)平升型吸气曲线

图 3　吸气段上升类型

以上对话语呼吸中吸气段的考察表明，不同呼吸单位间在吸气时长（T_i）、吸气幅度（C_i）和吸气斜率（K_i）上的差别是很明显的，呼吸单位等级越高，吸气时长、幅度和斜率越大；呼吸单位等级越低，吸气时长、幅度和斜率越小。

（三）呼气段在话语节律中的表现

1. 呼气时长（T_e）与呼气幅度（C_e）

呼气段对应于语句中的有声部分及个别的短小停顿，呼气段峰谷差则反映了不同呼吸单位总体呼气幅度的大小。研究表明，呼吸群前的 T_e 最长，C_e 最大；呼吸节前的 T_e 最短，C_e 最小；呼吸段前的 T_e 和 C_e 都介于呼吸群和呼吸节之间，见表 3。

表 3　　　　　　　　不同呼吸单位前呼气时长和呼气幅度

	呼吸群		呼吸段		呼吸节	
	Mean	Std	Mean	Std	Mean	Std
T_e（s）	1.98	0.74	1.25	0.49	0.73	0.33
C_e（Hvalue）	0.60	0.20	0.33	0.18	0.15	0.09

方差分析结果显示，在呼气时长（T_e）上，主效应 [$F_{(2, 286)}$ = 94.678, $p<0.05$] 差异显著；事后检验发现，各组间差异均显著（$ps<0.05$）。在呼气幅度（C_e）上，主效应 [$F_{(2, 289)}$ = 69.844, $p<0.05$]，差异显著；事后检验发现各组间差异均显著（$ps<0.05$）。对时长和幅度的相关分析显示，二者的相关系数为 $r=0.636$, $p<0.01$。以上数据表明，不同呼吸单位之间呼气参数的差异是显著的，且呼气时长与幅度存在显著的正相关关系。

2. 呼气斜率（K_e）

对不同呼气斜率的考察表明，呼吸群的 K_e 与呼吸段的 K_e 平均值相同，呼吸节的 K_e 仍比较小，见表 4。方差分析显示，呼气斜率（K_e）的主效应显著 [$F_{(2, 594)}$ = 8.268, $p<0.05$]；事后检验发现，呼吸群与呼吸段的 K_e 差异不显著（$p=0.429$），它们与呼吸节的差异则仍然显著（$ps<0.05$）。以上数据说明，呼吸群与呼吸段在 K_e 上没有明显差异，而呼吸节的 K_e 则与二者不同，表现为较慢的呼气速率。

表4　　　　　　　　　　**不同呼吸单位呼气斜率**

	呼吸群		呼吸段		呼吸节	
	Mean	Std	Mean	Std	Mean	Std
K_e (abs)	0.26	0.15	0.26	0.15	0.20	0.11

由于说话时呼气段下降的斜率是随着韵律和语义而不断改变的，所以本文也考察了不同位置处的呼气斜率，并将呼气段分为陡降 [见图 4 (a)]、缓降 [见图 4 (b)] 和平降 [见图 4 (c)] 三种类型。一般来说，陡降型曲线多出现在呼吸群和呼吸段结束前，K_e 的范围在 0.38—0.64 之间，因此可将 $K_e>0.4$ 的曲线看作陡降型曲线。平降型曲线多出现在较长句子的中后部，多由屏气造成，K_e 的范围在 0.04—0.12 之间，因此可将 $K_e<0.1$ 的曲线确定为平降型曲线。介于陡降和平降之间的（$0.1<K_e<0.4$）就是缓降型曲线，缓降型曲线是呼吸曲线中最常见的形式。

以上数据表明，不同呼吸单位间在呼气时长（T_e）和呼气幅度（C_e）上的差别是很明显的，呼吸单位等级越高，呼气时长、幅度越大；呼吸单位等级越低，呼气时长、幅度越小。就呼气斜率（K_e）总体情况看，呼吸群与呼吸段间没有明显差异，而呼吸节则表现为较小的斜率。

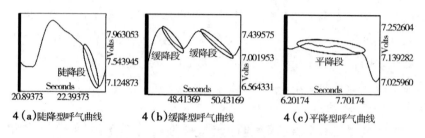

4（a）陡降型呼气曲线　　4（b）缓降型呼气曲线　　4（c）平降型呼气曲线

图4　呼气段下降类型

（四）呼吸单位与韵律层级的对应

韵律又称节律、超音段特征、非线性特征等，主要指与强调、节奏和语调有关的言语信号成分（Lehiste，1970）。韵律包括不同的层级，它们与语音、语义、语法有着密切的联系。话语中的呼吸也被动地受语句结构、语句意义和情绪的控制，各级呼吸单位是不同的韵律层级在生理上的投影，是韵律、语法等语言单位的生理表现。因此，建立呼吸单位与韵律层级间的对应关系就成为可能。塞尔科克（Selkirk，1984）的韵律层级模型包括话语、语调短语、大韵律短语、小韵律短语、韵律词、音步、音节几个层级。本实验根据话语呼吸曲线的特征和语篇韵律层级的分析，得到了呼吸单位与韵律层级的对应关系，即呼吸群一般对应于话语层级，呼吸段一般对应于语调短语层级，呼吸节一般对应于大韵律短语层级。

因此，从语言学的角度来说，话语中韵律单位等级越高，呼吸时长和呼吸幅度就越大；韵律单位等级越低，呼吸时长和呼吸幅度就越小。不同等级韵律单位前的吸气斜率差异显著，且随着韵律等级的提高吸气斜率也显著提高，所以陡升型曲线一般出现在话语开始前，缓升型多出现在语调短语前，平升型多出现在大韵律短语前。

呼气斜率在话语和语调短语层级上无显著差异，但大韵律短语的呼气斜率则明显较小。呼气曲线的三种类型也有规律地出现在言语韵律中：一般来说，陡降型曲线多出现在话语末和语调短语末，往往是较大韵律单位结束前的标志；缓降型曲线是呼吸曲线的主体，也是语义表达的主要载体；平降型曲线多对应于较长句子中的短暂停延、非语义焦点词及虚词。从生理角度来说，言语中的呼气首先是肺部弹性回缩造成的结果，但在一些情况下，这对于维持声门下压力是不够的。这时肋间肌和腹肌就活跃起来，从而增加了呼气动力以便维持声门下压力（Draper, Ladefoged & Whitteridge, 1959）。这说明特定声门下气压的产生是要求肌肉根据肺容量而变化不同活动形式的。这正是人们根据不同韵律、语义等单位对呼气调节的生理过程，在呼吸曲线上则表现为不同的呼气幅度和呼气斜率。

平降型曲线一般由两种情况造成。一是屏气，如图 5 中被试 S₃ 的一段呼吸曲线，屏气段 1、屏气段 4 表现为短暂停顿，屏气段 2、屏气段 3 则表现为句中字音的延长，它们都是平降型曲线。可见屏气的作用就是在句中语义或语法边界处调节呼吸，停延分界，因此平降型曲线多出现在句中的短小停顿处。二是发音时用力小，这时肌肉处于相对平稳状态，音强较小，呼出的气流也较弱，它们常常出现在非强调和非重读的音节上，表现为弱读或轻声，因此多对应于非语义焦点以及结构助词、句中动词的后附成分等语义、语法单位，其斜率多在 0.10 以下。平降型曲线形成的原因也是由呼吸肌肉对声门下气压的调节造成的，因为声门下气压的控制对于人类语言的一些特征如音强、强调、停延、声调、语调等都是非常重要的（Ladefoged, 1968; MacLarnon & Hewitt, 1999）。

§四 结论

本文利用呼吸传感器对呼吸在话语节律中的表现及其与韵律、语义的关系做了初步的分析，重点考察了呼吸的深度和坡度，并将之量化处理。结果证明，与自然呼吸节律不同，话语呼吸中存在着呼吸群、呼吸段、呼吸节等单位，且对应于不同层级的韵律单位。一般来说，韵律单位等级的不同在生理上就体现为不同大小的呼吸时长、幅度及斜率。受韵律、语法和语义的影响，呼吸曲线的类型也会发生变化，呈现为不同程度的陡、缓、平形状。可见，呼吸与话语节律有着密切的联系，话语

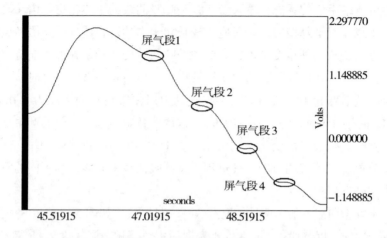

**图 5　屏气段呼吸曲线示例：那个走道儿的（1）／马上（2）／
就把那件（3）／厚大衣（4）／脱下来了**

呼吸曲线反映了生理呼吸在言语处理影响下的变化。呼吸曲线的量化解读可以为研究语调、韵律（石锋等，2009）等提供客观数据和量化标准，同时也有助于揭示心理感知和生理机能在处理韵律结构时的交互作用。

参考文献

［1］Conrad, B. & P. Schönle, "Speech and respiration", *Archives of Psychiatry and Neurological Sciences*, Vol. 226, 1979.

［2］Draper, M. H., P., Ladefoged & D. Whitteridge, "Respiratory muscles in speech", *Journal of Speech and Hearing Research*, Vol. 2, 1959.

［3］Jürgens, U., "Neural pathways underlying vocal control", *Neuroscience and Biobehavioral Reviews*, Vol. 26, 2002.

［4］Ladfoged, P., "Linguistic aspects of respiratory phenomena", *Annual of New York Academic Society*, Vol. 155, 1968.

［5］Lehiste, Ilse, *Suprasegmentals*, Cambridge, MA: MIT Press, 1970.

［6］Lieberman, P., *Intonation, Perception, and Language*, Cambridge: MA, MIT Press 20—26, 1967.

［7］Maclarmon, Ann, M. & Gwen, P. Hewitt, "The Evolution of Human

Speech：The Role of Enhanced Breathing Control"，*American Journal of Physical anthropology*，Vol. 109，1999.

［8］Passy，P.，*Outlines of Comparative Phonetics*，Shanghai：The Commercial Press，1930.

［9］Ryalls，J. H. & S. Behrens，*Introduction to Speech Science：From Basic Theories to Clinical Applications*，Needham Heights：Allyn & Bacon，2000.

［10］Selkirk，Elisabeth，O.，*Phonology and Syntax：The Relation between Sound and Structure*，Cambridge，MA：MIT Press，1984.

［11］石锋、王萍、梁磊：《汉语普通话陈述句语调的起伏度》，《南开语音年报》2009 年第 2 期。

［12］谭晶晶、李永宏、孔江平：《汉语普通话不同文体朗读时的呼吸重置研究》，《清华大学学报》（自然科学版）2008 年第 1 期。

［13］郑秋豫：《语篇韵律与上层讯息——兼论语音学研究方法与发现》，*Language and linguistics*，9. 3，2008。

［14］王萍、石锋：《北京话一级元音的统计分析》，《中国语音学报》2008 年第 1 期。

［15］王士元：《宏观语音学》，《中国语音学报》2008 年第 1 期。

原稿英文发表于《中国语言学报》2010 年第 38 卷第 2 期；中文翻译稿发表于《语言学译林》，世界图书出版公司 2011 年版

讲述与朗读状态下呼吸差异的初步分析

张锦玉　石　锋　白学军

摘　要：本文使用呼吸传感器对四位被试在朗读和讲述时呼吸的不同表现进行了初步分析。结果表明，不同状态下言语呼吸的节律有明显的差异。其中讲述状态下呼吸的特点表现为句中短小停顿减少，曲线中较大的起伏偏多；吸气段以幅度的减小为特征，而呼气段则以时长的延长为特征；呼、吸斜率分别以陡升、缓降为主，峰型变化相对较少；RTQ的值随着韵律单位等级的提高而变小，且一般比朗读状态下相应的RTQ值小。

关键词：韵律　呼吸　呼吸斜率　呼吸时间商（RTQ）

§一　引言

呼吸作为说话三部曲（王士元，2008）之一，在人类言语活动中具有重要的作用。它不仅为言语提供必要的动力，而且在相关神经、肌肉、器官的配合下能够根据言语韵律和语义对气流进行适当的调节。鉴于呼吸在言语中的重要作用，目前语言学界对于呼吸与言语的关系已经有了一些重要的研究成果。利伯曼（1967）提出了"呼吸群理论"（Breath-group Theory），认为呼吸群是产生和感知语调的重要单位。麦克拉农等（Maclarnon et al.，1999）从言语进化的角度考察了呼吸在人类进化过程中的变化。珍妮特·斯利夫卡（Janet Slifka，2000）分析了语句起始和终止处的呼吸系统动态特征，揭示了韵律边界处生理指标与声学线索的相关关系。郑秋豫（2008）在"阶层式多短语语流韵律

（HPG）"架构中将"呼吸组"作为一级重要的韵律单位。谭晶晶等（2008）对不同文体朗读时呼吸节奏变化的现象进行了讨论。石锋等（Feng Shi et al.，2010）则用量化的手段对朗读状态下呼吸的各种特征做了细致的描写和计算。

以上对言语呼吸的研究大多是在朗读的方式下进行的。实际上，在不同的任务状态下，呼吸呈现出的特点可能是不同的。康拉德和舒勒（1979）曾以实验证明，在不同言语任务下，如朗读、唇读、谈话等的呼吸形式是有明显差异的，但他们未对这些差异进行量化的分析。因此，本文将在前人研究的基础上，利用呼吸传感器分析讲述与朗读状态下呼吸表现的不同，希望从量化的角度揭示讲述状态下呼吸的特点。

§二 实验方法

（一）被试和实验材料

本实验选取四名被试（一男三女），平均年龄27岁，均无呼吸疾病和言语障碍，未受过正式的播音训练，普通话标准。实验语料为小故事《北风跟太阳》，被试实验前要充分练习，达到熟练程度，然后再以自然语速朗读、复述小故事各一遍。

（二）语料的标注

为保证韵律单位切分的准确性，笔者通过听辨实验对文本进行标注。实验选取南开大学语言学专业的五名学生，平均年龄24岁，均无听力障碍。实验前向听辨人提供无标点的录音文本，要求听辨人根据录音对文本进行标注。实验规定，以"///"表示单句或复句边界，以"//"表示分句边界，以"/"表示分句内韵律短语边界。如：

有 一 回// 北 风/ 跟 太 阳/ 在 那 儿 争 论/ 谁 的 本 事 大///

实验共得到40篇标注文本，其中朗读状态和讲述状态下的标注文本各20篇。初步标注完成后，由笔者对不同状态下的听辨结果分别进行整理、核对，确定最终切分方案。

（三）语料录制和数据采集

本实验语料的录制和呼吸数据采集均在天津师范大学心理与行为研究中心情绪实验室中进行。语音文件由 Audacity 软件录制，音频采样率为 11025Hz，16 位单声道。呼吸数据的采集利用美国 BIOPAC 公司生产的 MP150 数据采集系统（BIOPAC Systems MP150）3.0 版，后期数据采用该仪器自带软件 Acqknowledge 进行分析。

为了达到最大的呼吸测量灵敏性，实验时让被试吸气并屏气，在最大吸气时，将呼吸传感器（TSD101）的绷带绕被试胸部固定，使呼吸带接近最大张力，然后将传感器的两个针头插入呼吸描记放大器（RSP100A）的两个输入端，即可进行记录。同时将麦克风置于被试口边记录语音。

（四）实验过程

1. 参数说明及相对化

图 1 是一段呼吸曲线，其中横轴表示时间，纵轴表示由呼吸引起的电压变化幅度。曲线中的上升段表示吸气，下降段表示呼气。本实验使用的参数主要有吸气时长 T_i，呼气时长 T_e，呼吸峰值 P，呼吸谷值 V，其他参数均可由以上参数计算得到。

由于不同被试呼吸幅度的绝对值不同，因此要进行比较，就需要将绝对的呼吸幅度相对化。这里采用呼吸度（Feng Shi et al., 2010）进行呼吸幅度的归一化，即：

$$H = (P - V_{min})/(P_{max} - V_{min}) \tag{1}$$

其中，P 为某点的呼吸幅值，P_{max} 为被试呼吸中的最大峰值，V_{min} 为呼吸中的最小谷值，H 即为该点的呼吸度。H 值越大，呼吸度越大，呼吸幅度也越大；H 值越小，呼吸度越小，呼吸幅度也越小。由于 H 值是一个相对化的值，可以用来比较不同被试之间的呼吸特征，因此本文中的呼吸幅度均换算为 H 值进行计算。

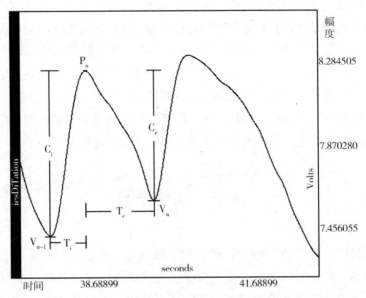

图 1 呼吸曲线示例

由于呼吸曲线的斜率可以综合反映呼吸中时间与幅度的关系以及呼吸的变化情况，因此本文将呼吸斜率作为考察话语节律的敏感指标和主要参数。由图 1 可见，C_i 为某段呼吸曲线的前部峰谷差，C_e 为后部峰谷差，C_i 与 T_i 的比值就是吸气斜率 K_i，C_e 与 T_e 的比值则为呼气斜率 K_e。若设 V_{n-1}、V_n、P_n 的呼吸度分别为 H_{vn-1}、H_{vn}、H_{pn}，则有：

$$K_i = C_i / T_i = (H_{pn} - H_{vn-1}) / T_i \qquad (2)$$

$$K_e = C_e / T_e = (H_{vn} - H_{pn}) / T_e \qquad (3)$$

其中，吸气曲线均为上升状曲线，其斜率为正，斜率值越大，吸气速度越快，坡度越陡；呼气曲线均为下降状曲线，其斜率为负，斜率值越小，呼气速度越快，坡度越陡。为了方便，本文均采用斜率的绝对值进行比较，即斜率的绝对值越大，呼吸曲线的陡度越大；斜率的绝对值越小，呼吸曲线的陡度越小（Feng Shi et al.，2010）。

2. 数据提取及统计分析

设定一个临界值，Acqknowledge 软件可以对呼吸曲线的峰谷进行自动标注并记录其时间及幅值。本实验采用自动标注和手动标注相结合的方法，目的是修正自动标注中的错误并进一步将标注细化。数据提取完成后，根据起伏特征和峰谷差的大小将呼吸曲线划分为呼吸群、呼吸段、呼吸节三类。其中呼吸群是表现为全呼吸的段落，呼吸段是表现为半呼吸的段落，呼吸节是表现为微呼吸的段落。石锋等（2010）将相应的数据分类统计后，再把生理上的呼吸单位与语言中的韵律单位进行对比，从而确定二者间的对应关系及不同状态下呼吸节律的差异。

§三 实验结果

康拉德和舒勒（1979）曾研究了被试在三种状态、四种言语任务中肺部气流在时间方面的变化情况。他们认为，平静呼吸经由默读呼吸、唇读呼吸直至朗读呼吸，其间是连续的、逐步变化的，话语呼吸受上位语言系统的影响，言语任务不同，呼吸形式的特点也不同。因此，具体的言语任务是可以由特定的言语呼吸形式反映出来的。本文中的讲述与朗读也是两种不同的言语任务，它们在呼吸上也应该有不同的表现。

图2是两位被试讲述和朗读时的呼吸曲线对照图，从图2中可以明显看出，朗读时停顿较多，除了标点处较长的停顿外，句中还常常有短小停顿。因此，半呼吸相对多一些，在呼吸曲线中表现为小的起伏。讲述时，停顿较少，停顿主要集中在句末或分句末，而句中停顿的数量则明显下降。因此，呼吸曲线中微小的起伏相对较少。除此以外，讲述呼吸与朗读呼吸在呼吸时长、幅度、斜率及呼吸时间商等参数上都有不同表现。

（一）吸气段在讲述与朗读状态中的差异

1. 吸气时长（T_i）与吸气幅度（C_i）

朗读和讲述时，吸气段是没有语音的，因此它对应于语句间的较大停顿；吸气段峰谷差则反映了不同呼吸单位前吸气幅度的大小。研究结果表明，在各级呼吸单位上，讲述的吸气时长都大于朗读的时长；而在

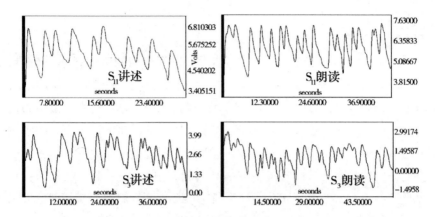

图 2　讲述呼吸曲线与朗读呼吸曲线对照

吸气幅度上，讲述时的吸气幅度在呼吸群和呼吸段小于朗读时的幅度，在呼吸节上大于朗读时的幅度（见表 1）。

表 1　　　　　　　　讲述与朗读呼吸吸气段时长和幅度比较

		呼吸群		呼吸段		呼吸节	
		Mean	Std	Mean	Std	Mean	Std
T_i (s)	朗读	0.76	0.12	0.62	0.11	0.41	0.16
	讲述	0.77	0.26	0.71	0.30	0.53	0.17
C_i	朗读	0.62	0.17	0.35	0.20	0.10	0.08
(Hvalue)	讲述	0.52	0.20	0.31	0.12	0.19	0.09

方差分析表明，讲述与朗读状态下，各级呼吸单位间在吸气时长上差异不显著（$F_{(1, 50)} = 0.304$, $p > 0.05$；$F_{(1, 54)} = 1.324$, $p > 0.05$；$F_{(1, 16)} = 2.909$, $p > 0.05$）。在吸气幅度上，二者于呼吸群、呼吸段和呼吸节上差异均显著（$F_{(1, 65)} = 12.480$, $p < 0.05$；$F_{(1, 67)} = 10.240$, $p < 0.05$；$F_{(1, 18)} = 9.845$, $p < 0.05$）。以上数据表明，在吸气时长上，尽管讲述状态下的平均时长比朗读时的都长一些，但是二者差异未达到显著；而在吸气幅度上，讲述状态下的幅度不仅比朗读时的幅度小，而且差异也非常显著。这说明，与朗读状态相比，讲述时被试吸气时间基本不变，但吸气幅度却有明显的下降（呼吸节前

的吸气幅度除外）。

2. 吸气斜率（K_i）

对讲述状态下吸气斜率的考察表明，呼吸群前的吸气斜率为0.81，呼吸段为0.51，呼吸节为0.32。方差分析显示，三种呼吸单位的吸气斜率差异显著（ps<0.01）。参照石锋等（2010）对吸气曲线类型的划分标准可知，在讲述状态下，呼吸群前的吸气曲线多为陡升型，呼吸段前的多为缓升型，呼吸节前的多为平升型。对比朗读时的吸气斜率可以发现，两种状态下相同呼吸单位的吸气斜率也略有不同（见图3）：在呼吸群层级上，二者相同；在呼吸段层级上，朗读斜率比讲述斜率大一些；在呼吸节上，则是讲述斜率比朗读斜率更大。方差分析显示，在三种呼吸单位中，朗读与讲述的吸气斜率差异均不显著（ps>0.05）。

此外，笔者还考察了四位被试在讲述和朗读时不同类型吸气曲线的平均出现次数（见图4）。结果表明，讲述状态下，吸气段主要以陡升为主，平升最少；朗读状态下，吸气段陡升和缓升数量相近，陡升略多于缓升，平升的数量仍然比较少。这说明，在朗读和讲述状态下，吸气曲线类型的分布趋势比较接近。

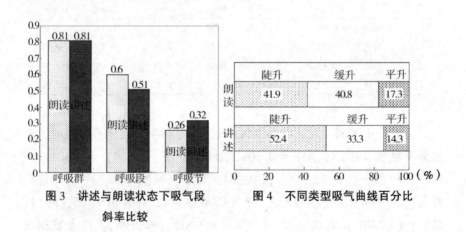

图3　讲述与朗读状态下吸气段
斜率比较

图4　不同类型吸气曲线百分比

（二）呼气段在讲述与朗读状态中的差异

1. 呼气时长（T_e）与呼气幅度（C_e）

呼气段对应于语句中的有声部分及个别的短小停顿，呼气段时长和幅度都是衡量呼气段特征的重要指标。研究表明，在各级呼吸单位上，讲述的呼气时长都大于朗读的时长；而在呼气幅度上，讲述时的呼气幅度在呼吸群和呼吸段上小于朗读时的幅度，在呼吸节上与朗读时的幅度相同（见表2）。

表2　　　　　　　讲述与朗读呼吸呼气段时长和幅度比较

		呼吸群		呼吸段		呼吸节	
		Mean	Std	Mean	Std	Mean	Std
T_e (s)	朗读	1.98	0.74	1.25	0.49	0.73	0.33
	讲述	2.45	0.90	1.53	0.77	0.87	0.71
C_e	朗读	0.60	0.20	0.33	0.18	0.15	0.09
(H value)	讲述	0.53	0.20	0.31	0.03	0.15	0.11

方差分析表明，讲述与朗读状态下，二者的呼气时长在呼吸群和呼吸段上差异显著（$F_{(1, 67)} = 7.075$，$p < 0.05$；$F_{(1, 65)} = 4.260$，$p < 0.05$）；在呼吸节的呼气时长上差异不显著（$F_{(1, 22)} = 0.022$，$p > 0.05$）。在呼气幅度上，二者于呼吸群、呼吸段和呼吸节上差异均不显著（$F_{(1, 69)} = 0.498$，$p > 0.05$；$F_{(1, 64)} = 1.104$，$p > 0.05$；$F_{(1, 22)} = 0.727$，$p > 0.05$）。以上数据表明，在呼气时长上，讲述状态与朗读状态的差异较明显；但在呼气幅度上，尽管讲述状态下的幅度比朗读时的小一些，但是二者差异未达到显著。这说明，与朗读状态相比，讲述时被试呼气时间变化较大，表现为时长明显加长；但呼气幅度却没有显著的变化。

2. 呼气斜率（K_e）

对讲述状态下呼气斜率的考察表明，呼吸群的平均呼气斜率为0.27，呼吸段为0.25，呼吸节为0.21。方差分析显示，三种呼吸单位的呼气斜率差异不显著（ps > 0.05）。对比朗读时的呼气斜率可以发现，两种状态下相同呼吸单位的平均呼气斜率都比较接近，差值均为0.01（见图5）。具体来看，在呼吸群和呼吸节上，朗读斜率比讲述斜率稍小一些；在呼吸段层级上，则是讲述斜率比朗读斜率稍小一些。方差分析显示，在三种呼吸单位中，朗读与讲述的平均呼气斜率差异均不显著（ps>0.05）。

参照石锋等（2010）对呼气曲线类型的划分标准，也可以将讲述状态下不同位置上的呼气曲线分为陡降、缓降和平降三种。笔者考察了四位被试在讲述和朗读时不同类型呼气曲线的平均出现次数（见图6），结果表明，讲述状态下，呼气段以缓降为绝大多数，陡降和平降都比较少，二者出现比例相近；朗读状态下，呼气段虽然也以缓降占多数，但数值上没有讲述时那么大，朗读时陡降和平降的出现比例较讲述时更大一些。这说明，在朗读和讲述状态下，呼气曲线类型的分布趋势是大致相同的，但讲述状态下更凸显了缓降的情况。

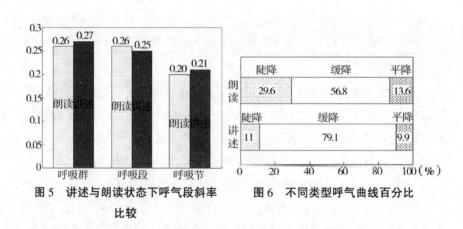

图5　讲述与朗读状态下呼气段斜率比较　　图6　不同类型呼气曲线百分比

（三）RTQ 在讲述与朗读状态中的差异

呼吸时间商（RTQ）是吸气时间和呼气时间的比值，即 $RTQ = T_i/T_e$。它用于表示吸气和呼气时间的关系，RTQ 越大，呼吸越平静；RTQ 越小，呼吸越不平静。有研究显示，不同言语任务下的呼吸时间商是不同的（B. Conrad & P. Schönle, 1979）。因此，本文考察了两种状态下 RTQ 的差异，结果见表3。由于影响 RTQ 的因素有多个，因此它不适于做具体的比较。故而此处采用朗读和讲述状态下各自的平均呼吸时间进行计算，得到的 RTQ 是对两种状态下总体情况的考察。

表3   讲述与朗读呼吸 RTQ 比较

	呼吸群	呼吸段	呼吸节
朗读	0.38	0.50	0.56
讲述	0.31	0.46	0.61

无论朗读还是讲述，不同呼吸单位在呼吸时间商上的表现是不同的，从呼吸群到呼吸节，RTQ 依次增大。这说明呼吸单位等级越高，RTQ 值越小，呼吸越不平静；呼吸单位等级越低，RTQ 值越大，呼吸越平静。另外，在同样的呼吸单位中，朗读和讲述表现出来的 RTQ 亦有不同，在呼吸群和呼吸段中，讲述时的 RTQ 小于朗读时的 RTQ，说明讲述状态下的呼与吸的时间差异更大，呼吸不平静；而在呼吸节中，讲述时的 RTQ 大于朗读时的 RTQ，说明前者的呼吸相对平静些。

（四）讨论

石锋等（2010）认为，话语中的呼吸被动地受语句结构、语句意义和情绪的控制，各级呼吸单位是不同的韵律层级在生理上的投影，是韵律、语法等语言单位的生理表现。他们根据话语呼吸曲线的特征和语篇韵律层级的分析，得到了呼吸单位与韵律层级的对应关系。本文在考察讲述状态下的呼吸曲线后认为，不同呼吸单位对应的韵律单位也是不同的：呼吸群大致对应于话语层级；呼吸段大致对应于语调短语层级，它们是讲述状态下呼吸的主要形式；呼吸节在讲述状态下出现得较少，它们多数对应于较大的韵律短语。所以，在讲述状态下，被试语句中的停顿减少，呼吸曲线以较大的起伏为多，从而表现为较大呼吸单位占优势的情况。

因此，在讲述状态下，不同韵律层级的特点与朗读时相应层级的特点是不同的。在吸气段上具体表现为：（1）与朗读状态相比，讲述时各级韵律单位前吸气时间有所增加，同时吸气幅度有显著的下降；吸气时间和幅度都随着韵律等级的提高而增大。（2）讲述状态下，吸气斜率随着韵律等级的提高而增大，它们与朗读状态下的吸气斜率存在差异，但未达到显著；讲述状态下的吸气段以陡升为主，它们多出现在话语和部分语调短语前。

在呼气段上，不同韵律层级的特点为：（1）讲述时，呼气时间和幅度都随着韵律等级的提高而增大；各级韵律单位的呼气时长都长于朗读时相应的时长，且在话语和语调短语层级上差异显著；但各级韵律单位在呼气幅度上与朗读时没有显著差异，说明在呼气段中，讲述与朗读的差别主要表现在时长上。（2）讲述状态下，平均呼气斜率的绝对值随着韵律等级的提高而增大；讲述状态下的呼气段以缓降为主，句末陡降段和句中平降段明显减少，缓降段的大量出现表明，在讲述状态下，被试更倾向于匀速分配气流，使不同韵律单位在呼气段间的差异缩小。

在呼吸时间商上，总的情况是讲述状态下的 RTQ 多数小于朗读状态下相应的 RTQ，前者呼吸更不稳定。同时，不同韵律层级的呼吸时间商也有一定规律，即话语层级的 RTQ 最小，语调短语的次之，大韵律短语的最大。这说明韵律单位等级越高，RTQ 越小，呼吸时间的比例越悬殊，呼吸越不稳定。

§四 结论

本义通过生理实验的手段，初步考察了四位被试在朗读和讲述时呼吸的不同表现。结果表明，不同状态下话语呼吸的节律是有着明显差异的。笔者认为，讲述状态下呼吸的特点为：句中短小停顿少，语速稍快，曲线中以较大的起伏为多；吸气段以幅度的减小为特征，呼气段以时长的延长为特征；呼、吸斜率分别以陡升、缓降为主，峰型变化相对较少；RTQ 随着韵律单位等级的提高而变小，且一般比朗读状态下相应的 RTQ 值要小。从生理的角度来说，讲述状态下的呼吸特征也是符合经济和省力原则的。短小停顿的减少、呼气段的平缓及时长的延长、RTQ 的减小等都说明在日常会话中，人们常常倾向于在一口气中尽量说出较多的词，因而与正式的朗读相比，讲述状态下的呼吸更凸显了呼气的过程。

本文采用对比的方法、从量化的角度研究了讲述状态下呼吸的特征表现，说明言语时的呼吸已经超越了生理需求的层面，它随着言语任务的不同而受上位语言系统的调节。该研究有助于为声学韵律研究提供生理方面的补充和参考。

参考文献

［1］谭晶晶、李永宏、孔江平：《汉语普通话不同文体朗读时的呼吸重置研究》，《清华大学学报》（自然科学版）2008 年第 1 期。

［2］王士元：《宏观语音学》，《中国语音学报》2008 年第 1 期。

［3］郑秋豫：《语篇韵律与上层讯息——兼论语音学研究方法与发现》，*Language and Linguistics*，9.3，2008.

［4］Ann M. Maclarnon & Gwen P. Hewitt, "The Evolution of Human Speech：The Role of Enhanced Breathing Control", *American Journal of Physical Anthropology*, Vol. 109, 1999.

［5］B. Conrad & P. Schönle, "Speech and Respiration", *Archives of Psychiatry and Neruological Sciences*, Vol. 226, 1979.

［6］Feng Shi, Xuejun Bai, Jinyu Zhang, Zhaohong Zhu, "Intonation and Respiration：A Preliminary Analysis", *Journal of Chinese Linguistics*, Vol. 38, No. 2, 2010.

［7］Janet Slifka, *Respiratory Constraints on Speech Production at Prosodic Boundaries*, Harvard—MIT Phd Dissertation, 2000.

［8］Lieberman, P. , *Intonation, Perception, and Language*, Cambridge：The MIT Press, 1967.

本文发表于《南开语言学刊》2012 年第 1 期

普通话语篇停延与呼吸特征研究

张锦玉

摘　要：本文采用实验的方法研究了 10 名被试在语篇朗读时的停延率和呼吸特征。结果表明，语篇朗读时的停延起伏线呈现出不规整的现象，但各级韵律层级边界处的停顿和边界前末音节的延连则有规律可循，停延率也随着韵律边界等级的不同而不同；语篇朗读时的呼吸参数在不同韵律层级下存在显著差异，且与相应位置的停延呈现出较高的相关性，说明停延和呼吸均受韵律等级的制约，二者呈现出交错对应的关系。

关键词：语篇　韵律　停延　停延率　呼吸

§一　引言

韵律是指与强调、节奏和语调有关的言语信号成分（Lehiste，1970：1–5）。在实际的言语中，韵律有着不同的层级，各层级之间的过渡和接口则承载着非常重要的言语节律特征。在声学上，它们主要表现为停延。停延是说话或朗读时语流中声音的中断和延连，起到言语在语流中的分合作用（吴洁敏，2001：35）。停延的研究在声学方面已经有了不少成果，莱希斯特（Lehiste，1982）在研究段落和句子边界知觉时指出，段落边界的语音特征有无声段、喉化和边界前音节延长，且有着互补的关系。杨玉芳（1997）认为，音节时长和停顿发生系统变化的只有边界前音节，且该音节时长随边界等级的不同呈双向变化。王蓓（2005）也认为，无声段对韵律边界有重要的标志作用，信息单元越大，无声段越长，且变化的自由度越大。石锋等（2009）提出了"停延率"的概念，并研究了普通话陈述句语调的停延现象。其他学者，如曹剑芬（2001）、李爱军（2002）、冯勇强等（2001）都对停延现象进行了深入研究。

王蓓（2005）认为，无声段在言语交流中被感知为停顿，停顿的位置和长短受两方面限制：一是言语产生的生理机制，二是言语认知加工过程。这说明，声学上所表现出的停延实际上是受生理和认知制约的。所以，考察语篇中停延与呼吸间的相互关系就有助于从更广阔的角度来揭示、验证目前韵律研究中的规律。因此，本文将采用停延率的方法研究自然状态下动态语句的停延规律，同时使用呼吸带传感器来分析言语时的呼吸特征，以期揭示二者间的对应关系。

§二　实验说明

（一）被试及实验材料

本实验选取四男六女十名被试，他们均无呼吸疾病和言语障碍，未受过正式的播音训练，普通话标准。实验语料为小故事《北风跟太阳》。实验前请被试充分练习，达到熟练程度，然后再以中等语速朗读。

（二）实验仪器

本实验语料的录制和呼吸数据采集均在天津师范大学心理与行为研究中心的情绪实验室中进行。语音文件由 Cooledit 软件录制，音频采样率为11025Hz。呼吸数据的采集利用美国 BIOPAC 公司生产的 MP150 数据采集系统（BIOPAC Systems MP150）3.0 版，后期数据采用 Acq-knowledge 软件进行分析。

（三）语料的标注

为保证韵律单位切分的准确性，笔者通过听辨实验对文本进行标注。实验选取南开大学语言学专业的五名硕士研究生，平均年龄 24 岁，均无听力障碍。实验前向听辨人提供无标点的录音文本，要求听辨人根据录音对文本进行标注。实验规定，以"///"表示单句或复句边界，以"//"表示分句边界，以"/"表示分句内韵律短语边界。初步标注完成后，由笔者对听辨结果进行整理、核对，确定最终切分方案。

（四）实验过程

1. 声学参数测量及说明

本文使用 Praat 软件进行声学实验。首先，测量一位被试语料中每个字的时长和各个停顿的时长，共得到 177 个绝对字长数据和若干个停顿数据。由于绝对时长往往受多种因素影响而不具可比性，因此我们将绝对时长转化为相对时长。

单字相对时长＝某音节绝对时长/本段所有音节的平均时长　　（1）

停顿相对时长＝绝对停顿时长/本段所有停顿的平均时长　　（2）

如果某字相对时长的数值大于 1，则认为该字发生了延长；反之则认为该字时长被压缩。对于停顿的相对值来说，数值越大，停顿时长越长；数值越小，停顿时长越短。

将每位被试的绝对时长相对化后，再把十位被试的相对字长、停顿数据进行平均，得到 177 个平均字长和 31 个平均停顿时长。

2. 呼吸参数说明及相对化[①]

图 1 是一段呼吸曲线，其中横轴表示时间，纵轴表示由呼吸引起的电压变化幅度。曲线中的上升段表示吸气，下降段表示呼气。Acqknowledge 软件可以精确地测得任何一点的呼吸时间和幅度，因此，可以得到某段呼吸的峰值坐标 P_n（T_p，C_p），峰前谷值 V_{n-1}（T_{vn-1}，C_{vn-1}），峰后谷值 V_n（T_{vn}，C_{vn}）。那么，本实验使用的主要参数（T_i吸气时长、T_e呼气时长、C_i吸气幅度、C_e呼气幅度）均可由以上坐标数据计算得出，即：

---

① 参照石锋等（Feng Shi et al.，2010）。

$$T_i = T_p - T_{vn-1} \tag{3}$$

$$T_e = T_{vn} - T_p \tag{4}$$

$$C_i = C_p - C_{vn-1} \tag{5}$$

$$C_e = C_p - C_{vn} \tag{6}$$

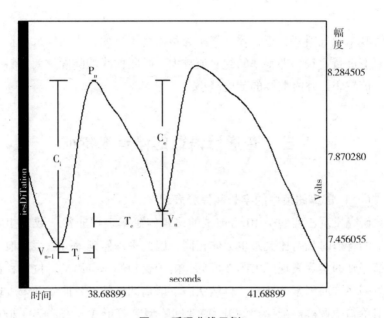

图1　呼吸曲线示例

由于不同被试呼吸幅度的绝对值不同，因此要进行比较，就需要将绝对的呼吸幅度相对化。这里采用石锋等（2009）提出的呼吸度（H值），即：

$$H = (P - V_{min})/(P_{max} - V_{min}) \tag{7}$$

其中，P 为某点的呼吸幅值，P_{max} 为被试呼吸中的最大峰值，V_{min} 为呼吸中的最小谷值，H 即为该点的呼吸度。下文中的呼吸幅度均换算为 H 值进行计算。

由于呼吸曲线的斜率可以综合反映呼吸时间与幅度的关系以及呼吸

的变化情况，因此本文将呼吸斜率作为考察的主要参数。吸气斜率和呼气斜率分别用 K_i 和 K_e 表示，则：

$$K_i = C_i/T_i = (H_{pn} - H_{vn-1})/T_i \tag{8}$$

$$K_e = C_e/T_e = (H_{vn} - H_{pn})/T_e \tag{9}$$

其中吸气斜率为正，呼气斜率为负。为了方便，本文均采用斜率的绝对值进行比较，即斜率的绝对值越大，呼吸曲线的陡度越大；斜率的绝对值越小，呼吸曲线的陡度越小。

§三 普通话语篇的停延率特征

(一) 语篇朗读中的字长和停顿表现

研究发现，实验中 10 名被试的语篇停延率表现非常一致，相应位置上的音节时长对比关系也大体相同，因此平均停延率可以很好地反映语篇停延的实际表现。由图 2 可见，由于受到韵律、语义、位置和音节性质等多方面因素的影响，自然状态下语篇朗读的停延曲线并未表现出类似单句中调群停延率"渐升型"、"凹陷型"等形式（石锋等，2009），但语篇中字长的表现仍有规律可循。

第一，不同韵律层级边界会影响边界前末音节的时长。由表 1 可见，话语层级前末音节时长最短，韵律短语边界前末音节时长最长，且各层级差异显著 [$F_{(2, 28)} = 5.181$，$p < 0.05$]。这说明，韵律边界的等级会影响边界前末音节时长，韵律边界等级越高，边界前字长越短；韵律边界等级越低，边界前字长越长。韵律边界是最强势的影响因素，它会附加在其他因素上共同影响音节长度。

表 1　　　　　　　不同韵律层级边界前音节平均时长

话语		语调短语		韵律短语	
Mean	Std	Mean	Std	Mean	Std
0.88	0.26	1.18	0.40	1.33	0.21

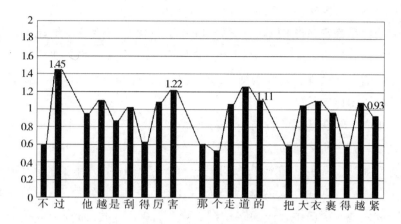

图2 某段语料中各音节相对时长

第二，语义焦点会影响语篇中音节的时长。受语义制约，焦点处的音节常常被重读，重读则意味着音节时长的加长。如"就"，在"争来争去，就是分不出高低来"这句话中被重读，时长为1.13；而在其他非焦点位置，"就"的平均时长为0.80，如他俩就（0.82）说好了、就（0.83）算谁的本事大、北风就（0.86）使劲儿地刮起来了、只好就（0.74）算了、马上就（0.73）把那件厚大衣脱下来了。

第三，音节所在位置的不同会影响其时长。曹剑芬（1999）、叶军（2008）、郑秋豫（2008）都曾指出音节处于句子首、中、末位置时，音节时长会发生一定的变化。本文的研究也证明，位于句中的组块，末音节最长，首音节次长，中间的音节时长较短；位于句末的组块，末音节缩短趋势明显，其前部音节时长则多数长于末音节。

第四，构成音节的音素的性质会影响音节时长。郑秋豫（2008）认为，语流韵律的节奏并非由单一音节的时长串接而成，音节相对一致的长度进入语流后会发生变化。一般来说，含有擦音声母或鼻音韵尾的音节容易在语流中被拉长。如"风"既包含擦音声母又包含鼻音韵尾，即使不在韵律边界，其音节时长都在1.3以上。其他的如"阳、谁、上、算"等的时长也都相对较大。这样的音节若出现在韵律短语或语调短语的边界，其时长的延长则更加明显，如语调短语边界处的"回"，其时长达到1.87。

第五，一般来说，儿化音节的时长会明显长于非儿化音节。实验结果表明，尽管音节结构不同，但本段 9 个儿化音节的时长均在 1.1 以上，平均时长为 1.32。这是因为，儿化音节较其原本的音节增加了一个卷舌的发音过程，它会占据一定的时长，因此受儿化影响，儿化后音节的时长明显加长。

第六，轻音音节的时长一般来说都比正常音节要短，轻声的时长短于轻读。许多研究证明，时长缩短是轻声的重要特征。叶军（2008）认为普通话轻音包括轻声和轻读两类。在动态语流中，许多本身有声调的字会读得轻而短，这就是"轻读"现象，它们与轻声是不同的。本文研究发现，语篇中轻读的字长在 0.65—1.00 之间，而轻声字长则短于轻读，在 0.50—0.65 之间。这说明，尽管轻读和轻声都有"轻、短"的特征，但是由于轻读受本调的影响并对本调有所保留，因此时长总体上要长于轻声音节，这一差异在语流中尤为明显。此外，当轻声和轻读音节出现在韵律边界时，它们的时长也会发生相应的延长或缩短。但轻声和轻读被延长的程度不同，轻声一般不会超过 1.00，轻读则在不少情况下可以超过 1.00。因此，总体看来，轻读的时长总要长于轻声。

笔者认为，音节本身的性质，如音节的结构、儿化、轻音等是影响语篇中字长的下层因素；而韵律边界、语义焦点、音节位置等则是影响语篇字长的上层因素，它们可以附加在下层因素上，调节改变音节长度，从而使语篇中的字长显示出与静态字长不同的表现。

此外，不同层级韵律边界处的停顿也有着非常明显的规律。表 2 说明，不同层级韵律边界处的停顿时长不同且存在显著的差异 $[F_{(2, 28)} = 164.482, p < 0.01]$。所以一般来说，韵律边界等级越高，边界处停顿越长；韵律边界等级越低，边界处停顿越短。边界处停顿时长与边界前末音节时长呈反相关关系，二者互相补偿。这与前人的研究结果一致。

表 2　　　　　　　　不同韵律层级边界处停顿平均时长

话语		语调短语		韵律短语	
Mean	Std	Mean	Std	Mean	Std
1.57	0.17	0.93	0.18	0.39	0.07

（二）不同韵律层级边界处的停延率特征

停延率包括两方面的内容，一是不同位置上字长的压缩和延长，二是不同韵律层级边界处停顿的时长。言语中的停和延是相互联系、不可分割的，停与延综合起来，才可以全面表现韵律边界的特点。因此，本文采用"停延率"的方法来综合考察韵律边界的停延表现，即停延率=停顿相对时长+（边界前末音节相对时长-1）。

由见表3可知，话语边界的停延率最大，为1.45；语调短语边界的停延率次之，为1.11；韵律短语边界的停延率最小，为0.72；三级韵律单位停延率的比例约为1：0.77：0.50。方差分析显示，不同韵律层级边界的停延率差异显著 $[F(2,29)=17.168, p<0.001]$。这说明，不同韵律层级边界的停延是有规律的，韵律边界等级越高，停延率越大；韵律边界等级越低，停延率越小（见图3）。具体来看，话语边界的停顿最长，而延连最短；韵律短语边界的停顿最短，而延连最长；语调短语边界的停、延时长则居于二者中间。尽管语句中的停与延呈互补态势，但二者对停延率的贡献是不同的。相比较而言，停顿的时长相对较大，即使短小停顿一般也在100ms以上，因此容易被人感觉到，对韵律边界的标识作用大一些；而延连一般是在原音节时长的基础上对其进行延长或压缩，延缩范围有限，较小的延缩不容易被人觉察到，因此它对韵律边界的标识作用小一些。

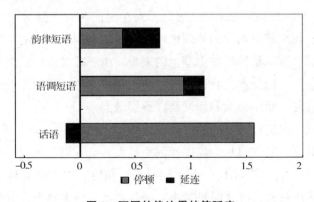

图3　不同韵律边界的停延度

表 3 不同韵律边界的停延度数据

	停顿时长	延连时长	停延率
话语边界	1.57	-0.12	1.45
语调短语边界	0.93	0.18	1.11
韵律短语边界	0.39	0.33	0.72

§四 语篇中韵律边界的呼吸特征及其与停延的对应关系

言语中呼吸的作用已经引起许多学者的广泛关注。利伯曼曾提出"呼吸群"（breath-group）的概念，认为它们是产生和感知语调的重要单位。郑秋豫（2008）也认为呼吸组是"阶层式多短语语流韵律（HPG）"架构中介于韵律短语和韵律句组之间的一级重要的韵律单位。石锋等（2010）则将言语中的呼吸表现分为呼吸群、呼吸段、呼吸节三类。其他还有康拉德和舒勒、珍妮特·斯利夫卡（Janet Slifka，2000）、袁楚和李爱军（Chu Yuan & Aijun Li，2007）、谭晶晶等（2008）等人的研究。此外，神经科学方面的若干研究也证明，人脑处理韵律成分时，在语调短语和韵律短语的边界处会激发 CPS（闭合正偏移）的脑电成分，且波幅较普通音节边界处的 CPS 波幅更大（Weijun Li，2008；Steinhauer，2003）。可见，人在说话时，大脑对韵律是有明确感知的，而大脑对韵律的处理也往往需要依靠调节呼吸的节奏和形式来生成言语，这正是停延在生理上的表现。由于呼吸段落对应的韵律层级一般都较高，因此本文将讨论韵律短语及其上位层级边界处的停延在呼吸上的表现，暂不涉及韵律词及以下层级。

对不同层级韵律边界处的呼吸参数统计表明（见表4），大体来说，韵律等级越高，吸气时长、幅度和斜率越大，且它们在不同层级间主效应差异显著，（$ps<0.001$）。而呼气时长、幅度、斜率的表现则有所不同，韵律等级越高，呼气时长越小，呼气幅度和斜率越大。方差分析显示，不同韵律层级边界处末音节呼气的时长主效应差异不显著（$p>$

0.05），幅度和斜率的主效应差异显著（ps<0.05）。

表4 不同韵律层级边界呼吸参数统计

	话语		语调短语		韵律短语	
	M	std	M	std	M	std
吸气时长	0.80	0.03	0.65	0.06	0.42	0.09
吸气幅度	0.56	0.07	0.35	0.11	0.14	0.07
吸气斜率	0.72	0.08	0.53	0.13	0.28	0.09
呼气时长	0.21	0.05	0.23	0.07	0.25	0.04
呼气幅度	0.10	0.03	0.07	0.02	0.06	0.02
呼气斜率	0.45	0.08	0.31	0.05	0.26	0.06

如果考虑呼吸参数与停延率的关系，可以发现（见表5），在0.01的水平上，停顿时长与吸气时长、幅度、斜率均呈正相关关系，相关系数均在0.850以上，为高度正相关；边界前末音节时长与呼气参数的关系相对较复杂：前者与呼气时长在0.01的水平上显著正相关，与呼气幅度没有相关关系，与呼气斜率在0.05的水平上负相关。若以呼吸斜率作为主要生理参数，那么声学停延率与生理呼吸之间的相关性很强。这说明，不同程度的呼吸变化会影响停延的表现，而不同边界处的停延要靠呼吸的调节来完成。

表5 呼吸与停延的相关性检验统计

	停顿时长		末音时长	
	r	p	r	p
吸/呼气时长	0.910**	0.000	0.939**	0.000
吸/呼气幅度	0.884**	0.000	0.234	0.197
吸/呼气斜率	0.864**	0.000	-0.402*	0.023

注：＊＊在0.01水平上显著，＊在0.05水平上显著。

因此，韵律单位的等级是影响呼吸和停延自身表现及相互对应的根本因素，也即韵律等级越高，边界处停顿越长，吸气的时长、幅度和斜率越大；韵律等级越高，边界前末音节时长越短，呼气时长越短，而呼气幅度和斜率越大（见图4）。可见，在多数情况下，韵律边界处的停延时长具有互补性，停顿时间越长，边界前末音节时长越短，这是时长趋于恒定性的体现；而韵律边界处的呼吸斜率则具有一致性，即吸气斜率越大，呼气斜率也越大，这是说话时呼吸速率和气流量恒定性的体现。

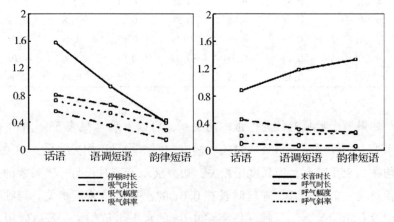

图 4　不同层级停延与呼吸参数

参照石锋等（2010）对陡、缓、平三种呼吸曲线类型的划分标准，笔者认为，在一般情况下，话语层级的停延对应于陡变型呼吸曲线；语调短语层级的停延对应于缓变型呼吸曲线；韵律短语层级停延对应的呼吸曲线分别为平升型和缓降型。因此，在自然朗读时，人们在话语边界倾向于增大呼吸速率和幅度，以标志话语的启动或完结；而在语调短语和韵律短语边界，呼吸速率和幅度依次减小，说明语句尚未完结，呼吸参数数值的下降是为保证后继语句顺利进行而使用的生理策略。

对于呼吸形式与停延表现的相互关系，一般认为，言语中的吸气对应于停顿现象，呼气对应于发音过程。而事实上，自然言语中二者的对应并非如此简单。本文的研究证明，话语和语调短语处的较大停顿一般都对应着吸气，而一些小停顿可能表现为吸气，也可能表现为呼气，其至屏气^①（如图5），这是因为韵律短语边界可能以末音节的延长来替代停顿，而延连的生理表现正是呼气。

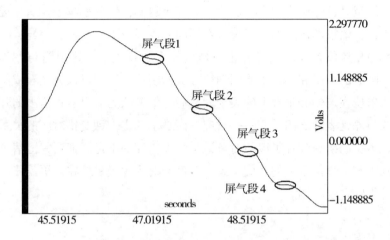

图 5　屏气段呼吸曲线示例：那个走道儿的（1）／马上
（2）／就把那件（3）／厚大衣（4）／脱下来了

因此，笔者认为，自然言语中的呼吸形式与停延表现之间并非一一对应的关系，生理层面的呼气、屏气和吸气与声学层面的停顿、延连是交错对应的。从呼吸形式的角度来看，呼气一般可以对应于"停"，也可以对应于"延"；而吸气一般来说只能对应于停顿。从停延表现的角度来看，停顿大体可以对应为呼吸形式中的任何一种，而延连只对应于呼气形式。

§五　结语

本文采用实验的方法研究了 10 名被试在语篇朗读时的停延率和呼吸特征。结果发现，与单句停延率不同，语篇中音节的停延受多种因素

---

① "屏气"是一种特殊的呼气，见石锋等（2010）。

综合影响而呈现出停延起伏线不规整的现象，但各级韵律层级边界处的停顿和边界前末音节的延连则是有规律的，即随着韵律等级的不同，停延的大小也不同，且二者呈现互补的趋势。反映在停延率上，即韵律边界等级越高，停延率越大；韵律边界等级越低，停延率越小。从生理角度来说，语篇朗读时的呼吸参数在不同韵律层级下存在显著差异，呼吸斜率与相应位置的停延时长也呈现出较高的相关性。这说明与停延相同，呼吸的节律和形式也受到韵律等级的制约，它们可以分别看成韵律层级单位在声学和生理上的表现。最后，笔者认为，自然言语中的呼吸形式与停延表现之间并非一一对应，而是呈现出一种交错对应的关系。

本文的研究弥补了以往对言语中呼吸研究的不足，证明并澄清了生理呼吸与声学停延上的对应关系，有助于揭示呼吸机能在言语韵律产生过程中的重要作用。

参考文献

[1] 曹剑芬：《普通话节奏的声学语音学特性》，载《现代语音学论文集》，金城出版社 1999 年版。

[2] 曹剑芬：《汉语韵律切分的语音学和语言学线索》，载蔡莲红等主编《新世纪的现代语音学——第五届全国现代语音学学术会议论文集》，清华大学出版社 2001 年版。

[3] 李爱军：《普通话对话中韵律特征的声学表现》，《中国语文》2002 年第 6 期。

[4] 谭晶晶、李永宏、孔江平：《汉语普通话不同文体朗读时的呼吸重置研究》，《清华大学学报》（自然科学版）2008 年第 1 期。

[5] 王蓓、杨玉芳、吕士楠：《语篇中大尺度信息单元边界的声学线索》，《声学学报》2005 年第 2 期。

[6] 石锋、梁磊、王萍：《汉语普通话陈述句语调的停延率》，《南开语音年报》2009 年第 2 期。

[7] 吴洁敏：《汉语节律学》，语文出版社 2001 年版。

[8] 杨玉芳：《句法边界的韵律学表现》，《声学学报》1997 年第 5 期。

[9] 叶军：《现代汉语节奏研究》，上海世纪出版集团 2008 年版。

[10] 郑秋豫：《语篇韵律与上层讯息——兼论语音学研究方法与发现》，*Language and Linguistics*，9.3，2008。

［11］B. Conrad, P. Schönle. , "Speech and Respiration", *Archives of Psychiatry and Neruological Sciences*, Vol. 226, 1979.

［12］Chu Yuan, Aijun Li, "The Breath Segment in Expressive Speech", *Computational Linguistics and Chinese Language Processing*, Vol. 12, No. 1, 2007.

［13］Feng Shi, Xuejun Bai, Jinyu Zhang, Zhaohong Zhu , "Intonation and Respiration: A Preliminary Analysis", *Journal of Chinese Linguistics*, Vol. 38, No. 2, 2010.

［14］Janet Slifka, *Respiratory Constraints on Speech Production at Prosodic Boundaries*, Ph. Dissertation of Harvard—MIT. , 2000.

［15］Lehiste Ilse, *Suprasegmentals*, Cambridge: The MIT Press, 1970.

［16］Lehiste Ilse, "Perception of Sentence and Paragraph Boundaries", *Journal of Phonetics*, Vol. 10, No. 2, 1982.

［17］Lieberman, P. , *Intonation*, *Perception*, *and Language*, Cambridge: The MIT Press, 1967.

［18］Steinhauer, K. , "Electrophysiological Correlates of Prosody and Punctuation", *Brain and Language*, Vol. 86, 2003.

［19］Weijun Li, Lin Wang, Xiaoqing Li et al. , "Closure Positive Shifts Evoked by Different Prosodic Boundaries in Chinese Sentences", in R. Wang et al. (eds.) , *Advances in Cognitive Neurodynamics*, 2008.

本文发表于《第九届中国语音学学术会议论文集》, 2010 年

三句式排比句朗读的呼气度研究*

张金爽　　张锦玉

摘　要： 排比句作为无关联词复句中的一类，其分句在语法结构、语义关联和语气表达上都有相似性。运用实验语言学的研究方法，将排比句朗读的呼气度参数结合排比句的韵律、语法和语义特点来进行分析。结果显示：（1）"结构平行"这一排比句的语法特点，同样表现在呼气度的特点中；（2）韵律单元越大，韵律位置对排比句中韵律单元内和边界前后呼气度变化影响越小；（3）韵律单元越大，音节中声韵母呼气度对排比句中韵律单元内和边界前后呼气度变化影响越小；（4）韵律单元边界前后的音节呼气度对比，为韵律边界提供生理线索。

关键词： 排比句　朗读　呼气度

§一　引言

　　排比是一种传统的修辞手段，通常把结构相同或相似、内容相关、语气一致的词组或句子，成排成串地使用，这种修辞手法叫"排比"，又叫"排叠"。胡明杨（1989）将排比句归为无关联词语复句中的一类，认为排比句主要依靠结构上的平行现象来联结。目前，对于排比句的研究大部分都集中在各种修辞理论研究和对具体作品或艺术形式的修辞研究中，如王希杰（1983）在不同的篇章中对排比进行了解释，并

───────────────

　　* 本文作为博士论文的一部分，受国家社会科学基金项目"汉语语气语调实验研究"（12AYY004）的资助。

进行例证；李华（2010）对《左传》中的排比修辞进行的研究；叶玉英（2001）在《朱熹口语文献修辞研究》中对排比修辞进行的举例分析；另外还有少数学者对排比的功能特点和认知生成等进行研究。

从言语生理学角度对排比句朗读的研究较为少见，主要集中在对韵律句及以上的单位。格罗让等（Grosjean et al., 1979）的研究证明，呼吸停顿的时长和频率是由说话的语速和停顿的句法属性所决定的。袁楚和李爱军（2007）研究了朗读和自由谈话状态下情感言语中呼吸段落的特征，证明了呼吸段落可以帮助提升合成言语的表达度和自然度。尹基德和孔江平（2007）研究了韩语新闻和散文朗读时呼吸节奏与语调群的关系，其研究结果表明，韩语新闻朗读的呼吸单位准确地对应于每个停顿的地方，且有呼吸下倾和呼吸上升两个常见的呼吸结构模型。谭晶晶等（2008）利用肌电脑电仪和呼吸带传感器测量了发音人在朗读不同文体时呼吸节奏的变化，结果表明，呼吸重置的时长和幅度显著正相关，重置幅度比重置时长更能反映不同文体的差别以及反映不同呼吸级别的大小。张锦玉（2011）采用生理实验和声学实验相结合的方法，对平静呼吸、朗读短文、复述短文、自我介绍和歌唱等状态下的呼吸和语音进行记录、测量和分析，以揭示不同情况下呼吸节律和言语韵律的交互关系。

本实验以三句式排比为语料基础来研究句际排比的呼气特征，文章以每个音节的声母和韵母的呼气度为数据基础，以音节作为韵律基础，分别对韵律词、韵律短语和韵律句在排比句中的呼气特征进行了分析，并从各个音节声韵母的呼气度、语义和语法等方面探讨了一些呼气度特殊表现的原因，对三句式排比句的呼气度进行了立体的研究。

§二　实验说明

（一）实验材料

排比可分为句子排比和句子成分排比两类。从句子结构上看，单句和复句（其中包括分句）都可以构成排比，各种句法成分都可以构成排比。本实验选择的语料是句子排比中的单句排比，是由三个陈述句型的简单句构成的排比，简称句际排比。每组排比句的分句都是结构相似、内容相关、语气一致，具体如表 1 所示。

表 1   实验语料

序号	内容
1	感恩是小草吐露的绿地；感恩是材木成长的森林；感恩是颗粒饱满的麦田。
2	青春是滋味甘醇的美酒；青春是意境深远的油画；青春是旋律优美的曲谱。
3	勤奋是浇灌智慧的清泉；勤奋是学有所进的根本；勤奋是披荆斩棘的利剑。
4	奋斗是点燃智慧的火花；奋斗是实现理想的阶梯；奋斗是创造财富的方舟。

　　实验语料中的三句式排比句是由三个"是……的"为主要结构的陈述句构成，每个句子中"是"和"的"将四个双音节词连在一起，表现对"感恩"、"青春"、"勤奋"和"奋斗"四个名词诗意般的描写和赞美。排比除了在结构上相同或相似这个重要的形式标志以外，常常伴有反复出现的"提挈语"（又称"强调字"、"提纲词语"），是排比之所以具有强化感情和气势作用的关键。本实验的四组排比句分别以"感恩"、"青春"、"勤奋"和"奋斗"为提挈语。

　　排比句的每个分句可以分成四个韵律层级，第一个层级是音节，每个句子共有十个音节；第二层级是韵律词，每个句子分成六个韵律词，"是"和"的"分别看成单音节韵律词，但涉及"披荆斩棘"这样的成语形式，我们就按照一般的朗读韵律将其从中间断开，即变成"披荆+斩棘"两个韵律词。第三个层级是韵律短语，将句中 10 个音节分为三个韵律短语，音节 1—3 为韵律短语 1，音节 4—8 为韵律短语 2，音节 9—10 为韵律短语 3。第四层为韵律句，即排比句中的每个分句。

　　本实验中的发音人是来自北京的南开大学在校生，共四人，两男两女。首先给他们佩戴好呼吸带并拿好麦克风；然后让被试熟悉稿件和仪器，调整好状态；最后进行呼吸和语音信号的录制。每组排比句读三遍，四组共 12 遍。

（二）实验方法

方法上首先运用 MP150 呼吸带和麦克风采集呼气和语音信号，其次用 MATLAB 编写的"言语呼吸韵律平台"切分信号和提取数据，最后进行统计分析。本次实验以三句式排比句的语料为基础，将其中的声母和韵母部分的语音和呼气信号切分出来，并测量和计算其中的参数。本文呼吸参数使用的是呼气度。呼气度反映了某段语言发音过程中呼气量的变化情况，其计算方法为：

$$H_s = H_b - H_e$$

公式中 H_s 为某段语言的呼气度，H_b 为该段语音起点呼气度，H_e 为该段语音终点呼气度。

§三 实验结果

(一) 排比句结构呼气度

语言是一连串有意义的语流构成的，音节是语流中最自然的语音单位，音素（或声母、韵母等）按照一定的方式组合起来就成为音节。本实验对排比句中每个声母和韵母的呼气度进行了统计，并依此为数据基础，对音节、韵律词、韵律短语和韵律句的呼气度进一步统计和计算。胡明扬认为，排比句主要依靠结构上的平行现象来联结，实验语料中的排比句的每个分句都是以"是……的"结构为主干的陈述句，将四组排比句音节的均值进行统计，具体如图 1 所示。

将图 1 中"是……的"结构中的音节"是"和"的"的呼气度进行统计，第一组到第四组中，"是"的呼气度分别比本组中的"的"大 0.41—3.53、1.95—4.96、0.02—2.12、1.77—4.73。所有排比句中的分句句子中"是"的呼气度都大于"的"，这种相同结构上的相同呼气度关系，说明"结构平行"这一特征不仅表现在排比句的语法特点中，同样表现在呼气度的特点中，它们构成了排比句中呼气的框架，使得排比句的呼气变化呈现出有规律、有节奏的复现特征，从而表现出与普通的散文朗读不同的呼气特点。排比句语法结构的平行使朗读节奏和谐，显得感情洋溢，而呼气度正是控制这种节奏感的生理表现。但三句式排

比的"平行"不仅表现在结构上，同时也表现在韵律上，下面将韵律
层级从大到小进行分析。

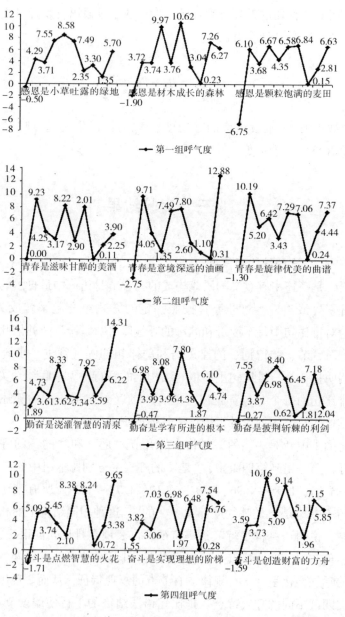

图1　排比句音节呼气度均值

（二）韵律句呼气度

韵律句的整体趋势主要看首末音节之间的关系，用句首音节的呼气度减句末音节的呼气度，差值为正则为下降趋势，差值为负则为上升趋势。排比句的三个分句之间的关系，主要是前句末音节和后句首音节之间的差，同样也是差值为正是下降趋势，差值为负是上升趋势。句内和句间的差值如表2所示。

表2　　　　　　　　　　　句内、句间呼气度变化

	第一组	第二组	第三组	第四组
句1	-6.20	-3.90	-12.42	-11.36
句2	-8.17	-15.63	-5.21	-5.21
句3	-13.38	-8.67	-2.31	-7.44
句1—2	7.60	6.65	14.78	8.10
句2—3	13.02	14.18	5.01	8.35

表2中是四组排比句中各分句的句内呼气度变化和句间呼气度变化，数据显示韵律句内部的呼气度的变化趋势都是上升的，即四组排比句的三个分句都是句末音节的呼气度比句首音节大，但是每句呼气度上升的程度是不同的，第一组到第四组三个分句分别上升6.20—13.38、3.90—15.63、2.31—12.42、5.21—11.36。四组排比句的主要结构"是……的"中"是"字前是双音节组成的提挈语，后面还有八个音节，所以在朗读开始时需要为后面的音节留出呼气量，句首音节的呼气度在全句中是较小的。

两个分句之间的呼气度变化方面，前句末音节的呼气度都大于后句首音节，两个句子的衔接都呈现下降趋势，形成呼气度上的对比。王蓓等（2005）研究显示的大尺度韵律边界等级的音高线索是通过边界前后音节的音高对比实现的，在句间呼气度的变化上的对比，是在生理上韵律边界的线索。韵律句内部的呼气度是上升趋势，韵律句边界前后的呼气度是下降趋势，它们的呼吸状态呈现出句内类似、句间重置的现象，韵律句内和韵律句间的呼气度变化不受句子在排比句中位置的影响。

（三） 韵律短语呼气度

受人类言语活动的生理及心理方面特点的影响，韵律短语不一定就是语法意义上的短语。有时韵律短语包含几个词，有时韵律短语甚至就是一个词。王洪君（2000）认为："韵律短语是有规则性语法结构的、停延和音步的音域展敛可以用规则控制的可能多音步。"本实验中前三个音节"××是"是韵律短语1，其中"××"是双音节提挈语，句中的五个音节组成"的"字短语是韵律短语2，句末两个音节组成的双音节词是韵律短语3。

韵律短语内呼气度变化，用韵律短语首音节呼气度减韵律短语末音节呼气度，差值为正则为下降趋势，差值为负则为上升趋势。排比句分句中的韵律短语之间的关系，前韵律短语末音节呼气度和后韵律短语首音节呼气度的差，同样也是差值为正是下降趋势，差值为负是上升趋势，具体数据见表3。

表3　　　　　　　　韵律短语内和韵律短语间呼气度变化

韵律位置	第一组	第二组	第三组	第四组
1—1	−4.21	−4.25	−1.72	−7.16
1—2	4.25	3.05	4.75	3.02
1—3	−4.35	−1.65	8.09	−6.26
2—1	−5.63	−6.80	−4.45	−1.51
2—2	9.74	0.25	6.21	6.75
2—3	1.00	−12.57	1.35	0.78
3—1	−10.43	−6.50	−4.15	−5.32
3—2	6.52	6.18	5.18	8.20
3—3	−3.83	−2.93	5.14	1.30
1—1—2	−3.84	1.09	−4.72	1.71
1—2—3	1.95	−2.14	−2.63	−2.66
2—1—2	−6.23	2.71	−4.10	−3.98
2—2—3	−7.03	0.80	−4.23	−7.26
3—1—2	−2.99	−1.22	−3.11	−6.43
3—2—3	−2.66	−4.20	−5.37	−5.19

注：1—1表示第一句中第一个韵律短语，后面以此类推；1—1—2表示第一句中第一个韵律短语和第二个韵律短语之间，后面以此类推。

正如表 3 所示，四组排比句中每组韵律短语内部和韵律短语边界前后的呼气度变化各有各的特点。无论是三个分句相同位置的韵律短语内还是韵律短语边界前后那些变化不一致的音节，我们也对其进一步进行了统计，如表 4 所示。结合表 3 和表 4 对韵律短语内和韵律短语间的呼气度变化进行分析。

表 4　三个排比分句韵律短语内和韵律短语间呼气度变化不一致音节统计

韵律位置	音节	声母	声母呼气度	韵母	韵母呼气度
1—2—3	森	[s]	2.03	[ən]	5.23
	林	[l]	1.24	[in]	5.03
3—1—3	清	[tɕʰ]	−0.22	[iŋ]	6.43
	泉	[tɕʰ]	11.99	[yan]	2.32
4—1—3	火	[x]	2.92	[ur]	0.46
	花	[x]	4.42	[ua]	5.23
1—1—（2—3）	的	[t]	1.75	[ə]	1.55
	绿	[l]	0.01	[y]	1.34
2—3—（1—2）	是	[ʂ]	3.32	[ɻ]	1.88
	旋	[ɕ]	2.97	[yan]	3.45
2—2—（2—3）	的	[t]	0.70	[ə]	1.41
	油			[iəu]	0.31
4—1—（1—2）	是	[ʂ]	3.27	[ɻ]	2.18
	点	[t]	1.80	[ian]	1.94

注：1—2—3 表示第一组第二句第三个韵律短语，后面以此类推；1—1—（2—3）表示第一组第一句第一个韵律短语和第二个韵律短语之间，后面以此类推。

首先看韵律短语内的变化。四组排比句中，每组三个分句相同位置的韵律短语内部变化一致率都是 66.67%，即每组排比的三句中总有一个位置的韵律短语内部变化与其他两个分句不一样，将三个分句相同位置的韵律短语内变化不一致的音节进行统计，如表 4 所示。

第一组排比三个分句中，韵律短语 1 内 100% 是上升趋势，韵律短语 2 内 100% 是下降趋势，韵律短语 3 内 66.7% 是上升趋势，第二句中韵律短语 3 内"森林"是下降趋势。从声韵母的呼气度上看，主要是因为"森"字的声母和韵母的呼气度都比"林"大。

　　第二组排比三个分句中，韵律短语 1 和韵律短语 3 内都是上升趋势，韵律短语 2 在三个分句中都是下降趋势，三个分句中同位置韵律短语内变化趋势都相同，是四组排比句中一致性最强的。

　　第三组和第四组三个分句情况相同，都是韵律短语 1 内都是上升趋势，韵律短语 2 内都是下降趋势，韵律短语 3 内下降趋势的是 66.7%，第一句中是上升趋势，第三组和第四组的韵律短语 3 分别是韵律词"清泉"和"火花"，是两个声母相同双音节词，统计显示都是句末音节呼气度较大。结合表 4 数据来看，"清泉"中"泉"的呼气度大是因为句末音节"泉"的声母呼气度远大于"清"，而"火花"中"花"的声和韵呼气度都比"火"大。

　　韵律短语间的呼气度差值绝对值集中在 1.09—7.26 之间，韵律句间的呼气度差值集中在 5.02—14.78 之间，大部分的韵律句间的呼气度差值都大于韵律短语间的差值。每组中的韵律短语之间的变化也是各有不同。

　　第一组排比句中，韵律短语 1—2 之间和韵律词都是上升趋势，韵律短语 2—3 之间是上升趋势的有 66.67%，第一句的韵律短语 2—3 是下降趋势，相邻的两个音节是"的"和"绿"。表 4 的数据显示，音节"的"的声母和韵母的呼气度都大于"绿"，"的"是轻声音节，呼气度均值是小的，仔细观察呼气曲线发现"的"前面的"小草吐"这三个字都是送气声母，且"草"字是全句呼气度最大的，这就使得呼气时肌肉产生了惯性和波动，"的"呼气度大于"绿"这一现象是由生理因素影响的。

　　第二组排比句中，三个分句中韵律短语 1—2 之间是下降趋势的有 66.7%，第三句中的韵律短语 1—2 之间是上升趋势。表 4 的数据显示，主要是由于"是"和"旋"中，鼻音韵母 [yan] 比单音节韵母 [ɿ] 的呼气度大；韵律短语 2—3 之间是上升趋势的有 66.67%，第二句中韵律短语 2—3 是下降趋势，主要是零声母音节"油"的呼气度小于"的"字声韵母呼气度之和，这里也是由肌肉惯性波动的生理原因造成的。

　　第三组排比句的三个分句中，韵律短语 1—2 之间和韵律短语 2—3 之间都是上升趋势，是三组排比句中韵律短语间呼气度变化趋势最为一致的。

第四组排比句的三个分句中，韵律短语 2—3 之间都是上升趋势，韵律短语 1—2 之间是上升趋势的有 66.67%，只有第一句的韵律短语 1—2 之间是下降趋势，涉及"是"和"点"两个音节，表 4 数据显示，"是"的声和韵的呼气度都比"点"大。

总体来看，四组排比句中，所有相同位置的韵律短语内，呼气度变化是相同的有 75%，小于韵律句内的相同率。四组排比句中，所有相同位置的韵律短语之间呼气度变化相同的有 50%，同样小于韵律句内的相同率。总体上，韵律短语内部是上升趋势的有 52.78%，韵律短语内部是上升趋势的有 79.17%。韵律短语内部和韵律短语间的呼气度变化受到韵律位置的影响比韵律句大。

（四）韵律词呼气度

王洪君（2000）认为韵律词是语法上凝固的、节律上稳定的单音步或凝固的复二步。本实验除了双音节词之外，还将系动词"是"和助词"的"单独划分成单音节词来进行分析，这样就将句子整体划分为六个韵律词，即四个双音节韵律词和两个单音节韵律词。韵律词内的变化研究对象是双音节韵律词，用韵律词首音节呼气度减韵律词末音节呼气度，差值为正则为下降趋势，差值为负则为上升趋势，具体数据见表 5。

表 5 　　　　　　　韵律词内和韵律词间呼气度变化

韵律位置	第一组	第二组	第三组	第四组
1—1	−4.80	−9.23	−2.84	−6.80
1—3	−1.03	−5.05	4.71	1.65
1—4	5.14	−5.11	−4.58	0.14
1—6	−4.35	−1.65	−8.09	−6.26
2—1	−5.62	−12.46	−7.45	−2.28
2—3	6.21	−6.14	4.12	0.06
2—4	7.59	5.20	5.99	−4.51
2—6	1.00	−12.57	1.35	0.78
3—1	−12.86	−11.49	−7.82	−5.18
3—3	2.32	2.99	−1.42	5.07

韵律位置	第一组	第二组	第三组	第四组
3—4	-0.26	0.22	5.83	4.02
3—6	-3.83	-2.93	5.14	1.30
1—1—2	0.59	4.98	1.11	-0.36
1—2—3	-3.84	1.09	-4.72	1.71
1—3—4	1.09	5.31	0.28	-6.29
1—4—5	-0.95	7.90	4.34	7.52
1—5—6	1.95	-2.14	-2.63	-2.66
2—1—2	-0.01	5.66	2.99	0.77
2—2—3	-6.23	2.71	-4.10	-3.98
2—3—4	-6.87	-0.31	-6.42	5.01
2—4—5	2.81	1.49	2.51	6.20
2—5—6	-7.03	0.80	-4.23	-7.26
3—1—2	2.43	5.00	3.68	-0.14
3—2—3	-2.99	-1.22	-3.11	-6.43
3—3—4	-2.23	-3.86	1.95	-4.05
3—4—5	6.69	6.82	-1.18	3.15
3—5—6	-2.66	-4.20	-5.37	-5.19

注：1—1 是第一句第一个韵律词，后面以此类推；1—1—2 是第一句第一个韵律词和第二个韵律词之间，后面以此类推。

表 5 中是韵律词内和韵律词间的呼气度变化。笔者将四组排比的三个分句中相同位置的韵律词内和韵律词间呼气度变化不相同的音节在表 6 中进行统计，并结合表 5 和表 6 对韵律词呼气度进行分析。

表 6　三个排比分句韵律词内和韵律词间呼气度变化不一致音节统计

韵律位置	音节	声母	声母呼气度	韵母	韵母呼气度
1—1—3	小	[ɕ]	3.10	[iau]	4.45
	草	[tsʰ]	2.94	[au]	5.64
1—2—6	森	[s]	2.03	[ən]	5.23
	林	[l]	1.24	[in]	5.03

续表

韵律位置	音节	声母	声母呼气度	韵母	韵母呼气度
1—3—4	饱	[p]	2.69	[au]	−0.01
	满	[m]	3.89	[an]	6.85
2—1—4	甘	[k]	0.83	[an]	2.07
	醇	[tʂʰ]	3.31	[uən]	4.70
2—3—3	旋	[ɕ]	2.97	[yan]	3.45
	律	[l]	0.10	[y]	3.33
3—1—4	智	[tʂ]	−0.05	[ʅ]	3.39
	慧	[x]	6.11	[uei]	1.81
3—1—6	清	[tɕʰ]	−0.22	[iŋ]	6.43
	泉	[tɕʰ]	11.99	[yan]	2.32
3—3—3	披	[pʰ]	4.89	[i]	2.09
	荆	[tɕ]	1.41	[iŋ]	6.99
4—1—3	火	[x]	2.92	[ur]	0.46
	花	[x]	4.42	[ua]	5.23
4—2—4	理	[l]	0.49	[i]	1.48
	想	[ɕ]	2.70	[iaŋ]	3.78
1—3—(1—2)	恩			[ən]	3.72
	是	[ʂ]	3.00	[ʅ]	0.74
1—1—(3—4)	草	[tsʰ]	2.94	[au]	5.64
	吐	[tʰ]	5.04	[u]	2.45
1—1—(4—5)	露	[l]	0.74	[u]	1.61
	的	[t]	1.75	[ə]	1.55
1—1—(5—6)	的	[t]	1.75	[ə]	1.55
	绿	[l]	0.01	[y]	1.34
2—3—(2—3)	是	[ʂ]	3.32	[ʅ]	1.88
	旋	[ɕ]	2.97	[yan]	3.45
2—1—(3—4)	味			[uei]	8.22
	甘	[k]	0.83	[an]	2.07
2—2—(5—6)	的	[t]	0.70	[ə]	1.41
	油			[iəu]	0.31
3—2—(3—4)	有			[iəu]	3.96
	所	[s]	5.82	[ur]	4.56
3—3—(4—5)	棘	[tɕ]	0.02	[i]	0.60
	的	[t]	1.06	[ə]	0.75

续表

韵律位置	音节	声母	声母呼气度	韵母	韵母呼气度
4—1— (2—3)	是	[ʂ]	3.27	[ɻ]	2.18
	点	[t]	1.80	[ian]	1.94
4—2— (3—4)	现	[ɕ]	3.54	[ian]	3.44
	理	[l]	0.49	[i]	1.48
4—3— (1—2)	斗	[t]	0.99	[əu]	2.83
	是	[ʂ]	2.27	[ɻ]	0.78

注：1—1—3 表示第一组第一句中第三个韵律词，后面以此类推；1—3— (1—2) 表示第一组第三句第一个和第二个韵律词之间，后面以此类推。

对韵律词内和韵律词间的呼气度变化的分析，实际上就是将排比句相同位置所有音节的变化进行的统计。首先来看韵律词内的呼气度变化，表5和表6数据显示，第一组排比句的三个分句中，韵律词1内部的变化都是上升趋势，韵律词3和韵律词4中是上升趋势的有66.67%，第一句中"小草"内部的上升趋势是由于 [au] 的呼气度大于 [iau] 造成的，"森林"内部的下降趋势在韵律短语中已经分析；韵律词5中是下降趋势的有66.67%，第三句中"饱满"内部的上升趋势是由于"满"的声和韵的呼气度都比"饱"大。

第二组排比句的三个分句中，韵律词1和韵律词6内部的变化都是上升趋势，韵律词3中是上升趋势的有66.67%，第一句中"甘醇"内部呼气度上升是由于"醇"字的韵母的呼气度大于"甘"；韵律词4中是下降趋势的有66.67%，第三句中"旋律"内部呼气度下降是由于"旋"字的声母和韵母的呼气度都大于"律"。

第三组排比句的三个分句中，只有韵律词1内部的变化都是一致的上升趋势，韵律词3、韵律词4和韵律词6中是下降趋势的有66.67%，第一句中的韵律词3"智慧"中上升趋势是由于 [x] 的呼气度大于 [tʂ] 造成的，韵律词4"清泉"已经在韵律短语中分析过；第三句中"披荆"中的上升趋势是由于 [iŋ] 的呼气度大于 [i] 造成的。

第四组排比句的三个分句中，韵律词1内部呼气度都是上升趋势，韵律词3内部呼气度都是下降趋势，韵律词4和韵律词6的内部是下降趋势的有66.67%，第一句中的"火花"在韵律短语中分析过，第二句中的"理想"的呼气度呈上升趋势是因为"想"的声母和韵母呼气度都大于"理"。

在韵律词内部的呼气度变化中，四组排比句中所有句子的韵律词1都是上升趋势，即四组排比句的提挈语呼气度都是上升趋势。在呼气度变化趋势不同的韵律词中，两个音节的声母和韵母的呼气度的差异就是最基本的原因，但是不同的韵律词其主要原因不同。

排比句分句中韵律词之间研究的对象是所有的韵律词。计算方法是用前韵律词末音节呼气度减去后韵律词首音节呼气度，差值为正是下降趋势，差值为负是上升趋势，以下将结合表5和表6进行分析。

首先来看第一组排比句三句中，只有韵律词2—3在三句中呼气度变化一致，韵律词1—2中是下降趋势的有66.67%，涉及边界的第二句"恩"和"是"两个音节，主要是因为零声母音节"恩"的呼气度小于"是"的声母和韵母呼气度之和；韵律词3—4中是下降趋势的有66.67%，其中"草"和"吐"字相邻，由于［au］的呼气度大于［u］，两个韵律词之间呈下降趋势；韵律词4—5中是下降趋势的有66.67%，第一句中"露"和"的"字相邻，其中由于［t］的呼气度大于［l］，使得两个韵律词之间呈上升趋势；韵律词5—6中是上升趋势的有66.67%，第一句中"的"和"绿"字相邻，在前文的分析中已经分析过。

第二组中韵律词1—2和韵律词4—5在三句中呼气度都下降，韵律词2—3中是下降趋势的有66.67%，第一句中"是"和"旋"字相邻，因为［yan］的呼气度比［ʅ］的大，两个韵律词之间呈上升趋势；韵律词3—4中是上升趋势的有66.67%，第二句中"味"和"甘"两个相邻音节中，零声母音节"味"的呼气度大于"甘"的声韵母呼气度之和，造成下降趋势；第二句中，韵律词5—6中"的"和"油"字相邻，在前文中已经分析过。

第三组中韵律词1—2在三句中呼气度变化都下降，韵律词2—3和韵律词5—6呼气度变化为都上升，韵律词3—4中是下降趋势的有66.67%，第二句中"有"和"所"字相邻，零声母音节"有"的呼气度比"所"字声母和韵母呼气度之和小，因此形成上升趋势；韵律词4—5中是下降趋势的有66.67%，第三句中"棘"和"的"字相邻，

"的"的声母和韵母的呼气度都比"棘"字大,两个韵律词之间呈上升趋势。

第四组中,韵律词4—5三句中呼气度变化都下降,韵律词5—6在三句中呼气度变化都是上升趋势,韵律词1—2、韵律词2—3和韵律词3—4中是上升趋势的有66.67%,韵律词1—2在第三句"斗"和"是"字相邻,其中[əu]比[ɿ]的呼气度大很多,使之呈下降趋势;韵律词2—3在第一句中"是"和"点"字相邻,由于"是"的声母和韵母的呼气度都比"点"大,因此呈下降趋势;韵律词3—4之间是"现"和"理"字相邻,"现"字的声母和韵母的呼气度都比"理"大,这样两个韵律词之间呈下降趋势。

总之,四组排比句中三句相同位置上韵律词内呼气度变化相同率是37.5%,小于韵律短语内75%的相同率;三句相同位置上韵律词之间呼气度变化相同率是45%,同样小于韵律短语间50%的相同率。56.25%的韵律词边界的呼气度较大,即大部分双音节韵律词内部呼气度是上升趋势;51.67%的韵律词之间是上升趋势,也符合韵律短语大部分呈上升的趋势。

§四 小结

文章从排比句的语法和韵律结构出发,研究呼气度这一生理参数在朗读排比句时在语法结构和不同韵律层级中的表现,对一些特殊的变化从音节呼气度和声韵呼气度等生理层面给予阐释。本文研究了韵律句在三句式排比中的位置、韵律短语在句中的位置、韵律词在句中的位置三个方面,发现韵律位置对呼气度的变化是有一定影响的,韵律位置对韵律单元内和韵律单元间的呼气度变化影响排序为:韵律词>韵律短语>韵律句,各个音节中声韵母对韵律单元内和韵律单元间的影响排序为:韵律词>韵律短语>韵律句。韵律单元边界前后的音节呼气度对比为韵律边界提供生理线索。

排比句中不同层次的语言单位在呼吸参数的表现上有一致或相似的地方,说明存在"嵌套"的情况,即大层次由小层次构成,小层次和大层次具有相似的呼吸特征，有点类似于语法上的"递归"，这可能是言语呼吸与语法结构上的一点相通之处。本实验用一种全新的方式对三句式排比句的朗读生理进行探索，后面还将对其他呼吸生理参数进行研究，期望能揭开言语呼吸的神秘面纱。

参考文献

［1］胡明扬、劲松：《流水句初探》，《语言教学与研究》1989 年第 4 期。

［2］黄伯荣、廖序东：《现代汉语（上册）》，高等教育出版社 2011 年版。

［3］胡裕树：《现代汉语》，上海教育出版社 2011 年版。

［4］李华：《〈左传〉修辞研究》，上海古籍出版社 2010 年版。

［5］谭永祥：《汉语修辞美学》，北京语言学院出版社 1992 年版。

［6］谭晶晶、李永宏、孔江平：《汉语普通话不同文体朗读时的呼吸重置研究》，《清华大学学报》（自然科学版）2008 年第 1 期。

［7］王希杰：《汉语修辞学》，北京出版社 1983 年版。

［8］王蓓、杨玉芳、吕士楠：《语篇中大尺度信息单元边界的声学线索》，《声学学报》2005 年第 2 期。

［9］王洪君：《汉语的韵律词与韵律短语》，《中国语文》2000 年第 6 期。

［10］叶玉英：《朱熹口语文献修辞研究》，厦门大学出版社 2001 年版。

［11］尹基德、孔江平：《韩语呼吸节奏与语调群的关系初步研究》，载《第九届全国人机语音通讯学术会议论文集》，2007 年。

［12］张锦玉：《普通话言语韵律与呼吸节律的交互关系研究》，博士学位论文，南开大学文学院，2011 年。

［13］Grosjean, F., Collins, M., "Breathing, Pusing and Reading", *Phonetica*, Vol. 36, No. 6, 1979.

［14］Yuan Chu, Li Aijun, "The breath Segment in Expressive Speech", *Computational Linguistics and Chinese Language Processing*, Vol. 12, No. 1, 2007.

本文发表于《南开语言学刊》2014 年第 2 期

排比句朗读的音强和呼气关系研究[*]

张金爽　张锦玉　黄旭男

摘　要：排比句作为广义上的焦点句，通过结构和提挈语复现的方式来达到强调意义、强调结构的目的。本文对句内排比句音强和呼气的关系进行考察，结果显示：（1）排比块之间音量比和呼气度都是"下降趋势"，标识了排比句内部结构的复现是由边界调和焦点调的叠加影响的。（2）提挈语的音量比和呼气度压缩使得其后的名词更为突出，体现了焦点调作用。（3）相同韵律单位间的呼气度和音量比变化的一致性比韵律单位内部高，体现了边界调的作用。（4）男声大部分参数关系与总体特征相似，女声表现不如男声稳定则是由于生理、心理等因素造成的。

关键词：排比句　音强　呼气

§一　引言

　　排比是一种传统的修辞手段，通常把结构相同或相似、内容相关、语气一致的词组或句子，成排成串地使用，这种修辞手法叫"排比"，又叫"排叠"。胡明扬（1989）将排比句归为无关联词语复句中的一类，认为排比句主要依靠结构上的平行现象来联结。目前，对于排比句的研究大部分都集中在各种修辞理论研究和对具体作品或艺术形式的修

---

　　* 本文作为博士论文的一部分，受国家社会科学基金项目"汉语语气语调实验研究"（12AYY004）的资助。

辞研究中，但排比句作为一种极富表现力的句式，其独特的韵律表现方式及形式特征，同样值得关注。石锋、王萍（2014）在《边界调和焦点调》一文中指出了区分边界调和焦点调的重要性和可行性，认为焦点调是在保留边界调基础上的增量，边界调在每个边界都有，是全局的；焦点调只在特定的位置，是局部的。排比句实质上也是一种广义的焦点句，它用复现的形式来强调语义、加强语势，采用了多个重叠成分来增强感情抒发，增强的感情色彩就会在音高、音长和音强上有一定的特点。

音强是语调的三要素之一，也是语音重要的物理属性之一，语音的强弱是由发音时气流冲击声带力量的强弱来决定的，语音的重音与音强有关。气流冲击就是一种生理表现，其主要的动力来源就是肺部，所以本实验将呼吸和音强相结合，分析句内排比句朗读时言语呼吸的特征，而这方面的考察，鲜有学者进行过。目前关于汉语语句音量方面的研究较少，研究方法也多局限于一种主观的感知描述。梁磊、石锋（2010）在"幅度积"的基础上，首次提出"音量比"的概念和算法，并对普通话后字为轻声和非轻声两字组的语音表现重新进行探讨，结果表明："音量比"可以为汉语轻重音声学性质的讨论提供新的思路。田野（2010）基于幅度积和音量比的研究思路，对一位汉语普通话发音人的焦点句语料进行初步分析，分别考察了调群音量比和单字音量比在不同焦点状况下的表现。结果表明：焦点位置的词调域的音量比大幅度提升，显著大于非焦点位置的音量比。

言语呼吸的研究主要集中在韵律句及以上的单位。格罗让和柯林斯（Grosjean & Collins，1979）的研究证明，呼吸停顿的时长和频率是由说话的语速和停顿的句法属性所决定的。袁楚和李爱军（2007）研究了朗读和自由谈话状态下情感言语中呼吸段落的特征，证明了呼吸段落可以帮助提升合成言语的表达度和自然度。尹基德和孔江平（2007）研究了韩语新闻和散文朗读时呼吸节奏与语调群的关系，其研究结果表明，韩语新闻朗读的呼吸单位准确地对应于每个停顿的地方，且有呼吸下倾和呼吸上升两个常见的呼吸结构模型。谭晶晶等（2008）利用肌电脑电仪和呼吸带传感器测量了发音人在朗读不同文体时呼吸节奏的变化，结果表明，呼吸重置的时长和幅度显著正相关，重置幅度比重置时长更能反映不同文体的差别以及反映不同呼吸级别的大小。张锦玉（2011）采用生理实验和声学实验相结合的方法，对平静呼吸、朗读短文、复述短文、自我介绍和歌唱等状态下的呼吸和语音进行记录、测量和分析，以揭示不同情况下呼吸节律和言语韵律的交互关系。

本次实验将语音中的音量比和呼吸中的呼气度两类参数相结合，研究句内排比句朗读中的语调和呼吸的关系。方法上首先运用 MP150 呼吸带和麦克风采集呼气和语音信号，其次用 MATLAB 和 Minispeech—lab 切分信号和提取数据，最后进行统计分析。笔者将直接从两类参数的关系入手，并结合韵律结构中的不同层级和边界，来剖析言语与呼吸的关系。

§二　实验说明

（一）语料和发音人

排比句从形式上可分为句子排比和句子成分的排比，前者简称句际排比，后者简称句内排比。在句内排比中，重复的成分称为"排比块"。在感情色彩上，采用的是散文式排比句，具体见表 1 所示。

表 1	实验语料
序号	语料内容
1	春日的细雨如牛毛、如花针、如细丝。
2	人生的美酒或芳香、或浓烈、或馥郁。
3	亘古的道理需细品、需思索、需选择。
4	鸟儿的叫声有凄厉、有低沉、有婉转。

句内排比句，整个句子是个主谓结构，谓语里又包含着三个并列的成分。例如"春日的细雨"是主语，"如牛毛、如花针、如细丝"整个充当谓语，是谓语成分排比的排比句。句内排比句属于成分较复杂的句

子，在句子内部不仅有停顿还有延长。笔者在选取语料时，不仅考虑到每组实验句的句末音节尽可能涵盖阴平、阳平、上声、去声四个调类，还保持了同组实验句的结构和字数相当。

本次实验的录音在南开大学语音实验室进行，共十位发音人，五男五女，平均年龄在 20 岁左右，长期生活在北京，未受过专业发音训练。实验时首先给他们佩戴好呼吸带并拿好麦克风；然后让被试熟悉稿件和仪器，调整好状态；最后进行呼吸和语音信号的录制。每位发音人都以自然状态、用力均匀、语速平稳地发音，发音人口部距离麦克风 5 厘米左右；音强较易受外界因素影响，录音室要保持相对安静，语音采样率为 11025Hz。每个实验句连续说三遍，句子之间保持一秒以上间隔，共得到 3×4×10 = 120 个样品句。

（二）实验方法

语料录制好后，用 MATLAB 编写的"言语呼吸韵律平台"切分和提取呼吸数据，用 Minispeech—lab 测量并统计音强数据。本次实验音量的参数"音量比"采用的是梁磊、石锋（2010）提出算法，计算公式见公式（1），即

某音节音量比 = 某音节幅度积/本句音节的平均幅度积   （1）

本文呼吸参数使用的是呼气度。呼气度反映了某段语言发音过程中呼气量的变化情况，其计算方法为：

$$H_s = H_b - H_e \qquad (2)$$

公式（2）中 H_s 为某段语言的呼气度，H_b 为该段语音起点呼气度，H_e 为该段语音终点呼气度。

§三 实验结果

（一）总体音量比和呼气度关系

将十位发音人朗读四个排比句的呼气度和音量比进行平均统计，共得到 560 个音节，首先将二者的关系用 SPSS 进行相关性检测，如表 2 所示。句内排比句的呼气度和音量比的呈正相关（$r = 0.245$，$p < 0.001$）。这说明呼气度与音强在句子层级存在一致关系，大体说来，呼气度大则音量比大，呼气度小则音量比小。

表 2 　　　　　　　　　　句内排比呼气度和音量比相关性

		呼气度	音量比
呼气度	Pearson 相关性	1	.245 ＊＊
	显著性（双侧）		.000
	N	560	560
音量比	Pearson 相关性	.245 ＊＊	1
	显著性（双侧）	.000	
	N	560	560

注：＊＊在 0.01 水平上显著。

将十位发音人的每个排比句的呼气度和音量比进行平均，得到总体呼气度和音量比，将每个句子的所有音节的两个参数都在同一张图上表示，如图 1 所示。

呼气度与音量比的相关性，就直观地表现为图 1 中每个音节的两个参数的数值变化情况，比前一音节参数大为上升趋势，相反则为下降趋势。四句中共有 52 个音节可统计变化趋势，统计显示，52 个音节中有 69.23% 的音节呼气度和音量比的变化趋势一致，其中第一句和第二句两个参数变化一致的有 92.31%，第三句和第四句中两个参数变化一致的有 46.15%。同样是句内排比句，前两句与后两句的呼吸和音量变化一致性差距较大，有可能是阅读到后面的时候，监控度下降，导致变化趋势不一致；也有可能是肺气压在后半部逐渐下降，语句音强主要靠声

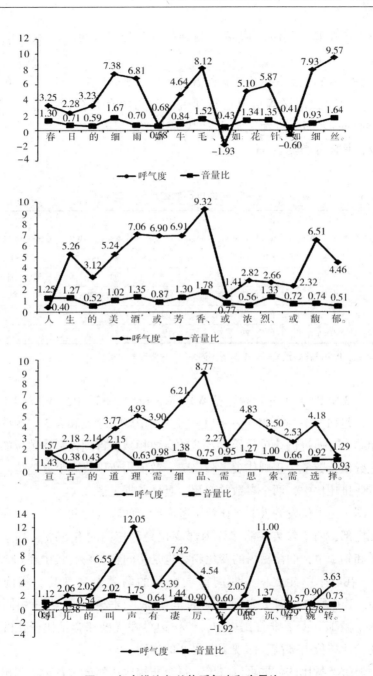

图1　句内排比句总体呼气度和音量比

门下气压维持，所以呼吸带检测到的肺气压与音强的一致性就有所下降。

在此基础上对句内排比句的音节的音量比进行进一步分析，再结合实际的韵律和语义等情况进行研究。每句中有九个词，前三个词是"名词+的+名词"，后面三个排比块都由"提挈语+名词/动词/形容词"组成，具体分类见表3。

表3　　　　　　　　　　　　句内排比韵律单位

韵律单位	P1			P2		P3		P4	
	W1	W2	W3	W4	W5	W6	W7	W8	W9
	S1	S2	S3	S4	S5	S6	S7	S8	S9	S10	S11	S12	S13	S14
句1	春	日	的	细	雨	如	牛	毛	如	花	针	如	细	丝
句2	人	生	的	美	酒	或	芳	香	或	浓	烈	或	馥	郁
句3	亘	古	的	道	理	需	细	品	需	思	索	需	选	择
句4	鸟	儿	的	叫	声	有	凄	厉	有	低	沉	有	婉	转

表注：P 为韵律短语缩写，W 为韵律词缩写，S 为音节缩写。

表3中P1是非排比块包括W1—W3和S1—S5，P2、P3和P4为排比块，包括W4—W9和S6—S14，将图1中音节参数和表3中的韵律单位相结合，通过韵律单位始末音节的参数相减，得到该韵律单位的参数变化数值，数值为正则代表下降趋势，数值为负则代表上升趋势。首先来看非排比块中，两个参数的变化，具体数据见图2。

图2是十位发音人非排比块中各个音节的呼气度和音量比，在韵律单元内部，两个参数在韵律词内部变化趋势相同的有50%，都集中在句1和句2中，韵律短语的变化趋势也是相同有50%，集中在句2和句3中。在韵律单元之间，即韵律词之间的两类参数变化，相同的有75%，其中词1—词2之间相同的是50%，词2—词3之间相同的是100%。由此可见，非排比块中，韵律边界呼气度和音量比变化的一致性比韵律单位内部高，体现了边界调的作用。

通过音量比的数据可以看出，每个非排比块的最大音量比都出现在词3，其中75%出现在词3首音节，即音节4，每个非排比块的最大呼气度也出现在词3，其中75%出现在词3末音节，即音节5。四个排比

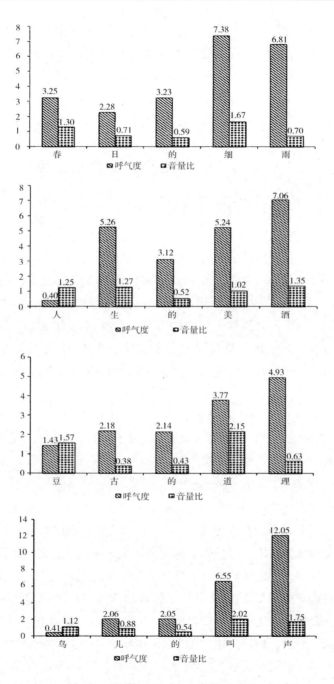

图 2　非排比块中总体呼气度和音量比

块中50%的音量比和呼气度的最大值出现在同一词中。四个非排比块中，75%的词1和词3呼气度是上升趋势，而75%的音量比是下降趋势，50%的音量比和呼气度的变化趋势一致。总之，非排比块中，75%韵律短语和韵律词边界音量比降低，75%呼气度升高，说明受到韵律结构的限制，在大部分韵律边界处呼气量上升但音量降低。音量降低是边界调和音高降阶的作用，是为后面排比块的音高重置和语义强调做准备；而呼气量上升是由于韵律短语边界需要语音延长，需要呼气量增大所致。

　　下面讨论排比块中各个韵律单元的呼气度和音量比，具体如图3所示。

　　图3是四个句内排比句的排比块各个音节的呼气度和音量比。首先看韵律单元内部，两个参数在双音节韵律词内部变化趋势相同的有有66.67%，两个参数在韵律短语内部变化趋势相同的有75%；再看韵律单元之间，韵律词之间两个参数的变化趋势相同的有90%，两个参数在韵律短语内部变化趋势相同的有87.5%。可见，在排比块中，韵律边界方面呼气度和音量比变化的一致性比韵律单位内部高，体现了边界调的作用。

　　排比块中，83.33%的提挈语是所在排比块中音量比最小的音节，另外的16.67%的提挈语在排比块中也不是最大的；而呼气度方面，提挈语在其所在排比块中都是最小的。排比块整体就是一个韵律短语，结构是"提挈语+名词/连词/动词/形容词"，音量比数据显示出，大部分的提挈语在排比块中通过音量比的压缩来实现后面名词的突出，同时呼气度的数据也表明，在排比块内部有66.67%呼气也配合着音强，通过提挈语的呼气度压缩，来使得后面的名词更为突出。总之，从排比块内部来看，发音人都是运用音强和呼气的对比来完成语义上的突出。其中呼气度在提挈语"如"和"有"上体现为负值，这是胸腔肌肉抖动所致，有一部分是由于前面有呼气度较大音节，如"毛"和"凄"；部分是由于朗读惯性，即第二个"如"。在排比块之间，音量比和呼气度都是下降趋势，也就是说在排比块之间也是通过后一排比块首音节（提挈语）的音量和呼气的下降来衬托前一排比块的名词，充分突出对主语的描述，使得朗诵者传达丰富的语义色彩。

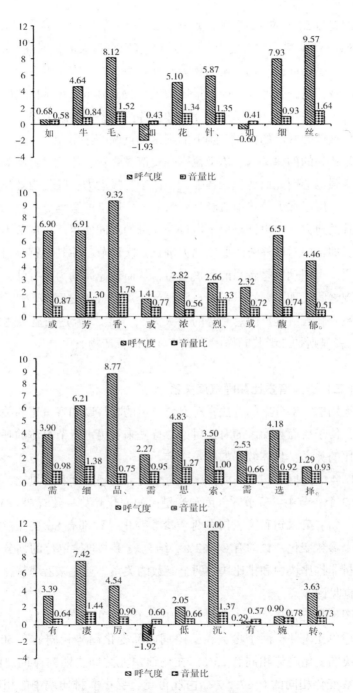

图3　排比块中总体呼气度和音量比

四句排比句的 12 个排比块中，58.33% 在韵律边界音量比最大，58.33% 在韵律边界呼气度也最大，但二者数据最大的位置在 66.67% 的排比块中是相同的。焦点调的相关研究表明，在句中焦点音节在音量方面的表现就是音强增大，即音量比增大。数据显示，在排比块中大部分焦点音节的呼气度也最大，且其中位于韵律边界处有 62.5%，是边界点和焦点调的共同的作用；剩下的则是焦点调的作用。

排比句的韵律结构、语义色彩等要依靠重音、停延、音高等手段实现，音强也会因此而变化，音强大小源于呼吸动力，呼气为音强提供原始动力，所以在大趋势上二者是一致的。但以上的数据显示，二者也有不一致的地方，这也许是由于声母和韵母的不同使得声门调节不同而带来的，即声门对肺气流的原始动力进行二次调节，使其更符合语言表达的需要。声门动力是音强的直接动力，从而使原始动力——肺气流与音强表现之间出现了差别。可见，肺气流、声门气流之间是"大波小浪"的关系，肺气流是反映总趋势的"大波"，声门气流是凸显表达的"小浪"，音强则是二者共同作用下的外显的语音产物。

（二）男声音量比和呼气度关系

运用前一部分中的方法，对五位男声的呼气度和音量比的关系进行考察，便于后面和女声的对比讨论。首先来看男声音节总体的呼气度和音量比的关系，具体数据如图 4 所示。

图 4 中是男声四个句内排比句每个音节的呼气度和音量比，数据显示，52 个音节中，音节呼气度和音量比的变化趋势一致有 78.85%，其中第一句、第二句和第三句中两个参数变化一致都有 86.92%，第四句中两个参数变化一致的有 84.62%。结合表 3 中韵律单位的划分，进一步分析非排比块中和排比块中两个参数的关系。首先来看非排比块，具体数据见图 5。

图 5 是五位男发音人非排比块中各个音节的呼气度和音量比均值。在韵律单元内部，两个参数在韵律词内部变化趋势相同的有 50%，韵律短语的变化趋势相同有 25%。在韵律单元之间，即韵律词之间的两类参数变化相同的有 87.5%。由此可见，男声非排比块中的相同韵律

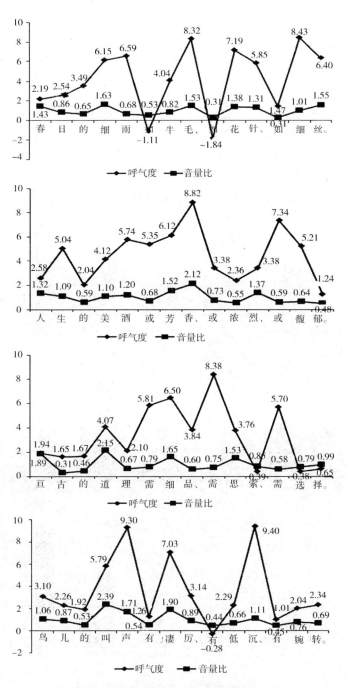

图 4　句内排比句男声呼气度和音量比

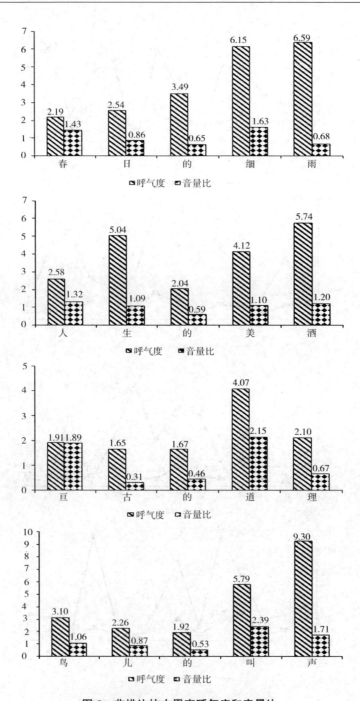

图 5　非排比块中男声呼气度和音量比

单位，韵律单位之间呼气度和音量比变化的一致性比韵律单位内部高，体现了边界调的作用。四个排比块中，50%的音量比和呼气度的最大值出现在同一音节。非排比块中，87.5%的韵律边界音量比降低，62.5%的呼气度升高，说明受到韵律结构的限制，男声在大部分韵律边界处也是呼气量上升但音量降低。

排比块中各个韵律单元的呼气度和音量比，见图6。从图6可知，韵律单元内，两个参数在双音节韵律词内部变化趋势相同有83.33%，在韵律短语内部变化趋势相同的有75%；韵律单元间，韵律词间两个参数的变化趋势相同的有79.17%，韵律短语间变化趋势相同的有83.33%；男声在排比块中，韵律边界方面呼气度和音量比变化的一致性比韵律单位内部高，也体现了边界调的作用。

排比块中，75%的提挈语是所在排比块中音量比最小的音节，呼气度方面，58.33%的提挈语在其所在排比块中最小。可见，男声朗读排比句时，排比块中也是压缩提挈语音量比来实现后面名词的突出。同时呼气度的数据也表明，在排比块内部，50%的呼气也配合着音强的变化，通过提挈语的呼气度压缩，来使得后面的名词更为突出。

（三）女声音量比和呼气度关系

同样运用第一部分中的方法，对五位女声的呼气度和音量比的关系进行考察，便于后面和男声的对比讨论。首先来看女声音节总体的呼气度和音量比的关系，具体数据如图7所示。

图7中是女声四个句内排比句每个音节的呼气度和音量比。数据显示，52个音节中，有67.31%的音节呼气度和音量比的变化趋势一致，其中第一句两个参数变化一致有92.31%，第二句两个参数变化一致有61.54%，第三句两个参数变化一致有46.15%，第四句中两个参数变化一致有69.23%。可见，在导致总体呼气度和音量比差异的性别因素中，女性占据更重要的因素。结合表2中韵律单位的划分，看非排比块的具体数据（见图8）。

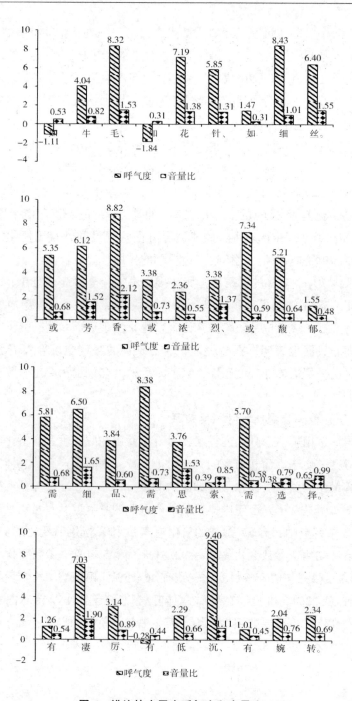

图6　排比块中男声呼气度和音量比

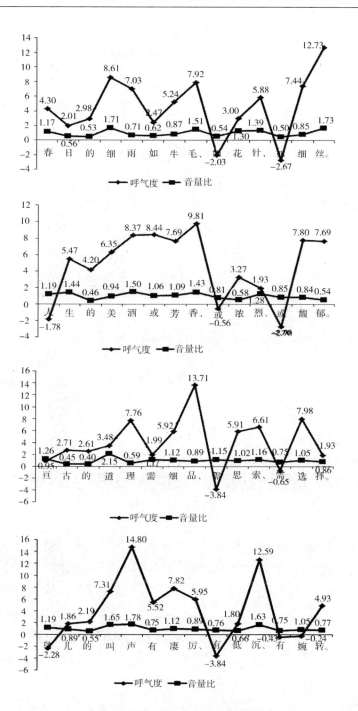

图7 句内排比句女声呼气度和音量比

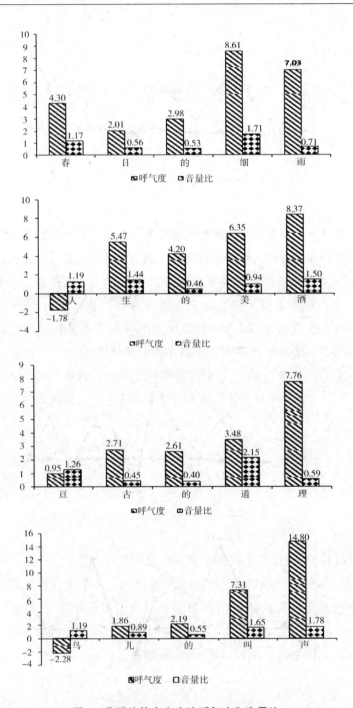

图 8 非排比块中女生比呼气度和音量比

由图 8 可见，韵律单元内，两个参数在韵律词内部变化趋势相同的有 75%，韵律短语的变化趋势相同有 50%。韵律单元之间，韵律词之间的两类参数变化相同的有 75%。女声的非排比块中的相同韵律单位，韵律单位之间呼气度和音量比变化的一致性比韵律单位内部高，也体现了边界调的作用。

音量比数据显示，非排比块最大音量比有 75% 出现在词 3 末音节。四个非排比块中，75% 的音量比和呼气度的最大值出现在同一音节。四个非排比块中，双音节词呼气度是上升趋势的有 75%，而音量比是下降趋势有 75%。总之，女声非排比块中，也受到韵律结构的限制，大部分韵律边界处呼气量上升但音量降低。

排比块中韵律单元的呼气度和音量比见图 9。从图 9 可知，韵律单元内，两个参数在双音节韵律词内部变化趋势相同的有 75%，在韵律短语内部变化趋势相同的有 83.33%；韵律单元之间，韵律词之间两个参数的变化趋势相同的有 58.33%，在韵律短语之间变化趋势相同的有 75%；女声在韵律单元内部的呼气度和音量比变化的一致性较高，未能完全体现边界调的作用。

排比块中，58.33% 的提挈语是所在排比块中音量比最小的音节；而呼气度方面，91.67% 是提挈语在其所在排比块中最小，大部分的提挈语在排比块中通过音量比的压缩来实现后面名词的突出。同时呼气度的数据也表明，在排比块内部 50% 的呼气也配合着音强，通过提挈语的呼气度压缩来使得后面的名词更为突出。

§四　结束语

通过以上的分析，我们进一步了解到，音强和呼气不是简单的生理关系，而是在韵律结构的作用下，通过音量和呼气的压缩以及扩展来达到突出语义、表达情感的作用。综合所有的统计分析，结果显示：(1) 大部分句内排比句的音节参数变化中，呼气度和音量比的变化是一致的，男声比女声的一致性强。(2) 相同韵律边界的呼气度和音量比变

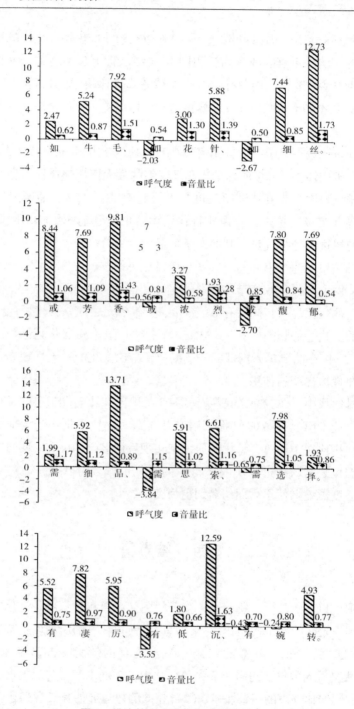

图9　排比块中女声呼气度和音量比

化的一致性比韵律单位内部高，体现了边界调的作用，男声比女声表现更为明显。(3) 大部分提挈语是所在排比块中音量比最小的，大部分的呼气度也有相同的表现，通过提挈语的呼气度压缩，来使得其后的名词音量和呼气更为突出，是焦点调的一种表现。这一特征男女表现相似。(4) 排比块之间，绝大部分的音量比和呼气度都是"下降趋势"，是个相对稳定的指标，标识了排比句内部结构的复现，部分是由于边界调和焦点调的叠加影响，这一特征女声表现更为突出。

男声和女声之间之所以存在一些差异，一方面是女性的肺容量较男性要小，迫使女声在读长句时声门对气流的调节能力要更强一些，即女性声门的调控能力可能要强于男性；另一方面呼吸方式也存在差异，本实验中，女声中60%是胸腹呼吸结合，男声中60%只有胸式呼吸，所以女声在朗读时的呼吸调节要比男声灵活。这样，声门对气流的二次调节能力越强，音强表现与呼气表现的差异也就越大，所以女性音强与呼吸之间的一致性可能就没有男性那么明显。

大部分的发音人运用音强和呼气的对比来完成语义上的突出，充分突出对主语的描述，使得排比句在朗读的过程中传达丰富的语义色彩。排比句是个丰富而有趣的句式，对其开展语调和呼气关系研究，能够使我们进一步了解言语呼吸。本次实验仅考察了句内排比句中的一种句式，今后将对更多句式进行考察，并综合考察语调中音强、音高、时长等方面的因素和呼气的关系，从而更为科学地揭示言语呼吸的奥秘。

参考文献

[1] 胡明扬、劲松：《流水句初探》，《语言教学与研究》1989年第4期。

[2] 石锋、王萍：《边界调和焦点调》，《Journal of Chinese Linguistics》，Vol. 42，2014。

[3] 黄伯荣、廖序东：《现代汉语（增订四版）》，北京高等教育出版社2007年版。

[4] 梁磊、石锋：《普通话两字组轻重音的声学表现》，《南开语言学刊》2010年第2期。

[5] 田野：《北京话强调焦点句音量分析》，载《第九届中国语音学学术会议论文集》，2010年。

[6] Grosjean F., Collins M., "Breathing, pusing and reading", *Phonetica*, Vol.

36，No. 2，1979.

［7］Yuan Chu，Li Aijun，"The breath segment in expressive speech"，*Computational Linguistics and Chinese Language Processing*，Vol. 12，No. 1，2007.

［8］尹基德、孔江平：《韩语呼吸节奏与语调群的关系初步研究》，载《第九届全国人机语音通讯学术会议论文集》，2007 年。

［9］谭晶晶、李永宏、孔江平：《汉语普通话不同文体朗读时的呼吸重置研究》，《清华大学学报》（自然科学版）2008 年第 1 期。

［10］张锦玉：《普通话言语韵律与呼吸节律的交互关系研究》，博士学位论文，南开大学文学院，2011 年。

［11］Feng Shi，Jinyu Zhang，Xuejun Bai，Zhaohong Zhu，"Intonation and Respiration：A Preliminary Analysis"，*Journal of Chinese Linguistics*，Vol. 38，No. 2，2010.

本文发表于《南开语言学刊》2015 年第 2 期

基于排比句的普通话声母呼气研究

张金爽　　张锦玉

摘　要：基于排比句朗读的声母呼气研究是研究排比句朗读呼吸特征的基础。实验使用 MP150 呼吸带和麦克风采集呼吸和语音信号，并用 MAT-LAB 编写的言语呼吸韵律平台进行信号切分、数据提取和统计分析。结果显示：（1）塞音和塞擦音中，送气声母呼气度、时长和斜率都远大于不送气声母。（2）清塞音中，送气和不送气清塞音成阻部位越靠后，呼气度和斜率越小，成对的送气和不送气声母呼气度和斜率差值越大。（3）塞擦音中，舌尖送气塞擦音成阻部位越靠后，呼气度和斜率越小，而不送气塞擦音与之相反。（4）擦音中，舌尖清擦音舌位越靠后，时长、呼气度和呼气斜率越小，而舌面清擦音与之相反。（5）不同韵律位置对声母呼气度关系的影响为 18.19%，对呼气斜率关系影响为 27.28%。

关键词：排比　辅音　呼气

§一　引言

辅音是音素的两大基本类别之一，普通话有 22 个辅音声母，其发音不同是由发音部位和发音方法的不同决定的。"辅音"名称出现较晚，赵元任早期还只用"子音"、"母音"的名称，在他后来的研究中，都一概使用"辅音"、"元音"了（冉启斌等，2008）。林焘等（1992）在研究发辅音时指出，既有不同的阻碍部位，又有不同的阻碍方式，还有清浊、送气和种种附加音的分别，辅音的声学特征比元音复杂得多，组成模式多样化而且不大稳定。

国内已经有许多学者对汉语普通话辅音进行了研究，早在1986年，吴宗济等学者就对普通话元音和辅音的声学参数做出考量。林焘和王理嘉（1992）对辅音的发音部位、发音方法和声学特征也做了全面研究。王士元和彭刚（2006）从语音产生过程的角度分析了清音和浊音的不同。冉启斌（2008）对辅音格局、汉语爆发音、擦音和闭擦音做出了全面的分析。陈嘉猷和鲍怀翘（2003）利用EPG测量了普通话口腔内清塞音的闭合段、阻塞段、VOT等时长。

然而，上述学者的研究基本都是围绕辅音的声学特征展开的，从生理角度，特别是呼吸角度，对辅音的研究目前还极少。因此，本文拟对排比句中普通话声母的呼气情况进行研究，进而从生理呼吸的角度探索普通话辅音的特征。本文以三句式排比句的语料作为基础，将其中语音波形中的声、韵分出，并以此为据将呼气进行切分，进而将呼气参数离析出来。之后将各类声母的呼气参数进行对比分析，并进一步研究韵律位置对声母参数的影响。

§二 实验说明

（一）实验材料

黄伯荣和廖序东（1991）把结构相同或相似、语气一致、意思紧密相关的句子或句子成分排列起来，使内容和语势增强的修辞格叫排比。本实验选择的是句子排比中的单句排比，三个陈述句型的简单句构成的排比，简称句际排比，每组排比句都是结构相似、内容相关、语气一致的句子，具体如表1所示。

表1 实验语料

序号	内容
1	感恩是小草吐露的绿地；感恩是材木成长的森林；感恩是颗粒饱满的麦田。
2	青春是滋味甘醇的美酒；青春是意境深远的油画；青春是旋律优美的曲谱。
3	勤奋是浇灌智慧的清泉；勤奋是学有所进的根本；勤奋是披荆斩棘的利剑。
4	奋斗是点燃智慧的火花；奋斗是实现理想的阶梯；奋斗是创造财富的方舟。

本实验中的发音人是来自北京的南开大学在校生，共四人，两男两女。首先给他们佩戴好呼吸带并拿好麦克风，然后让被试熟悉稿件和仪器，调整好状态，最后进行呼吸和语音信号的录制。每组排比句读 3 遍，四组共 12 遍。

（二）实验方法

本次实验以三句式排比句的语料为基础，将其中的声母部分的语音和呼气信号切分出来，并测量和计算其中的参数，呼气时长按照语音信号中声母的时长来计算，呼气幅度即呼气度，反映的是某段语言发音过程中呼气量的变化情况，其计算方法为：

$$H_s = H_b - H_e \tag{1}$$

公式（1）中 H_s 为某段语音的呼气度，H_b 为该段语音起点呼气度，H_e 为该段语音终点呼气度。斜率可以反映呼吸中时间和与幅度的关系以及呼吸在以上两个维度中的变化情况，是敏感指标和主要参数。斜率的计算公式为：

$$K = H_s / T \tag{2}$$

公式（2）中，K 为斜率，H_s 为呼气度，T 为时长。吸气曲线为上升状曲线，斜率为负，斜率值越小，吸气速度越快，坡度越陡；呼气曲线均为下降状曲线，其斜率为正，斜率值越大，呼气速度越快，坡度越陡。

每个人从肺活量到语言表达各有各的特点，这给呼吸的分类标准带来了一定的困扰，本实验在研究中录制了安静深呼吸和安静浅呼吸，将平静呼吸的深浅呼吸斜率做了平均，得到了该发音人的平静呼气斜率，称为平静呼气平均斜率，用这个标准可以衡量该发音人的发音在言语各个阶段的呼气情况。每个人每句话都可以按照此等级划分，避免了统一按照数据划分引起的个人因素的抹杀，同时还计算出总体均值，作为整体斜率分析的标准，具体如图 1 所示。

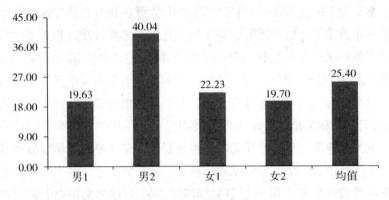

图1 平静呼气平均斜率

§三 实验结果

(一) 声母的呼气特征

普通话有22个声母，即 [p]、[pʰ]、[t]、[tʰ]、[k]、[kʰ]、[ts]、[tsʰ]、[tɕ]、[tɕʰ]、[tʂ]、[tʂʰ]、[ʂ]、[s]、[ɕ]、[x]、[f]、[l]、[m]、[n]、[ʐ] 和零声母。除零声母外，可分为清浊两个大类，其中 [l]、[m]、[n]、[ʐ] 是浊音，其他都是清音。清音又分为塞音、塞擦音、擦音，其中塞音和塞擦音还有送气和不送气之分。不同的声母是由不同的发音部位和发音方法决定的，由于这两个主要的不同点使得每个声母所需呼气量不同。本实验中的语料无浊音声母 [n]，按照声母的分类，将四位发音人各类声母的呼气度和斜率进行平均，具体的数据如表2所示。

表2 声母呼气特征

	呼气度		呼气时长		呼气斜率	
	均值	标准差	均值	标准差	均值	标准差
送气清塞音	4.72	4.66	0.149	0.013	32.24	33.19
不送气清塞音	0.56	2.54	0.075	0.015	2.45	43.23
送气塞擦音	3.35	5.06	0.123	0.007	25.77	43.19

续表

	呼气度		呼气时长		呼气斜率	
	均值	标准差	均值	标准差	均值	标准差
不送气塞擦音	1.82	2.65	0.095	0.007	19.18	29.90
清擦音	3.17	3.17	0.109	0.005	29.03	28.12
清音平均值	2.72	3.62	0.110	0.010	21.73	35.53
浊音平均值	0.58	1.52	0.059	0.017	9.63	24.23

根据表 2 的数据所示，清音的呼气度比浊音大 2.14，标准差比浊音大 2.10，清音的斜率比浊音大 12.10，标准差比浊音大 11.30，清音的时长比浊音大 0.051 秒，标准差比浊音小 0.007。呼气度和斜率的均值都是清音大，但是不如浊音稳定。

从参数上看，清音声母所需的气流量要比浊音声母大，且气流速度也较快。王士元、彭刚（2006）研究中指出，发浊音时，声带会发生周期性的节律的开合抖动，从而生成周期性的声门波；发清音时，从肺部过来的气流在此形成湍流。这种声门不振动的湍流就是气流速度快的原因。清音分为塞音、塞擦音和清擦音，其中塞音和塞擦音有送气和不送气之分，清擦音也有送气特征，可以与送气塞音和送气塞擦音比较，比较分析如下。

1. 送气和不送气声母对比

塞音方面，送气塞音比不送气塞音的呼气度大 4.16，呼气度标准差比不送气塞音大 2.12，送气塞音的斜率比不送气塞音的斜率大 29.79，斜率标准差比不送气塞音小 10.04，送气塞音比不送气塞音的呼气时长大 0.074，呼气时长标准差比不送气塞音小 0.02；塞擦音方面，送气塞擦音比不送气塞擦音呼气度大 1.53，标准差比不送气塞音大 2.41，送气塞擦音比不送气塞擦音斜率大 6.59，标准差比不送气塞音大 13.29，送气塞擦音比不送气塞擦音呼气时长大 0.028，二者标准差相同。无论是塞音或塞擦音，送气声母的呼气度、时长和斜率都远大于不送气声母，且塞音送气和不送气的呼气度差值要大于塞擦音送气和不送气呼气度的差值。标准差方面，不送气音的呼气度稳定性较好，送气音的时长和斜率较为稳定。

2. 送气声母对比

送气清音呼气度方面，清塞音>塞擦音>清擦音，其中清擦音最稳定，最不稳定的是清塞音；送气清音呼气斜率方面，清塞音>清擦音>塞擦音，其中清擦音最稳定，塞擦音最不稳定，所有的送气清音斜率均值都是陡降，所有的不送气清音斜率均值都是缓降；送气清音呼气时长方面，清塞音>塞擦音>清擦音，其中清擦音最稳定的。

吴宗济（1989）研究指出，送气清塞音在发音时气流通道完全堵塞，在除阻时突然放开，气流从通道中骤然冲出。送气塞擦音在除阻上有两个阶段："闭塞—松开—放开。"王士元、彭刚（2006）指出，清擦音在发音时由于声道的一定部位出现的缝隙，气流在这些缝隙处产生"平流"或"湍流"，从而形成不规则的气流躁动，也就是说气流从窄缝中挤出，摩擦成声。数据上也显示出，发送气清塞音时骤然冲出的气流量最大且速度最快，送气塞擦音比清擦音多了阻塞段且除阻多一个阶段，所以呼气度比清擦音大，但呼气时长比较长，所以呼气斜率较小。

（二）不同发音方法和部位的声母呼气分析

第一部分是从几个大类上来对声母的呼气情况进行阐述，本部分会结合具体声母的发音方法、发音部位和呼气参数进行分析。目前已有很多学者对辅音做出研究，其中冉启斌（2008）研究的辅音特征连续性较强、涉及面较广，下面将他研究的单音节词中的辅音总时长和本实验的时长结果做对比，更进一步地阐述声母呼气参数之间的关系，具体数据如表3所示。

表3　　　　　　　　声母不同发音方法的呼气具体特征

发音方法	声母	本实验时长	冉实验时长	呼气度		斜率	
				均值	标准差	均值	标准差
送气清塞音	[pʰ]	0.134	0.166	5.51	7.96	36.43	48.16
	[tʰ]	0.156	0.155	4.83	2.96	36.29	32.73
	[kʰ]	0.157	0.153	3.81	3.06	24	18.67

续表

发音方法	声母	本实验时长	冉实验时长	呼气度		斜率	
				均值	标准差	均值	标准差
不送气清塞音	[p]	0.089	0.091	2.07	2.11	21.57	19.55
	[t]	0.058	0.079	0.83	1.51	15.65	30.44
	[k]	0.077	0.098	−1.22	3.99	−29.88	79.71
送气塞擦音	[tɕʰ]	0.123	0.152	−0.12	6.78	1.22	76.58
	[tsʰ]	0.13	0.15	5.69	4.5	39.64	26.66
	[tʂʰ]	0.116	0.123	4.49	3.91	36.44	26.33
不送气塞擦音	[tɕ]	0.103	0.079	1	1.97	11.03	20.87
	[ts]	0.093	0.073	2.04	2.48	22.44	27.68
	[tʂ]	0.089	0.049	2.41	3.52	24.07	41.13
送气清擦音	[ʂ]	0.109	0.189	2.95	1.95	27.02	17.03
	[ɕ]	0.105	0.199	3.54	2.12	33.22	16.94
	[f]	0.102	0.154	0.63	3.43	7.56	32.09
	[x]	0.111	0.122	4.83	3.78	47.11	40.94
	[s]	0.116	0.198	3.93	4.6	30.26	33.63
浊音	[m]	0.078		0.71	2.1	8.86	27.9
	[l]	0.054		0.93	1.9	17.24	29.73
	[ʐ]	0.046		0.08	0.58	2.79	15.07

　　从表 3 中可以得到每位发音人各个声母的呼气时长、呼气度和斜率的均值。从时长上看，两个实验的塞音和塞擦音都是送气声母的时长大于对应的不送气声母；塞音和塞擦音的呼气度和斜率方面，除了 [tɕʰ] 和 [tɕ] 外，也都是送气声母的时长大于对应的不送气声母。本实验从呼气方面进一步证实了塞音和塞擦音在送气和不送气方面的区别。

　　陈嘉猷、鲍怀翘（2003）利用 EPG 测量了普通话口腔内清塞音 [tʰ]、[t]、[kʰ]、[k] 的闭合段、阻塞段、VOT 等时长，统计显示出的结果是，送气清塞音和不送气清塞音都是舌根音时长大于舌尖音时长。本实验的 [tʰ]、[t]、[kʰ]、[k] 时长的关系和用 EGP 测量的结论是一样的，本次实验又进一步从呼气度和斜率的参数来证明送气清塞音和不送气清塞音都是舌根音的呼气度和斜率大于舌尖音。下面还要对清塞音、塞擦音、擦音和浊音的呼气参数进一步进行分析。

1. 清塞音分析

清塞音呼气度方面，送气清塞音呼气度 [pʰ] > [tʰ] > [kʰ]，不送气清塞音呼气度 [p] > [t] > [k]，都是成阻部位越靠后，呼气度越小；相同成阻部位的送气塞音呼气度明显大于不送气塞音，其中 [pʰ] 的呼气度比 [p] 大 3.44，[tʰ] 的呼气度比 [t] 大 4，[kʰ] 的呼气度比 [k] 大 5.03，清塞音成阻部位越靠后，送气和不送气呼气度差值越大；呼气度标准差数据显示，除了 [kʰ] 比 [k] 稳定外，其他两对都是不送气清塞音较为稳定。

清塞音斜率方面，送气清塞音呼气斜率 [pʰ] > [tʰ] > [kʰ]，成阻部位越靠后，呼气斜率越小；不送气清塞音呼气斜率 [p] > [t] > [k]，也是成阻部位越靠后，呼气斜率越小。其中 [k] 的呼气斜率为负。相同成阻部位的送气塞音斜率大于不送气塞音，其中 [pʰ] 的呼气斜率比 [p] 大 14.86，[tʰ] 的呼气斜率比 [t] 大 20.64，[kʰ] 的呼气度比 [k] 大 53.88，清塞音成阻部位越靠后，送气和不送气斜率差值越大，其中 [pʰ] 和 [tʰ] 的斜率是陡降，其他都是缓降。呼气斜率标准差方面，除了 [kʰ] 比 [k] 稳定外，其他两对都是不送气清塞音比较稳定。关于呼气度和斜率为负的 [k] 后面会结合位置进一步说明。

2. 塞擦音分析

塞擦音的呼气度方面，舌尖音中，送气塞擦音 [tsʰ] 比 [tʂʰ] 的呼气度大 1.2，不送气塞擦音 [ts] 比 [tʂ] 的呼气度小 0.37，舌尖音的送气塞擦音成阻部位越靠后，呼气度越小，而不送气塞擦音成阻部位越靠后，呼气度越大；相同成阻部位呼气度，除了 [tɕʰ] 小于 [tɕ] 1.12，且 [tɕʰ] 为负值外，其他两对都是相同成阻部位的送气声母呼气度大于不送气声母，其中 [tsʰ] 比 [ts] 大 3.65，[tʂʰ] 比 [tʂ] 大 2.08，舌尖音的成阻位置越靠后，呼气度的差值就越大；呼气度稳定性都是不送气塞擦音较好。

塞擦音的斜率方面，舌尖音中，送气塞擦音 [tsʰ] 比 [tʂʰ] 的呼气度大 3.2，不送气塞擦音 [ts] 比 [tʂ] 的呼气度小 1.63，舌尖音的送气塞擦音成阻部位越靠后，呼气斜率越小，而不送气塞擦音成阻部位越靠后，呼气斜率越大；相同部位的呼气斜率，除了 [tɕʰ] 小于 [tɕ] 9.81 外，其他两对都是相同成阻部位的送气声母斜率大于不送气声母，

其中［tsʰ］比［ts］大17.2，［tʂʰ］比［tʂ］大12.37，且［tsʰ］和
［tʂʰ］都是陡降，舌尖音的送气塞擦音中，舌位越靠后，斜率越小，不
送气塞擦音中舌位越靠后斜率越大，稳定性上除了［tɕ］比［tɕʰ］差
外，另外两对都是送气声母较为稳定。

3. 清擦音分析

清擦音中有唇齿音［f］，舌尖音［s］和［ʂ］，舌面音［ɕ］和舌
根音［x］。本实验中唇齿音［f］的时长在五个清擦音中是最小的，冉
启斌（2008）的实验中［f］的时长也较小，和本实验中［f］处于句
首音节的位置有关系，后面会详细分析；［f］的呼气度和斜率两个参数
在五个清擦音中也是最小的。

本实验中［s］比［ʂ］大0.007秒，冉启斌（2008）中［s］比
［ʂ］大0.009秒，舌尖音的舌位越靠后时长就越小。呼气度和斜率参
数的表现也是如此，［s］比［ʂ］的呼气度大0.98，［s］比［ʂ］呼气
度标准差大2.65；［s］比［ʂ］的呼气斜率大3.24，［s］比［ʂ］的呼
气斜率标准差大16.6。总体来看舌尖清擦音，舌位越靠后时长、呼气
度和呼气斜率越小，稳定性越好。

时长方面，本实验中［ɕ］比［x］小0.006秒，冉启斌（2008）
中［ɕ］比［x］大0.077秒，因为本实验中［ɕ］有一部分位于句首音
节，所以与冉启斌（2008）中的单音节均值有差异。呼气度方面，［ɕ］
比［x］小1.29，［ɕ］比［x］呼气度标准差小1.66；［ɕ］比［x］的
呼气斜率小13.89，［ɕ］比［x］的呼气斜率标准差小24。总体来看舌
面清擦音，舌位越靠后，时长、呼气度和斜率越大，但是稳定性较差。

4. 浊音分析

本部分涉及的浊音有鼻音［m］、边音［l］和擦音［ʐ］。从数据
上看，浊擦音［ʐ］的时长、呼气度和斜率在这三个浊音中都是最小
的，且稳定性最好。边音［l］的时长比鼻音［m］小0.024，［l］的
呼气度比［m］大0.22，稳定性较好，［l］的呼气斜率比［m］大
8.38，但稳定性较差。

总之，清塞音方面，送气和不送气清塞音成阻部位越靠后，呼气度
和斜率越小，且成对的送气和不送气声母呼气度和斜率差值越大。塞擦
音方面，舌尖音的送气塞擦音成阻部位越靠后，呼气度和斜率越小，而

不送气塞擦音成阻部位越靠后，呼气度和斜率越大。擦音方面，舌尖清擦音舌位越靠后，时长、呼气度和呼气斜率越小；舌面清擦音舌位越靠后，时长、呼气度和斜率越大。浊音方面，[ʐ] 的时长、呼气度和斜率在这三个浊音中都是最小的。

（三）韵律位置和声母呼气参数

1. 韵律位置和声母呼气度

在第二部分中有 [k] 和 [tɕʰ] 的呼气度和斜率为负，因为在句子、短语和词等不同的韵律单位中，位置对呼气度和斜率有影响。此处将不同音节位置的声母呼气度和斜率的关系进行分析，如表 4 所示。

表4　　　　　　声母呼气度、斜率与句中音节位置相关性

		位置	呼气度
位置	Pearson 相关性	1	.182**
	显著性（双侧）		.000
	N	444	444
呼气度	Pearson 相关性	.182**	1
	显著性（双侧）	.000	
	N	444	444

注 ＊＊在 0.01 水平（双侧）上显著相关。

（a）呼气度与句中音节位置相关性

		位置	斜率
位置	Pearson 相关性	1	.208**
	显著性（双侧）		.000
	N	444	444
斜率	Pearson 相关性	.208**	1
	显著性（双侧）	.000	
	N	444	444

注 ＊＊在 0.01 水平（双侧）上显著相关。

（b）斜率与句中音节位置相关性

表 4 是在句子中的音节位置与声母的呼气度和斜率的相关性，音节

位置与呼气度和呼气斜率都是正相关（$p<0.01$）。将这个相关性进一步进行研究，把每个声母的呼气度均值在各个韵律层级的位置进行统计，共分为三个层级，具体数据如表5所示。

表5　　　　　　　　　　韵律位置和声母呼气度

呼气度	音节1	音节2	音节3	音节4	音节5	音节6	音节7	音节8	音节9	音节10
	词1		词2	词3		词4		词5	词6	
	短语1			短语2					短语3	
[pʰ]				4.89						6.12
[tʰ]						5.04				4.72
[kʰ]				3.81						
[tɕʰ]	-2.62								1.32	11.99
[tsʰ]				7.51	2.94	6.61				
[tʂʰ]		3.65		4.86		7.83	3.31			
[f]	-1.69	1.96					2.73		1.51	
[x]						6.05			2.92	4.56
[s]						5.82			2.03	
[ʂ]			2.73	5.09		3.44				
[ɕ]				3.83	3.54		2.70			
[p]						2.69				1.45
[t]		1.00		1.80				0.83		-0.61
[k]	-2.95				0.46	0.83			0.24	
[tɕ]				3.54	1.39		-0.37		1.16	0.62
[ts]				1.24	2.84					
[tʂ]						2.80	-0.14			3.80
[l]					0.63	0.49	0.74		1.39	1.24
[m]					-0.42		1.51		0.48	
[z̩]					0.08					
均值	-2.42	2.20	2.73	4.06	1.43	3.95	2.07	0.83	1.38	3.77

从表5总体看，具有送气特征的声母呼气度大部分集中在2—8之间，具有不送气特征的声母大部分集中在0—2之间。下面从韵律位置和声母的两类关系上进行分析。

首先，相同声母不同位置。

从各个位置的呼气度均值上看，若相同的声母出现在同一个词双音节的位置上，句首词1和句末词6的词首音节声母呼气度小于词末音节，而在句中词3和词4的词首音节声母的呼气度大于词末。句首短语1和句末短语3，都是音节位置越靠后，呼气度越大，句中短语2的短语首音节声母呼气度最大，短语末音节声母呼气度最小。

相同声母出现在不同位置上时，若出现在一个词中，句首词都是词末音节声母呼气度大，句中词中词末音节声母呼气度大有 28.57%，句末词词末音节声母呼气度大的有 50%。

其次，不同声母相同位置。

音节 1 上的 ［f］、［k］、［tɕʰ］呼气度都是负值，女声的句首音节 1 的呼气度都为负，而 33.33% 男声为负，女生呼气度绝对值大造成均值为负，男女差异明显。在音节 4、音节 5、音节 6、音节 7、音节 9、音节 10 中出现了 7 对送气和不送气塞音或塞擦音，都是送气声母的呼气度大。在音节 4、音节 6、音节 10 中出现 4 对相同发音方法的声母，成阻部位越靠后呼气度越小的有 50%，这和表 3 中的总规律相同。

2. 韵律位置和声母呼气斜率

依照斜率的公式来看，斜率和呼吸度是成正比的，下面从声母呼气斜率的角度来进一步分析，具体数据见表 6。

表 6　　　　　　　　　句中位置和声母斜率

	音节 1	音节 2	音节 3	音节 4	音节 5	音节 6	音节 7	音节 8	音节 9	音节 10	陡降率
	词 1		词 2	词 3		词 4		词 5	词 6		
	短语 1			短语 2				短语 3			
［pʰ］				39.76						33.10	100%
［tʰ］						36.98				35.94	100%
［kʰ］				24.00							0%
［tɕʰ］	-22.54								6.18	133.85	33.33%
［tsʰ］				50.60	26.43	41.88					100%
［tʂʰ］		31.51		39.86		54.29	29.97				100%
［f］	-14.46	19.95				30.64		13.41			25%
［x］							69.37	25.72		35.54	100%

续表

	音节1	音节2	音节3	音节4	音节5	音节6	音节7	音节8	音节9	音节10	陡降率
	词1	词2	词3			词4		词5	词6		
	短语1					短语2			短语3		
[s]						45.37			15.15		50%
[ʂ]			25.72	40.84		28.74					100%
[ç]				32.88	35.16		32.32				100%
[p]						25.81				17.33	50%
[t]		16.89		20.13				16.71		-5.32	0%
[k]	-64.84				5.30	8.47			1.47		0%
[tɕ]				39.02	13.70		0.01		10.06	5.85	20%
[ts]				9.75	35.14						50%
[tʂ]						27.90	-8.04			44.69	66.67%
[l]					12.49	12.18	21.11		19.55	23.31	0%
[m]					-6.77		18.74		6.79		0%
[ʐ]					2.79						0%
陡降率	0%	33.33%	100%	66.67%	37.50%	77.78%	50%	0%	12.50%	66.67%	

从表 6 总体来看，具有送气特征的声母呼气斜率集中在 33—40 之间，具有不送气特征的声母呼气斜率集中在 10—20 之间。下面从韵律位置和声母的两类关系上进行分析。

首先，相同声母不同位置。

从各个韵律位置的陡降率来看，韵律词和韵律短语中的陡降率关系和呼气度相同。不同的声母呼气斜率方面，送气清塞音 [pʰ] 和 [tʰ] 的呼气斜率都是陡降，送气塞擦音 [tsʰ] 和 [tʂʰ] 的呼气斜率都是陡降。清擦音 [x]、[ʂ] 和 [ç] 的呼气斜率都是陡降。总体来看，有送气特征声母的陡降率明显要大于不送气声母，清音声母的陡降率大于浊音声母。

相同声母出现在不同位置上时，若出现在一个词中，句首词都是词末音节声母呼气度大，句中词是词末音节声母呼气度大占 42.86%，句末词词末音节声母呼气度大占 75%。

其次，不同声母相同位置。

音节 1 上的 ［f］、［k］、［tɕʰ］呼气斜率都是负值，女声的句首音节 1 的呼气斜率都为负，而 33.33% 男声为负，女生呼气斜率绝对值大造成均值为负，同样也是男女差异明显。在音节 4、音节 5、音节 6、音节 7、音节 9、音节 10 中出现了 7 对送气和不送气塞音或塞擦音，送气声母的呼气斜率大占 85.71%，这和表 3 中的总规律相同。在音节 4、音节 6、音节 10 中出现 4 对相同发音方法的声母，成阻部位越靠后呼气斜率越小的占 50%，这和表 3 中的总规律相同。韵律位置对不同声母呼气度关系的影响小于对呼气斜率的影响。

§四　结束语

本实验从三句式排比句的语音和呼吸信号中提取出声母的呼气时长、呼气度和呼气斜率。在参考了许多研究呼吸和辅音声学特征的学者的成果后，对不同类的声母和具体的声母进行对比分析，并讨论不同的韵律位置对呼气度和呼气斜率关系的影响。文章只讨论不同声母及其在排比句单句的不同韵律位置上的表现，未联系具体的排比句特征。声母的呼气是音节呼气、词呼气、短语呼气乃至句子呼气的基础，以本实验为基础，才能进一步研究三句式排比句中的韵母呼气、音节呼气，进一步扩展到排比句的呼气特征，进而和语义语法知识相联系，这是在今后研究中需继续深入的地方。

参考文献

［1］冉启斌：《辅音现象与辅音特性：基于普通话的汉语阻塞辅音实验研究》，南开大学出版社 2008 年版。

［2］林焘、王理嘉：《语音学教程》，北京大学出版社 1992 年版。

［3］吴宗济：《汉语普通话单音节语图册》，中国社会科学出版社 1986 年版。

［4］王士元、彭刚：《语言、语音与技术》，上海教育出版社 2006 年版。

［5］陈嘉猷、鲍怀翘：《基于 EPG 的普通话塞音、塞擦音发音过程研究》，载《第六届全国现代语音学学术会议论文集（上）》，2003 年。

［6］黄伯荣、廖序东：《现代汉语（上册）》，高等教育出版社 1991 年版。

［7］张锦玉：《普通话言语韵律与呼吸节律的交互关系研究》，博士学位论文，南开大学文学院，2011 年。

［8］吴宗济、林茂灿：《实验语音学概要》，高等教育出版社 1989 年版。

本文发表于《实验语言学》2014 年第 1 期

二语习得中的朗读教学探索

——以美国留学生朗读《北风跟太阳》为例

王毓钧

摘　要：文章主要通过实验量化的方法，分析对比汉语母语者和美国留学生在朗读任务中的停顿特点，找出留学生朗读存在的问题，并根据问题分析原因和表现，然后制定出相应的教学策略，为对外汉语教学提供帮助。

关键词：朗读　停顿　教学

§一　引言

一些研究表明，从言语产生的角度来看，说话人每次连续发出的音节数从不超过 7 个；对言语感知的研究也证明，人的整体记忆的跨度通常也是 7±2 个音节（Kohno & Tomoko，1990），这是言语产生和理解的一种自然的时域控制机制。曹剑芬（1998）根据对新闻广播语料的分析，认为普通话里绝大多数最明显的节奏节落也是由 7±2 个音节构成的中等组块结构。曹剑芬归纳了四个级别停顿的分布规律，并分析了停顿与词性的关系。李爱军（2002）考察了普通话口语对话语体韵律短语的时长特征和语句重音特征。冯勇强等（2001）在大规模语料库的基础上对 19 万个音节时长进行了统计，结果发现，韵律短语边界、语调短语边界和语调短语群边界对音节时长有明显的延长效果。以上研究都表明在朗读、口语中停顿的重要性。本文通过对特定语料停顿的研究，找到留学生朗读任务中的问题，并提出一些行之有效的教学策略。

§二 实验说明

本实验选取了十名汉语母语者（五男五女），普通话水平测试等级为二甲以上；十名美国留学生（五男五女），中级汉语水平。实验材料为小故事《北风跟太阳》①，共 176 个音节。本实验分为两个部分：第一部分是汉语母语者朗读实验，第二部分是美国留学生朗读实验，均在被试熟练材料的基础上，以中等语速朗读。这两部分实验均在安静的语音实验室中进行。笔者采用 Praat 软件进行语音录制、数据提取，音频采样率为 22050Hz，16 位单声道；使用 Excel 进行数据统计和分析。

§三 汉语母语者朗读实验结果

（一）确定停顿方案

对汉语母语者进行实验的目的是为了确定这段语料中停顿的数量和位置，为以后制定教学策略提供依据。所以十名汉语母语者各朗读一遍语料，得到 10 份朗读录音。笔者请听辨人②对每份录音进行听辨，要求听辨人根据录音对文本中的停顿进行标注。最后得到 60 份听辨材料，在此基础上，由笔者进行综合比较，确定最终停顿 31 处，切分方案如下：

有一回， （0.77s③）/北风跟太阳（0.33s）/在那儿争论

---

① 《北风跟太阳》：有一回，北风跟太阳在那儿争论谁的本事大。争来争去就是分不出高低来。这时候，路上来了个走道儿的，他身上穿着件厚大衣。他俩就说好了，谁能先叫这个走道儿的脱下他的厚大衣，就算谁的本事大。北风就使劲儿地刮起来了，不过他越是刮得厉害，那个走道儿的把大衣裹得越紧。后来北风没法儿了，只好就算了。过了一会儿，太阳出来了，他火辣辣地一晒，那个走道儿的马上就把那件厚大衣脱下来了。这下儿北风只好承认，他们俩当中还是太阳的本事大。

② 听辨人是南开大学语言学及应用语言学的研究生，3 男 3 女，皆受过两年以上语言学专业训练，普通话等级为二甲以上。

③ 0.77s 是"有一回"后面停顿的时长，下同。

（0.26s）／谁的本事大。（1.48s）／争来争去（0.42s）／就是分不出高低来。（1.52s）／这时候，（0.72s）／路上来了个走道儿的，（1.24s）／他身上（0.31s）／穿着件厚大衣。（1.42s）／他俩就说好了，（1.05s）／谁能先叫这个走道儿的（0.41s）／脱下他的厚大衣，（0.93s）／就算谁的本事大。（1.78s）／北风就使劲儿地刮起来了，（1.33s）／不过（0.50s）／他越是刮得厉害，（0.77s）／那个走道儿的（0.33s）／把大衣裹得越紧。（1.74s）／后来（0.45s）／北风没法儿了，（1.01s）／只好就算了。（1.74s）／过了一会儿，（0.70s）／太阳出来了，（1.10s）／他火辣辣地一晒，（1.06s）／那个走道儿的（0.38s）／马上就把那件厚大衣（0.35s）／脱下来了。（1.52s）／这下儿（0.51s）／北风只好承认，（0.93s）／他们俩当中（0.41s）／还是太阳的本事大。

（二）划分韵律层级

本文中，笔者主要根据尼斯博和沃格尔（Nespor & Vogel, 1986）的韵律层级模型来考察四级较大的韵律层级：韵律词层级、韵律短语层级、语调短语层级和话语层级[①]。通过以上韵律层级的切分可以看出：（1）话语层级的停顿最长，如"谁的本事大"后、"分不出高低来"后等，平均停顿时长 1.57s。（2）韵律短语层级停顿最短，如"北风跟太阳"后、"在那儿争论"后等，平均时长为 0.39s。（3）语调短语的停顿时长介于二者之间，如"有一回"后、"这时候"后等，平均时长为 0.93s。（4）汉语母语者的韵律层级中不涉及韵律词这一层级。

§四 留学生朗读实验结果

（一）停顿结果

笔者使用第三部分中相同的方法和听辨人，统计得到十位美国留学生朗读《北风跟太阳》的平均停顿结果。

---

① 介于话语和语调短语之间的层级，并非整个语篇。

有一回,(1.35s)/北风跟太阳(0.14s)/在那儿(0.10s)/争论(0.40s)/谁的本事大。(0.51s)/争来争去(0.37s)/就是分不(0.62s)/出高低来。(0.38s)/这时候,(0.40s)/路上来了(0.26s)/个走道儿的,(0.48s)/他身上穿着(0.48s)/件厚大衣。(0.33s)/他俩(0.43s)/就说好了,(0.37s)/谁能(0.20s)/先叫这个走道儿的(0.30s)/脱下(0.34s)/他的厚大衣,(0.48s)/就算(0.15s)/谁的本事大。(0.71s)/北风就使(0.32s)/劲儿地(0.35s)/刮起来了,(0.56s)/不过他越是(0.44s)/刮得厉害,(0.56s)/那个走道儿的(0.46s)/把大衣(0.50s)/裹得(0.46s)/越紧。(0.44s)/后来(0.32s)/北风没法儿了,(0.68s)/只好就算了。(0.64s)/过了一会儿,(0.24s)/太阳出来了,(0.47s)/他火辣辣地(0.16s)/一晒,(0.47s)/那个走道儿的(0.40s)/马上就把(0.46s)/那件厚大衣(0.39s)/脱下来了。(0.60s)/这下儿(0.15s)/北风只好(0.20s)/承认,(0.46s)/他们俩(0.31s)/当中还是(0.32s)/太阳的本事大。

由此可见,美国留学生跟汉语母语者的不同在于:(1)停顿数量大大多于汉语母语者,基本停顿数在 45 个;而汉语母语者为 31 个。(2)停顿的位置跟汉语母语者不同。汉语母语者停顿在话语层级、语调短语层级和韵律短语层级;而美国留学生不仅在这三个层级有停顿,更多的停顿是在韵律词之间。(3)停顿时长不同。汉语母语者在话语层级的停顿最长,韵律短语层级停顿最短,语调短语的停顿时长介于二者之间;而美国留学生在话语层级前的停顿时长也最长(平均时长为0.92s),语调短语(平均时长为 0.47s)和韵律短语(平均时长为0.46s)的停顿时长差不多,韵律词(平均时长为 0.25s)的停顿时长最短。(4)由于种种原因造成的非正常停顿非常多。

(二)非正常停顿的原因和表现

从数据统计分析可知,造成美国留学生与汉语母语者朗读状态下出现差异的最大原因就在于话语间的停顿位置和停顿数量不同,而且十位被试表现出非常多的非正常停顿,需要逐一考虑。经过考察发现,非正常停顿主要有以下几种原因和表现。

(1) 对长句①中的韵律划分不清楚造成非正常停顿。例如，长句"谁能先叫这个走道儿的脱下他的厚大衣"，汉语母语者的停顿只有 1 处，即"谁能先叫这个走道儿的 (0.41s) /脱下他的厚大衣"，把一个长句划分为两个韵律短语。而美国留学生的停顿有 3 处，即"谁能 (0.20s) /先叫这个走道儿的 (0.30s) /脱下 (0.34s) /他的厚大衣"，把长句划分为韵律短语和韵律词两个层级。

(2) 习得中的"化石化"现象造成了非正常停顿。例如，"儿化"一直是发音习得的难点。本语料中共出现 9 处儿化②，对中级水平的学生来说，其中较难的是"道儿"和"劲儿"。统计发现，10 位被试在"劲儿"前共停顿 9 次，平均停顿时长为 0.32s；"道儿"前共停顿 4 次，平均停顿时长为 0.34s。也就是说，留学生在看到不熟悉的儿化音时，一般会停下来思考一下，这样不可避免地造成停顿的增多。

(3) 还有一些比较难认的字，也使朗读变得困难，如"裹"和"承"等。虽然"裹"在初级就已经出现，但是只是作为"包裹"这个名词出现，很多学生没有习得"裹"作为动词的形和义，所以看到时产生陌生感；"承认"是中高级词汇，作为中级水平的学生，不熟悉也在所难免。"裹"和"承"分别在语料中出现 1 次，10 位被试在"裹"前共停顿 10 次，停顿平均时长为 0.50s；在"承"前共停顿 8 次，停顿平均时长为 0.20s。

(4) 不习惯某种表达方式。一是量词的表达。留学生习惯于"数词+量词+名词"或者"指示代词+量词+名词"的组合表达方式，一旦省略了数词或者指示代词，那么就可能加重朗读的困难，造成停顿。本语料中量词共出现五处，其中两处没有数词或指示代词："路上来了个走道儿的"、"他身上穿着件厚大衣"。10 位被试在"个"前共停顿 8 次，停顿平均时长为 0.26s，"个"后共停顿 4 次，平均时长为 0.23s；

---

① 本语篇中的长句有："谁能先叫这个走道儿的脱下他的厚大衣"（共 16 个音节）、"北风跟太阳在那儿争论谁的本事大"（共 14 个音节）、"那个走道儿的马上就把那件厚大衣脱下来了"（共 17 个音节）、"他们俩当中还是太阳的本事大"（共 13 个音节）。

② 其中"那儿" 1 次、"道儿" 4 次、"劲儿" 1 次、"法儿" 1 次、"会儿" 1 次、"下儿" 1 次。

"件"前共停顿7次,平均时长为0.48s,"件"后共停顿5次,平均时长为0.24s。二是对复合趋向补语的表达。留学生不习惯于复合趋向补语分开表达的方式,本语料中,出现复合趋向补语三处:"争来争去就是分不出高低来"、"北风就使劲儿地刮起来了"、"……把那件厚大衣脱下来了",其中"起来、下来"易于习得,而留学生不习惯的表达是"分不出高低来",所以有三位留学生会在"分不出"后停顿,还有一位留学生很自然地读成"分不出来高低"。

(5)不理解语法结构或者语义造成非正常停顿。本语篇中表现在:"那个走道儿的把大衣/裹得/越紧。"10位被试都在"裹得"前和"裹得"后停顿,在"裹得"前停顿平均时长0.50s,"裹得"后停顿平均时长0.46s,这与留学生没有熟练习得"裹"作为动词后面加"得"字补语有关。留学生不理解语法结构或者语义的句子还有"谁能先叫这个走道儿的脱下他的厚大衣"、"他火辣辣地一晒"等。

§五　教学策略

(一)　为学生划分韵律层级

根据对十位汉语母语者的实验,能够基本划分出这段故事的31个停顿。在朗读之前就帮助学生做好划分工作,请他们根据该方案进行朗读训练,这样可以避免学生对长句造成的非正常停顿。

(二)　为学生讲解语篇

首先,讲解字、词意思,故事含义,达到让学生完全了解能复述的程度;其次,讲解短语、句子等的语法结构,对较难的语法举例说明;再次,讲解语言的不同表达方式,如数量短语、趋向补语等;最后,加强对难认字词、语法结构、表达方式的练习。通过这个方法,可以加强学生对难认字词的辨识度,避免由于不习惯某种表达、语义和语法结构等造成的非正常停顿。

（三）帮助学生朗读

已经有前人研究证明，教师领读是加强学生朗读正确度的有效方法。教师领读一般有两种方法：一种是教师读一句，学生读一句；另一种是学生跟教师一起朗读。这两种方法都可以使学生对韵律的理解更深，对停顿的认识更清晰，也可以使学生更加熟悉字词、语法结构和语言表达习惯，增强学生对语篇的熟悉度和理解力。

§六 结论与讨论

本文通过汉语母语者的实验和美国留学生朗读实验的对比，可以看出留学生习得汉语过程中，朗读任务下存在停顿多、说话的长度短、非正常停顿数量多、位置不固定等问题，造成留学生朗读时非正常停顿的原因和表现主要是受到对句子韵律切分、句法结构、语义理解等的影响。通过运用行之有效的教学策略可以大大地改善留学生的朗读状况，优化他们的声调和语调。

参考文献

[1] Kohno, M., Tomoko Tanioka, "The nature of timing control in language", *Proceedings of ICSLP*, Vol. 90, 1990.

[2] 曹剑芬：《汉语普通话语音节奏的初步研究》，中国社会科学院语言研究所语音研究报告，1998 年。

[3] 曹剑芬：《汉语韵律切分的语音学和语言学线索》，载蔡莲红、周同春、陶建华主编《新世纪的现代语音学——第五届全国现代语音学学术会议论文集》，清华大学出版社 2001 年版。

[4] 李爱军：《普通话对话中韵律特征的声学表现》，《中国语文》2002 年第 6 期。

[5] 冯勇强、初敏、贺琳、吕士楠：《汉语话语音节时长统计分析》，载蔡莲红、周同春、陶建华主编《新世纪的现代语音学——第五届全国现代语音学学术会议论文集》，清华大学出版社 2001 年版。

[6] Nespor, M., Vogel, I., *Prosodic Phonology*, Dordrecht：Foris, 1986.

本文发表于《语文建设》2013 年第 2 期

日本留学生朗读状态下言语呼吸特征初探

王毓钧

摘　要：文章主要通过实验量化的手段，分析日本留学生在朗读状态下呼吸曲线的形状特征、呼吸层级特点及其参数表现，并对其中的非正常停顿情况进行初步的分析，归纳出非正常停顿的表现和原因，为以后研究日本留学生语调、韵律提供生理上的客观数据和量化标准，也可以为日本留学生习得汉语提供帮助。

关键词：朗读　呼吸参数　呼吸层级　停顿

§一　引言

目前一些学者的研究已经发现，朗读状态下呼吸参数之间的一些关系。袁楚和李爱军（2007）研究了朗读和自由谈话状态下情感言语中呼吸段落的特征。谭晶晶等（2008a）认为呼吸重置的时长和幅度显著正相关，重置幅度比重置时长更能反映不同文体的差别以及不同呼吸级别的大小。谭晶晶（2008b）还研究了汉语母语者新闻语料中呼吸节奏的变化，并说明了呼吸重置和停顿的关系。张锦玉（2011）研究了十位汉语母语者在语篇朗读时的停延率和呼吸特征。本文拟研究日本留学生朗读状态下所表现的呼吸特征，探求言语与呼吸之间的关系，并对其产生的大量非正常停顿进行分析。

§二 实验说明

（一）实验方法

本实验选取了汉语达到中级水平的六名日本留学生（三男三女），平均年龄 24 岁；无呼吸疾病和言语障碍，录音时均未患有影响发音的如感冒等疾病；均得到新 HSK（汉语水平）考试的 4 级或 5 级。实验材料为小故事《北风跟太阳》[①]，共 176 个音节。实验前要求六位被试充分练习，达到熟练程度，以中等语速朗读。实验在南开大学语音实验室安静的环境中进行。

（二）呼吸参数的计算和统计

本实验选取吸气时长、吸气幅度、吸气斜率、呼气时长、呼气幅度和呼气斜率六个呼吸参数指标。

吸气段表现为上升状曲线，呼气段表现为下降状曲线。横轴 T 表示时长，其中 T_i 是吸气时长，T_e 是呼气时长；纵轴 C 表示幅度，C_i 是吸气幅度，C_e 是呼气幅度；P_n 为某一峰值，V_{n-1} 是峰前谷值，V_n 是峰后谷值（见图 1）。各参数的计算公式如下：

吸气时长：$T_i = Tp_n - Tv_{n-1}$ （1）　　呼气时长：$T_e = Tv_n - Tp_n$ （2）

吸气幅度：$C_i = Cp_n - Cv_{n-1}$ （3）　　呼气幅度：$C_e = Cp_n - Cv_n$ （4）

为了比较不同被试的各项数据，本文把绝对的呼吸幅度相对化，采用呼吸度：$H = (P - V_{min}) / (P_{max} - V_{min})$。其中 P 是某点的呼吸幅值，

---

① 《北风跟太阳》：有一回，北风跟太阳在那儿争论谁的本事大。争来争去就是分不出高低来。这时候，路上来了个走道儿的，他身上穿着件厚大衣。他俩就说好了，谁能先叫这个走道儿的脱下他的厚大衣，就算谁的本事大。北风就使劲儿地刮起来了，不过他越是刮得厉害，那个走道儿的把大衣裹得越紧。后来北风没法儿了，只好算了。过了一会儿，太阳出来了，他火辣辣地一晒，那个走道儿的马上就把那件厚大衣脱下来了。这下儿北风只好承认，他们俩当中还是太阳的本事大。

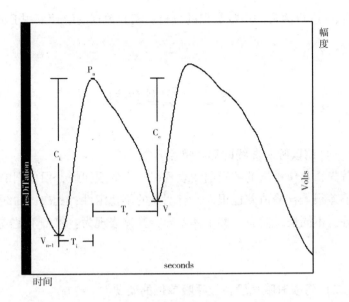

图 1　呼吸曲线示例

P_{max}是某位被试整段呼吸曲线中的最大峰值，V_{min}是整段呼吸曲线的最小谷值，可以得出：

$$吸气斜率：K_i = C_i / T_i = (Hp_n - Hv_{n-1}) / T_i \tag{5}$$
$$呼气斜率：K_e = C_e / T_e = (Hv_n - Hp_n) / T_e \tag{6}$$

　　根据起伏特征和峰谷差的大小将呼吸曲线划分为呼吸群、呼吸段、呼吸节三类。其中呼吸群是表现为全呼吸，即峰谷差的 H 值在 0.5 以上的段落；呼吸段是表现为半呼吸，即峰谷差的 H 值在 0.2—0.5 之间的段落；呼吸节是表现为微呼吸，即峰谷差的 H 值在 0.2 以下的段落（Shi et al.，2010）。

（三）各项数据的采集、提取和统计

　　呼吸数据利用美国 BIOPAC 公司生产的 MP150 数据采集系统（BIOPAC Systems MP150）3.0 版采集，后期数据采用该仪器自带软件 Acqknowledge 3.9 进行提取和分析。采集呼吸数据的同时，采用 Audacity 软件录制被试的语音，音频采样率为 11025Hz，16 位单声道。采用

Praat 软件进行语音的声学数据的分析。实验数据的统计采用 Excel 软件完成。

§三 实验结果

（一）朗读呼吸曲线的形状特点

首先，六位被试的呼吸曲线表现出一定的规律性，但他们的曲线不仅谷值差很大，峰值差也很大，有明显的不稳定性；其次，曲线表现不太整齐，不同被试间有一些个体差异，具体表现为：停顿不足或者超长停顿。

（二）朗读时吸气段各级呼吸单位的表现

吸气时长可以反映停顿的长度；吸气幅度可以反映预置气流量。相关研究发现，预置时长和预置气流量可以预先反映后面语句的长度（袁楚、李爱军，2007）；吸气斜率为正值，反映吸气的速度，斜率值越大，吸气速度越快，坡度越陡。经过计算处理，本文得到六位被试的平均吸气时长、吸气幅度和吸气斜率，并与以前研究得出的汉语母语者的数据①进行比较（见表1）。

表1	平均吸气时长、幅度、斜率					
	呼吸群		呼吸段		呼吸节	
	日本留学生	汉语母语者	日本留学生	汉语母语者	日本留学生	汉语母语者
吸气时长（s）	0.86	0.81	0.72	0.66	0.27	0.46
吸气幅度（H值）	0.67	0.67	0.34	0.32	0.04	0.10
吸气斜率	0.83	0.85	0.51	0.65	0.13	0.26

六位被试所反映的特点是：呼吸群前的吸气时长最长，吸气幅度最大，吸气斜率也最大；呼吸节前的时长最短，幅度最小，斜率也最小；

---

① 数据引自张锦玉《普通话言语韵律与呼吸节律的交互关系研究》，博士学位论文，南开大学文学院，2011年，第36—38页。

呼吸段前的时长、幅度和斜率都介于呼吸群和呼吸节之间。从呼吸群到呼吸节，各项参数值都是明显下降的，而且呼吸节的参数值下降得尤为明显。

通过对比得出：从吸气时长来看，被试在呼吸群和呼吸段前的停顿长，呼吸节前的停顿短。从吸气幅度来看，六位被试在呼吸群、呼吸段上跟母语者幅度值相差不大，而在呼吸节上的幅度值明显小于母语者。研究发现，六位被试呼吸节上对应的韵律层级是韵律词，而韵律词的音节数较少，长度短。从吸气斜率上看，六位被试在呼吸群上的斜率与母语者相比略小，在呼吸段上更小一些，最明显的不同在呼吸节上，平均吸气斜率远小于母语者。这是因为被试的呼吸节一般对应韵律词，由于韵律词音节数少，意思容易理解，再加上语义连贯性和语法结构的需要，被试只要在停顿处稍微有所吸气，就可以补充后续说话的动力了，所以斜率较小。

（三）朗读时呼气段各级呼吸单位的表现

呼气时长主要反映说话的长度；呼气幅度反映了说话过程中气流量的使用情况，也就是呼吸量的大小，幅度大，呼气量多；呼气斜率为负值，反映呼气的速度，斜率值的绝对值越大，呼气速度越快。经过计算处理，本文得到六位被试的平均呼气时长、呼气幅度和呼气斜率，并与以前研究得出的汉语母语者的数据①进行比较（见表2）。

表2　　　　　　　　　　平均呼气时长、幅度、斜率

	呼吸群		呼吸段		呼吸节	
	日本留学生	汉语母语者	日本留学生	汉语母语者	日本留学生	汉语母语者
呼气时长（s）	1.40	2.16	1.23	1.37	0.68	0.82
呼气幅度（H值）	0.60	0.68	0.27	0.33	0.08	0.13
呼气斜率	0.49	0.28	0.26	0.27	0.13	0.21

六位被试在呼吸群前的呼气时长最长，呼气幅度最大，呼气斜率也

---

① 数据引自张锦玉《普通话言语韵律与呼吸节律的交互关系研究》，博士学位论文，南开大学文学院，2011年，第39—41页。

最大；呼吸节前的时长最短，幅度最小，斜率也最小；呼吸段前的时长、幅度、斜率则分别介于呼吸群和呼吸节之间。从呼吸群到呼吸节，各项参数的值都是明显下降的。

通过对比得出：从呼气时长来看，日本留学生说话的长度较之汉语母语者来说短得多；从呼气幅度来看，与母语者相比，六位被试的呼气量小一些；从呼气斜率上看，汉语母语者在呼吸群、呼吸段和呼吸节上的斜率基本相同，没有大的变化，而日本留学生在不同呼吸单位前斜率值则明显不同，而且随着呼吸单位的减小而下降明显。与母语者相比，日本留学生在呼吸群上的斜率值明显较大，在呼吸段上跟母语者的差不多，而在呼吸节上又明显小于母语者。

（四）日本留学生的呼吸层级和参数值的特点

六位被试表现出呼吸群数量非常少、呼吸节的数量非常多的特点（见表3）。

表3   呼吸层级平均个数对比

	吸气段			呼气段		
	呼吸群	呼吸段	呼吸节	呼吸群	呼吸段	呼吸节
日本留学生	2	12	41	1	9	50
汉语母语者	4	8	10	4	7	11

通过对比可知，数量差距最大的就是在呼吸节这个层级，日本留学生较之汉语母语者，数量上有明显的增加。一般来说，呼吸群对应话语层级，呼吸段对应语调短语层级，呼吸节对应韵律短语层级。通过初步研究可知，日本留学生的呼吸群一般对应话语层级，呼吸段一般对应语调短语和韵律短语层级，呼吸节则主要对应韵律词，由于日本留学生朗读中停顿的增多，韵律词层级的数量就增多了，这是造成留学生呼吸节数量增多的原因之一。

相对于汉语母语者在朗读状态下呼吸幅度较平稳的情况，无论是吸气幅度、呼气幅度（H值）日本留学生都表现出大、小差别特别明显的情况。这也就表现为朗读过程中日本留学生呼吸的不稳定性，所以曲线表现出峰值差和谷值差都较大的情况。

（五）非正常停顿的表现

从曲线形状、呼吸参数、数据统计分析可知，造成日本留学生与汉语母语者朗读状态下出现差异的最大原因就在于话语间的停顿之处不同和停顿数量不同，而且六位被试表现出非常多的非正常停顿，需要逐一考虑。前人研究总结认为：句子的长短、语速的快慢、句内语法结构的关系、韵律层级单位特点以及朗读时本来存在的不规则、非正常的停顿情况等都会影响停顿的位置和数量。本语料的韵律层级边界共 31 个，但六位被试的平均停顿数量有 60 个，非正常停顿占到总停顿数量的38%。经过考察发现，非正常停顿有以下几种原因和表现：

第一，对长句中的韵律划分不清楚造成非正常停顿。如长句"谁能先叫这个走道儿的脱下他的厚大衣"，共有 16 个音节。汉语母语者的停顿是："谁能先叫这个走道儿的（0.41s）[1]／脱下他的厚大衣"；六位被试的停顿则各不相同。

"谁能先叫这个走道儿的（0.88s）／脱下（0.11s）／他的厚大衣（1.24s）"

"谁能先叫这个走道儿的（0.12s）／脱下（0.36s）／他的厚大衣（0.53s）"

"谁能先叫这个（1.00s）／走道儿的（0.32s）／脱下（0.62s）／他的（0.53s）／厚大衣（1.32s）"

"谁能先叫（1.24s）／这个走道儿的（0.38s）／脱下（0.46s）／他的厚大衣（0.73s）"

"谁能／先叫这个走道儿的（0.19s）／脱下（0.50s）／他的厚大衣（0.73s）"

"谁能（0.37s）／先（0.38s）／叫这个（0.21s）／走道儿的（0.38s）／脱下（0.21s）／他的厚大衣（1.58s）"

---

[1] 括号中的数据为停顿时长，下同。

出现类似情况的长句还有："北风跟太阳在那儿争论谁的本事大"（共 14 个音节）、"那个走道儿马上就把那件厚大衣脱下来了"（共 17 个音节）、"他们俩当中还是太阳的本事大"（共 13 个音节）。

第二，由于习得中的"化石化"现象使日本留学生在心理上认为某些发音有困难或不熟悉，所以造成了非正常停顿。

（1）对日本留学生来说，"儿化"一直是发音习得的难点。本语料中共出现九处儿化[①]，对中级班的学生来说，其中较难的是"道儿"和"劲儿"。统计发现，六位被试在"劲儿"前共停顿 4 次，平均停顿时长为 0.26s；"道儿"前共停顿 7 次，平均停顿时长为 0.27s。

（2）另外，还有一些比较难认的字，也使日本留学生的朗读变得困难，如"裏"和"承"等。"裏"和"承"分别在语料中出现 1 次，六位被试在"裏"前共停顿 6 次，停顿平均时长为 0.30s；在"承"前共停顿 4 次，停顿平均时长为 0.20s。

第三，不习惯某种表达方式或不理解语义造成的非正常停顿。

（1）量词的表达。留学生习惯于"数词+量词+名词"或者"指示代词+量词+名词"的组合表达方式，一旦省略了数词或者指示代词，那么就可能加重朗读的困难，造成停顿。本语料中量词共出现五处，其中两处没有数词或指示代词："路上来了个走道儿的"、"他身上穿着件厚大衣"。六位被试在"个"前共停顿 4 次，停顿平均时长为 0.31s，"个"后共停顿 6 次，平均时长为 0.32s；"件"前共停顿 3 次，平均时长为 0.29s，"件"后共停顿 5 次，平均时长为 0.13s。

（2）对复合趋向补语的表达。留学生不习惯于复合趋向补语分开表达的方式，本语料中，出现复合趋向补语三处："争来争去就是分不出高低来"、"北风就使劲儿地刮起来了"、"……把那件厚大衣脱下来了"，其中留学生不习惯的表达是"分不出高低来"。汉语母语者的停顿：争来争去（0.42s）/就是分不出高低来（0.52s）。除了一位被试停顿与母语者一致以外，另外五位被试的停顿如下：

----

① 其中"那儿" 1 次、"道儿" 4 次、"劲儿" 1 次，"法儿" 1 次、"会儿" 1 次、"下儿" 1 次。

争来争去（0.97s）/就是分不出高低（0.24s）/来（0.22s）

争来（0.14s）/争去（0.20s）/就是分不（0.24s）/出高（0.09s）/低来（0.83s）

争来争去（0.09s）/就是分（0.10s）/不出（0.13s）/高（0.14s）低来（0.71s）

争来争去（0.12s）/就是分不出高（0.50s）/低来（1.32s）

争来争去（0.56s）/就是（0.14s）/分不出（0.71s）/高低来（1.54s）

（3）还有因为不理解语法结构或者语义造成的非正常停顿。表现在："那个走道儿的把大衣/裹得/越紧"。六位被试都在"裹得"前和"裹得"后停顿，在"裹得"前停顿平均时长 0.30s，"裹得"后停顿平均时长 0.46s。留学生不理解语法结构或者语义的句子还有"谁能先叫这个走道儿的脱下他的厚大衣"、"他火辣辣地一晒"等。

第四，填充停顿也是一种非正常停顿。填充停顿主要包括"嗯、啊、哦"等语气词表达的犹豫、思考等生理活动，以及错误纠正、错误起始等语言学现象。在本实验中，也有这样的停顿。

第五，由于口误引起的非正常停顿，这种停顿在汉语母语者的朗读中几乎不会出现。由于实验前让被试充分练习熟悉了语料，所以在日本留学生中也出现得不多，也就是说这种非正常停顿可以通过实验来加以控制。

§四 结论与讨论

本文通过分析表明，从曲线形状上看，日本留学生朗读呼吸曲线表现出不平稳的特点，有一定的规律性，即峰值差和谷值差都很大，但是不同被试间呼吸曲线形状和特点有比较明显的个体差异。从呼吸参数上看，呼吸单位与时长、幅度、斜率呈正相关的关系。呼吸参数值所表现出来的吸气时长长、吸气幅度小、吸气斜率小；呼气时长短、呼气幅度小、呼气斜率大；这都反映了日本留学生停顿多、说话的长度短、语速慢、不能有计划地使用气流等特点。另外，朗读状态下出现的非正常停顿比较多，受到对句子韵律切分、句法结构、语义理解等影响，还出现了大量的超长停顿、停顿不足的情况，还有口误、填充停顿出现。由于呼吸层级、停顿与韵律单位的切分有密切的关系，所以接下来考察呼吸单位与韵律单位的对应就显得格外有意义了。

参考文献

［1］Yuan Chu，Li Aijun，"The breath segment in expressive speech"，*Computational Linguistics and Chinese Language Processing*，No. 2，2007.

［2］谭晶晶、李永宏、孔江平：《汉语普通话不同文体朗读时的呼吸重置研究》，《清华大学学报》（自然科学版）2008 年第 1 期。

［3］谭晶晶：《新闻朗读的呼吸节奏研究》，载《中国语音学报》编委会《中国语音学报》，商务印书馆 2008 年版。

［4］张锦玉：《普通话言语韵律与呼吸节律的交互关系研究》，博士学位论文，南开大学文学院，2011 年。

［5］Feng Shi，Xuejun Bai，Jinyu Zhang，Zhaohong Zhu，"Intonation and Respiraion：a Preliminary analysis"，*Journal of Chinese Linguistics*，Vol. 38，No. 2，2010.

［6］袁楚、李爱军：《汉语自然口语中非正常停顿现象初探》，NCMMSC，2007 年。

本文发表于《天津师范大学学报》（社会科学版）2012 年增刊

第四篇

声调与辅音听觉实验研究

音域与时长对声调范畴感知的影响[*]

王大佐 彭 刚

摘 要：本文通过研究音域（pitch range）和时长（duration）对汉语声调范畴感知的影响来讨论语音的归一化。设定音域为：30Hz、50Hz；时长为：300ms、500ms。以此共合成四组汉语阴平阳平声调连续统。14名被试参与辨认和区分实验。实验结果表明音域对范畴边界位置影响显著，而对范畴边界宽度无显著影响。时长对范畴边界位置及宽度均无显著影响。

关键词：范畴感知 普通话 声调感知 音域 时长

§一 引言

近五六十年来，范畴感知成为语音感知的研究热点（例如 Libeman et al.，1957；Pisoni，1973，Fry et al.，1962等）。对于语音音段部分的感知，有研究（Liberman et al.，1957；Pisoni，1973）认为塞辅音的感知方式是范畴式的，而稳定单元音的感知则呈现连续感知的特点（Pisoni，1973；Fry et al.，1962）。

对于超音段部分，前人对声调的感知做了较多研究，但对声调感知是否为范畴感知，仍存在一定争议。阿布拉姆森（Abramson，1979）对泰语中高、中、低三个声调的感知进行研究发现：多数泰国被试可以将三个声调连续体感知为三个声调范畴，然而区分实验数据图并未在范

---

* 本研究得到国家自然科学基金项目的支持（NSFC：11074267，61135003）。

畴边界位置出现区分峰，这一特点表明泰语声调感知是非范畴化的。王士元（1976）的研究则发现中国被试不仅可以将阴平阳平声调连续统感知为两个声调范畴，而且与同一声调范畴内两个语音刺激相比，被试对不同声调范畴内的两个语音刺激的区分率更高。普通话声调感知是范畴感知。

彭刚等（2010）的研究中考虑到不同语言背景差异及汉语不同方言声调系统差异，请三组被试，即从小习得普通话的中国被试、德国被试及从小习得粤语的广东被试参与实验。结果表明，非声调语言背景的德国人只展现生理物理边界，中国被试（无论是普通话还是粤语背景）的声调感知都是范畴的。

在前人研究基础上，本文探究音域和时长对声调范畴感知的影响。冈杜尔（Gandour）的研究表明：平均音高高度（average pitch height）和走向（direction）是声调感知的重要参数。音高范围和音高高度紧密相关，因此笔者预测不同的音域会影响声调感知。有研究表明 F0 曲线是声调辨认的最重要音征（Lin Repp，1989；Howie，1976），同时，音强和时长也会对声调辨认有一定影响（Coster & Kratochvil，1984；Lin & Repp，1976）。本文主要考察音域和时长，保持语音刺激音强一致。

§二　实验方法

（一）被试

14 位母语为汉语普通话的大学生（七男七女，平均年龄 24 岁）参与了本次实验。鉴于汉语不同方言中声调系统的差异且音乐训练会影响实验结果，招募的被试全部来自北方方言区，且在普通话水平自测中得分超过 6 分（1—9 分，其中 1 分代表最糟，9 分代表最好）。14 位被试均未有超过五年以上的音乐训练，他们在阅读和听力上绝无障碍。14 位被试在实验前被充分告知实验环节及可能出现的不适。被试充分了解后签写实验同意书。

（二）语料

本文共合成四组普通话阴平阳平连续统作为实验语料。这四组连续统分别以音域 30Hz、50Hz 和时长 300ms、500ms 搭配而成。图 1—图 4 是四组普通话阳平阴平声调连续统中 11 个语音刺激（speech stimuli）的音高曲线图。本实验语料以王士元（1976）的语料为原型（见图 3）。该语料在以一名以普通话为母语，无口鼻咽喉疾病的男性发音人发出的 [i] 55 音节的基础上进行合成得到。这 11 个语音刺激时长均为 500ms。11 个刺激由最低端的阳平起到最顶端的阴平，标记刺激序号 1—11 。第 1—10 号刺激的音高曲线走势为平升，前 100ms 为平，后 400ms 为升，这样的设计是为了使刺激听起来更为自然。第 11 号刺激则为全平。1 号刺激音为连续统的起点，起点音高为 105Hz，为听感自然的 [i] 35（姨），步长为 △F=3Hz，11 号刺激音为连续统的终点，音高为 135Hz，为听感自然的 [i] 55（衣）。在这里，笔者忽略了实际发音情况中，基频曲线的一定弯曲，而采用水平及平升的基频曲线来制作语音刺激。

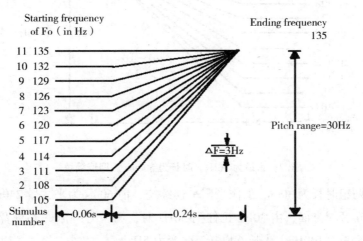

图 1　音域为 30Hz、时长为 300ms 声调连续统

需要说明的是，在以上描述的阴平阳平连续统基础上，本文在设计另外三组连续统时，在时长方面，是由 500ms 等比例缩短至 300ms，即

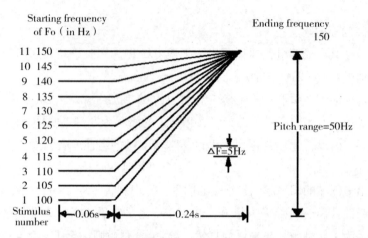

图2　音域为50Hz、时长为300ms声调连续统

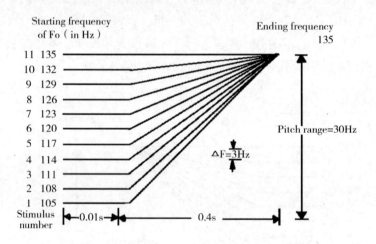

图3　音域为30Hz、时长为500ms声调连续统

对于两组时长为300ms的阴平阳平连续统，前60ms为平，后240ms为升。在音域方面，由30Hz拉伸到50Hz时，第1号刺激的起点音高由105Hz变为100Hz，步长△F由3Hz变为5Hz。

根据四组阴平阳平连续统时长和音域的特点，笔者将四组连续统简称为声调连续统300—30、连续统300—50、连续统500—30、连续统500—50。

在四组声调连续统中，所有的语音刺激都是在男性发音人发出的音

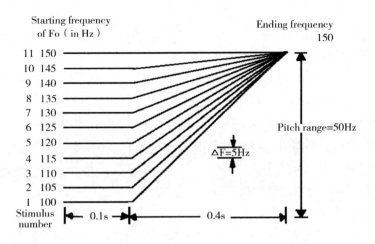

图 4 音域为 50Hz、时长为 500ms 声调连续统

节 [i] 55 基础上，运用软件 Praat，使用音高—同步重叠和添加的方法 (the pitch-synchronous overlap and add ，PSOLA) 再合成得到。

通过如下的步骤合成每个声调连续统。以 300—30 为例。首先，将目标音节 [i] 的时长调整到 300ms，将音高曲线调整为水平线，音高为 135Hz。然后在音高曲线上取三点，分别在起点、60ms 处和终点 300ms 处。最后通过依次拖拽三个音高曲线上的点，可以合成出连续统中的 11 个刺激。在 300—30 声调连续统中，11 个不同刺激的起点音高值的计算公式为：105Hz+3Hz×（刺激序号-1）。所有语音刺激的音强为 65dB。听感较舒适。

通过同样的合成步骤，最终得到了四组阴平阳平声调连续统。

§三 实验过程

本研究采用同彭刚等（2010）和许毅等（2006）一致的实验流程和数据分析方法。

（一） 辨认实验

辨认实验共分为四个部分，分别命名为 iden300—30、iden300—50、iden500—30、iden500—50，对应制作四组阴平阳平声调连续统。每一小部分均编写有实验脚本，点击运行按钮后，实验自动开始，语音刺激通过 E-prime 软件自动播放，对应字幕自动呈现于电脑屏幕上。一部分结束后，脚本自动终止。点击下一个脚本，继续实验。如此重复，直至完成四个部分的实验。

每一小部分内部分为练习和正式实验。以 iden300—30 为例。在练习部分，被试将听到八个语音刺激，这八个语音刺激选自 300—30 阴平阳平连续统中的 11 个语音刺激。实验任务为：在听到一个语音刺激后，被试按照自己的听感来判断，所听到的刺激是"衣"还是"姨"，若认为听到的是"衣"则按外接键盘的数字"1"键，若认为听到的是"姨"则按数字"2"键。每次按键后，屏幕将立即出现反馈，八个语音刺激播放完毕，累计正确率达到90%以上，则视为对实验任务充分理解。练习后与被试及时沟通，被试对实验任务没有疑问，进入正式实验。

正式实验共分为四个部分，每个部分包含来自 300—30 阴平阳平连续统中的 11 个语音刺激，每个刺激重复两次，随机排列。这样共 $11×2×4=88$ 个语音刺激，被试相应做 88 次判断。每个部分之间有 5s 的休息时间。被试按照练习中熟悉的实验操作，对所听到刺激进行判断，认为听到的是"衣"则按数字键"1"，"姨"则按数字键"2"。与练习部分不同的是，正式实验在每一个部分结束后，才会有正确率反馈。

iden300—30 实验结束后，建立被试文件夹，将 E-prime 自动生成的数据文件按照实验名—被试序号—实验部分号命名，如 iden300—30—1—1，并存入文件夹中。

按照同样的操作流程，根据实验安排表上的顺序完成剩下三部分的辨认实验。整个辨认实验共耗时 20 分钟。一位被试共做出 $11×2×4×4=352$ 次判断。

将四个部分的辨认实验即 iden300—30、iden300—50、iden500—30、iden500—50 的操作顺序在所有的被试中进行了平衡。

(二) 区分实验

区分实验同样分为四个部分，分别命名为 dis300—30、dis300—50、dis500—30、dis500—50，对应四组阴平阳平声调连续统。每一个部分均编写有实验脚本，语音刺激通过 E-prime 软件自动播放，对应字幕自动呈现于电脑屏幕上。一部分结束后，脚本自动终止。点击下一个脚本，继续实验。如此重复，直至完成四个部分的实验。

每一个部分内为练习和正式实验。以 dis300—50 为例。在练习部分，被试将听到六对语音刺激，这六对语音刺激由 300—30 阴平阳平连续统中的 11 个语音刺激按照一定规则组合而成。实验任务为：在听到一对语音刺激后，被试按照自己的听感来判断所听到的每对两个刺激语音是否相同，若相同则按字母键"V"，不同则按字母键"N"。每次按键后，屏幕将立即出现反馈，六对语音刺激对播放完毕，累计正确率达到 75% 以上，视为对实验任务充分理解。练习结束后与被试进行沟通，对实验任务没有疑问后，进入正式实验。

正式实验共分为五个部分，共有来自 300—50 阴平阳平连续统中 11 个语音刺激通过一定规则组合而成的 145 对刺激。组合的模式为 AA、BB、AB、BA。A、B 代表 11 个刺激中的任意两个，其中 B 的序号减去 A 的序号等于 2，即相差两阶。AA、BB 为相同的刺激组成的刺激对，如 11、33，共 11 对；AB 则为相差两阶的刺激组成的刺激对，如 13、24、35……共计 9 对；BA 则是 AB 的反向组合，如 31、42、53……共计 9 对，这样共得到刺激对 29 对。每对重复 5 次，共得到 29×5 = 145 对，每位被试相应做出 145 次判断。每对中的两个刺激间距 500ms。

区分实验范式为 AX 区分实验。实验任务为：在听到一对语音刺激后，被试按照自己的听感来判断所听到的每对两个刺激语音是否相同，若相同则按字母键"V"，不同则按字母键"N"。在每一个部分结束后，将会出现该部分的总体区分正确率，以激励被试尽力完成实验。dis300—50 实验将会出现该部分的总体区分正确率，以激励被试尽力完成实验。dis300—50 实验结束后，将 E-prime 自动生成的数据文件按照实验名—被试序号—实验部分号命名，如 dis300—50—1—1，并存入同一个被试的文件夹中。

按照同样的操作流程，根据实验安排表上的顺序完成剩下三部分的区分实验。整个区分实验共耗时 45 分钟。一位被试共做出 $29×5×4＝580$ 次判断。

笔者同样将四个部分的区分实验即 dis300—30、dis300—50、dis500—30、dis500—50 的操作顺序在所有的被试中进行了平衡。

§四　数据分析

根据本实验的研究目的，即考察音域（30Hz、50Hz）和时长（300ms、500ms）对普通话声调范畴感知的影响，笔者从范畴感知三个十分关键的方面，即范畴边界位置、范畴边界宽度和区分峰，对得到的每一位被试的数据进行计算分析。

（一）辨认实验数据分析

对于辨认实验，要计算 18 位被试，对 4 组不同的阴平阳平声调连续统的感知数据，包括范畴边界位置（$18×4＝72$）和范畴边界宽度（$18×4＝72$）。

在辨认实验中，对于一个给定的刺激，笔者要求被试按数字键"1"和"2"代表所做的判断"衣"和"姨"。将得到的辨认实验数据文件，如 iden—300—30—1—1 运用 E-prime 软件打开，导入数据分析脚本，可得到第 1 号被试对 300—30 阴平阳平连续统 $11×8$ 个刺激所做的判断情况，包括对每个刺激的按键次数和按键总分数，如对一号刺激，按键 8 次，分数为 16，则表明该被试每次判断均为"姨"，且不存在漏按键的情况。将所得总分数导入 Excel 中，使用 SPSS 软件中的普罗比特（Probit）函数分析功能，拟合出该被试的范畴边界位置和范畴边界宽度。如前所述，范畴边界位置为"衣"、"姨"辨认函数的 50% 交点处所对应的横坐标数值，范畴边界宽度则为"衣"或"姨"判断为 25% 和 75% 所对应的横坐标数值之差。需要注意的是，笔者将每位被试辨认函数的两个端点值，即 0% 和 100% 分别替换为 0.1% 和 99.9%，以使运算更为准确。

重复同样的分析方法，最终得到 18 位被试感知的范畴边界位置和范畴边界宽度。

(二) 区分实验数据分析

对于每对刺激的正确区分率的计算，本文采用了许毅等 (2006) 所提出的公式。每一位被试在做的辨认实验各个部分时，听到的 145 对刺激音中共包括四种类型的刺激组成形式，即 AA、BB、AB、BA，A 和 B 相差两阶。AA、BB 是听感相同的刺激，AB、BA 是听感不同的刺激。对于每一个听感不同的刺激区分正确率 P 为：

$$P = P (\text{“S”} \mid S) \cdot P (S) + P (\text{“D”} \mid D) \cdot P (D)$$

其中，P (“S” ∣ S) 代表被试在遇到听感上相同的刺激对时，做出“相同”判断，按键“V”时的百分率；P (“D” ∣ D) 代表被试在遇到听感上不同的刺激对时，做出“不同”判断，按键“N”时的百分率。P (S) 代表听感上相同的刺激对占所有刺激对的百分率，P (D) 代表听感上不同的刺激对占所有刺激对的百分率。

这样，笔者最终得到 18 位被试区分实验中 4 个部分相对应的 4 组阴平阳平连续统所做出的区分正确率。

§五　实验结果

(一) 辨认与区分实验曲线图

辨认函数与区分函数图见图 5。通过普罗比特分析得到的范畴边界位置和范畴边界宽度如表 1 所示。

表 1 　　　　　　　　范畴边界位置和宽度

声调连续统	位置	相对应的起点音高（Hz）	宽度
300 ms, 30Hz	5. 59	118. 77	0. 76
300 ms, 50Hz	6. 35	126. 75	0. 86
500 ms, 30Hz	5. 63	118. 89	0. 87
500 ms, 50Hz	6. 68	128. 4	1. 01

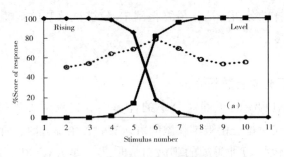

（a）对应 300—30 连续统

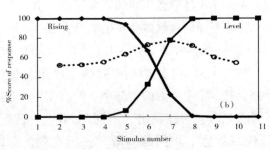

（b）对应 300—50 连续统

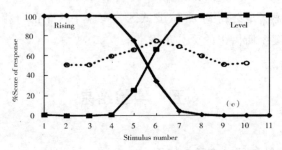

（c）对应 500—30 连续统

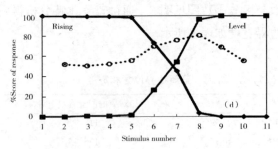

（d）对应 500—50 连续统

图 5　辨认（实线）和区分（虚线）实验函数

(二) 范畴边界位置

通过方差分析，可以发现，音域对范畴感知边界位置的影响是非常显著的 [F (1, 13) = 42.30, $p<0.0001$]。如表 1 所示，在时长相同的情况下，音域为 30Hz 的连续统得到的范畴边界位置要小于 50Hz 的，这可以从相应的起点音高值的差异中明显表现出来（时长为 300ms 的连续统，由 118.77Hz 到 126.75Hz；时长为 500ms 的连续统，由 118.89Hz 到 128.4Hz）。时长对范畴感知边界位置的影响并不显著 [F (1, 13) = 3.22, $p>0.05$]。

范畴边界宽度同样使用两因素方差分析方法，可以发现，时长（300ms、500ms）的主效应并不显著 [F (1, 13) = 0.26, $p>0.05$]；音域（30Hz、50Hz）的主效应也不显著 [F (1, 13) = 3.90, $p>0.05$]。

(三) 区分峰

对于 300—30 声调连续统，区分曲线上，区分正确率最高在第 5 号和第 7 号刺激组成的刺激对上，正确率为 78.6%，使用 SPSS 软件对最高峰刺激对 5—7 对应的区分率和峰值旁边的刺激对 4—6、刺激对 6—8 分别进行配对样本 T 检验，结果表明，刺激对 5—7 与刺激对 4—6（$p<0.05$）、刺激对 6—8（$p<0.05$）都有显著差别。

对于 300—50 声调连续统，区分曲线上，区分正确率最高在第 6 号和第 8 号刺激组成的刺激对上，正确率为 77.1%。使用类似的分析方法，最终得到一个跨度较大的显著的峰，为刺激对 5—7、刺激对 7—9。刺激对 6—8 与刺激对 5—7（$p<0.05$）和刺激对 7—9（$p<0.01$）都有显著的差别。

对于 500—30 声调连续统，区分曲线上，区分正确率最高在第 6 号和第 8 号刺激组成的刺激对上，正确率为 76.4%。使用类似的分析方法，最终得到一个跨度较大的显著的峰，为刺激对 5—7、刺激对 7—9。刺激对 6—8 与刺激对 4—6（$p<0.05$）和刺激对 7—9（$p<0.05$）都有显著的差别。

对于 500—50 声调连续统，区分曲线上，区分正确率最高在第 7 号和第 9 号刺激组成的刺激对上。刺激对 7—9 与刺激对 6—8 （$p<0.01$）和刺激对 8—10 （$p<0.01$）都有显著的差别。

§六 讨论

（一）声调范畴感知

如图 1—图 4 所示，四组声调连续统的辨认和区分函数展现了典型的范畴化感知特点：（1）辨认函数上两个语音范畴间有显著边界；（2）区分函数上，在范畴边界位置对应显著的区分峰。本实验结果表明，中国人是以范畴化方式感知普通话声调的，这与以往的研究实验结果一致（Wang，1976；Peng et al.，2010；Xu et al.，2006）。

（二）音域对范畴边界位置的显著影响

在本研究中，笔者发现，音域（30Hz、50Hz）对范畴边界位置存在显著的影响。对此，笔者试图从汉语的声调和语调的关系的角度来说明，随着音域的拉大，范畴边界位置也随之升高这一现象。

赵元任创制了五度标记法用来记录汉语声调。对于汉语的声调，不论人发出的声调的绝对频率高低，也不论不同人的调域宽窄，处于何种情绪状态，都把它们"归一化"为五个等级，即低、半低、中、半高和高。这是一种相对的方法。实际情况下，同一个声调普遍存在着绝对音高不同的情况。

大多数成年女性的声带要比男性窄，声带振动发出的音的绝对音高普遍高于男性；同一个人在不同的情绪下发出的同一个字也可普遍存在着绝对音高的不同。如同本实验中设计的四组阴平阳平声调连续统，一个人在不同情绪状态等条件下可能发出多个音高不同的"衣"和"姨"，这与语调对声调的影响有很大的关系。

汉语声调、语调关系是汉语语调研究的重要问题。最为著名的理论应当为赵元任提出的"橡皮带"、"大波浪"、"小波浪"的并存叠加，及相互之间的"代数和"关系的理论（Chao，1933，1956）。赵元任首先将字调和语调区分开，他认为每字固有的腔调和说话时抑扬的句调不是一回事，也不是言语学上的一类现象，字调不等同于句调，也不是字字相连时相互影响的腔调。他指出："在汉语中，任何一个词，在任何一个语调中说出来，都不会失去词性区分。语调只表达语气，情调……"就此，吴宗济认为，汉语中声调是表义的，而语调是用来表达情感的，声调在语调中不会失去其区别意义的作用。

赵元任在《语言问题》中对汉语字调和语调的关系有如下叙述："语调跟字调可以并存，它们两者之间的关系，是个代数和。怎么叫代数和呢？因为代数里有正有负，正的加正的越加越大，负的加负的越加越负；正的加负的，它就相消了，看是哪个多一点，它就往哪一边……""再有一个比喻，就是你拿字调和语调比小浪跟大浪。大浪在那起伏，每一个浪头仍旧可以有小波儿。所以字调在语调上，就仿佛小波在大浪上似的，都可以并存的。"对于"代数和"的提法，引起了一定的争论。按照"代数和"的说法，一个句子的句末字为阳平调"王"，若整个句子的语调是下降的，而且在句末下降的幅度大于阳平调"王"升的幅度，那么"王"则偏到了"望"字了。因此有人主张不使用"代数和"的提法。然而这种看法是从声调的音高升降曲折与整句句调的调形来理解"代数和"。字调小波浪被语气大波浪托高，起了近似"代数和"的效果，出现的是调阶上的增加，而调形并未改变。把小浪加大浪的"代数和"理解为字调的平均调高与语调的平均调高的代数和，而字调的调形没有什么大的变化。这也证明了"字调不会丧失词性的区别"，语调的大浪把字调的小浪托高，只是起表达语气、情调的作用。

如下面的例子：

（1）他姓王。

（2）他姓王？

同一个人，以陈述语气说出句子（1）和以疑问语气说出句子（2），两句均以阳平调的"王"结尾。陈述句的音高走势是逐渐下降的，语调为降调，而结尾"王"为升的阳平调，这时"王"依旧为阳平调，但"升"得不是那么高了；疑问句的音高走势是逐渐上升的，语调为升调，这时处于句尾的"王"将升得更高了。

在实际语音中，阴平调和阳平调都有上升的情况，将音域由30Hz

拉伸到 50Hz，实际上是对调域的一种拉伸，拉伸后会有各种变体，对应合成的声调连续统。笔者认为，音域就如同一个可以被拉伸的弹簧一样，有的时候可以将弹簧压得扁一些，有的时候可以将弹簧拉得长一些，如图 6 所示。

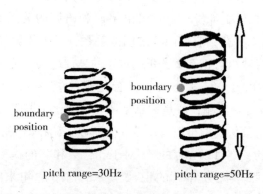

图 6　范畴边界位置随音域拉伸而上升图解

　　图 6 中左边弹簧代表音域为 30Hz，图上的圆点是范畴边界位置，当对弹簧进行拉伸时，音域由 30Hz 变为 50Hz，而范畴边界位置也随着弹簧的拉伸有所提高。实际上，这种将音域比作弹簧的想法与赵元任的"橡皮带"说有类似之处。他认为语调的调域展宽了，相应字调的调域也会随之变宽，反之亦然。如同画在一条半松半紧的橡皮带上的线，拉伸橡皮带，上面的画线也跟着变长。

　　派克（Pike，1952）的语言相对性（Linguistic Relativity）也许可以帮助我们从另一个侧面说明本实验中绝对音高的改变与声调感知的问题。

　　派克认为，对于语音要从系统的角度来认识。一个语音可能与在它之前或之后的音有着很大的关系。他假设某一种语言中，音高具有区别意义的作用，一个音节配不同的音高，承载着不同的意义。决定一个音节的意义更重要的是要看音节前后的音节音高，即相对的音高而非绝对的音高。例如，在 Mixtec（南墨西哥 Mesoamerican 印第安人的语言）有三个层次的音高，对于词［yuku］如果后面的音节音高是"中"，那么这个音节的意思是"山"；如果后面的音节音高是"高"，那么这个音节的意思是"牛套";如果后面的音节音高是"低",则这个音节的意思是"刷子"。如果一个人说话的语调非常高,从绝对音高来看,他此时说出的"低"音位的词要比当他以十分低的语调说出来的"高"音位还要高。他使用图7—图9来说明。

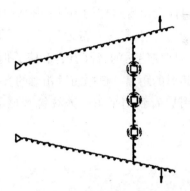

图7　两端支撑弹簧被拉伸,砝码相应伸展

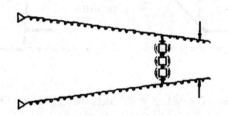

图8　两端支撑弹簧被压缩,砝码相应拉近

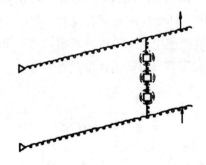

图9　两端支撑弹簧被抬高,砝码相应提升

他假设三个音高如同拴在两条弹簧上的三个砝码。砝码的位置不是固定不变的。人们在说话时会有很多不同的腔调，也会改变砝码的位置。图 7 中，两条弹簧拉开，相应的弹簧上的砝码也拉大了距离，当一个人在强调的时候，可能出现这样的情况；图 8 中两个弹簧缩紧，在人们低语的时候，可能会出现这样的情况；图 9 中两个弹簧都抬高，三个砝码也同时抬高，一个人非常兴奋地说话，可能会出现这样的情况。派克想强调的是，即使绝对的音高有升和降，但是作为一个系统，三个砝码之间保持着相对的距离。根据前后相对的音高来确定意义。

在本实验中，也可以看到阴平阳平连续统音域的拉伸作用，如图 10 所示。

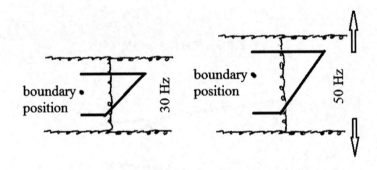

图 10　范畴感知位置随音域拉伸而上升的另一图解

阴平阳平两个声调作为声调系统有着相对的距离，当笔者将音域从 30Hz 拉伸到 50Hz 时，两个声调也随着拉开了距离，同时范畴边界位置也随之提高，但是在听感上依旧可以判断出"衣"和"姨"。也可以做出推论，如果将音域压缩，范畴边界位置将下降。

§七　结论

在本文中，讨论了音域和时长对声调范畴感知的影响。中国人对普通话声调的感知是范畴化的。音域对范畴感知边界位置影响十分显著。

随着音域由 30Hz 变为 50Hz，范畴边界位置随之增大。在本实验中，时长似乎对声调的范畴感知无明显影响。

致　谢

感谢中科院深圳先进技术研究院的同学参与本次实验，感谢香港中文大学言语工程实验室成员对本研究提出的宝贵意见，感谢中科院深圳先进技术研究院语言认知小组成员夏全胜、刘叶的帮助。

参考文献

［1］Liberman, A. M., Harris, K. S., Hoffman, H. S. & Griffith, B. C., "The discrimination of speech sounds within and across phoneme boundaries", *Journal of Experimental Psychology*, Vol. 54, 1957.

［2］Pisoni, D. B., "Auditory and phonetic memory codes in the discrimination of consonants and vowels", *Perception & Psychophysics*", Vol. 13, 1973.

［3］Fry, D. B., Abramson, A. S., Eimas, P. D. & Liberman, A. M., "The identification and discrimination of synthetic vowels", *Language and Speech*, Vol. 5, 1962.

［4］Abramson, A. S., "The noncategorical perception of tone categories in Thai", in B. Lindblom, & S. Ohman (Eds.), *Frontiers of speech communication*, London: Academic Press, 1979.

［5］Wang, W. S. -Y., "Language Change", *Annals of the New York academy of Sciences*, Vol. 208, 1976.

［6］Peng, G., Zheng, H. -Y., Gong, T., Yang, R-X., Kong, J. -P. & Wang, W. S. -Y., "The influence of language experience on categorical perception of pitch contours", *Journal of Phonetics*, Vol. 38, 2010.

［7］Gandour, J., "Tone perception in Far Eastern languages", *Journal of Phonetics*, Vol. 11, 1983.

［8］Coster, D. C. & Kratochvil, P., "Tone and stress discrimination in normal Peking dialect speech", in B. Hong (Ed.), *New papers in Chinese linguistics*, Canberra: Australian National University Press, 1984.

［9］Lin, H. -B. & Repp, B. H., "Cues to the perception of Taiwanese tones", *Haskins Laboratories Status Report on Speech Research*, SR—99/100, 1989.

［10］Howie, J. M., *Acoustical Studies of Mandarin Vowels and Tones*, Cambridge,

U. K. : Cambridge Univeristy Press, 1976.

[11] Boersma, P. , & Weenink, D. , "Praat: Doing phonetics by computer (Version 5. 1. 05) ", http: //www. praat. org/, 2009.

[12] Xu, Y. , Gandour, J. T. & Francis, A. L. , "Effects of language experience and stimulus complexity on the categorical perception of pitch direction", *Journal of Acoustical Society of America*, Vol. 120, No. 2, 2006.

[13] Chao, Y. -R. , "Tone and intonation in Chinese", *Bulletin of Institute of History and Philology*, Vol. 4, 1933.

[14] Chao, Y. -R. , "Tone, intonation, singsong, chanting, recitative, tonal composition and atonal composition in Chinese", in Halle, Moris (ed.), *For Roman Jakobson*, The Hague: Mouton, 1956.

[15] Pike, Kenneth L. , "Operational phonemics in reference to linguistic relativity", *Journal of Acoustical Society of America*, Vol. 24, No. 6, 1952.

英文原稿将发表于《中国语言学报》集刊，中文翻译发表于《实验语言学》2014 年第 3 卷第 2 期

广州话平调的听感实验研究*

谢郴伟　石　锋　温宝莹

摘　要： 本文以广州话自然语言中的单字音和双字音为实验语料，采用"对角（半空间）测试法"（石锋等，2012），考察了广州话高、中、低三个平调的听感范畴。结果表明，广州话单字高平调和低平调均存在各自听感空间，中平调的听感空间与低平调大幅重叠，呈现出与低平调混淆的迹象，这与其声学空间表现出一致性。双字词的辨认边界与区分峰值呈现出明显的峰界对应，具有明显的范畴边界。参照字的不同声调和目标字的前后位置都会影响范畴边界位置。语言信息会对区分结果产生一定的影响。

关键词： 广州话　听觉感知　平调

§一　引言

"六声九调"是广州话声调格局总的特征，分别为阴平、阳平、阴上、阳上、阴去、阳去六个舒声调和上阴入、下阴入、阳入三个入声调（詹伯慧，2002）。如图 1 所示①，阴平调为调值 55 的高平调，阳平调为调值 21 的低降调，阴上调为调值 35 的中升调，阳上为调值 23 的低升调，阴去调为调值 33 的中平调，阳去调为调值 22 的低平调（Bauer & Benedict，1997）。

---

　* 本研究得到"中央高校基本科研业务费专项资金资助项目"（NKZXB1211）的资助。

　① 　该图为笔者通过南开大学"桌上语音工作室"（Minispeech—lab）对本文发音人做出的单字调声调格局。

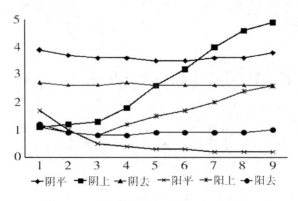

图1 广州话舒声调格局（男性）

　　近年来，有学者报道广州话的声调系统正在发生演变，尤以平调显著。李书娴（2008）发现广州话阴去调和阳去调在听和说两个方面有开始混淆的迹象。金健（2010）通过实验推测广州话平调的混淆可能从中平调和低平调的混淆发端。实际上在香港粤语中，中平调和低平调相混已然发生（Mok, 2013）。王士元（1988）提出汉语声调的发展是合并而不是分化，这些合并中的一部分声调正以上千年的时间扩散到词汇中去。曹志耘（1998）也认为汉语音系简化的大趋势显示了调类系统合并的必要性。那么，广州话的平调正以什么样的方式发生演变，其演变的机制和原因是什么，前人在这方面做的研究比较少，而这正是本文的研究目的之一。

　　欧哈拉（Ohala, 1981）强调听者在语音演变中具有重要作用，因此本研究，将利用"对角（半空间）测试法"（石锋等，2012），通过低平调（阳去）—中平调（阴去）和中平调（阴去）—高平调（阴平）两组辨认实验以及区分实验考察广州话高、中、低三个平调的听觉感知情况及其听感范畴。钱曾怡（2000）指出汉语声调在一定语境中的融合，是走向语调的一种过渡形式。广州话平调在有语境的情况下，感知特点是怎么样的，是否也表现出合并的趋势，是否与单字音有不同的特征，语境对于平调的感知有什么样的影响，这也是本文的研究目的之一。

　　弗朗西斯和乔卡（Francis & Ciocca, 2003）指出刺激音的播放顺序会对被试区分声调音高产生影响，这种影响结果源于语言学上的下倾因素，但是这种下倾因素只对广州话母语者区分言语声调音高发生作用，对英语母语者和非言语音高则没有影响。本文从这一角度出发，分别对广州话母语者和非广州话母语的中国学生（以下简称非母语者）进行不同播放顺序的区分实验，以期对广州话中低平调混淆的原因进行有益探索。

§二　实验方法

本研究包括五个实验，广州话母语者的单字音和双字组辨认实验和区分实验以及非母语者的单字音区分实验。辨认实验和区分实验均采用 E-prime 软件进行语音的播放和行为数据及反应时的采集。

（一）实验被试

参加单字音辨认实验和区分的被试均为广州人，9 名男生，11 名女生，平均年龄 21.29±2.45 岁。身体健康，听力正常，均为右利手，母语为广州话。

双字组辨认实验和区分实验的被试为另一批广州人，11 名男生，11 名女生，平均年龄 21.29±2.45 岁。身体健康，听力正常，均为右利手，母语为广州话。

非母语者的单字音区分实验的被试均来自官话区，2 名男生，15 名女生，平均年龄 23.64±1.57 岁。身体健康，听力正常，均为右利手，均不会广州话。

（二）辨认实验

辨认实验被试会看到一个选择界面，屏幕左右各出现一个选项，左边字词为 F、右边字词为 J，要求被试判断所听到的是屏幕左边的字词还是右边的字词。如果是左边的字词就按 F 键，如果是右边的字词就按 J 键，要求又快又准地做出判断。被试进行选择后，选择界面消失，进入下一题的流程。根据屏幕左右字词的不同，实验分为正序和反序，不同按键反应差异通过不同被试组进行组间平衡。正式实验单字组约 10 分钟，双字组约 15 分钟。

(三) 区分实验

区分实验采用 AX 式，由两个单字或双字词组成一个刺激对，每对刺激对由相隔的两个刺激组成，两个刺激间相差两个半音（8—10、10—8、9—11、11—9 等 20 对）。同一刺激对中的两个刺激音之间相隔500ms。具体实验流程与辨认实验基本一致，只是在听到刺激音后被试会看到的选择界面略有不同，屏幕左右会各出现一个提示，如"相同（请按 F）、不同（请按 J）"，要求被试判断所听到的刺激对是否相同，如果相同就按 F 键，如果不同就按 J 键。反应界面有"不同—相同"和"相同—不同"两种顺序，不同按键反应差异通过不同被试组进行组间平衡。正式实验单字组和双字组均约 15 分钟。

(四) 语音材料

单字组实验以 yi、si、se 为语音材料，选取自然语言中的"医（yi55）"、"意（yi33）"、"二（yi22）"，"师（si55）"、"嗜（si33）"、"事（si22）"和"些（se55）"、"卸（se33）"、"射（se22）"作为目标字进行实验。

双字组实验选用自然语言中的双字词作为听辨内容。声母、韵母相同，声调相互对立的字，称为目标字；声韵调完全相同的字，称为参照字。同时，按目标字在词对中的位置分为前字组（目标字居前）和后字组（目标字居后）。具体实验词如表 1 所示。

表 1　　　　　　　　　　双字组实验语料

参照字声调	前字组目标字声调			参照字声调	后字组目标字声调		
	高平调	中平调	低平调		高平调	中平调	低平调
中平调	煲碎	布碎	暴税	低平调	大张	大涨	大象
高平调	冬天	冻天	洞天	上阴人	一堆	一对	一队

其中，前字组语音材料为 bou seoi[1]（以下简称 bs）和 dung tin（以

---

[1] 语音材料音高为合成部分，故只标注了元音和辅音，未标注声调。注音系统来自香港语言学学会，详见粤语审音配字库（http：//humanum. arts. cuhk. edu. hk/Lexis/lexi—can/）。

下简称 dt）；后字组语音材料为 daai zoeng（以下简称 dz）和 jat deoi（以下简称 yd）。其中 bs 组参照字 seoi 为阴去调（中平调），dt 组参照字 tin 为阴平调（高平调），dz 组参照字 daai 为阳去调（低平调），yd 组参照字 jat 为上阴入，音高相当于阴平调，可看作其变体（詹伯慧，2002）。

请一位广州话标准的男性发音人进行录音，他是老广州人，现为南开大学学生，也是上文中舒声调格局男生的发音人。录音在南开大学语音实验室进行，采用单声道录制，采样率为 11025Hz。实验采用了负载句的方法，由发音人以自然语速说出"我宜家读嘅系××"，每个句子说三遍，各句乱序出现。运用 Cool Edit 软件从中切出目标词语。合成采用 Praat 自编脚本，单字音制作的刺激音时长均为 450ms，每组由 8st 至 19st、步长为 1st 的平调连续统组成。对于双字组，我们参照单字调听感范畴的数据以及发音人目标词语实际发音的平均音高，将作为参照字的高平调合成为 19st，中平调合成为 12st，低平调合成为 8st，上阴入合成为 16—14st 的降调。黄俊文和迪尔（Wong & Diehl, 1999）实验发现音节时长（duration）因素对于广州话平调的发音（production）和感知（perception）均无显著影响。因此，为了使合成刺激音更为自然，本文保留了各音节的时长特征。其中，包含入声字的实验刺激 yd 声调间距设为 130ms。

（五）数据统计

本实验使用 Excel 和 SPSS 20.0 软件对数据进行统计分析。对实验所得数据进行统计分析，计算各平调的听辨率、区分率，求出各平调的边界位置、区分峰值、反应时。

§三 辨认实验结果

（一）单字音实验结果

根据"中平—低平"、"高平—中平"实验结果，可以得出 yi、si、

se 三组实验各平调的辨认曲线和反应时曲线，以图 2 的 yi 组①为例。

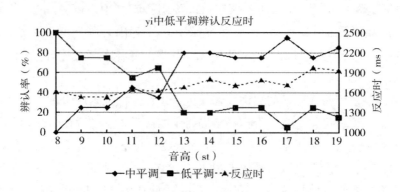

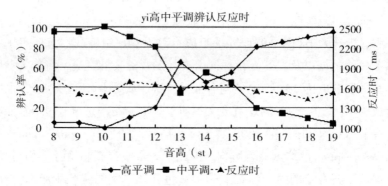

图 2　yi 组"中平—低平"、"高平—中平"实验结果

如图 2 所示，单字音辨认实验的分界点位置呈现出按"中平—低平"、"高平—中平"的顺序小幅递增，且均表现为较大的边界宽度。"中平—低平"辨认实验中，中平调最大辨认率未达到100%，且最大辨认率并非位于端点处；"高平—中平"辨认实验中，中平调的最大辨认率达到了100%，且端点处的辨认率接近100%。另外，"中平—低平"、"高平—中平"的两条辨认曲线均出现了多个交点或边缘相交的情况，被试在该音域范围内进行随机辨认。

单字音辨认实验，"中平—低平"的反应时总体上是呈现出递增的

① yi、si、se 三组的辨认曲线通过 Pearson 相关性检验发现两两之间相关系数均大于0.9，为强相关。

趋势，对于音高较高的刺激音，被试需要较长的时间进行辨认；"高平—中平"的反应时总体上是呈现出先增后减的趋势，波峰位置与辨认曲线的边界所在处大体对应，范畴内的刺激音被试能够很快进行判断，处在范畴边界的刺激音反应速度变慢。

（二）双字组实验结果

根据"中平—低平"、"高平—中平"实验结果，可以得出前字组 bs、dt 和后字组 dz、yd 四组实验各平调的辨认曲线和反应时曲线。[①] 图 3 是 bs 组的辨认曲线和反应时曲线的示意图，图 4 是四组双字组低平调与单字音低平调均值的辨认曲线，图 5 是四组双字组中平调与单字音中平调均值的辨认曲线。

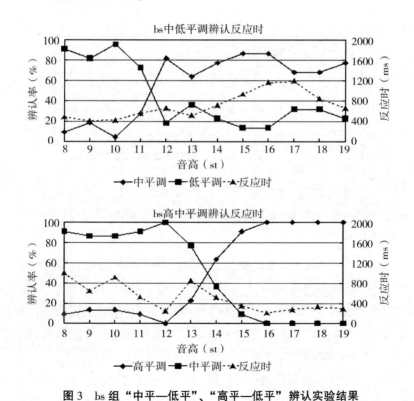

图3　bs 组"中平—低平"、"高平—低平"辨认实验结果

---

①　双字组反应时时长是从刺激音结束后开始计算的，即不包括刺激音的时长，因为双字组各刺激音时长并不统一，单字音并未进行该项处理。

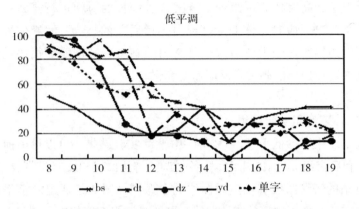

图 4　双字组与单字音低平调辨认曲线

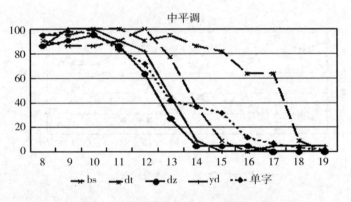

图 5　双字组与单字音中平调辨认曲线

　　通过观察双字组辨认实验结果，可以发现前后字四组实验"中平—低平"的辨认边界位置均较"高平—中平"的靠前。在"中平—低平"和"高平—中平"实验中，无论是低平调还是中平调的辨认曲线，前字组均比后字的靠后，其中 dt 组中平调的辨认曲线远比其他三组后移。单字音低平调和中平调的辨认曲线均居于双字组辨认曲线的中间。

　　前后字四组辨认实验的边界宽度，bs 组和 dz 组较小，dt 组和 yd 组较大，尤其是 dt 组和 yd 组"中平—低平"辨认边界宽度，甚至达到整个调域的一半，虽然"中平—低平"辨认曲线出现了交点，但是被试对边界宽度内刺激音的判断依旧较为模糊。双字组与单字音相同，均表现出"中平—低平"辨认边界宽度大于"高平—中平"。

前后字四组实验,"中平—低平"组的反应时总体上是呈现出递增的趋势,这是受"中平—低平"组实验无高平调选项引起的;"高平—中平"组的反应时总体上在辨认边界位置处会出现一个波峰,范畴内的刺激音被试能够很快进行判断,处在范畴边界的刺激音反应速度变慢。

§四 区分实验结果

(一) 单字音实验结果

本文将广州话母语者和非母语者的区分实验结果进行测算,可以分别得出 yi、si、se 三组实验不同被试的区分曲线,如图6所示。

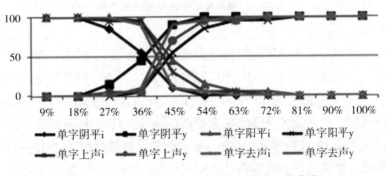

图6 广州话母语者和非母语者的单字音区分曲线

从图6可以看出,总体来说,两组被试的三组单字音区分曲线均较为平缓,并未表现出明显的峰值。广州话母语者 yi、si、se 三组的区分曲线明显低于非母语者的,通过配对样本 T 检验发现,广州话母语者和非母语者之间的区分率存在显著差异(yi 组:$t = 3.42$, $df = 9$, $p < 0.01$; si 组:$t = 5.19$, $df = 9$, $p < 0.01$; se 组:$t = 4.01$, $df = 9$, $p < 0.01$)。另外,就集中程度来说,非母语者除了 se 组在 11—13 刺激对处呈现明显峰值之外,其余各处 yi、si、se 较为集中,区分曲线基本上

重叠在一起，而母语者则表现出相对离散的态势。

（二）双字组结果

将广州话母语者双字组区分实验结果进行测算，可以分别得出前字组 bs、dt 和后字组 dz、yd 四组的区分曲线，如图 7 所示。

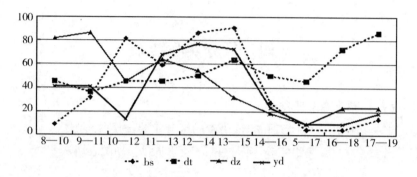

图 7　广州话母语者双字组区分曲线

结合前文双字组辨认实验结果可以发现，前后字四组的"中平—低平"、"高平—中平"，其辨认边界位置与区分峰值位置呈现出对应的态势。值得一提的是，dt 和 yd 两组的区分曲线严格来说只有一处显著区分峰值，另一处区分峰值仅为平缓的波峰，其中 dt 组的显著区分峰值位于 17—19st 端点刺激对处，yd 组的显著区分峰值位于 12—14st 刺激对处。也就是说，两组在"中平—低平"辨认边界处的区分峰值并不明显。

（三）播放顺序的区分实验分组结果

我们将广州话母语者单字音区分实验、非母语者单字音区分实验以及广州话母语者双字组区分实验按照刺激对音高的不同组合分为低高组和高低组，其中低高组是指刺激对中音高较低的刺激音在前，如"8—10st"；高低组是指刺激对中音高较高的刺激音在前，如"10—8st"。这样，可得出区分实验的低高组和高低组不同的区分曲线，如图 8、图 9 和图 10 所示。

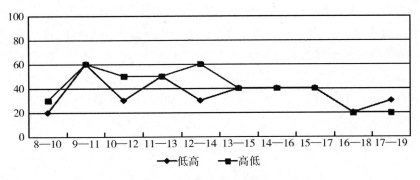

图 8　广州话母语者 yi 组

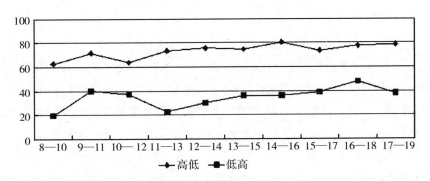

图 9　非母语者 yi 组

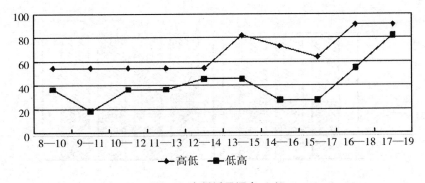

图 10　广州话母语者 dt 组

图 8 是广州话母语者对于单字音不同播放顺序的区分曲线图（以 yi

组为例），可以看出高低组和低高组的两条区分曲线存在多处重叠，这与弗朗西斯和乔卡（2003）的结果并不一致。图9是非母语者对于单字音不同播放顺序的区分曲线图（以 yi 组为例），可以看出高低组和低高组表现出明显的差异，低高组的区分率远高于高低组。图10是广州话母语者对于双字词不同播放顺序的区分曲线图（以 dt 组为例），与图9相同，低高组的区分率远高于高低组，这与弗朗西斯和乔卡（2003）的结果一致，刺激音播放顺序的不同会影响被试的区分结果。

§五 讨论

（一）广州话平调听感范畴

"对角（半空间）测试法"（石锋等，2012）设定人们的声调听觉有一个空间，用对角线把这个空间分成两半。每次利用其中的一半，可以有前上、后上、前下、后下四种半空间。与升调和降调不同，平调可以同时利用上下半空间来确定两两之间的整体分界。那么，根据单字音和双字组"中平—低平"和"高平—中平"的辨认实验结果，可以分别得出 yi、si、se 三组单字音和前后字四组双字词的听感范围，如图11和图12所示。

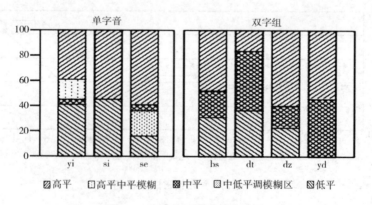

图 11 单字音平调听感范畴

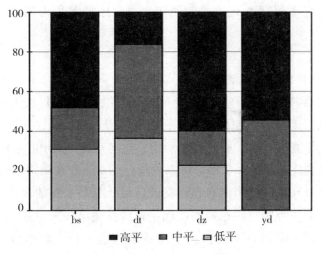

图 12　双字组平调听感范畴

从图 11 可以看出，高平调的听感范围最大，si、se 都超过 50%；低平调的听感范围次之，yi、si 超过 40%；中平调的稳态听感范围最小，si 的中平调稳态听感范围甚至无限趋近于 0，yi 的中平调与高平调存在着模糊听感区域，se 的中平调与低平调存在着模糊听感区域，在模糊听感区域内，被试的辨认是随机的。

从图 12 可以看出，前后字四组高中低三个平调均有明显的听感边界和听感空间。若不考虑单字音平调模糊听感区，bs 组和单字音 yi 组基本相似。李书娴（2008）以双音节词为材料，通过听辨实验发现年轻广州人对于中平调和低平调会出现听和说的混淆。同样是双音节词，同样是年轻的老广州人，在本实验中却表现出中低平调明确的听感边界，并未出现将二者混淆听辨的模糊区，这与实验语料有关。本文使用的实验语料为合成刺激音，8st—19st 区间内，每一个半音步幅都有对应的刺激音；李书娴使用的是发音人原始的录音语料，并未经过加工合成处理，一个调位或调值或许在声学上表现为不同的音高半音数值，前面分析提到，虽然中低平调边界位置清晰，但是却存在着一段不小的边界宽度，尤其是 dt 组和 yd 组，在边界宽度内，实际上被试的辨认还是比较模糊的，存在一定的随机性。因此，表面上本文的结果与李相悖，实际上却存在内在统一性，即中低平调呈现出混淆的迹象，但是与单字音相比，在参照字音高语境参照作用下，这种混淆得到一定程度的改善。

（二）广州话平调演变

广州话中高平调听感范畴 yi、si、se 三组大致相同，听感空间占据较大区域，si 和 se 都超过了 50%；高平调辨认曲线与中平调辨认曲线之间的边界宽度较窄，听感范畴稳定，这与金健（2010）的实验结果一致。结合广州话的声学格局可以发现，广州话处在调域中的最顶端，基本上没有与其他的声调存在相交的区域，与高平调的声学特征相照应，高平调的听感空间稳定而明确，相对其他声调来说是最容易感知的。对于成人来说是如此，对于儿童来说也一样，莉迪娅和芭芭拉（Lydia & Barbara，1995）就发现广州话母语的儿童对于高平调的感知要比其他声调的感知容易。或许广州话高平调听感范畴稳固与它的演变有关，施其生（2004）认为高平调的出现不是阴平调分化的信号，而是阴平调从调值 53 的高降调向调值 55 的高平调转化的信号。正因为阴平调处在或正完成向高平调的演化过程中，从而使得高平调的听感范畴稳定而明确，难以与其他声调混淆，对于音变具有较强的抵抗能力。事实上，高平调具有稳定性，在汉语方言中是具有一定的普遍性的，其独立性较强。

与高平调稳定明确的听感范畴相比，yi、si、se 三组的中平调和低平调的听感范畴则相对模糊。尤其是中平调，si 的中平调听感空间无限趋近于 0；yi 的中平调听感空间为 4%，并与高平调存在着 20%模糊边界；se 的中平调稳态听感空间为 5%，并与低平调存在着 16%模糊边界。彭刚和王士元（Peng & Wang，2005）就指出中平调和低平调的辨认是有一定的难度的，这对于机器识别和母语者来说都是成立的。王士元（1988）认为声调系统的演变主要产生于感知的相似性，曹志耘（1998）提出调类合并的唯一依据就是调值的相近度，中平调和低平调均为平调，且调值相近均居于调域的低频区，这样的难辨度与相似度为二者之间的混淆提供了条件。

从反应时上，也能看出高平调听感范畴稳固而中低平调听感范畴模糊的端倪。辨认实验的反应时结果，在"中平—低平"的实验中，最大反应时出现在音高较高的刺激音处。该试验并没有"高平调"的选项，被试在听到音高较高的刺激音时会花费较多的时间去进行判断，最后被迫进行选择，这说明被试并没有将中平调简单地辨认为高平调，可以推断高平调的听感范畴是较为稳固的，中平调的听感范畴并未向其扩展。"高平—中平"的反应时总体上是呈现出先增后减的趋势，音高较低的刺激音被试也是能很快辨认为中平调的，并不会因为音高低而像"中平—低平"实验那样因为没有低平调选项而犹豫最终被迫选择中平调，对于被试来说，或许音高较低的刺激音也并非难以接受为中平调。

结合广州话的声调格局，可以推断，广州话的低平调（阳去）正挤占中平调（阴去）的声学和听感范畴，并与其开始相混处在词汇扩散演化中。

（三）影响听感范畴边界因素

另外笔者还发现，前后字四组呈现出边界偏移的态势。边界偏移的出现，主要有三方面的原因：一是参照字的调类的对立参照，二是降阶（downstep）和下倾（declination）机制的影响，三是协同发音的顺向同化作用。[①]

（四）影响区分曲线因素

通过对比三个区分实验的结果，笔者发现三条区分曲线表现各异，受到以下因素的影响。

第一，语言信息。非母语者完全不会广州话，对于刺激音只是纯粹进行音高上的区分，这会强化他们对于音高细节的区分能力（Peng et al.，2010），单字音三组区分曲线非常集中也说明非母语者只是将三组音作为非言语刺激进行同一处理。但是无论是广州话母语者还是非母语者，都未出现明显的区分峰值，这与弗朗西斯、乔卡和吴（2003）对于广州话单字音区分实验和阿布拉姆森（1979）对于泰语平调的区分实验结果相似，或许无明显峰值就是单字音平调区分的常态。然而在能

---

① 关于广州话平调听感范畴边界的影响因素，详见拙文《广州话双字组平调的听感实验初探》。

借助语境参照的情况下，如在双字组区分实验中，区分曲线就表现出明显的区分峰值，这与郑洪英等（Zheng et al., 2007）对于广州话语境区分实验和陈曦丹（2012）对于普通话上声和阴平的双字组区分实验结果相似。这或许说明，能够借助的语言信息越多，被试的区分结果越易出现与辨认边界对应的峰值。

第二，下倾。在本文研究中，广州话母语者对于双字组的区分和非母语者对于单字音的区分都表现为低高组的区分率明显高于高低组。这与荣蓉等（2014）对普通话母语者双字真词实验结果与弗朗西斯和乔卡（2003）对广州话母语者言语单字刺激音实验结果相似。由于下倾的作用，被试在听到句末音节时，会进行感知补偿将目标字的音高提高。这样，刺激对中第二个刺激音原本在声学上音高低的在进行感知补偿后音高增加，就减小了与第一个刺激音在听感上的差异，导致区分率下降。

不过有意思的是，在本文中广州话母语者对于单字音的区分与非母语者的不同，并未表现出低高组的区分率高于高低组，而是呈现出重叠的态势。伴随城市化的发展，社会流动不断加快，许多个人和群体也在经历着社会认同和文化认同的改变，这就提供了更多的语言变化的社会动力（徐大明、王玲，2010）。根据第六次全国人口普查数据结果，广州常住人口中每三个广州人就有一个是外来人员①，而广州人在单字音区分上的这种不同或许是中低平调混淆的因素之一，这需要做出更进一步的研究。

§六 结语

负载句中的两字组真词是声调存在的最简单、自然的状态，将其作为听辨材料能够揭示母语者对于声调感知的真实处理过程和机制。本文利用广州话自然语言中的语料，采用"对角（半空间）测试法"，通过

---

① 详见《每 3 个广州人中有 1 个外来人员》（http://epaper.southcn.com/nfdaily/html/2011—05/17/content_ 6961085. htm）。

"中平—低平"、"高平—中平"两组实验的听感界限考察，最终得到广州话各平调的听感空间。

单字试验中，高平调和低平调均存在各自听感空间，中平调的听感空间与低平调大幅重叠，呈现出与低平调混淆的迹象。拉波夫（Labov，2001）认为由近似产生的合并（Merger by approximation）是语音合并发生的机制之一，两个音素的语音目标之间逐渐接近，最终变成相互之间没有区别。广州话中平调和低平调均为平调，且调值相近均居于调域的低频区，这样的相似度为二者之间的混淆提供了条件。可以推断，广州话的低平调（阳去）正挤占中平调（阴去）的声学和听感范畴，并与其开始相混且处在词汇扩散演化中。双字词实验中，广州话高、中、低三个平调都具有明确的听感范畴，辨认边界和区分峰值存在明显的峰界对应。在参照字音高语境的帮助下，这种混淆得到一定程度的改善。

梁磊（2014）指出声调的动态段与稳态段如何跟声调感知互动从而影响变异与演变的发生是研究中需关注的问题，通过利用语音实验与社会语言学调查的方法与工具对"活的语言"进行研究，能够做出一些探索（朱晓农，2006；石锋、梁磊，2011）。本文在这一思想的指导下，采用"对角（半空间）测试法"，对青年广州人所说的"活的语言"进行考察，发现在失去语境支持的条件下，年轻的广州人会混淆中低平调。基于社会语音学的视角，利用"对角（半空间）测试法"，能够发现声调细微的共时变异，从而探求出声调演变的因素及其演变方向（梁磊，2014）。

参考文献

［1］詹伯慧：《广东粤方言概要》，暨南大学出版社 2002 年版。

［2］曹志耘：《汉语方言声调演变的两种类型》，《语言研究》1998 年第 1 期。

［3］李书娴：《关于广州话阴去调和阳去调的听辨实验》，《方言》2008 年第 1 期。

［4］李小凡：《汉语方言连读变调的层级和类型》，《方言》2004 年第 1 期。

［5］梁磊：《 动态与稳态——汉语声调的共时变异研究》，《中国语文》2014 年第 4 期。

［6］金健：《广州方言和东海方言平调的感知研究》，《方言》2010 年第 2 期。

［7］钱曾怡：《从汉语方言看汉语声调的发展》，《语言教学与研究》2000 年

第 2 期。

[8] 施其生：《一百年前广州话的阴平调》，《方言》2004 年第 1 期。

[9] 石锋、荣蓉、王萍、梁磊等：《汉语普通话阴平调的听感范畴》，《当代语言学》2016 年第 1 期。

[10] 王萍、石锋、荣蓉：《汉语普通话上声的听感范畴》，《中国语文》2014 年第 4 期。

[11] 王士元：《声调发展方式一说》，《语文研究》1988 年第 1 期。

[12] 谢郴伟、温宝莹、梁嘉乐：《广州话双字组平调的听感实验初探》，《中国语音学报》2015 年第 5 期。

[13] 徐大明、王玲：《城市语言调查》，《浙江大学学报》2010 年第 6 期。

[14] 林焘、王士元：《声调感知问题》，《中国语言学报》1984 年第 2 期。

[15] Abramson, A. S., "Noncategorical perception of tone categories in Thai", *The Journal of the Acoustical Society of America*, Vol. 61, 1997.

[16] Bauer, Robert, S., Benedict, Paul K., *Modern Cantonese phonology*, Berlin: Mouton de Gruyter, 1997.

[17] Francis, A. L., Ciocca, V., "Stimulus presentation order and the perception of lexical tones in Cantonese", *The Journal of the Acoustical Society of America*, Vol. 114, No. 3, 2003.

[18] Francis, A. L., Ciocca, V., Ng, B. K. C., "On the (non) categorical perception of lexical tones", *Perception & psychophysics*, Vol. 65, No. 7, 2003.

[19] Labov, W., *Principles of linguistic change, II: social factors*, Massachusetts: Blackwell, 2001.

[20] Mok, P., Zuo, D., Wong, P., "Production and perception of a sound change in progress: tone merging in Hong Kong Cantonese", *Language Variation and Change*, Vol. 25, 2013.

[21] Ohala, John, J., "The listener as a source of sound change", in C. S. Masek, R. A. Hendrick & M. F. Miller (eds.), *Papers from the Parasession on Language and Behavior*, Chicago: Chicago Ling. Soc. 1981.

[22] Peng, G., Wang, W. S. Y, "Tone recognition of continuous Cantonese speech based on support vector machines", *Speech Communication*, Vol. 45, No. 1, 2005.

[23] Peng, G., Zheng, H. Y., Gong, T. et al., "The influence of language experience on categorical perception of pitch contours", *Journal of Phonetics*, Vol. 38, No. 4, 2010.

［24］So, L. K. , Dodd, B. J. , "The acquisition of phonology by Cantonese—speaking children", *Journal of Child Language*, Vol. 22, No. 3, 1995.

［25］Wong, P. C. M. , Diehl, R. L. , "The effect of duration on the perception of Cantonese level tones", *The Journal of the Acoustical Society of America*, Vol. 106, No. 4, 2009.

［26］Zheng, H. , Tsang, P. W. M. , Wang W. S. Y. , "Categorical perception of Cantonese tones in context: a cross—linguistic study", *Eighth annual Conference of the International Speech Communication association*, 2007.

本文发表于《实验语言学》2015 年第 4 卷第 1 期

普通话阴平、阳平中日听感实验对比分析

于 迪 石 锋

摘 要： 本实验选择有一定汉语水平的日本留学生为被试，采用选择辨认和区分实验的方法，考察日语母语者对汉语普通话阴平、阳平的感知情况，并与汉语母语者对普通话阴平、阳平的感知情况进行对比。实验发现：日本被试、中国被试对普通话阴平、阳平的听感边界均为稳态边界。日本被试的实验结果与中国被试相比，存在差异性。这主要表现在日本被试界前、界后曲线出现显著波动与反复，日本被试边界位置总体前移、边界宽度较大、区分率极低且峰值不明显，但中、日被试间的差异并不显著。同时，实验发现，母语经验对日本被试普通话阴平、阳平的范畴化知觉有影响，但影响不显著，这可能与日语母语者的音高重音经验有关。

关键词： 阴平 阳平 听感 母语经验

§一 引言

对范畴化知觉（categorical perception）的早期研究主要集中于音段特征。利伯曼等（1957）用听觉感知实验的方法对元音和辅音进行了分析。早期的声调知觉研究开始较晚，王士元（1976）研究汉语普通话阴平和阳平之间的感知情况，通过实验证明了普通话的阴平调和阳平调之间存在范畴感知。阿布拉姆森（1979）对泰语高、中、低三个调进行感知实验，得出泰语声调是非范畴的连续感知的结论。

第二语言的语音知觉会受到母语语音的影响和制约，这取决于特定

语音特征在母语和第二语言中音系地位和语音表现的异同（张林军，2010a）。王士元（1976）以不同母语背景的被试为对象，研究被试对汉语声调的范畴化知觉情况，结果表明中国被试的感知存在语言学边界而美国被试存在物理边界。随后，许多关于声调的范畴化知觉实验探究了母语经验对范畴化感知的影响。这些实验主要关注母语为声调语言和非声调语言的被试在音高感知上的差异（Francis, Ciocca & Ng, 2003；Hallé, Chang & Best, 2004；Xu, Gandour & Francis, 2006）。张林军（2010a）考察了韩国、日本和泰国留学生的汉语声调知觉情况，发现零起点的泰国留学生表现出一定的范畴化特征但与汉语母语者的知觉模式并不一致；而零起点的韩、日留学生的知觉是连续性的。该研究同时发现，音高重音和声调语言的母语经验对声调范畴化知觉能力的发展没有显著促进作用。彭刚等（2010）探讨了不同母语经验对普通话声调的知觉范畴化产生的影响。该实验通过对阴平和阳平、阴平和去声两个连续统的考察，表明汉语母语者在感知普通话声调时存在语言学上的界限，而德语母语者感知普通话声调则为物理界限。

　　本实验主要研究日语母语者对汉语普通话阴平、阳平的听感表现，并与汉语母语者对普通话阴平、阳平的听辨结果（李幸河，2012）进行对比。

§二　实验概述

　　李幸河（2012）在汉语普通话阴平、阳平的听感分界实验中选择了34名北方方言背景的汉语母语者作为被试，对阴平、阳平的听感分界做了初步探索。在此基础上，继续用原来的刺激音，做了日语母语者对汉语普通话阴平、阳平的听感分界实验。

（一）实验词选择

　　实验以自然语言中的双字组词为实验语料，按照目标字在词对中的位置分为前字组和后字组，按参照字调类分为阴平参照组、阳平参照组、上声参照组、去声参照组，依此原则设计备选词。根据《中国语

言生活状况报告（2009）》（上编）中所给出的频序参数选取其中词频
接近的双音节词，然后对备选词进行熟悉度调查，最终选出八组最佳词
对作为实验词对（见表1）。

表 1　　　　　　　　　　　阴平—阳平组实验选词

参照字声调	前字组	后字组
阴平	青天—晴天	出身—出神
阳平	称为—成为	流星—流行
上声	鸡眼—急眼	小汪—小王
去声	天地—田地	大虾—大侠

（二）刺激音合成

本实验与李幸河（2012）的实验语料相同。发音人为一名普通话
标准的男性北京人，录音地点为南开大学语音实验室，环境安静。录音
软件为 Cooledit Pro 2.0，采样标准为 11025Hz，16 位单声道。

合成刺激音前，对发音人的调域和音节时长进行了测量。经测量，
发音人调域为 9st—19st；音节时长受到测量字所在组别的影响。据此，
笔者制定了刺激音样本合成标准。合成目标字语音样本时，阴平定为高
平调，音高 19—19st，时长 160ms；阳平为升调，音高 9—19st，时长
160ms。合成参照字语音样本时，根据其位置和声调的不同，并考虑发
音时的实际音高和时长表现，制定不同的合成标准，见表 2。刺激音样
本的具体合成标准及方法见图 1。

表 2　　　　　　　　　　　参照字合成标准

参照字调类	音调（st）	时长（ms）
阴平	19—19	160
阳平	14—19	160
上声	9—9	140
去声（位于词首）	19—14	140
去声（位于词末）	19—9	140

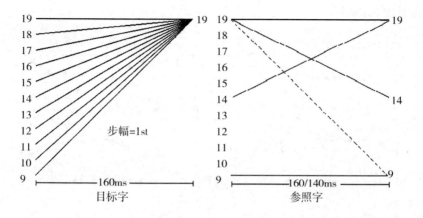

图1 刺激音样本合成标准及方法

（三）实验被试

李幸河（2012）选取了34名汉语北方方言母语被试。本实验选择了24位来自南开大学、天津外国语大学汉语中、高级班的日本留学生作为被试，被试来中国的平均时间为11个月，年龄均在20—30岁之间，其中11名男生，13名女生。右利手，无阅读或听力障碍。

（四）实验流程

整个实验包括辨认实验（identification test）和区分实验（discrimination test）两部分，刺激音的播放和数据的采集均由 E-prime 2.0 软件来完成。程序具体环节为：注视点—被试按空格键—播放提示音—显示选择画面并播放实验词—被试按键选择，同时选择界面消失—注视点再次出现（循环至实验结束）。在进行正式实验之前，被试都要进行练习，以熟悉实验流程，练习部分的数据不计入统计。

§三 日本被试实验结果

（一）辨认区分曲线图

日语母语者对汉语普通话阴平、阳平听感实验的辨认、区分曲线图见图 2（左侧图为前字组，右侧图为后字组）。

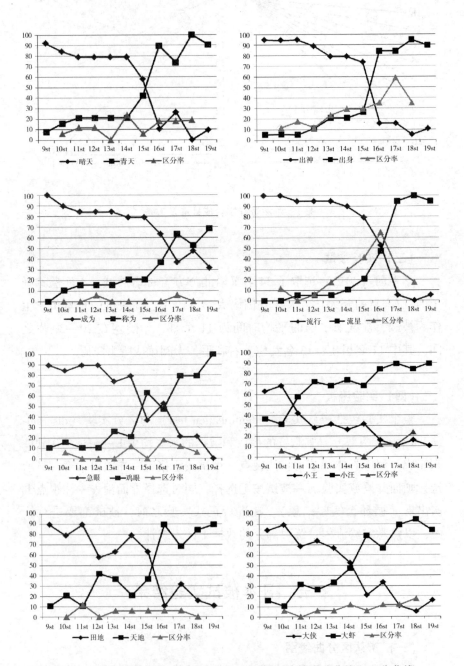

图 2　日语母语者对普通话阴平、阳平听感实验的辨认曲线和区分曲线

　　图 2 中"鸡眼—急眼"组辨认曲线出现二个交点，说明日本被试对该组的听辨比较模糊，被试的听感边界不是一个点，而呈现带状分布特征，是动态边界。除"鸡眼—急眼"组外，其余七组实验词的辨认曲线均存在单一交点，出现了听感分界，但边界位置的表现有所不同。前字组中，"称为—成为"组边界位置明显后移，为 16.5st；后字组中，"小汪—小王"组边界位置明显前移，为 10.7st。除"出身—出神"组和"流星—流行"组以外，其他各组实验词的界前或界后曲线均出现显著波动与反复，说明日本被试对实验词的听辨总体比较模糊，听辨敏感度比较低。同时，从辨认曲线看，"称为—成为"组的界后曲线、"小汪—小王"组的界前曲线出现明显压缩，其他各组实验词界前、界后曲线分离度良好。

　　从区分曲线看，"出身—出神"组和"流星—流行"组区分曲线出现峰值，区分效果良好。尤其"流星—流行"组的区分峰值与辨认边界完全对应，说明日本被试对该组范畴化感知的程度很高。其余六组实验词的区分曲线总体走势平缓，区分率极低，区分峰值不明显。

（二）实验参数

　　由表 3 可知，从边界位置上看，日本被试前字组边界位置在 14.7st—16.5st 之间，平均值为 15.6st；阴平听感范围在 25%—43%之间，阳平听感范围在 57%—75%之间。后字组边界位置在 10.7st—16.1st 之间，其中"小汪—小王"组边界位置显著前移，至少前移 3.4st，数据离群。后字组边界位置平均值为 15.2st（"小汪—小王"组排除）。阴平听感范围在 29%—49%之间，阳平听感范围在 51%—71%之间。由此，日本被试后字组边界位置比前字组前移，但仅前移 0.4st，相差不大。日本被试对普通话阴平、阳平的听感边界为稳态边界。

　　从边界宽度上看，日本被试前字组中，"称为—成为"组中"称为"的最大辨认率为 68%，小于 75%，该组边界宽度无法计算，但由图 2，其边界宽度大于 3st；后字组中，"小汪—小王"组边界宽度无法计算，但大于 5st。阴平组、阳平组内，前字组边界宽度大于后字组。其中阴平组两者相差 0.4st，阳平组二者至少相差 1.6st。上声组、去声组内，前字组边界宽度小于后字组。其中上声组相差至少 2.2st，去声组二者相差 2.7st。由此，日本被试前、后字组的边界宽度表现比较混乱，没有明确规律。同时，由表 3，"大虾—大侠"组，日本被试边界宽度为 4.2st，显著偏大。这可能是日本被试对该组实验词不熟悉所致。

表 3   本被试辨认、区分实验各实验参数

对比组	参照字声调	实验词	边界位置（st）	边界宽度（st）	区分率最大值（%）	区分率最大值位置（st）
前字组	阴平	青天—晴天	15.2	1.5	24	13—15
	阳平	称为—成为	16.5	>3	6	11—13/16—18
	上声	鸡眼—急眼	14.7 / 15.8 / 16	2.8	18	15—17
	去声	天地—田地	15.3	1.5	12	10—12
后字组	阴平	出身—出神	15.4	1.1	59	16—18
	阳平	流星—流行	16.1	1.4	65	15—17
	上声	小汪—小王	10.7	>5	24	17—19
	去声	大虾—大侠	14.1	4.2	18	17—19

从区分率最大值方面看，除"出身—出神"组、"流星—流行"组区分峰值大于50%外，其他各组区分率极低。虽然后字组（"出身—出身"和"流星—流行"除外）区分率最大值总体大于前字组，但前、后字组相差不大。

§四　日本、中国被试实验结果对比分析

（一）辨认实验结果对比分析

1. 辨认曲线对比

图 3 中，日本、中国被试听感实验的八组对比辨认曲线中，辨认曲线走势基本一致。皮尔逊相关性分析表明，它们之间显著相关 [qing-tian（$r = 0.759$, $p < 0.01$），chengwei（$r = 0.803$, $p < 0.01$），jiyan（$r =$

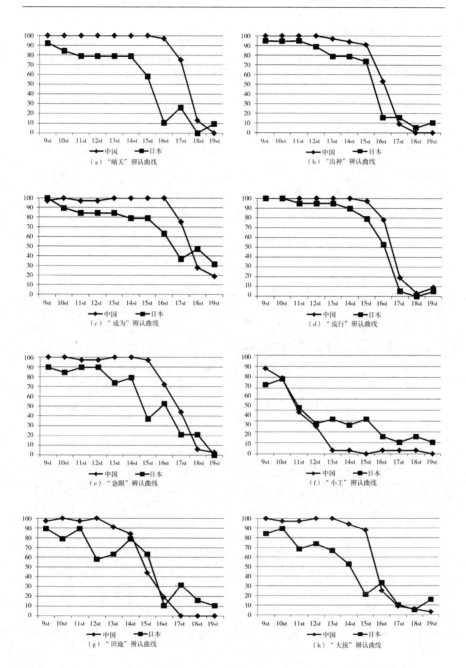

图3 日本、中国被试辨认曲线对比图

0.877, $p<0.001$）, tiandi （$r=0.897$, $p<0.001$）, chushen （$r=0.953$, $p<0.001$）, liuxing （$r=0.982$, $p<0.001$）, xiaowang （$r=0.914$, $p<0.001$）, daxia （$r=0.846$, $p<0.001$）]。但是与中国被试相比，日本被试辨认曲线大多出现明显波动与反复，尤其日本被试的"田地"曲线波动显著，说明日本被试对该组的辨认情况不理想。但是日本被试"出神"、"流行"辨认曲线与中国被试非常接近，相关系数分别达到 0.953、0.982，说明日本被试对"出身—出神"、"流星—流行"的辨认情况比较理想。

2. 主要参数对比（见表 4）

表 4　　　　　　日本、中国被试辨认、区分实验各参数对比

对比组	参照字声调	实验词		边界位置（st）	边界宽度（st）	区分率最大值（%）	区分率最大值位置（st）
前字组	阴平	青天—晴天	中国人	17.4	0.8	81	17—19
			日本人	15.2	1.5	24	13—15
	阳平	称为—成为	中国人	17.5	1.3	59	16—18
			日本人	16.5	>3	6	11—13/16—18
	上声	鸡眼—急眼	中国人	16.8	1.6	72	16—18
			日本人	14.7 15.8 16	2.8	18	15—17
	去声	天地—田地	中国人	14.8	1.5	54	14—16
			日本人	15.3	1.5	12	10—12
后字组	阴平	出身—出神	中国人	16.1	1.2	91	15—17
			日本人	15.4	1.1	59	16—18
	阳平	流星—流行	中国人	16.5	0.8	88	16—18
			日本人	16.1	1.4	65	15—17
	上声	小汪—小王	中国人	10.6	2.7	34	10—12
			日本人	10.7	>5	24	17—19
	去声	大虾—大侠	中国人	15.6	0.8	72	15—17
			日本人	14.1	4.2	18	17—19

第一，边界位置。

日本被试前字组中，"鸡眼—急眼"组出现多交点，在此不做规律探讨。其余三组边界位置的具体表现为：阳平组（16.5st）>去声组

（15.3st）>阴平组（15.2st）；后字组中，各组听感边界位置的具体表现为：阳平组（16.1st）>阴平组（15.4st）>去声组（14.1st）>上声组（10.7st）。因此，无论是前字组还是后字组，参照字为阳平时，日本被试边界位置最大，出现后移。就参照字位置而言，阴平组内后字组边界位置（15.4st）相比前字组（15.2st）而言后移，但两者仅相差0.2st，非常接近，基本无差别。阳平组、上声组、去声组内，均呈现出后字组边界位置相比前字组前移的现象，但阳平组内前、后字组边界位置也比较接近，仅相差0.4st；去声组相差较大，为1.2st；上声组相差最大，后字组边界位置明显前移，前、后字组边界位置至少相差4st。

普通话阴平和阳平之间的听感分界实验（李幸河，2012）显示，前字组中，各组边界位置的具体表现为：阳平组（17.5st）>阴平组（17.4st）>上声组（16.8st）>去声组（14.8st）；后字组中，各实验词组边界位置的具体表现为：阳平组（16.5st）>阴平组（16.1st）>去声组（15.6st）>上声组（10.6st）。就参照字位置而言，阴平组、阳平组、上声组、去声组内，后字组边界位置相比前字组而言，均出现前移，分别前移1.3st、1st、6.2st、0.8st。

通过上述分析，可以得出以下结论：

（1）无论是中国被试还是日本被试，当参照字为阳平时，边界位置最大，相比其他三组出现后移。但对中国被试而言，当参照字为阴平时，边界位置也比较大。具体表现为前、后字组中，参照字为阴平时，边界位置分别仅比参照字为阳平时前移0.1st、0.4st，基本与参照字为阳平时没有差别，而日本被试参照字为阴平时的边界位置与参照字为阳平时相比，前、后字组中分别前移1.3st、0.7st，相差较大。

（2）日本被试后字组边界位置比前字组前移偏小（阴平组除外，阴平组后字组边界位置与前字组接近，仅相差0.2st），目标字在后时阴平感知范围扩大。但独立样本 T 检验表明，日本被试前、后字组边界位置不存在显著性差异（$t = 1.504$，$df = 8$，$p > 0.05$），这与中国被试的实验结果（李幸河，2012）一致。

（3）"天地—田地"组和"小汪—小王"组中，日本被试与中国被试相比，边界位置后移，但分别后移仅0.5st、0.1st，相差不大。除此以外，无论前字组还是后字组，日本被试与中国被试相比，边界位置均出现前移，平均前移 1st。但独立样本 T 检验表明，无论是总体相比（$t=0.745$，$df=16$，$p>0.05$），还是前字组（$t=1.751$，$df=8$，$p>0.05$）、后字组（$t=0.342$，$df=6$，$p>0.05$）分别相比，日本、中国被试边界位置的差异均不显著。

（4）日本被试"小汪—小王"组边界位置为 10.7st，比其他各组显著前移至少 3.4st。中国被试"小汪—小王"组边界位置为 10.6st，比其他各组显著前移至少 4.2st。"小汪—小王"组在两个实验中均出现边界位置显著前移的现象。这可能是由于降阶因素的影响。由于参照字"小"本质上为低平调，而目标字"汪"和"王"都具有"高"的特色，且目标字为零声母字更容易受到降阶因素影响。从阴平字"汪"的角度看，零声母音节特征加剧了降阶影响，使上升空间变窄，人耳在较低调域即可将刺激音感知为阴平的可能性增大；从阳平字"王"的角度看，由于低平调的影响，"王"的升调特色受到一定程度的抹杀，但升调调尾仍保留了"高"的特色，被试心理留下了"高"的印象，因而在听感上容易将"小王"听辨为高平的"小汪"，导致听感分界出现显著前移（李幸河，2012）。

第二，边界宽度。

日本被试前字组中，各组边界宽度的具体表现为：阳平组（>3st）>上声组（2.8st）>去声组（1.5st）=阴平组（1.5st）。后字组中，各组边界宽度的具体表现为：上声组（>5st）>去声组（4.2st）>阳平组（1.4st）>阴平组（1.1st）。就参照字位置而言，阴平组、阳平组内，前字组边界宽度大于后字组。其中阴平组两者相差 0.4st，阳平组二者至少相差 1.6st。上声组、去声组内，前字组边界宽度小于后字组。其中上声组相差至少 2.2st，去声组二者相差 2.7st。

中国被试前字组中各组边界宽度的具体表现为：上声组（1.6st）>去声组（1.5st）>阳平组（1.3st）>阴平组（0.8st）。后字组中，各组边界宽度的具体表现为：上声组（2.7st）>阴平组（1.2st）>阳平组（0.8st）=去声组（0.8st）。就参照字位置而言，阴平、上声组内前字组边界宽度小于后字组，两者分别相差 0.4st、1.1st；阳平、去声组内，前字组边界宽度大于后字组，两者分别相差 0.5st、0.7st。

通过上述分析，可以得出以下结论：

（1）对于中国被试而言，参照字为阴平时，边界宽度最大。但对日本被试而言，无论从前、后字组即参照字位置的角度分析，还是从参照字调类的角度分析，日语母语者辨认实验的边界宽度均未表现出明确的规律性。

（2）日本被试"称为—成为"组、"鸡眼—急眼"组、"小汪—小汪"组、"大虾—大侠"组边界宽度显著偏大。分析可能的原因，"小汪—小王"组由于降阶作用影响了被试的听辨，从而导致边界宽度相比其他组显著增大。这一现象与中国被试的实验结果一致。其他三组主要是由于日本被试对个别实验词不熟悉所致。实验开始前对被试实验词熟悉度的初步调查显示，日本被试对"称为"、"鸡眼"、"急眼"、"大侠"的熟悉度偏低。虽然实验前对熟悉度偏低的词进行了教读及词义解释，但由于被试不能在短期内达到汉语母语者对实验词的熟悉度，因而听辨时出现边界范围不稳定、浮动较大的现象。

（3）除"天地—田地"组日本被试边界宽度与中国被试相等、"出身—出神"组日本被试边界宽度略小于中国被试（仅小 0.1st，非常接近）以外，其他各组中，日本被试边界宽度均大于中国被试，最少大 0.6st，最多大 3.4st。因此日本被试边界宽度总体大于中国被试。这可能是因为日本被试对汉语声调的概念相对模糊，对实验词的熟悉度也相对较低，相比中国被试而言，当刺激音半音值相差更大时，日本被试才能将刺激音感知为不同范畴，表现为边界宽度较大。而"出身—出神"、"天地—田地"组日本被试边界宽度与中国被试接近，可能是因为被试对这两组实验词相对熟悉。但独立样本 T 检验表明，无论是总体相比（$t=-1.517$，$df=12$，$p>0.05$），还是前字组（$t=-1.511$，$df=5$，$p>0.05$）、后字组（$t=-0.873$，$df=5$，$p>0.05$）分别相比，中国、日本被试边界宽度的差异均不显著。

（二）区分实验结果对比分析（见图4）

图4中，日本被试的区分曲线总体走势平缓，区分率极低，峰值不明显。但"出身—出神"组、"流星—流行"组例外，这两组出现了显著的区分峰值，区分效果良好。中国被试的区分曲线除"小汪—小王"

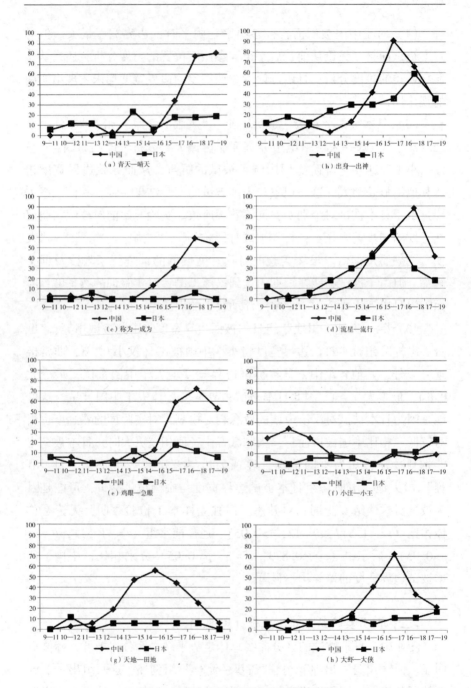

图 4　日本、中国被试区分曲线对比图

组外均出现明显峰值，且峰值区分率显著高于50%，区分效果明显优于日本被试。出现这种现象的原因可能有：

（1）母语经验的影响。日语是音高重音型语言，日语母语者对汉语声调的感知相对模糊。区分实验中，每组刺激音对的两个刺激音之间相差只有2st，这种细微差距不足以使日本被试将两个刺激音区分为不同范畴，因而区分率总体偏低。而汉语是典型的声调语言，中国被试对汉语的感知是典型范畴化感知，因此尽管2st的差距较小，中国被试也能相对良好地将刺激音区分为不同范畴，表现为区分曲线出现明显峰值。

（2）日本被试对实验词及其声调不熟悉，这影响了被试的听辨，造成被试难以区分两个刺激音。

（3）日本被试区分率总体偏低、峰值不明显也可能是因为合成刺激音的质量不高，刺激音播放速度较快，客观上增加了被试听辨的难度。

由图4可以看出，日本被试"出身—出神"、"流星—流行"两组出现了明显的区分峰值，且与中国被试区分曲线走势基本一致。

结合图5可知，"流星—流行"辨认曲线平滑，伸展度良好，基本没有出现波动，且峰界完全对应，说明日本被试对该组范畴化感知的程度非常高，甚至接近汉语母语者的水平。"出身—出神"界后曲线出现轻微波动，但总体平滑，边界所在直线陡峭，听感分界清晰，说明日本被试对该组范畴化感知的程度也相对较高，但区分峰值与辨认边界对应不明显。日本被试对这两组实验词范畴化感知的程度比较高可能是因为被试对实验词比较熟悉，因而在辨认、区分实验中对它们的听辨都相对容易，听辨结果也与汉语母语者接近。

§五 总结

由图6、图7和图8可知，日本被试、中国被试对普通话阴平、阳平的听感边界均为稳态边界。中国被试阴平、阳平的听感边界浮动范围为0.5st，日本被试阴平、阳平的听感边界浮动范围为0.4st，略小于中国被试。日本被试前、后字组边界位置相比中国被试均出现前移，分别前移 1st、0.9st。日本被试、中国被试后字组边界位置相比前字组均出现前移，阴平听感范围扩大。

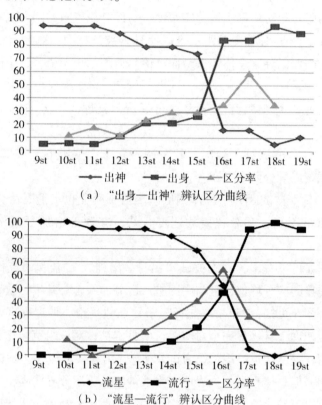

（a）"出身—出神"辨认区分曲线

（b）"流星—流行"辨认区分曲线

图 5　日本被试"出身—出神"、"流星—流行"
辨认区分曲线

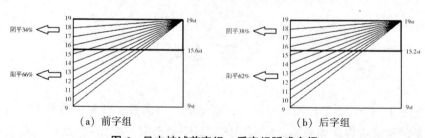

（a）前字组　　　　　　（b）后字组

图 6　日本被试前字组、后字组听感空间

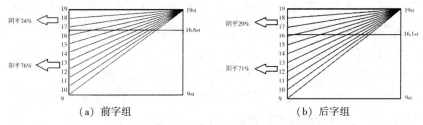

（a）前字组　　　　　　　　　（b）后字组

图7　中国被试前字组、后字组听感空间

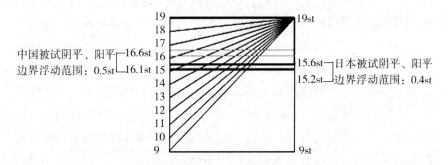

图8　日、中被试阴平、阳平边界浮动范围

日本被试的实验结果与中国被试相比有一定的差异。从辨认实验看，日本被试界前、界后曲线出现显著波动与反复。与中国被试相比，日本被试边界位置总体前移，平均前移1st；边界宽度总体大于中国被试，至少大0.6st。但根据SPSS检验分析的结果，中国被试、日本被试边界位置和边界宽度的差异均不显著。从区分实验看，日本被试的区分曲线总体走势平缓，区分率极低，峰值不明显；而中国被试区分峰值明显（"小汪—小王"组例外），区分效果良好。

日语母语者对汉语普通话阴平、阳平的听感实验显示，母语经验对日本被试普通话阴平、阳平的范畴化知觉有影响。这主要表现在：日语是音高重音型语言，日本被试对汉语声调感知的敏感度小于中国被试。相比中国被试而言，当刺激音半音值相差更大时，日本被试才能将刺激音感知为不同范畴，表现为边界宽度较大、区分率总体偏低、峰值不明显。但是母语经验对日本被试普通话阴平、阳平范畴化知觉的影响并不显著，这可能是因为日语作为音高重音语言，其音高信息承担着和汉语声调类似的作用，即通过音高模式的变化来区分词汇语义，只不过汉语声调的音高变化是音节水平上的，而日语音高模式的变化是跨音节的。因此，日语母语者音高重音的经验可能提高了他们对音高信息的感知能力，从而提高了他们知觉汉语声调范畴内连续统之间音高差异的能力（张林军，2010b）。所以，尽管日本被试对汉语声调感知的敏感度小于中国被试，但这种差异不具有显著性。

日本被试对普通话阴平、阳平的听感结果显示，日语母语者对阴平、阳平的辨别不理想。同时，日本被试与中国被试相比，边界位置前移，阴平感知范围扩大。这说明，日本被试对阴平即高平调的感知优于阳平即升调。日本留学生汉语声调格局（杨吉春、崔言，2011）显示：日本留学生去声习得效果最好，阴平次之，阳平、上声出现困难。这充分说明，语音输入对输出有一定影响，从语言习得的顺序看，学生要先学会听，然后才能学会说。因此，在对日本留学生的声调习得教学中，应重视阳平调的听音教学，加强对阳平的听音训练，增强日本留学生对阳平的感知能力，在此基础上进行阳平调的发音练习，更能取得声调习得的预期效果。

参考文献

［1］李幸河：《普通话阴平和阳平之间的听感分界》，《实验语言学》2012 年创刊号。

［2］陈曦丹：《普通话阴平和上声之间的听感分界》，《实验语言学》2012 年创刊号。

［3］荣蓉：《音高和时长对阴平和上声听辨的影响》，《南开语言学刊》2012 年第 2 期。

［4］石锋、冉启斌：《普通话上声的本质是低平调——对"汉语平调的声调感知研究"的再分析》，《中国语文》2011 年第 6 期。

［5］石锋、王萍：《北京话单字音声调的统计分析》，《中国语文》2006 年第 1 期。

［6］石锋、王萍：《北京话单字音声调的分组统计分析》，《当代语言学》2006 年第 4 期。

［7］席洁、姜薇、张林军、舒华：《汉语语音范畴性知觉及其发展》，《心理学报》2009 年第 41 卷第 7 期。

［8］薛鑫：《普通话阴平和去声之间的听感分界》，《实验语言学》2012 年创刊号。

［9］杨吉春、崔言：《日本留学生汉语声调格局》，《汉语国际传播研究》2011年第 2 期。

［10］张林军：《母语经验对留学生汉语声调范畴化知觉的影响》，《华文教学与研究》2010 年第 2 期。

［11］张林军：《日本留学生汉语声调的范畴化知觉》，《语言教学与研究》2010 年第 3 期。

［12］"中国语言生活状况报告"课题组：《中国语言生活状况报告（2009）》（上编），商务出版社 2010 年版。

［13］Abramson，A. S.，"Noncategorical perception of tone categonies in Thai"，*Jonrnal of The Acousticae Souiety of America*，Vol. 61，1977。

［14］Liberman，A. M.，Harris，R. S.，Hoffman H. S. & Griffith B. C.，"The discrimination of spceen soumds within and acrois phoneme boundaries"，*Journal of Experimenlal psychology*，Vol. 54，1957。

本文发表于《实验语言学》2014 年第 3 卷第 2 期

汉语普通话塞音/p/、/t/听感实验初探

嵇天雨

摘　要：为考察汉语普通话塞音/p/、/t/的听感范畴，以及研究其听感范畴受何种因素影响和其他特点，对10名男性被试和10名女性被试进行听辨实验。以有意义的双字词作为听辨材料，让被试选择自己自然听辨到的词为答案。初步的实验显示，主要是实验词语前后字、后接元音以及声调对范畴的大小、边界位置所在影响最大。但因为初步试验并不全面，这些影响因素具体是如何影响塞音/p/、/t/听辨的，还需要进一步实验认证。

关键词：塞音　听感实验　范畴感知

§一　引言

范畴化感知是辅音知觉的一个显著特征，也就是说连续的语音变化被知觉为离散的、数量有限的语音单元，即音位。语音范畴感知的研究始于利伯曼等（1957）对浊辅音/b/、/d/、/g/的实验研究。

本次实验是塞音/p/和/t/听感分界的初步试验，笔者把人的自然发音当作音位。也就是说，塞音/p/和/t/应当是范畴化的。但是由于辅音所特有的一些特点（短促、声音不响亮等），究竟人们是不是可以清楚地区分这两个音，或者说不能区分的原因都是什么，本文将进行一个探讨，即分别从前后字、性别、探测界面等方面考察影响听感边界的因素。

§二　实验方法

（一）实验对象

本次实验的对象分为发音人和听辨人两种。发音人是一位北京人，男生，南开大学在校本科生，合唱团男低音，音质比较稳定。听辨人共20名（男生10名，女生10名），均为北方人，平均年龄23.4岁，没有视听障碍，右利手。实际使用的有效数据为20人，男女各半。

需要说明的是，由于第一次试验没有做辨认反序实验，因此辨认反序实验为后补，实验者为重新选择的20人，因此后面的实验结果可能会受到辨认人的影响。

（二）选择实验词

选择的实验词分为前字对比组和后字对比组两组，前字即包含 b、d 声母的字在词的第一个字，后字即包含 b、d 声母的字在词的第二个字。选词的原则是：除 b、d 声母外，其他韵母等音全部一致，各词尽量保证词频大体一致，被试较为熟悉。整理了能够较好做出的音，确定实验词为以下四组（见表1）。

表1	所选实验词	
前字对比组	包子—刀子	办公—弹弓
后字对比组	击毙—基地	通报—通道

（三）共振峰数据测量及合成刺激音

运用 Praat 软件导入实验词分析 F2[①]，分析结果如表2。

---

① 由于其他共振峰对辅音听感影响较小，在此不做考虑，只分析第二共振峰。

表2 前字、后字对比组 F2 值

前字对比组 F2（起点赫兹值）			后字对比组 F2（起点赫兹值）		
包	刀	差值	毙	地	差值
907.8Hz	1229Hz	321.2Hz	1500Hz	2180Hz	680Hz
办	弹	差值	报	道	差值
882Hz	1307Hz	425Hz	972Hz	1421Hz	449Hz

将其转换为 Bark，将 Bark11 等分，然后再将其转换为赫兹值，做出 11 个刺激，这样共得到 44 个刺激音。44 个刺激音的赫兹值如表3、表4。

表3 前字组刺激音

前字组	刺激1	刺激2	刺激3	刺激4	刺激5	刺激6	刺激7	刺激8	刺激9	刺激10	刺激11
包—刀	907.8	936.8	966.5	996.9	1027.9	1059.6	1091.9	1125.1	1158.9	1193.5	1229
办—弹	882	924.1	967.5	1012.2	1058.4	1106.2	1155.5	1206.5	1259.1	1313.6	1370

表4 后字组刺激音

后字组	刺激1	刺激2	刺激3	刺激4	刺激5	刺激6	刺激7	刺激8	刺激9	刺激10	刺激11
毙—地	1500	1558.3	1618.7	1681	1745.4	1811.9	1880.7	1951.8	2025.4	2101.4	2180
报—道	972	1011.3	1051.8	1093.4	1136.2	1180.2	1225.6	1272.3	1320.4	1369.9	1421

（四）实验录音和听辨

录音设备为装有 Windows 7 的电脑；录音软件 Cooledit 2.0，采样率是 44100Hz，采样精度 16 位，单声道；录音环境为南开大学汉语言文

化学院北楼一间安静的教室。听辨软件 E-prime，听辨人在安静的室内逐一完成。

（五）E-prime 脚本的制作

实验包括辨认实验和区分实验两部分。辨认实验采取二选一迫选的方式，非此即彼，脚本共包括 44 个刺激；区分实验间隔一个刺激音对比的方法（例如 1—3、3—1、2—4 等刺激对形式），再加上相同刺激组成的刺激对（例如 1—1 等）共 72 个刺激对。同时，根据探测界面/p/和/t/以及"相同"和"不同"选项相对位置的不同，辨认实验和区分实验又分别有正序和反序两种脚本。

1. 辨认实验

辨认实验中每个词语随机播放一次，要求被试通过按键在两个词语选项中进行迫选。

实验在安静、亮度适中的实验室中进行。正式实验开始前有一个由 10 个任务组成的练习，当被试完全了解实验要求后进入正式实验。实验开始后，被试按空格键，即由 E-prime 软件通过耳机以相同音强随机不重复地播放刺激音，随后被试会看到一个选择界面，屏幕左右各出现一个词语选项，如"包子（F）、刀子（J）"，要求被试选择所听到的是屏幕左边的词还是右边的词。如果是左边的词（如"包子"）就按F 键，以此类推，要求又快又准地做出判断。被试选择后选择界面消失，进入下一题流程。不同按键反应差异通过不同被试组进行组间平衡。正式实验 5—6 分钟。

2. 区分实验

区分实验由两个词组成一个刺激对，每个刺激对随机播放一次，要求被试通过按键判断两个词是否完全一样。

刺激对之间的关系有两种情况：第一种情况是刺激对由两个相同的刺激组成（本实验中只有一组相同刺激 1—1）；第二种情况是每对刺激由相隔的两个刺激组成（1—3、2—4、3—5……或是与之相反的组合顺序 3—1、4—2、5—3……），同一刺激对中的两个刺激音之间相隔500ms。具体实验流程与辨认实验基本一致，只是听到刺激音后呈现的选择界面略有不同，屏幕左右会各出现一个提示，如"相同（请按

F)、不同（请按 J）"，要求被试判断所听到的两个音是否完全一样。不同刺激组合顺序和按键反应差异通过不同被试组进行组间平衡，其他实验流程相同。正式实验 9—10 分钟。

§三　结果分析

（一）辨认曲线的分析（见图 1）

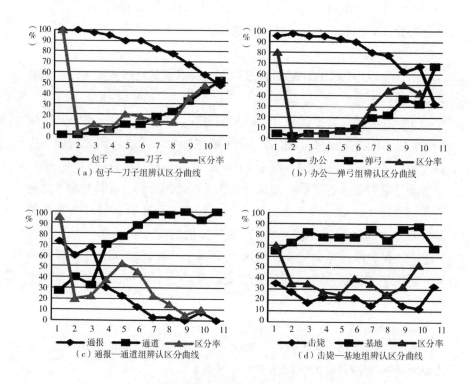

（a）包子—刀子组辨认区分曲线

（b）办公—弹弓组辨认区分曲线

（c）通报—通道组辨认区分曲线

（d）击毙—基地组辨认区分曲线

图 1　实验辨认曲线与区分曲线

　　计算出四组词辨认曲线的边界位置、边界宽度、听感范围、最大辨认率和最大区分率，得出表 5。

表5   四组词的听感范围、边界位置、宽度和最大辨认率、区分率

前后字	实验词	感知范围		边界点	边界宽度	区分峰值	区分位置	区分均值	最大辨认率	
		/p/	/t/	F2	F2				/p/	/t/
前字	包子刀子	97%	3%	1220Hz	>104Hz	48%	刺激9—11	26%	100%	52.5%
	办公弹弓	94.26%	5.74%	1342Hz	>164Hz	50%	刺激8—10	27%	97.5%	67.5%
后字	击毙基地	0.00%	100%			52.5%	刺激9—11	38%	32.5%	87.5%
	通报通道	22.07%	77.93%	1071.1Hz	>164Hz	52.5%	刺激4—6	33%	72.5%	100%

　　总体上看，前字组/p/的感知范围极大，/t/的感知范围极小。界前开口很大，界后开口很小。/p/的最大辨认率都在97%以上，而/t/的最大辨认率均不到75%。因此无法计算边界宽度。区分峰值均小于等于50%，说明区分难度也很大。区分曲线有较明显的峰值；辨认边界位置和区分峰值位置基本对应。区分峰值出现在辨认边界附近，这说明被试能够在辨认边界处感知到刺激对间的差异。

　　后字组/p/的感知范围极小，/t/的感知范围极大。"击毙—基地"组没有出现交点，即100%感知为/t/。"击毙"的最大辨认率仅为32.5%，而"基地"的最大辨认率也仅为87.5%，这说明，被试对于这一组词辨认感知难度很大。区分峰值52.5%，出现在最后9—11刺激处，这一组的区分均值为38%，为四组中最高。这说明感知到词对不相同的人数较多，这是其他组没有出现的。"通报—通道"组界前界后开口都较大，但界前/p/的最大辨认率仍然不到75%，无法计算边界宽度。区分峰值较辨认边界后移，但相差不远。

　　由以上分析可以看出，目标字的前后位置对于/p/、/t/的感知影响很大，处于前字位置更容易感知到/p/音，处于后字更容易感知到/t/音。但区分都较困难。

（二）辨认曲线和辨认反应时的分析

如图2所示，"包子—刀子"组，辨认反应时长的峰值出现在刺激10处，为1476.9ms，与辨认边界相吻合。此反应时曲线总体处于很平稳的状态，刺激8、刺激9、刺激11也同刺激10处于高位。"办公—弹弓"组，辨认反应时长的峰值出现在刺激10处，为1638.725ms，与辨认边界相吻合。此组反应时从刺激1—7都处于非常平稳的状态，而刺激8之后的9、刺激10、刺激11则都处于高位。"击毙—基地"组，辨认反应时长的峰值出现在刺激10处，为1581.4ms，这组词的反应时长出现较为剧烈的波动起伏态势，也就是说，常常有被试需要更长的时间来确认自己的选择，也与此组刺激音本身的问题有关。"通报—通道"组，辨认反应时长的峰值出现在刺激3处，为1621.15ms，较辨认边界前移不足一个步长。

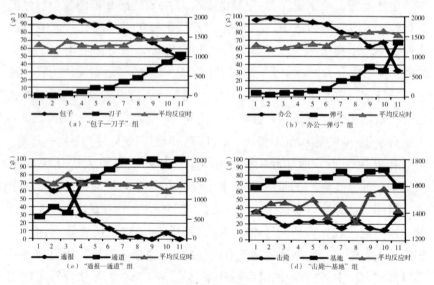

图2　辨认曲线与平均反应时曲线

辨认实验的反应时在1139—1640ms之间，辨认实验反应时曲线的总体变化趋势为从刺激1处缓慢上升，到辨认边界附近出现峰值，并且峰值附近的音也需要较长时间感知。综合来看四组词的平均反应时峰值，基本在辨认边界稍前的位置。虽然在这个位置，大多数人还是听辨为/p/的语音，但是他们需要经过更长时间的确认，并且在此附近的反应时也都较长。"击毙—基地"组的反应时不正常的状况，也跟这组实验的状况相符合，即在很多时间里，被试都需要更长时间确定自己的选择。

（三）区分曲线和区分反应时分析

区分实验的反应时长在 2677—3523ms 之间。观察区分曲线和区分反应时的对应图（见图3）可以发现区分曲线和反应时曲线波动很大，但二者还是存在对应关系，反应时峰值较区分峰值前移。"包子—刀子"组反应时峰值出现在 7—9 刺激处，峰值之后的 8—10 刺激处和 9—11 刺激处反应时也较长，与区分峰值较符合。"办公—弹弓"组反应时峰值和区分峰值正好对应，均在 8—10 刺激处。"击毙—基地"组在反应时上也出现了与众不同的特点，反应时峰值竟然在 1—1 刺激处，说明大家需要很多时间来确定这两个音是一致的，与之前辨认区分曲线出现的问题有呼应之感。"通报—通道"组反应时峰值在 3—5 刺激处，较区分峰值靠前一个刺激对。总体来说，区分反应时与区分曲线还是有一定的对应关系的，我们已经知道区分峰值对应辨认边界，所以可以说，对于辨认边界处的两个刺激，被试能够迅速地把它们区别开来。

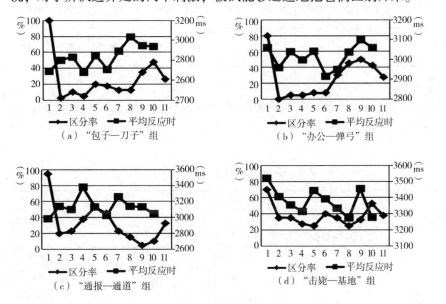

（a）"包子—刀子"组

（b）"办公—弹弓"组

（c）"通报—通道"组

（d）"击毙—基地"组

图3　区分曲线与反应时曲线

§四 影响因素分析

(一) 前后字对实验结果的影响

1. 前后字对辨认实验的影响

对前字组和后字组辨认曲线进行检验，通过独立样本 T 检验，二者有显著性差异（$p<0.05$）（见表 6）。

表 6　　　　　　　　　　辨认曲线统计结果

	独立样本检验								
	方差方程的 Levene 检验		均值方程的 t 检验						
								差分的 95% 置信区间	
	F	Sig	t	df	Sig（双侧）	均值差值	标准误差值	下限	上限
辨认　假设方差相等	4.753	.041	3.925	20	.001	.49545	.12625	.23211	.75880
假设方差不相等			3.925	16.269	.001	.49545	.12625	.22818	.76272

对前字组和后字组区分曲线进行检验，通过独立样本 T 检验，二者没有显著性差异（$p>0.05$）（见表 7）。

表 7　　　　　　　　　　区分曲线统计结果

	独立样本检验								
	方差方程的 Levene 检验		均值方程的 t 检验						
								差分的 95% 置信区间	
	F	Sig	t	df	Sig（双侧）	均值差值	标准误差值	下限	上限
区分　假设方差相等	.008	.931	.551	20	.0588	-.06250	.11343	-29911	.17411

续表

独立样本检验									
	方差方程的 Levene 检验		均值方程的 t 检验						
								差分的95% 置信区间	
	F	*Sig*	*t*	*df*	*Sig* （双侧）	均值 差值	标准 误差值	下限	上限
假设方差 不相等			-.551	19.825	.588	.06250	.11343	-.29925	.17425

从以上分析可以看出塞音/p/、/d/位于双音节词中的前字和后字，对于辨认实验结果是有显著影响的，塞音位于前字更容易被感知为/p/，位于后字更容易被感知为/t/，具有统计学意义。而对区分实验的结果则没有显著性影响。

（二）性别对实验结果的影响

1. 性别对辨认实验的影响

在三组有边界位置的词中，男生的听感边界都比女生靠前，/t/的听感范围都小于女生，/p/的都大于女生。这就是说在这三组词中，男生能在较小的 Hz 值内察觉到/p/到/t/的过渡。在最大辨认率方面，前字组男生的辨认率较大，也就是说，男生能够辨认得更清晰。而后字组却恰恰相反，女生的最大辨认率较大，说明后字组女生辨认得更清晰（见表8）。

表8　　　　　　　　　性别对辨认实验的影响

词组	性别	边界位置	边界宽度	感知范围		最大辨认率	
				/p/	/t/	/p/	/t/
包子—刀子	男	1217Hz	>70Hz	96.27%	3.73%	100%	55%
	女	1229Hz	>112Hz	100%	0%	100%	50%
办公—弹弓	男	1338Hz	215Hz	93.44%	6.56%	95%	75%
	女	1347Hz	>142Hz	95.29%	4.71%	100%	60%
击毙—基地	男	无	无	0%	100%	35%	85%
	女	无	无	0%	100%	40%	85%

续表

词组	性别	边界位置	边界宽度	感知范围		最大辨认率	
				/p/	/t/	/p/	/t/
通报—通道	男	1063.5Hz	>115Hz	20.3%	79.7%	65%	100%
	女	1080Hz	67.1Hz	24%	76%	80%	100%

对男女生的边界位置、边界宽度、感知范围做独立样本 T 检验，结果表明男女生辨认实验的边界位置、边界宽度和感知范围都无显著差异（$ps > 0.05$）。

2. 性别因素对区分实验的影响

男女四组词的区分曲线走势都比较吻合，区分峰值出现的位置比较接近（见图4）。另外，对男女四组词语的区分峰值做独立样本 T 检验，结果证明男女的区分峰值无显著差异（$ps > 0.05$）。可见性别因素对区分峰值影响不大。

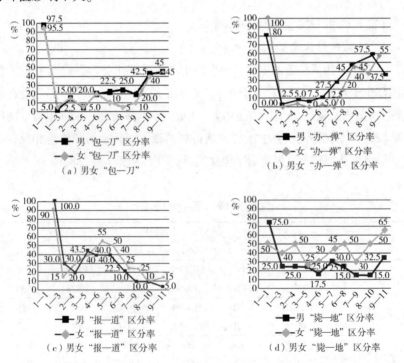

图4　男女区分曲线对比

（三）探测界面对实验结果的影响

1. 探测界面对辨认实验的影响

辨认实验设计了两种探测界面，一种是/p/在前，如"包子—刀子"，称为正序；另一种是/t/在前，如"刀子—包子"，称为反序。下面分析这两种探测界面对辨认实验的影响。

由图5可以看出，四组正反序区分基本走势一致，但反序辨认较正序来看边界更加不明显。尤其是"包子—刀子"组和"击毙—基地"组，反序均未能出现交点。而出现交点的两组，反序交点的后移和前移则更明显。这说明，被试受到刺激顺序的影响，使得反序辨认更加困难，更加难以区分。

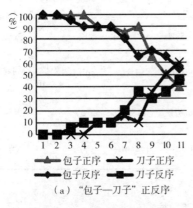

（a）"包子—刀子"正反序

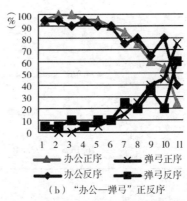

（b）"办公—弹弓"正反序

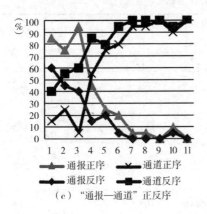

（c）"通报—通道"正反序

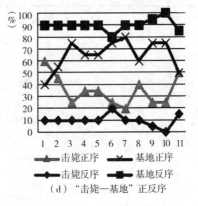

（d）"击毙—基地"正反序

图5　正反序辨认曲线对比

四组实验词正序与反序相比，均为前字组大部分感知为/p/，后字组大部分感知为/t/。但是反序的"包子—刀子"组和"击毙—基地"组没有出现交点，说明被试者更倾向于选择同一个词。

对正序和反序的边界位置、边界宽度、感知范围做独立样本 T 检验，结果证明"包子—刀子"、"办公—弹弓"、"通报—通道"三组二者间无显著差异（$ps > 0.05$）。而"击毙—基地"组检测结果（$p < 0.05$），说明正反序对"击毙—基地"组的听辨有很大影响（见表9、表10）。

表 9   正序辨认实验数据

前后字	实验词	感知范围		边界点（Hz）	边界宽度（Hz）	区分峰值	区分位置	区分均值
		/p/	/t/	F2	F2			
前字	包子—刀子	89%	11%	1193.58Hz	>90.8Hz	50%	刺激9—11	26%
	办公—弹弓	74.46%	25.54%	1212.48Hz	182Hz	50%	刺激8—10	27%
后字	击毙—基地	5.72%	94.28%	1538.9Hz	>118.7Hz	52.5%	刺激9—11	38%
	通报—通道	26.16%	73.84%	1089.44Hz	124.9Hz	53%	刺激4—6	33%

表 10   反序辨认实验数据

前后字	实验词	感知范围		边界点（Hz）	边界宽度（Hz）	区分峰值	区分位置	区分均值
		/p/	/t/	F2	F2			
前字	包子—刀子	100%	0%	无	无	48%	刺激8—10	32%
	办公—弹弓	93.12%	6.88%	1277.75Hz	>114Hz	50%	刺激8—10	32%
后字	击毙—基地	0%	100%	无	无	45.00%	刺激9—11	29%
	通报—通道	5.79%	94.21%	998Hz	>104.6Hz	53%	刺激3—5	33%

2. 探测界面对区分实验的影响

区分实验设计了两种不同的探测界面，它们选项呈现的顺序不同。第一种呈现顺序为"相同—不同"，称之为正序；第二组呈现顺序为"不同—相同"，称之为反序。

"包子—刀子"组中，正序的区分峰值出现在刺激9—11处，反序区分峰值出现在刺激8—10处，较正序前移。"办公—弹弓"组的正序反序区分峰值重合。"基地—击毙"组正反序区分峰值均出现在刺激9—11处，但反序区分率较低一点。"通报—通道"组正序区分峰值出现在刺激4—6处，反序区分峰值出现在刺激3—5处，较正序前移（见图6）。

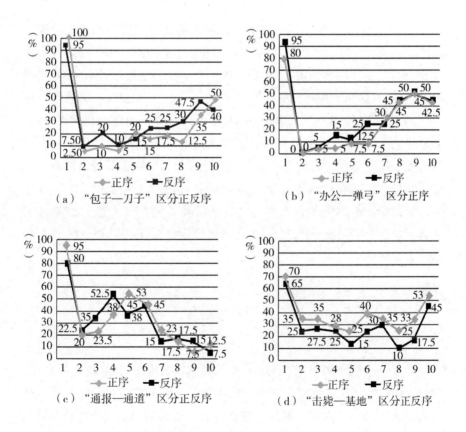

（a）"包子—刀子"区分正反序　（b）"办公—弹弓"区分正序

（c）"通报—通道"区分正反序　（d）"击毙—基地"区分正反序

图6　正、反序区分曲线对比

综上可以看出，正反序区分峰值基本吻合，重合或反序较正序前移。由此可知，与正序探测界面相比，反序的探测界面使被试更早达到区分峰值。

对四个声调正序和反序的区分率做独立样本 T 检验，结果证明二者无显著差异（$ps > 0.05$）。这就说探测界面对被试区分正确率没有显著影响。

（四）刺激音播放顺序对区分实验的影响

区分实验刺激对中刺激音的组合有两种播放顺序，如 1—3，称之为顺序；3—1，称之为倒序。下面分析刺激音播放顺序对区分实验的影响。

"包子—刀子"组的区分实验中，顺序的区分峰值为 52.5%，倒序的区分峰值为 40%；"办公—弹弓"组的区分实验中，顺序的区分峰值为 57.5%，倒序的区分峰值为 42.5%；"击毙—基地"组的区分实验中，顺序的区分峰值为 55%，倒序的区分峰值为 42.5%；"通报—通道"的区分实验中，顺序的区分峰值为 62.5%，倒序的区分峰值为 35%（见图 7）。总体来看，代表顺序播放的灰色菱形线条几乎完全浮于代表倒序的黑色方形线条之上，因此顺序使被试的区分峰值更高，区分更容易。但从总体趋势来看，正序和倒序走向都是一致的。

对四组实验词顺序和倒序的区分率做独立样本 T 检验，结果证明二者无显著差异（$ps > 0.05$）。这就说刺激音播放顺序对被试区分正确率没有显著影响。

§五　总结

首先，实验结果显示，/p/ 和 /t/ 的听辨感知呈现出范畴化的特点。如 /p/ 和 /t/ 的辨认曲线都有一个明确的交点、区分实验中的区分峰值同辨认实验中的边界点基本对应、辨认边界点所在的辨认曲线都有升降趋势等。

其次，然而受到很多因素的影响，这种范畴有时候并不十分鲜明。

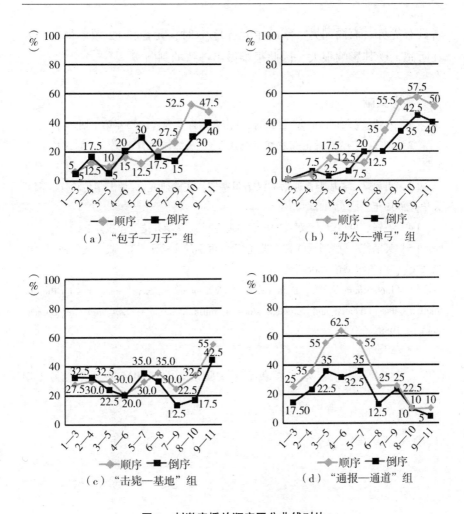

图7 刺激音播放顺序区分曲线对比

比如边界位置呈现出非常大的差异，前字组的辨认边界都非常靠后，而后字组则非常靠前。并且由上文数据可看出，前后字的位置对听辨范围的感知有着很大的影响，因此目标字前后位置对人的听感发挥着重要作用。

最后，从上文的图中可以这样推测，在具体的词汇中，影响听感边界位置的主要因素是同词的另一字的音高、元音、连读等。如：同词另一个字的主元音是/a/时，由于F2频率较低，因此在感知的清晰度上非常具有优势。而同词另一字的主元音是/i/时，元音/i/F2 频率很高，人在听感上受其影响很大，因此很难做出一致的判断。

参考文献

［1］石锋：《北京话的元音格局》，《南开语言学刊》2002 年第 1 期。

［2］刘江涛：《塞音范畴感知研究述评》，《潍坊教育学院学报》2012 年第 5 期。

［3］冉启斌：《基于普通话的汉语阻塞辅音实验研究》，博士学位论文，南开大学，2005 年。

［4］石锋、冉启斌：《塞音的声学格局分析》，《南开语音年报》2008 年。

［5］吴宗济：《普通话辅音不送气/送气区别的实验研究》，载《吴宗济语言学论文集》，商务印书馆 2004 年版。

［6］Lieberman, A. M., Delattre, D. C. & Cooper, F. S., "Some cues for the distinction between voiced and voiceless stops in initial position", *Language and Speech*, Vol. 1, 1958.

本文发表于《实验语言学》2015 年第 4 卷第 1 期

现代汉语普通话塞音/p/、/k/
听感分界初探[*]

田弘瑶佳

摘　要：本文采用语音范畴化感知的研究方法，考察了现代汉语普通话双唇不送气清塞音/p/和舌根不送气清塞音/k/的听感分界，讨论了可能会影响听感边界的因素；以现代汉语中的真词为实验语料，使用Praat脚本通过改变 F2 音渡的初始频率制作刺激音连续体，使用 E—prime 软件完成辨认实验和区分实验。实验结果表明：所有含/p/的真词为基础语料制作刺激音的实验组均出现辨认边界和区分峰值，其边界位置是动态的。目标字前后位置会对边界位置、界后最大辨认率及/p/的感知范围产生规律性影响；探测界面会对后字组界后最大辨认率产生影响。

关键词：不送气清塞音　第二共振峰音渡　听感分界

§一　引言

塞音的感知研究，最早可追溯至利伯曼（1957）。利伯曼等人通过改变 F2 音渡初始频率的方法合成了美式英语中浊塞音/b/、/d/、/g/的语音连续统，考察被试对这三个音位的辨认及区分情况。他们发现，被试明显地将听到的刺激音归到三个不同音位中，并且在辨认实验中由被试归为两个不同音位的音在区分实验中更容易被区分，而辨认实验中被

* 本文为国家科学基金重大项目"普通话语音标准声学和感知参数数据库建设"（13&ZD134）阶段性成果。本文为南开大学中央高校基本科研业务费专项资金资助项目"汉语塞音听辨实验研究"（NKZXB1410）的成果之一。

归为同一音位的音，尽管也存在着声学上的变化，却很难被被试区分开来。利伯曼等人将这种感知模式认定为"范畴感知"。

此后，有不少学者用此方法对辅音进行研究，如利伯曼等（1961a）发现辅音/t/和/d/是范畴感知的；利伯曼等（1961b）发现放在元音之间的/b/、/p/是范畴感知的。

近年来，国内关于辅音感知的研究也逐渐增多。但是，相较于国外如火如荼的研究境况，目前国内关于汉语普通话塞音，特别是塞音感知方面的研究尚处于起步阶段。本实验希望通过现代汉语普通话中有真实意义的双字词考察双唇塞音/p/和舌根塞音/k/的听感边界及听感范围，并对可能影响听感边界和听感范围的因素进行探索。

§二　实验概述

（一）实验设备

录音、语音数据处理及刺激音合成由 Praat 语音分析软件完成。使用 E-prime 进行实验和数据收集、统计、提取等工作。使用统计分析软件 SPSS 19.0 进行相关的数据统计分析。

（二）实验语料

1. 实验用词

本文考察汉语普通话塞音/p/、/k/的听感规律。实验词即为包含有这两个音位的自然发音的双字词，依目标字在词中所处的位置分前字组和后字组。前字组中包含/p/、/k/音位的字在前字位置，后字组中包含/p/、/k/音位的字在后字位置。由于声母/k/与韵、调可拼合成真实词语的情况比较少，所以选词时只能尽可能地保证两词的词性相同、词频相近。最终确定的实验用词共有八组，其中前字组为"板车—赶车"、"棒子—杠子"、"报捷—告捷"、"摆正—改正"；后字组为"公办—公干"、"光板—光杆"、"快板—快感"、"接班—揭竿"。

2. 刺激音的合成

使用 Praat 5.3 合成刺激音。每组刺激音 11 个，共计 88 个。合成刺激音的基本方法是改变目标字 F2 起始点的赫兹值。首先使用 Praat 5.3 测量出某一词对中/p/、/k/所在音节各自 F2 的起点值、起始时间、平稳段起点值和平稳段起始时间。为使合成出的刺激音更符合人耳听觉特点，笔者将全部赫兹值转成 Bark 值。由于不同词对中/p/、/k/所在音节 F2 起点值差异很大，因此以词对为单位，原则上求取每对词中/p/、/k/所在音节 F2 起点处 Bark 值的差值，将这些差值十等分，所得 Bark 值即为刺激音 F2 起点值变化的步长。第 n 刺激音 F2 起点处的 Bark 值即为该词对中/p/所在音节 F2 起点值加（n-1）倍的步长。需说明的是，由于"摆正—改正"、"接班—揭竿"两个词对无论如何都无法通过修改含/p/音节 F2 起点值的方法得到/k/，所以笔者尝试使用带有/k/音位的词为基础词，以"含/k/音节 F2 起点值减去（n-1）倍步长"的方法得到刺激音。关于这两个词对的实验结果，笔者会在后文中报告，但计算平均值时，暂不将其包含在内。为后期数据处理方便，所得的 Bark 值最后均转换回赫兹值，表 1 为八组刺激音的具体情况。

表 1　　　　　　　　　　八组刺激音的 Bark 值和频率值

刺激音	步长（Bark）	最小 F2 起点值		最大 F2 起点值		F2 稳定段
		（Bark）	（Freq）	（Bark）	（Freq）	（Freq）
板车—赶车	0.3309	9.1003	1104	12.4090	1858	1382
棒子—杠子	0.4241	8.6568	1025	12.8975	2000	1163
报捷—告捷	0.6245	7.2893	806	13.5347	2200	1084
摆正—改正	0.3816	8.3034	965	12.1189	1778	1302
公办—公干	0.2702	8.9124	1070	11.6141	1646	1290
光板—光杆	0.3459	8.8787	1064	12.3375	1838	1362
快板—快感	0.3027	9.7256	1223	12.7529	1957	1362
接班—揭竿	0.2172	9.7256	1223	11.8975	1719	1302

（三）发音人及被试

发音人为男性，北京人，南开大学学生。录音地点为南开大学汉语言文化学院北楼一间安静的教室。使用 Praat 5.3 录音，采样率 44100Hz，发音人以正常稍慢语速朗读词对，每对词读两遍。

被试 20 人（十男十女），均来自北方方言地区，讲普通话（16 人祖籍京津冀三地，另有 4 人分别来自黑龙江、吉林、辽宁、山东四省），身体健康，无听力视力等障碍。

（四）实验流程

实验分两种形式：辨认实验和区分实验。正式实验开始前有练习环节，在被试熟悉实验过程后进入正式试验阶段。

辨认实验包括 88 个刺激音，按照按键反应页面中选项的顺序不同，分为正序和反序两组，正序含/p/的目标字在前，反序含/k/的目标字在前（/x/的辨认率＝选/x/的数/总选择数）。区分实验包括 232 对刺激音。在每对刺激音中，两个刺激音相隔 500ms。笔者设定了两种方式：一种是 F2 起点值较低的刺激音在前，F2 起点值较高的刺激音在后；另一种是 F2 起点值较高的刺激音在前，F2 起点值较低的刺激音在后。同时，根据按键反应页面选项的显示顺序，也将实验分为两组，表现为"相同—不同"和"不同—相同"（总区分率＝相同刺激区分率×相同刺激占总刺激百分比＋不同刺激区分率×不同刺激占总刺激百分比）。

§三 实验结果

（一）实验结果整体情况

整体来看，前字组三个词对均有较为明显的/p/—/k/听感边界，仅"摆正—改正"一组没有出现听感边界；后字组仅"光板—光杆"组有较明显的听感边界，"公办—公干"组、"快板—快感"组的辨认曲线虽有交点，却无法计算边界宽度，而"接班—揭竿"组则没有出现听感边界。以下是八个词对的相关参数信息。

（1）前字对比组"板车—赶车"如图 1 所示。该词对界前和界后最大辨认率均达到了 100%，但界前最大辨认率未出现在刺激 1 处。从刺激 2 以后，辨认率即逐渐下降，在刺激 5 处出现小波动，有轻微的上升趋势，随后继续下降。辨认边界在 1418Hz 处，界宽 102Hz。/p/的感知范围在 1104—1418Hz 之间，总计 314Hz，占 41.64%；/k/的感知范

围在 1418—1858Hz 之间，总计 440Hz，占 58.36%。区分曲线的峰值为
69%，对应于刺激 4—6（1297—1441Hz），该峰值与辨认边界基本对
应。另外与辨认曲线刺激 9 对应的地方，区分曲线也出现了小幅波动。

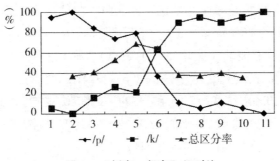

图1 "板车—赶车"组对比

（2）前字对比组"棒子—杠子"如图 2 所示。该词对界前的最大
辨认率为 89%，界前曲线略有压缩；界后最大辨认率达到 100%，但未
出现在刺激 11 处。辨认曲线从刺激 2 以后就开始出现下降趋势，到刺
激 6 处降至零。辨认曲线在刺激 9 和刺激 10 处出现小幅波动，辨认率
下降 5 个百分点。辨认边界在 1241Hz 处，界宽 134Hz。/p/的感知范围
在 1025—1241Hz 之间，总计 216Hz（22.15%）；/k/的感知范围在
1241—2000Hz 之间，总计 759Hz（77.85%）。区分曲线的峰值为 80%，
对应于刺激 3—5（1180—1352Hz），该峰值与辨认边界基本对应。

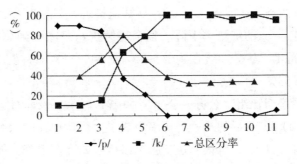

图2 "棒子—杠子"组对比

　　在这组词中，[p] 与 [k] 的辨认边界和区分峰值的出现位置相较于同为前字组的"板车—赶车"、"报捷—告捷"有更加明显的左偏。

　　（3）前字对比组"报捷—告捷"如图 3 所示。该词对界前和界后最大辨认率均达到了 100%。辨认曲线在刺激 1 以后即出现下降趋势，刺激 2 后有小幅回升并保持平稳。界前曲线整体呈现出略微压缩的状态。刺激 6 处由 89% 陡降至 32%，随后降势减缓，在刺激 9 处降至零，但刺激 10 处又有波动（上升 11 个百分点）。辨认边界在 1324Hz 处，界宽 145Hz。/p/ 的感知范围在 806—1324Hz 之间，总计 518Hz（37.16%）；/k/ 的感知范围在 1324—2200Hz 之间，总计 876Hz（62.84%）。区分曲线的峰值为 81%，对应于刺激 5—7（1235—1505Hz），该峰值与辨认边界基本对应。

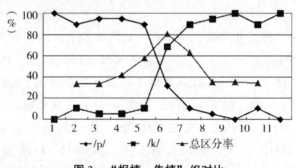

图 3　　"报捷—告捷"组对比

　　（4）前字对比组"摆正—改正"如图 4 所示。该组词对没有出现辨认边界，两条辨认曲线在 /p/ 的一侧数值接近，刺激 3 以后 /k/ 的辨认率逐步上升，/p/ 的辨认率下降。整个连续统从刺激 1 到刺激 11 都是 /k/ 的听感范围。区分曲线在刺激 5—7（1244—1404Hz）处出现一个较低的峰值（54%）。

　　（5）后字对比组"公办—公干"如图 5 所示。该词对界前最大辨认率达到 100%，界后的最大辨认率为 74%。辨认率在前六个刺激音保持平稳，均为 100%。辨认率从刺激 7 以后开始逐渐下降，但直至刺激 11 也仅降至 26%，界后辨认曲线没有完全分离开。辨认边界在 1508Hz 处。/p/ 的感知范围在 1070—1508Hz 之间，总计 438Hz（76.04%）；

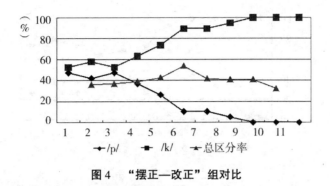

图4 "摆正—改正"组对比

/k/的感知范围在 1508—1646Hz 之间，总计 138Hz（23.96%）。辨认边界明显右偏。区分曲线的峰值为 58%，对应于刺激 7—9，峰值后区分率缓慢下降。该峰值早于辨认边界，两者对应不佳。

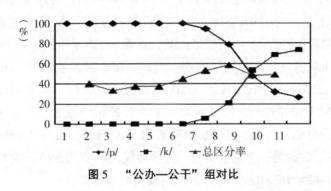

图5 "公办—公干"组对比

（6）后字对比组"光板—光杆"如图6所示。该词对界前最大辨认率达到 100%；界后最大辨认率仅为 79%，出现在第 10 个刺激音，界后曲线明显压缩。辨认率在前四个刺激音中均保持 100%，从刺激 5 处开始下降。刺激 8 处出现轻微波动（上升 5 个百分点）。辨认边界在 1453Hz 处，界宽 268Hz。/p/的感知范围在 1064—1453Hz 之间，总计 389Hz（50.26%）；/k/的感知范围在 1453—1858Hz 之间，总计 405Hz（49.74%）。区分曲线的峰值为 69%，对应于刺激 4—6（1261—1408Hz），该峰值早于辨认边界。

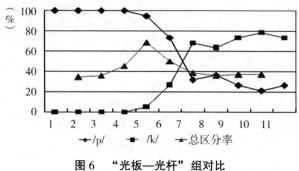

图 6 "光板—光杆"组对比

（7）后字组"快板—快感"如图 7 所示。该词对界前最大辨认率为 100%，界后最大辨认率很低，仅 47%。辨认曲线从刺激 5 以后即开始缓慢下降，在图像十分靠右的地方出现了两处焦点（1854Hz、1914Hz），最终没能降至 25% 以下。另外可以看到，辨认曲线在刺激 10 处降至最低点，随后又有所上升，到刺激 11 时，判断为/p/的被试人数依然是略高于判断为/k/的被试人数，这表明 F2 起始位置在 1854Hz 以上的两个刺激音辨认起来很困难。因此，在该组实验词中，/p/的听感范围为 1223—1854Hz，共计 631Hz，占比 85.97%；从 1854Hz 到刺激 11（1957Hz）是/p/和/k/之间的一个十分模糊的地带，占比 14.03%；对于该词对来说，直至连续统中的第 11 个刺激音都没有真正进入到/k/的听感范围/k/的听感范围为 0。区分曲线的峰值为 59%，对应于刺激 5—7（1482—1628Hz），早于辨认曲线相交的位置。

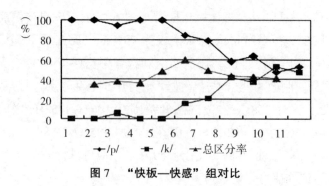

图 7 "快板—快感"组对比

（8）后字对比组"接班—揭竿"如图8所示。该组词对的情况与"改正—摆正"组情况十分相似，同样没有出现辨认边界，整个连续统从刺激1到刺激11都是/k/的听感范围。区分曲线十分平缓，最大峰值出现在刺激4—6（1357—1453Hz）和刺激5—7（1405—1504Hz）处，为47%。另外，在刺激1—3和刺激7—9处也出现了两个稍低一些的峰值，分别为43%和44%。

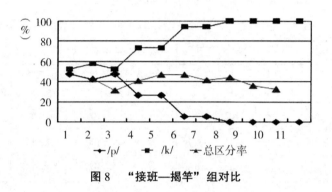

图8 "接班—揭竿"组对比

（二）小结

以含/p/的真词为基础语料制作刺激音的六组词对均出现了辨认边界，其位置最大值为1854Hz，最小值为1241Hz，平均1466Hz；边界宽度最大为268Hz，最小102Hz，平均162Hz（"公办—公干"、"快板—快感"词对界后分离度未超过75%）。界前最大辨认率在89%—100%之间，平均98.17%；界后最大辨认率在47%—100%之间，平均84.33%。六个实验组中，/p/的听感范围最大为85.97%，最小为22.15%，平均52.2%；/k/的听感范围最大为77.85%，最小为0，平均45.46%。六组词对的区分曲线都存在峰值，最高81%，最低59%，平均69.33%。"板车—赶车"、"棒子—杠子"、"报捷—告捷"三组词对区分曲线峰值与辨认边界基本对应；"公办—公开"、"光板—光杆"、"快板—快感"三组词对区分曲线峰值早于辨认边界。

而以含/k/的真词为基础语料制作刺激音的两组词对均未出现辨认边界，有关原因将在后文进行探讨。另外可以看出，区分曲线和辨认曲线因目标字在双字词中的位置不同，呈现出有规律的差异。这一点笔者将在下一节中详细讨论。

§四 影响因素分析

（一）目标字前后位置对实验结果的影响

前字组和后字组辨认实验的结果如表2所示。

表2 前字组与后字组辨认实验结果

实验组		边界位置（Hz）	边界宽度		界前最大辨认率（%）	界后最大辨认率（%）	/p/的感知范围（%）	/k/的感知范围（%）
			Hz	%				
前字组	板车—赶车	1418	102	13.53	100	100	41.64	58.36
	棒子—杠子	1241	134	13.74	89	100	22.15	77.85
	报捷—告捷	1324	145	10.4	100	100	37.16	62.84
	（摆正—改正）				(47)	(100)	(0)	(100)
	平均	1328	127	12.2	96.33	100	33.65	66.35
后字组	公办—公干	1508			100	74	76.04	23.96
	光板—光杆	1453	268	34.63	100	79	50.26	49.74
	快板—快感	1854—1914			100	47	85.97	0
	（接班—揭竿）				(47)	(100)	(0)	(100)
	平均	1605—1625	268	34.63	100	68.67	70.76	24.57

前字组和后字组区分实验结果如表3所示。

表3 前字组与后字组区分实验结果

实验组		区分峰值（%）	区分峰值所在位置
前字组	板车—赶车	69	刺激4—6
	棒子—杠子	80	刺激3—5
	报捷—告捷	81	刺激5—7
	（摆正—改正）	(54)	（刺激5—7）

续表

实验组		区分峰值（%）	区分峰值所在位置
平均		77	
后字组	公办—公干	58	刺激7—9
	光板—光杆	69	刺激4—6
	快板—快感	59	刺激5—7
	（接班—揭竿）	（47）	（刺激4—6；刺激5—7）
平均		62	
渐进显著性（双侧）		0.077	

目标字的前后位置会影响听辨实验的结果。在前字对比组的情况下，/p/的感知范围总体小于/k/，边界线左移，边界宽度较小，界后分离度较大，被试对F2起点位置变化的敏感度及选择的统一度均优于后字组。同时，区分实验的正确率峰值前字组整体上也优于后字组，并且峰界对应情况良好。

（二）性别因素对实验结果的影响

将不同性别被试辨认实验与区分实验结果总结为表4。

表4　　　　　　　　　　不同性别被试实验结果

	实验词	对比组	边界位置（Hz）	边界宽度（Hz）	界前最大分离度（%）	界后最大分离度（%）	/p/的感知范围（%）	/k/的感知范围（%）	区分峰值（%）	区分峰值位置（刺激对）
前字组	板车—赶车	男	1431	117	100	100	43.37	56.63	74	5—7
		女	1404	212	100	100	39.79	60.21	70	4—6
	棒子—杠子	男	1229	62	89	89	20.92	79.08	76	3—5
		女	1264	143	100	100	24.51	75.49	83	3—5
	报捷—告捷	男	1326	148	100	100	37.3	62.7	78	5—7
		女	1322	132	100	100	37.02	62.98	83	5—7
	（摆正—改正）	男			（56）	（100）	（0）	（79.27）	（65）	（5—7）
		女			（40）	（100）	（0）	（100）	（43）	（5—7）

续表

实验词		对比组	边界位置 (Hz)	边界宽度 (Hz)	界前最大分离度 (%)	界后最大分离度 (%)	/p/的感知范围 (%)	/k/的感知范围 (%)	区分峰值 (%)	区分峰值位置 (刺激对)
后字组	公办—公干	男	1506	99	100	78	75.69	24.31	52	7—9
		女	1514		100	70	77.08	22.92	65	7—9
	光板—光杆	男	1476		100	67	53.23	46.77	69	4—6
		女	1428	105	100	90	47.03	52.97	69	4—6
	快板—快感	男			100	44	100	0	61	5—7
		女	1686		100	70	63.08	36.92	57	5—7
	（接班—揭竿）	男			(44)	(100)	(0)	(100)	(48)	(4—6)
		女			(50)	(100)	(0)	(100)	(52)	(1—3)

性别因素对实验结果的影响并不是十分明显，仅能从数据中看到一些趋势：女性被试倾向于在更小的 F2 起点位置变化之下感知到刺激音的变化。女性被试在四组词对中（"板车—赶车"、"报捷—告捷"、"光板—光杆"、"快板—快感"）/p/的感知范围要小于男性被试，男性被试/p/的感知范围仅在两组词对中（"棒子—杠子"、"公办—公干"）小于女性被试。另外，如果观察男性被试和女性被试的辨认曲线，也会发现女性被试的辨认曲线往往比男性更早出现下降趋势。但是，男性的边界宽度往往倾向于更小一些，这也许表明，女性被试总体上来说能够更早地感知到刺激音的变化，但是内部的个体差异却比较大。使用曼—惠特尼（Mann-Whitney）相关性检验，提示均无显著差异（$p>0.05$）。

（三）探测界面对实验结果的影响

探测界面设计成正序时和反序时的辨认实验及区分实验结果如表 5 所示。

表5　　　　　　　　　　　探测界面对实验结果影响对比

实验词		对比组	边界位置(Hz)	边界宽度(Hz)	界前最大分离度(%)	界后最大分离度(%)	/p/的感知范围(%)	/k/的感知范围(%)	区分峰值(%)	区分峰值位置(刺激对)
前字组	板车—赶车	正序	1460	122	100	100	47.21	52.79	70	4—6
		反序	1398	56	100	100	38.99	61.01	67	4—6
	棒子—杠子	正序	1247	163	90	100	22.77	77.23	79	3—5
		反序	1232	110	100	100	21.23	78.77	81	3—5
	报捷—告捷	正序	1309	93	100	100	36.08	63.92	77	5—7
		反序	1348	150	100	100	38.88	61.12	86	5—7
	(摆正—改正)	正序			(40)	(100)	(0)	(100)	(55)	(5—7)
		反序			(56)	(100)	(0)	(79.27)	(52)	(5—7)
后字组	公办—公干	正序	1514		100	70	77.08	22.92	55	7—9
		反序	1503	113	100	78	75.17	24.83	64	7—9
	光板—光杆	正序	1654		100	60	76.23	23.77	70	4—6
		反序	1432	77	100	100	47.55	52.45	67	4—6
	快板—快感	正序			100	30	100	0	64	5—7
		反序	1676—1801	230	100	78	61.72	21.25	52	5—7
	(接班—揭竿)	正序			(40)	(100)	(0)	(100)	(55)	(4—6)
		反序	(1256—1319)		(67)	(100)	(6.65)	(80.65)	(43)	(1—3、5—7)

不同的探测界面对辨认实验有一定的影响，但对区分实验影响不大。探测界面设计成反序时，辨认实验的边界宽度基本上要小于探测界面设计成正序时。探测界面对界前最大辨认率和前字组的界后最大辨认率影响都不大，仅对后字组的界后最大辨认率有影响。反序情况下后字组的界后最大辨认率要大于正序情况。这说明反序时，被试对后字组/k/的判断更为一致。另外，反序时/p/的感知范围发生了压缩，普遍小于正序情况；而/k/的感知范围则相应地发生了扩展。这可能与中国人普遍的从左至右的阅读习惯有关，被试更倾向于选择先映入眼帘的左侧的选项。

§五 讨论

在本实验中，"摆正—改正"、"接班—揭竿"两组词对没有通过含/p/原始音成功合成刺激音连续统，并且其最终的实验结果也与其他六组词对相差较大，笔者认为这与 F2 音渡作为清塞音的感知线索存在一定的不稳定性有关。多尔曼（Dorman，1977）曾从声学与听觉两方面考察浊塞音后接元音 F2 音渡，发现 F2 音渡并不是一个独立于语音语境的稳定的感知线索。

在浊塞音感知中，F2 音渡与塞音的爆破段均承载着塞音发音部位的感知信息，二者的感知作用随着后接元音的不同而呈现出一种此消彼长的动态互补关系。这种功能上的差异从本质上来讲，与 F2 音渡、爆破段在不同的塞音—元音组合中的相对凸显性有关：当［b］后接不圆唇的央元音、［d］后接后中元音时，其爆破段能量集中区与后接元音的 F2 位置接近，此时 F2 音渡往往时长较长，能量也较强，在感知中充当主要线索；在［b］后接圆唇元音、［d］后接前高元音、［g］后接高元音时，爆破段能量集中区与后接元音的 F2 位置相去较远，此时 F2 音渡往往比较短，凸显性不高，而爆破段在感知中的作用则会增大。

此外，多尔曼也曾指出塞音感知线索的相对凸显性也会在一定程度上受发音人个人发音的影响。笔者使用 Praat 5.3 在语图中对 F2 音渡时长进行测量，发现在后字组"接班—揭竿"中音渡时长为 18.7ms，明显小于"公办—公干"（25ms）"光板—光杆"（31.3ms）两组；而前字组"摆正—改正"由于韵尾为高元音［i］，其 F2 在短暂的过渡之后即快速向高频区上升。因此，在"接班—揭竿"、"摆正—改正"两组词对中，F2 音渡在感知中的作用都较弱，相应的爆破段的作用则较强。而据王晨曦、关英伟（2013）的研究，爆破段在普通话清塞音识别中会起到辅助作用，在辨别/p/与非/p/时更为明显。

笔者认为，这在一定程度上解释了为什么"摆正—改正"、"接班—揭竿"两组词对没能通过含/p/原始音成功合成刺激音连续统：首先，这两组词对中 F2 音渡在感知中的作用都相对较弱，因而更加依赖于塞音爆破段；而爆破段在/p/感知中的作用较之其他音位更强，因此对于含塞音/p/爆破段的语料就很难通过改变 F2 音渡起始频率的方法合成其他塞音音位；相反当刺激音中不含/p/的爆破段时，也很难被感知为/p/，"接班—揭竿"、"摆正—改正"两组的听辨结果刚好证实了这一点，整个刺激音连续统始终没有进入/p/的感知范围。

此外，笔者发现后字组中"快板—快感"一组的实验结果也与"公办—公干"、"光板—光杆"两组差异较大，测量其 F2 音渡时长为 18.5ms，与"接班"组接近，同样明显小于"公办"、"光板"两组。该组刺激音中/p/的感知范围异常增大，也很可能是因为受塞音的爆破段影响较大造成的。

§六　总结

本文使用语音范畴化感知实验方法，以后接元音 F2 音渡为感知线索对普通话清塞音/p/、/k/的听感边界进行了考察。实验结果表明，/p/—/k/的感知模式呈现出范畴化特征，所有含/p/真词为基础语料制作刺激音的实验组均出现了辨认边界和区分峰值。尽管有些实验组可能受客观因素影响，范畴化程度相对较弱，无法求出边界宽度或出现峰界不对应的情况。其边界位置不是固定的，是动态的。从本实验所得数据来看，该边界处于 1241—1854Hz 之间，标准差 212.4。

听辨实验结果会受到多种因素的影响。在辨认实验中，目标字的前后位置、被试性别、探测界面都会对实验结果产生或多或少的影响。当目标字在双字组中前字位置时，/p/—/k/感知边界向/p/音位倾斜；而在后字位置时，此边界则向/k/音位倾斜。女性被试与男性被试相比，倾向于对刺激音的变化更加敏感，但是其内部的个体差异却比较大。当刺激界面设计成反序时，有利于被试在更小的 F2 起点位置变化之下、更小的边界宽度之内，更为一致地感知到刺激音的变化。

在区分实验中，目标字前后位置会对实验结果产生一定影响，当目标字在双字词中前字位置时有利于被试判断，区分峰值较高，峰界对应良好。被试性别、探测界面及刺激音播放顺序对区分实验的结果影响不大。尽管以上所列因素都会对实验结果产生一定的影响，但是除目标字位置会对边界位置、界后最大辨认率、/p/的感知范围产生显著影响，探测界面会对后字组界后最大辨认率产生显著影响以外，其余影响因素均不会使实验结果产生显著差异。此外，F2 音渡作为清塞音最重要的感知线索，也呈现出了一些与其在浊塞音感知中相类似的不稳定性，从而会对塞音的听感边界造成影响。但就现有语料来看尚不足以得出系统性的结论，具体情况有待进一步的研究与验证。

参考文献

［1］冉启斌、石锋：《从音轨方程考察普通话不送气塞音声母的协同发音》，《南开语言学刊》2006 年第 2 期总第 8 期。

［2］梁磊：《舌根塞音声学特征初探》，《保定师专学报》2001 年第 14 卷第 1 期。

［3］王晨璁、关英伟：《论塞音爆破段对塞音发音部位听辨的影响》，《实验语言学》2013 年第 2 卷第 2 期。

［4］Dorman, M. F. , Studdert—Kennedy , M. , Raphael, L. J. , "Stopconsonant recognition: Release bursts and formant transitions as functionally equivalent, context—dependent cues", *Perception & Psychophysics*, Vol. 22, No. 2, 1977.

［5］Liberman, A. M. , Harris, K. S. , Hoffman, H. S. & Griffith, B. C. , "The discrimination of speech sounds within and across phoneme boundaries", *Journal of Experimental Psychology*, Vol. 54, 1957.

［6］Liberman, A. M. , Harris, K. S. , Kinney, J. A. , Lane, H. , "The discrimination of recative onset-time of the components of certain speech and nonspeech patterns", *Journal of Experimental psychology*, Vol. 61, No. 5, 1961.

［7］Liberman, A. M. , Harris , K. S. , Eimas, P. D. , Lisker, L. & Bastian, J. , "An effect of learning on speech perception: the discrimination of durations of silence with and without phonemic significance", *Language and Speech*, Vol. 4, 1961.

本文发表于《实验语言学》2014 年第 3 卷第 2 期

普通话塞音/t/、/k/听感分界初探*

刘晨宁

摘　要：本文主要研究汉语普通话塞音/t/、/k/的听感分界。通过修改自然语音两字组中的舌尖塞音/t/的第二共振峰（F2）的起点，合成一系列刺激音，进行辨认和区分实验。并从前后字组、后接元音、性别、选项显示顺序、刺激音顺序等方面对实验进行检验和分析。实验结果表明，通过普通话塞音/t/、/k/听辨实验得不到后接［ɑ］元音和后接［a］元音的/t/、/k/的边界位置。

关键字：过渡音征　塞音　听感分界

§一　引言

过渡音征（Formant Transition）是辅音和元音之间的过渡段，其顶点是后接元音共振峰的起点。波特、科普和格林（Potter，Kopp & Green，1947）提到了尤其是 F2 的过渡音征，一般都采用 F2 的过渡音征。裘斯（Joos，1948）指出过渡音征对于塞音的感知非常重要。音征的变化与发音生理是相对应的。在语图测量上，过渡音征的起点就是后接元音 F2 的起点，而 F2 的起点与前面辅音的发音特征是密切相关的。因此，通过修改 F2 的起点，可以让听辨人判断不同发音部位的塞音。

语音感知的研究始于利伯曼等（Liberman et al.，1954）。在实验刺

* 本文为国家科学基金重大项目“普通话语音标准声学和感知参数数据库建设”（13&ZD134）阶段性成果；为南开大学中央高校基本科研业务费专项资金资助项目“汉语塞音听辨实验研究”（编号：NKZXB1410）的成果。

激音的合成中，他就用到了修改过渡音征的方法。在利伯曼、哈里斯（Harris）和霍夫曼（Hoffman）（1957）的研究中，证实了辅音/b/、/d/、/g/是"范畴感知"。利伯曼等（1967）证明了在塞音作为首字母，后接元音的音节中，过渡音征携带了发音部位的信息，而且是居首要地位的。但由于利伯曼的刺激音是人工合成的，缺乏自然语言的研究数据，所以后来又有许多研究者对自然语言进行研究。曼恩（Mann，1980）的研究对象不只是 CV 刺激音（"da"），还研究了"元音+辅音+辅音+元音"刺激音（"al da"，"ar da"）。他发现了塞音前的通音对后接塞音听辨的影响。之后又有学者沿着他的研究思路进行相关研究。而国内相关研究还很少，在声学方面，冉启斌、石锋（2006）表明音轨方程对双唇塞音和舌尖塞音的分析是有效的，但不适用于舌根塞音。在听觉方面王晨聪、关英伟（2013）虽然也利用了过渡音征来合成刺激音，但是其研究主要针对塞音爆破段对塞音发音部位听辨的影响。

§二　实验方法

（一）实验对象

实验是在安静、无干扰的环境下用麦克风录音。录音人是老北京人，男，22 岁，没有经过系统的发音训练，无口鼻咽喉障碍，听力及视力正常，口齿清楚，语速适中。被试选择说标准普通话的北方人，有利于实验数据的准确性。共 26 人（14 男 12 女），都是在校大学生，听辨人没有听力、视觉障碍，右利手。

（二）实验词

实验词分为前字对比组和后字对比组。前字对比组即包含有/t/、/k/音位的字是前字，如"袋子—盖子"；后字对比组即包含有/t/、/k/音位的字是后字，如"车带—车盖"。首先笔者通过词典查找包含/t/、/k/的词语对比组。再根据每组字、词要求都有意义，词语结构或音节结构基本一致的原则选出一批词。由于要做前后字对比组的对比分析，笔者又从中挑选出前后字对比组韵母一样的实验词。最终确定四组词，分别是：

前字组：袋子—盖子，后字组：车带—车盖

后字组：道白—告白，后字组：铡刀—炸糕

（三）实验设备

实验用 Praat 以 44100Hz 的采样率录音，用 Praat 处理录音数据，通过脚本在 Praat 完成语音的合成，最后用 E-prime 进行实验的运行、数据的收集、统计和提取。

（四）刺激音合成

运用 Praat 脚本合成刺激音。每组刺激音，只改变其 F2 的起点值。以包含/t/音位的词为第一个刺激音，接下来每个刺激音逐渐增加 F2 的起点，直到达到 F2 起点值的上限（F3 的起点值）。每组词合成十个刺激音。因为 Bark 值更符合人的听感，所以将最小值和最大值的频率先转为 Bark 值，平均分为 10 个刺激音，再将这 10 个刺激音的 Bark 值转为分别对应的频率。之后用 Praat 导入修改共振峰脚本把/t/的过渡音征逐渐升高，直到上限。在辨认实验中，两字组前后各设 500ms 空白时间。在区分实验中，两字组前后和两组词之间各设 500ms 空白时间。每一个对比组共做出 10 个刺激。前字对比组和后字对比组总共有 40 个刺激。表 1 为四组词的 Bark 值和频率值。

（五）E-prime 脚本制作

实验共两种脚本，即辨认和区分。在区分实验中加入了相同刺激，旨在通过对比同一被试两次相同刺激对反应的异同，排除离群值。综上，辨认脚本共 40 个刺激，区分脚本（采用 AX 式——间隔一个刺激音对比的方法，如 1—3、2—4 等；外加相同刺激组成的刺激对，如 1—1、2—2 等）共 104 对刺激。

（六）正式实验

实验共分为两部分，即辨认实验和区分实验。

辨认实验就是被试根据听到的合成刺激音选择选项。一共有 40 个刺激音，随机播放，每个刺激音只念一遍，被试根据听到的内容，选择屏幕上的选项，有练习部分和正式实验部分。在按键反应界面中，又有正序界面和反序界面。正序界面就是带有/t/塞音的词在前，如袋子—盖子；反序界面则是带有/k/塞音的词在前，如盖子—袋子。

区分实验中，刺激音采用 AX 过程。被试每次会听到一对刺激音，中间停顿 500ms，要求其判断二者相同还是不同。所有的刺激对都是随机播放，每对刺激音只念一遍，屏幕上有相同、不同的选项。根据 AX 组合规则，刺激音 1 和刺激音 3 组合在一起，刺激 2 和刺激 4 组合在一起，以此类推。刺激音有顺序、倒序两种顺序。顺序就是刺激音 1—3 这样播放，而倒序是刺激音 3—1 播放。在实验设计中，为了考察实验数据是否有效，还加入了相同刺激，即刺激音 1—1 这样的播放方式。按键反应页面选项的显示顺序也分正序和反序，正序就是相同选项在前，反序就是不同选项在前。

（七）数据分析

最后选择 12 男 12 女的数据进行分析，男女比例 1：1。使用 Excel、SPSS、Eviews 软件进行分析（见表 1）。

表 1 　　　　　　　　四组词刺激音的 Bark 值和频率值

刺激音	步长（Bark）	起点值		终点值		稳定段（Frequency）
		（Bark）	（Frequency）	（Bark）	（Frequency）	
袋子—盖子	0.46	10.29	1338	14.4	2500	1377
道白—告白	0.48	10.38	1359	14.66	2600	1217
车带—车盖	0.48	11.04	1507	15.41	2900	1239
铡刀—炸糕	0.46	9.67	1212	13.83	2300	1133

§三　实验结果

（一）总体数据分析

图 1 的四组词，共 40 个刺激音，没有一条曲线能够达到 50% 的辨认率，也就是说对于普通话双字组听辨人对后接 ［a］ 和 ［ɑ］ 元音的塞音/ʈ/、/k/几乎没有听感边界。但是，可以看出除"铡刀—炸糕"这一组词，辨认曲线近似平行线外，其他三组词都有相交的趋势。从图 1 中我们可以看出前字组和后字组的辨认曲线差别较大。在前字组中，随着 F2—Onset Bark 值的增加（刺激音序号变大），越来越多的人倾向于选/k/。表现在辨认曲线上，就是两条辨认曲线有相交的趋势。通过 Eviews 对数据进行一元线性回归，可以预测"袋子—盖子"在 Bark=17.68 达到 50% 的辨认率，回归方程拟合程度较好，判定系数为 0.766；"道白—告白"在 Bark=16.68 达到 50% 的辨认率，回归方程拟合程度较好，判定系数为 0.677。而后字组中，"车带—车盖"前九个刺激音 100% 辨认为/ʈ/，第 10 个刺激音辨认率仅为 92%。而"铡刀—炸糕"的辨认曲线总体趋势为两条平行线，除第 3 和第 8 刺激音外，100% 的听辨人辨认为/ʈ/，而第 3 和第 8 刺激音也许是误差。

为了检验前后字组的实验结果是否有统计学上的显著差异，笔者对前字组和后字组的辨认曲线进行检验，通过曼—惠特尼 Test，二者有显著差异（$p<0.05$）。对区分曲线进行检验，通过独立样本 T 检验，二者有显著差异（$p<0.05$）。也就是说塞音/ʈ/、/k/位于双音节词中的前字和后字，对于实验结果是有影响的，塞音位于前字更容易被感知为舌根音/k/，这是具有显著意义的。

受选词限制，所选语料的后接元音只有前低元音 ［a］ 和后低元音 ［ɑ］，而其他元音对实验结果的影响目前还无法分析。通过对后接 ［ɑ］ 元音和后接 ［a］ 元音辨认曲线和区分曲线进行曼—惠特尼 Test，二者没有显著性差异（$ps>0.05$）。也就是说在汉语双字组中，塞音后接前低元音 ［a］ 和后低元音 ［ɑ］ 的辨认曲线和区分曲线没有统计学上的显著差异。这两个元音对实验结果没有影响。但是根据冉启斌、石锋（2006）塞音声学角度上的协同发音是相当显著的。但是他们最后得出的结果是音轨方程不太适合于舌根音。而且本次实验后接元音都是低元音，也许高元音的实验结果会不一样，在后续实验中可以扩大选词范围。

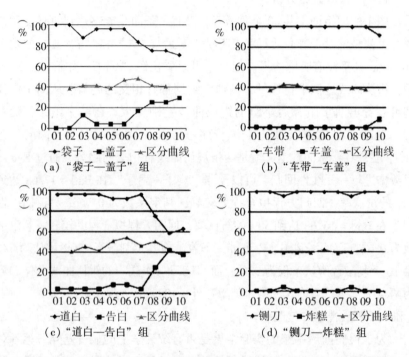

（a）"袋子—盖子"组　（b）"车带—车盖"组

（c）"道白—告白"组　（d）"铡刀—炸糕"组

图 1　四组词辨认及区分

（二）性别因素对实验结果的影响

观察图 2，很明显可以看出男生和女生的辨认曲线、区分曲线有很大的区别。"车带—车盖"组中，男生前九个刺激音都是 100% 的辨认为/t/，在第 10 刺激音达到 92%，而女生全部刺激音都辨认为/t/。"道白—告白"组，男生组的边界位置是第 9 刺激音，F2—Onset 的 Bark 是 14.19，区分峰值 62%，边界直线斜率 0.17，目标字感知范围/t/是 90%，/k/是 10%，但是界前分离度没有达到 100%，而是 96%。而女生没有边界位置。因此对男生和女生的辨认曲线进行检验，通过曼—惠

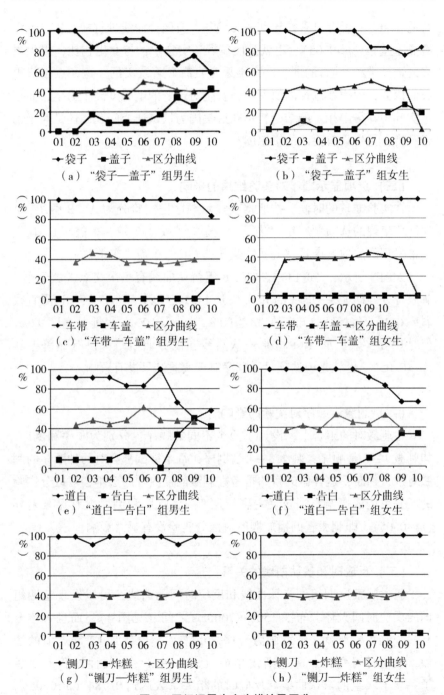

图2 四组词男生女生辨认及区分

特尼 Test，二者有显著差异（$p< 0.05$）。对区分曲线进行检验，二者没有显著差异（$p>0.05$）。也就是说在辨认实验中，与女生相比，男生更多的选择带/k/辅音的词，这个结果是具有显著意义的。这一点很值得我们探究，因为在以往的研究中，女生对声音的敏感度高于男生，而在本实验中却得出相反的结论，不知道是因为被试选择问题，还是对于辅音听辨，男生具有更高的敏感度。

（三）选项显示顺序对实验结果的影响

在实验准备的时候，按照选项显示顺序把实验分为 A、B 两组，A组屏幕呈现的选项顺序是"袋子—盖子"（或"车带—车盖"），B 组屏幕呈现的选项顺序是"盖子—袋子"（或"车盖—车带"）。

如图 3 所示，"道白—告白" B 组辨认曲线有一个交点，位于第 9刺激音处，即 F2—Onset 的 Bark 值是 14.19，区分峰值 54%，边界直线斜率 0.17，目标字感知范围/t/是 90%，/k/是 10%，界前分离度 92%。但是用曼—惠特尼 Test 检验辨认曲线和区分曲线，都没有显著差异（$ps>0.05$）。也就是说选项显示顺序对于实验结果没有影响。

（四）刺激音顺序对实验的影响

在刺激对的组合上，设计了两个不同的顺序，分别为顺序和倒序，如刺激 1—3 是顺序，刺激 3—1 是倒序，每个被试都会对两种顺序的刺激对进行判断，这样做的目的是考察刺激的播放顺序会不会对区分实验的区分率造成影响。通过曼—惠特尼 Test，顺序和倒序没有显著差异（$ps>0.05$）。即刺激音的播放顺序对区分实验没有显著影响。

（五）反应时和辨认曲线的关系

通过观察这四组词辨认曲线和反应时间的曲线，可以发现这四组词的反应时间大体分布在 1500—2000ms 之间（见图 4）。而且大体上有一个趋势，那就是随着刺激音序号的增加，也就是 F2 起点值的增加，反应时间变长。通过斯皮尔曼（Spearman）相关性检验，"袋子—盖子"组的辨认曲线和反应时的相关系数达到 0.784（$p<0.01$），

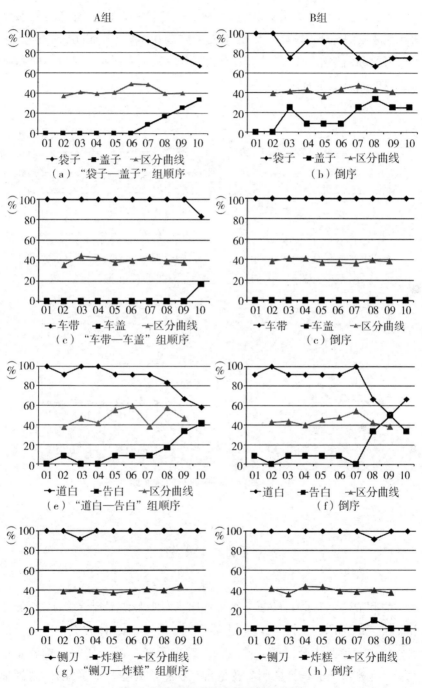

图3　四组词顺序倒序辨认及区分图

"车带—车盖"组的相关系数为 0.290，"道白—告白"组的相关系数
为 0.558，"铡刀—炸糕"组的相关系数是 0.348（$ps<0.05$）。这反映
了后字组和前字组不仅在辨认曲线和区分曲线上有区别，在反应时和辨
认曲线的关系上也有区别。

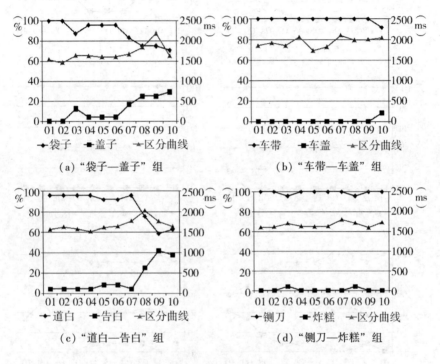

（a）"袋子—盖子"组   （b）"车带—车盖"组

（c）"道白—告白"组   （d）"铡刀—炸糕"组

图 4   四组词反应时和辨认曲线

§四   讨论

与利伯曼（1957）的研究结果相比，本实验得不到后接 [ɑ] 元音
和后接 [a] 元音的/t/、/k/的边界位置。在实验设计方面，利伯曼的
实验刺激音是人工合成的，单字音，后接元音 [e]，研究的辅音是浊
塞音。而本次实验设计的刺激音是自然状态下的发音（男性），普通话
双字音，后接元音 [a]、[ɑ]，辅音是清塞音。这些区别可能是造成二

者研究结果不同的原因之一。

刺激音的合成也需要讨论一下。因为我们知道/t/、/k/作为两个音位，肯定是作为两个范畴而能被人们区分的。但是在上面的实验中，并没有找到其边界，刺激音的合成也是一个问题。笔者在实验一开始刺激音合成时就遇到很多问题。冉启斌、石锋（2006）发现音轨方程对双唇塞音和舌尖塞音的分析是有效的，但不适用于舌根塞音。因此我们没有办法确定刺激音的起点和终点。所以笔者只能以带/t/音位的词为起点，增加 F2 起点来合成不同的刺激音，直到 F2 起点上限。但是通过实验也可以看出效果不太理想。而且舌根塞音/k/的爆破段带有大量的发音部位信息，不管是 VOT 还是冲直条都有其特性，我们不知道爆破段是否影响刺激音的合成效果。所以在刺激音合成时，笔者以带/t/音位的词为基础词。接下来的实验中，是否可以考虑修改冲直条、VOT 或者 F3 的过渡段来合成刺激音。

但是通过之前的分析，可以看到辨认曲线有相交的趋势，而且反应时间和辨认曲线呈正相关的关系。我们可以猜测，如果继续增加 F2 起点值也许辨认曲线有交点，而且反应时峰值会出现在交点处。

而且本实验研究的是双字组，受选词限制，后接元音的影响和声调的影响都分析不了。利伯曼等（1954）的论文中写道："过渡音征在不同部位感知为 d—t，依赖于后接元音……感知为 g—k 的范围和 d—t 相反……"也就是说不同的元音会影响/d/、/g/的感知范围。后接相同的元音，有的元音不论怎么修改过渡音征，大多数人始终感知为舌根塞音/g/或者舌尖塞音/d/。虽然利伯曼等人（1957）研究的是浊塞音，但是对清塞音也有启发。所以接来下的实验笔者打算做单字组，这样选词范围扩大，也许实验结果也会不一样。

§五 结论

本次实验的研究对象是自然语言，通过修改自然语音两字组中的舌尖塞音/t/的第二共振峰（F2）的起点，合成一系列刺激音，进行听辨和区分实验。通过实验，四组词，共 40 个刺激音，没有一条曲线能够达到50%的辨认率。虽然没有边界位置，但是对于辨认曲线，男生和女生、前字组和后字组对实验结果有显著影响，二者的辨认曲线有显著差异。而后接元音、选项显示顺序对其不产生影响。对于区分曲线，前字组和后字组有显著差异。性别、后接元音、选项显示顺序、刺激音顺序都不产生影响。"袋子—盖子"组的反应时长与辨认曲线之间是显著相关的，"道白—告白"组的反应时长与辨认曲线之间是中度相关的，"车带—车盖"组和"铡刀—炸糕"组是微弱相关的。

　　本实验还存在一些问题。因为做词的分析，选词方面限制了做声调方面的分析，后接元音的分析也不全面，只有前低元音 [a] 和后低元音 [ɑ]。实验开始刺激音合成阶段可能存在一些误差。而且刺激音是从带/t/辅音的词往带/k/辅音的词进行修改，忽略了二者除过渡音征外的其他区别。由于/k/的音轨方程不稳定，在刺激音合成时，确实遇到了一些问题，可能影响实验效果，还需要进行进一步实验。

参考文献

［1］Potter, R. K., Kopp, G. A. & Green, H. C., *Visible speech*, New York: Van Nostrand, 1947.

［2］Joos, M., "Acoustic phonetics", *Language Suppl*, Vol. 24, 1948.

［3］Limberman, A. M., Pierre, C. Delattre, Franklin, S. Cooper, Louis, J. Gerstman, "The Role of Consonant—Vowel Transitions in the Perception of the Stop and Nasal Consonant", *Psychological Monographs*: *General and applied*, Vol. 68, No. 8, 1954.

［4］Limberman, A. M., Harris, K. S., Hoffman, H. S. et al., "The discrimination of speech sounds within and across phoneme boundaries", *Journal of Experimental Psychology*, Vol. 53, 1957.

［5］Virginia A. Mann, "Influence of preceding liquid on stop—consonant perception", *Perceptiom & Psychophysics*, Vol. 28, No. 5, 1980.

［6］冉启斌、石锋：《从音轨方程考察普通话不送气塞音声母的协同发音》，《南开语言学刊》2006 年第 2 期。

［7］王晨骢、关英伟：《论塞音爆破段对塞音发音部位听辨的影响》，《实验语言学》2013 年第 2 期。

本文发表于《实验语言学》2014 年第 3 卷第 1 期

第五篇

元音听觉实验研究

北京话二合元音/ai/、/au/、/ia/、/ua/韵腹/a/的听感实验研究*

王 萍

摘 要：本文以前人的研究为基础，首先根据汉语语音数据库中52位北京人/ai/、/au/的共振峰轨迹特点，将其归纳为两种类型，并发现第二种类型的/ai/、/au/在绝对和相对数量上都有一定的广泛性和代表性。而后，文章将第二种类型的/ai/、/au/作为切入点，并以/ia/、/ua/的表现为参照，选择两位典型的北京男性发音人的语音样品作为听辨材料对16位受试者进行听感实验。研究结果表明：对于/ai/&/ia/、/au/&/ua/中/a/的不对称性的表现和程度以及/ai/、/au/中/a/的稳态段的确定，听感实验的方法能够有效地弥补单纯凭借声学实验方法所带来的缺陷和不足，并在一定程度上解决前人的积疑和分歧。/ai/、/au/两个音节内部音素之间的高融合度预示着未来它们可能会朝着单元音的方向发展，尤其是/au/。

关键词：北京话 二合元音 韵腹 听感实验

§一 引言

（一）研究概述

　　学界有很多关于二合元音的研究，吴宗济（1979：314—320，1986）在声学元音图中得到了二合元音的动态曲线；曹剑芬、杨顺安

---

　　* 本研究得到南开大学2007年度人文社会科学校内青年项目"北京话声调和元音的统计性研究"（项目编号：NKQ07000）的资助。

（1984：15—22，1984：426—433）、杨顺安（1986：1—8）主要着力于二合元音的动态模型的研究，为语音合成提供了重要的声学参数；任宏谟（Hongmo Ren，1986）认为复合元音的主要特点是由 F2 确定的，所以他以第二共振峰 F2 为研究对象，并提出复合元音的"截断模型"（trancation model）；贺宁基（1985：196—224）利用听感的方法，对二合元音滑动段的共振峰变化率和感知时间阈等方面进行了深入的分析。

前人的成果使我们对于二合元音的性质有了更加深入透彻的认识。从各家的观点中，可以看到：前响二合元音和后响二合元音韵腹稳态段的表现存在着不对称性，在这一点上，学者们已基本达成共识。但对于这种不对称性的程度，不同学者观点不同，差异的焦点主要集中在前响二合元音/ai/、/au/上。具体来说，杨顺安、曹剑芬（1984：15—22）认为从普通话二合元音的动态特性曲线形状来看，前响二合元音的动态曲线近乎直线（/ei/例外），是线性变化型，即前响二合元音基本不存在韵腹的稳定段；吴宗济、林茂灿（1989：99）也认为从共振峰模式上看，二合元音处在滑动中，一般很少有稳定段，只有后响二合元音的后一元音有可能存在稳定部分。但任宏谟（1986）认为前响二合元音/ai/、/au/的主要元音/a/存在稳态段，只是不稳定，是随意的、非强制的，它们的/a/的稳态段呈现可能的稳定状态或准稳定（quasi-steady）状态。

（二）问题的提出

前人的研究多选择数量较少的发音人，所以不同发音人的个性差异很可能是造成他们研究结果不同的主要原因。基于此，本文对于汉语语音数据库①中 52 位北京发音人的/ai/、/au/中/a/的表现进行归纳分析，分析的结果证实了本文前面的假设：不同发音人/a/的表现确实存在个体差异，但这种差异并不是杂乱无章的，还是有一定的规律可循，大致可以概括为两种类型：（1）/ai/、/au/音节的开始处先有较长的稳定段，稳定段的后面紧接斜率较大的过渡段。（2）/ai/、/au/的音节的开始处先有一小段缓慢上升或下降的过程，它的后面连接斜率较大的过渡

---

① 由美国学者罗伯特·桑德斯（Robert Sanders）和石锋教授合作完成。

段（见图1）。从统计的百分比来看，第一种类型的/ai/所占比例为35%，第二种类型的/ai/所占比例为65%；第一种类型的/au/所占比例为10%，第二种类型的/au/所占比例为90%。由此可知，第二种类型的/ai/、/au/各自占据着它们总体的绝大部分，说明这种共振峰的表现是非常具有代表性的。

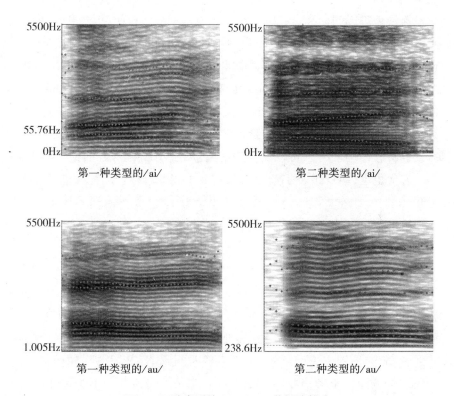

图1　两种类型的/ai/、/au/共振峰轨迹

　　通过以上分析可知，前响二合元音/ai/、/au/中/a/的轨迹特点比较特殊和复杂。从它们的两类轨迹表现来看，第一种类型的/ai/、/au/的主要元音/a/时长较长，而且动程平稳，是真正意义上的/a/的稳态段。那么问题的焦点就集中在第二种类型上，第二种类型的/ai/、/au/中是否存在独立的韵腹/a/部分呢？而且从第二种类型所占百分比来看，它的存在还是相当广泛的，并不是个别发音人的表现，所以对于第二种

类型的分析是有相当的意义和代表性的。第二种类型的/ai/、/au/音节开始处那个时长较短、斜率较小的缓慢上升或下降的部分，其斜率既明显小于其后面真正的过渡段，又显著大于第一种类型的/a/的稳态段，可以说是介于二者之间，那么，如果单从声学表现上来判定它到底是/a/的稳态段还是整个音节的过渡段，未免存在人为的主观偏差，这可能也是造成各家观点不一的一个重要因素。那么这里便提出一个关键性问题：衡量稳态段的标准是什么？本文认为是听感，任何声学表现的最终归宿和落脚点要归于听感的判断，要在声学表现的基础上结合听感分析，才能使我们的研究更具客观性和科学性。另外，本文在（一）中提到对于/ai/&/ia/、/au/&/ua/韵腹稳态段的不对称性程度，不同学者的观点其实也是存在分歧的，这其实是"第二种类型的/ai/、/au/是否存在韵腹稳态段"这个问题的延伸。据此，本文在研究/ai/、/au/的同时，也将它们与/ia/、/ua/进行了相应的对比分析，一方面便于参照，另一方面也可以对/ai/&/ia/、/au/&/ua/之间不对称性的程度进行深入考察。

（三）研究内容

基于上述问题，本文在前人成果的基础上，采用听感实验的方法对第二种类型的/ai/、/au/中的/a/进行深入考察，为了便于比较和分析，笔者分别以/ia/、/ua/中/a/的表现为参照，考察的内容包括：（1）/ai/、/ia/、/au/、/ua/中/a/的单元音识别率。（2）通过识别为单元音/a/的识别率关键点[①]、关键点的时间阈值，以及阈值内的共振峰表现等方面，来考察/ai/&/ia/、/au/&/ua/中的/a/的不对称性的表现和程度。（3）根据（1）和（2），来判断第二种类型的/ai/、/au/是否存在真正意义的/a/稳态段，即听感上独立的/a/部分。

---

① 识别率关键点包括识别率临界点和识别率最高点。识别率关键点是指识别率首次超过50%的时间点，识别率最高点是指识别率首次达到最高值的时间点。

§二 听感实验的基本步骤和程序

(一) 听辨材料的选择

本文选取两位地道的北京人的发音作为听辨材料，他们都为男性，分别为 39 岁和 22 岁。发音字表为：鸦、蛙、哀、熬。两位发音人共 4×2＝8 个音节。

(二) 听辨材料的制作

实验仪器选取南开大学开发的"桌上语音工作室"和 Praat。对于前响二合元音/ai/（哀）、/au/（熬），将音节的结尾处作为切分的起点；对于后响二合元音/ia/（鸦）、/ua/（蛙），将音节的开始处作为切分的起点（见图 2）。

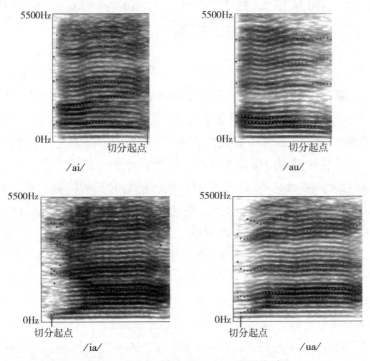

图 2 /ai/、/au/、/ia/、/ua/切分起点

切分的过程中，由笔者先进行粗略的判断，对离切分起点较近的部分，即能够清晰辨别为二合元音的音节，切分的步长为 14ms；离切分的起点稍远的部分，切分的步长为 7ms。这样，共得到 171 个有效刺激样品。梁之安（1965：20—23）关于单元音的识别率与音节的长短关系的研究表明，当音节短至 8—13ms 时，元音即不能被识别，所以本次听感实验的刺激均大于 13ms 这个最低限。在听辨实验中，每个刺激重复 3 遍，中间间隔 4s，成为一组。组与组之间再停顿 4s，且所有组别随机排列。对于每组刺激，受试者均有三种选择：（1）单元音；（2）二合元音；（c）不能确定。

（三）听辨实验的受试者

实验的听辨受试者共计 16 人，他们都为北方人，能够说标准的普通话，年龄在 20—30 岁，无听力疾病史，且均不了解本次实验的目的。

§三 北京话二合元音/ai/、/au/、/ia/、/ua/中单元音/a/的识别率

本文将 16 位听音人对于两位发音人的刺激样品的听辨结果（以下简称 A 刺激、B 刺激）分别进行整理计算。主要计算听音人对于/ai/、/au/、/ia/、/ua/中单元音/a/的识别率，以及相对应的时间阈值。据此，笔者将这两个变量置于同一坐标系中，横轴表示不同刺激的音长（ms），纵轴表示听音人将刺激听为单元音/a/的识别率（%）。

A 刺激，在 114—37ms 这个范围内，随着时长的降低，单元音/a/的识别率呈现逐渐上升的趋势，并且在 72ms 这个刺激上，识别率为 62.5%，首次超过 50%，可以看成二合元音/ai/与单元音/a/听感上的临界点。在 51ms 这个刺激上，识别率首次达到最大值，为 93.75%，从 37—16ms，识别率逐渐下降，从 93.75%下降到 56.25%（见图 3）。

B 刺激，在 169—15ms 这个范围内，随着时长的降低，单元音/a/的识别率逐渐升高，这与 A 刺激的识别是一致的，但整条识别曲线一直是上升的，这与 A 刺激的识别不同。在 99ms 这个刺激上，识别率为 62.5%，首次超过 50%，是二合元音/ai/与单元音/a/听感上的临界点。

在43ms这个刺激上，识别率首次达到最高点，为93.75%，并且这种最高状态一直持续到15ms（只有29ms刺激的识别率略有下降，为87.50%），这也与A刺激的识别不同（见图3）。

1./ai/组

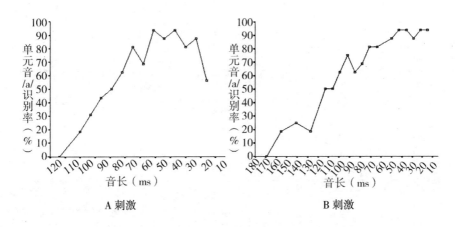

图3 /ai/中单元音/a/的识别率

A刺激，/ai/音节总的时长为187ms，以临界点为界的时长占总时长的比例为38.5%，识别率首次达到最大值的时长占总时长的比例为27.27%。

B刺激，/ai/音节总的时长为274ms，以临界点为界的时长占总时长的比例为36.13%，识别率首次达到最大值的时长占总时长的比例为15.69%。

A刺激，在136—17ms这个范围内，随着时长的降低，单元音/a/的识别率呈现逐渐上升的趋势。在59ms这个刺激上，识别率为56.25%，首次超过50%，可以看成二合元音/au/与单元音/a/听感上的临界点。在31ms这个刺激上，识别率首次达到最大值，为81.25%，并且这种高识别率一直持续到24ms，只是17ms这个刺激的识别率略有下降，为75%（见图4）。

B刺激，在210—13ms这个范围内，随着时长的降低，单元音/a/的识别率逐渐升高，这与A刺激的识别是一致的。整条识别曲线中，在83ms这个刺激上，识别率为56.25%，首次超过50%，是二合元音

/au/与单元音/a/听感上的临界点。在55ms这个刺激上，识别率首次达到最高点，为87.50%，并且这种高识别率一直持续到41ms，34ms和27ms两个刺激的识别率随时长的变短而下降，分别为75%、68.75%（见图4）。

2. /au/组

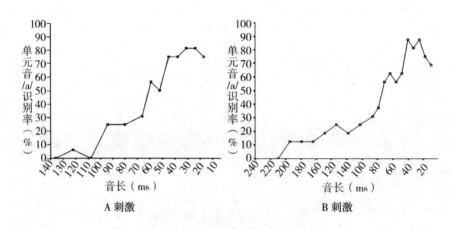

A 刺激   B 刺激

图4　/au/中单元音/a/的识别率

A刺激，/au/音节总的时长为150ms，以临界点为界的时长占总时长的比例为39.33%，识别率首次达到最大值的时长占总时长的比例为20.67%。

B刺激，/au/音节总的时长为280ms，以临界点为界的时长占总时长的比例为29.64%，识别率首次达到最大值的时长占总时长的比例为19.64%。

A刺激，在177—107ms这个范围内，随着时长的降低，单元音/a/的识别率呈现逐渐上升的趋势。在142ms这个刺激上，识别率为56.25%，首次超过50%，可以看成二合元音/ia/与单元音/a/听感的临界点，但临界点后的下一个音长为135ms的刺激，识别率突然下降到43.75%。107ms这个刺激上，识别率达到最大值，为100%（见图5）。

B刺激，在360—255ms这个范围内，随着时长的降低，单元音/a/的识别率逐渐升高。在297ms这个刺激上，识别率为62.5%，首次超过50%，是二合元音/ia/与单元音/a/听感上的临界点，但临界点后的下一个音长为 290ms 的刺激，识别率突然下降到 50%。255ms 这个刺激上，识别率首次达到最高点，为 100%（见图 5）。

3. /ia/组

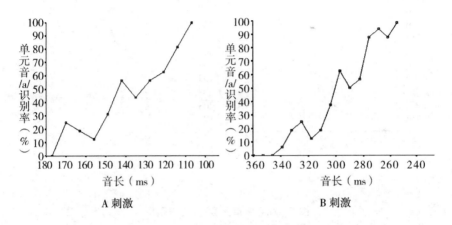

A 刺激   B 刺激

图 5　/ia/中单元音/a/的识别率

A 刺激，/ia/音节总的时长为 219ms，以临界点为界的时长占总时长的比例为 64.84%，识别率首次达到最大值的时长占总时长的比例为 48.86%。

B 刺激，/ia/音节总的时长为 465ms，以临界点为界的时长占总时长的比例为 63.87%，识别率首次达到最大值的时长占总时长的比例为 54.84%。

A 刺激，在 231—126ms 这个范围内，随着时长的降低，单元音/a/的识别率呈现逐渐上升的趋势。在 168ms 这个刺激上，识别率为 68.75%，首次超过 50%，可以看成二合元音/ua/与单元音/a/听感的临界点。但临界点后的下一个音长为 161ms 的刺激，识别率突然下降到 56.25%。140ms 这个刺激，识别率首次达到最大值，为 100%。在其后音长分别为 133ms、126ms 的两个刺激上，这种高识别率趋于稳定，识别率分别为 93.75% 和 100%（见图 6）。

B 刺激，在 240—128ms 这个范围内，随着时长的降低，单元音/a/的识别率逐渐升高。在 191ms 这个刺激上，识别率为 56.25%，首次超过 50%，是二合元音/ua/与单元音/a/听感上的临界点。128ms 这个刺激上，识别率首次达到最高点，为 100%。

4. /ua/ 组

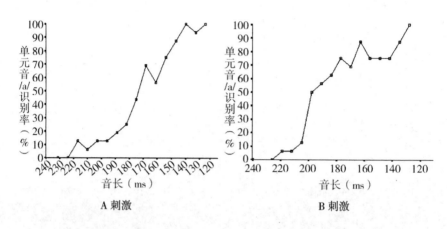

A 刺激

B 刺激

图 6 /ua/ 中单元音 /a/ 的识别率

A 刺激，/ua/ 音节总的时长为 245ms，以临界点为界的时长占总时长的比例为 68.57%，识别率首次达到最大值的时长占总时长的比例为 57.14%。

B 刺激，/ua/ 音节总的时长为 254ms，以临界点为界的时长占总时长的比例为 75.20%，识别率首次达到最大值的时长占总时长的比例为 50.39%。

§四 /ai/、/au/、/ia/、/ua/ 中识别率 关键点的共振峰表现

识别率关键点分别指识别率临界点、识别率最高点。任宏谟（1986）认为 /ai/、/au/、/ia/、/ua/ 等复合元音，协同发音的结果是 F1 变化的幅度较小，F2 变化的幅度较大，复合元音的主要特点是由 F2 确定的，不是 F1 和 F3。基于此，本文分别测量了 /ai/、/au/、/ia/、/ua/ 中这些关键点的 F2 的频率值，以及它们与音节起点（/ai/、/au/）或音节末点（/ia/、/ua/）的频率差值（见表1）。

表1　　　识别率关键点与音节起点或音节末点的第二共振峰频率差值

共振峰 元音	临界点共振峰 频率值（Hz）		临界点共振峰与 音节起点/末点 差值（Hz）		识别率最高点 共振峰频率值 （Hz）		识别率最高点共振 峰与音节起点/ 末点差值（Hz）	
	A	B	A	B	A	B	A	B
/ai/	1648	1621	166	262	1582	1454	100	72
/ia/	1517	1817	98	267	1374	1581	45	127
/au/	1010	936	105	110	1061	951	53	95
/ua/	1230	1222	70	192	1255	1384	46	30

表1中，/ai/&/ia/、/au/&/ua/的频率差值相比，刺激A和刺激B的表现有所不同。刺激A：无论临界点还是识别率最高点，/ai/、/au/的差值均分别大于/ia/、/ua/。刺激B：听辨的结果并不呈现一定的规律性。频率差值并不能全面而准确地反映从关键点到音节起点/末点这一范围内的共振峰动态波动情况，但共振峰变化率（△F/T）可以弥补以上不足（见表2）。

表2　　　关键点到音节起点/末点范围内的共振峰变化率

共振峰 元音	临界点到音节起点/末点的共振峰 变化率（Hz/ms）		识别率最高点到音节起点/末点的 共振峰变化率（Hz/ms）	
	A	B	A	B
/ai/	2.30	2.65	1.96	1.67
/ia/	.69	.90	.42	.50
/au/	1.78	1.33	1.71	1.73
/ua/	.42	1.00	.33	.23

表2的结果与表1不同，说明受试者对于刺激A和刺激B的反映具有一致性。具体来说，贺宁基（1985：196—224）曾对二合元音/ai/、/ia/、/au/、/ua/中过渡段的共振峰变化率进行过深入研究，研究结果显示它们的共振峰变化率分别为：/ai/，5.4Hz/ms；/ia/，12.8Hz/ms；/au/，5.9Hz/ms；/ua/，8.3Hz/ms。表2显示：/ia/关键

点到音节末点范围内的共振峰变化率分别为 0.69、0.90、0.42、0.50；/ua/关键点到音节末点范围内的共振峰变化率分别为 0.42、1.00、0.33、0.23，它们都远远小于各自过渡段的共振峰变化率，且识别率最高点的共振峰变化率要明显小于识别率临界点的值，由此表明/ia/、/ua/关键点到音节末点范围内的共振峰变化是非常平稳的。/ai/的关键点到音节起点范围内的共振峰变化率分别为 2.30、2.65、1.96、1.67；/au/的关键点到音节起点范围内的共振峰变化率分别为 1.78、1.33、1.71、1.73，它们的关键点到音节起点范围内的共振峰变化率明显大于/ia/和/ua/的相应值，分别相当于其过渡段共振峰变化率的1/2—1/3，且/au/识别率最高点的共振峰变化率近似甚至大于其识别率临界点的值。以上分析说明：跟/ia/、/ua/相比，/ai/、/au/的关键点到起点这段共振峰走势并不平稳，波动程度相对较大。

§五 讨论

本文针对第二种类型的/ai/、/au/，选择两位典型的北京人的发音样品作为听辨材料进行听感实验，并且以/ia/、/ua/的实验结果作为参照，取得了良好的效果。本文的研究结果表明：听感实验对于/ai/&/ia/、/au/&/ua/中/a/的不对称性的深入分析，以及/ai/、/au/中/a/的稳态段的确定都在一定程度上弥补了单纯凭借声学实验方法所带来的缺陷。

/ai/&/ia/、/au/&/ua/韵腹/a/的表现确实存在着不对称性，这主要表现在单元音/a/的识别率最高值和关键点的时间阈值两个方面。(1)单元音/a/的识别率最高值：/ia/、/ua/识别率最高值均为100%。而/ai/的识别率最高值均为93.75%（/ai/，A和B），/au/识别率最高值分别为81.25%（A刺激）、87.50%（B刺激），都不足100%，其原因多为受试者选择了"不能确定"这一项。(2)关键点的时间阈值（关键点包括临界点和识别率最高点），详见表3。

表 3 　　　　　　　　　　　　　关键点的时间阈值

时长 元音	临界点时长（ms）			临界点时长/音节 总时长（%）			识别率最高点 时长（ms）			识别率最高点时长/ 音节总时长（%）		
	A	B	均值	A	B	均值	A	B	均值	A	B	均值
/ai/	72	99	85.5	38.50	36.13	37.32	51	43	47	27.27	15.69	21.48
/ia/	142	297	219.5	64.84	63.87	64.36	107	255	181	48.86	54.84	51.85
/au/	59	83	71	39.33	29.64	34.49	31	55	43	20.67	19.64	20.16
/ua/	168	191	179.5	68.57	75.20	71.89	140	128	134	57.14	50.39	53.77

表 3，从均值来看，/ai/&/ia/：临界点时长，/ia/中/a/的时长是/ai/的两倍多，临界点时长/音节总时长，/ia/的比值是/ai/的近 2 倍；识别率最高点时长，/ia/中/a/的时长是/ai/的近 4 倍，识别率最高点时长/音节总时长，/ia/的比值是/ai/的 2 倍多。/au/&/ua/：临界点时长，/ua/中/a/的时长是/au/的 2 倍多，临界点时长/音节总时长，/ua/的比值是/au/的 2 倍多；识别率最高点时长，/ua/中/a/的时长是/au/的 3 倍多，识别率最高点时长/音节总时长，/ua/的比值是/au/的近 3 倍。

由此可见，对于/ai/&/ia/、/au/ & /ua/而言，临界点时长、临界点时长/音节总时长这两项不对应性的表现程度较轻，/ia/、/ua/分别是/ai/、/au/的两倍左右；识别率最高点时长、识别率最高点时长/音节总时长，这两项不对应性的程度较重，/ia/、/ua/分别是/ai/、/au/的 3—4 倍。

对于刺激 A，在/ia/、/au/、/ua/的听感临界点后，对于刺激 B，在/ia/的听感临界点后，受试者都不同程度地出现了识别率的突然下降，而不是继续上升，这表明二合元音与单元音的临界状态并不是一个点，而是以临界点为中心的一个区间，但本文为了量化的方便，采用临界点来表示。

本文以单元音/a/的识别率最高点的时长作为确定稳态段的标准，/ia/、/ua/的稳态段是很明确的，但/ai/、/au/稳态段的确定仍有一定的问题。裘斯（1948）认为一个元音无论在共振峰图上看起来多么像一个双元音，但是它的时长只有 80ms 或者更短些，那么通常只听为单元音。如果观察者是操同种方言并且是训练有素的语音学家，那么这个数值将降至 60ms，但不能再低了。也就是说 80ms 和 60ms 分别是普通人和语音学家在复合元音和单元音听感上的临界值。同时，梁之安（1965：20—23）在研究汉语六个单元音的识别率与音节长度的关系时，发现当元音音长在 60ms 以上时，识别率一直保持在 95% 以上的水平，当音节长度短于 60ms 时，识别率随音长变短而下降，当音长只有 8—13ms 时，元音无法识别。对比两位学者的研究结果，笔者认为 60ms 以下的元音听感上与语图上的不对应性，很可能是时长过短引起人的听感上的模糊性和不确定性。本文 /ai/、/au/ 中单元音 /a/ 识别率最高点的百分比均小于 95%，识别率最高点的音长值均小于 60ms；关键点到音节起点 / 末点范围内的共振峰变化率的表现说明 /ai/、/au/ 韵腹 /a/ 的波动幅度要显著大于 /ia/ 和 ua/，即从声学表现上来看，它走势并不平稳，波动程度相对较大，所以 /ai/、/au/ 中单元音 /a/ 的高识别率可以用上面的原因来解释：音长的缩短导致的听感的模糊性和不确定性。那么和 /ia/ 和 ua/ 相比，也就很难说第二种类型的 /ai/、/au/ 中存在真正意义上的 /a/ 稳态段，即独立的韵腹 /a/ 部分，充其量只能是准稳态段。

本文的研究表明，北京话的前响二合元音 /ai/、/au/ 分别存在两种类型的变体。听感实验的结果说明：第二种类型的 /ai/、/au/，它们所包含的两个音素的融合程度已经很高，基本上不存在真正意义上的独立的韵腹 /a/ 部分，并且从百分比来看，第二种类型的 /ai/、/au/ 变体都各自占据绝对优势，据此，本文预测北京话的 /ai/、/au/ 很可能随着融合度的继续升高而演变为单元音。尤其是 /au/，其共振峰走势的变化幅度相对较小，听感上很像 /ɔ/。袁家骅（1989：81）在研究中发现，复元音 [ai] 在吴语区中的浦江、东阳单元音化为 [æ] 或 [ɛ]。

复合元音从性质上可分为真性和假性两大类（吴宗济、林茂灿，1989）。北京话的二合元音是假性二合元音，它与藏语的真性二合元音在声学表现和听感上有何差异；虽然英语也是假性二合元音，但和汉语相比，二者假性的程度有何高低的不同，这种类型学上的二合元音的对比研究是笔者今后要重点考察的内容。可以说，本文已经为此奠定了良好的基础。

参考文献

［1］曹剑芬、杨顺安：《北京话复合元音的实验研究》，《中国语文》1984年第6期。

［2］贺宁基：《北京话二合元音感知中的时间因素》，载《北京语音实验录》，北京大学出版社1985年版。

［3］梁之安：《单元音的识别率与音节长短的关系》，《声学学报》1965年2月第1期。

［4］吴宗济、曹剑芬：《实验语音学知识讲话》，《中国语文》1979年第4期。

［5］吴宗济、林茂灿：《实验语音学概要》，高等教育出版社1989年版。

［6］吴宗济等：《普通话单音节语图参考册》，中国社会科学出版社1986年版。

［7］杨顺安：《复合元音的指数式动态模型及其在合成中的应用》，《语言研究》1986年第2期。

［8］杨顺安、曹剑芬：《普通话二合元音的动态特性》，《语言研究》1984年第1期。

［9］袁家骅：《汉语方言概要》，文字改革出版社1989年版。

［10］Hongmo Ren，"On the Acoustic Structure of Diphthongal Syllables"，*UCLA Working Papers in Phonetics*，Vol. 65，1986.

［11］M. Joos，"Acoustic phonetics"，*Language*，Vol. 24，No. 2，1948.

本文发表于《语言文字应用》2008年第3期

普通话高元音/i/、/u/听感分界的初步实验

耿爽爽

摘　要：本文采用范畴感知的方法，研究普通话高元音/i/、/u/的听感分界问题。研究发现，汉语普通话高元音/i/、/u/的听感分界在1750—1550Hz，倾向于动态分布。同时，本文还探讨了语音环境、性别以及探测界面三个因素的内部差异，发现只有在区分实验中，探测界面的正序与反序是有显著差异的，其他各因素的实验结果并没有显著差异。最后，/i/的听感空间小但是却很稳定，这一结论也与之前学者们的论述相一致。

关键词：听感分界　高元音　区分　辨认

§一　引言

当连续的语音变化被感知为离散的、数量有限的语音范畴时，称之为范畴感知。利伯曼（1957）采用范畴感知的方法对浊辅音/b/、/d/、/g/进行实验研究，发现被试能够有效地区分三类。范畴感知的方法还被广泛应用到了声调的研究，实验发现，声调中各调的边界都不相同，有的呈现出范畴化的特点，而有的则是非范畴的连续感知。将范畴感知的方法应用到元音的研究还不多，有学者指出，元音更趋向于连续感知。

图1是石锋（2002）做出的北京话一级元音格局图。通过这个图以及前人的语音实验研究，可以看到，普通话高元音/i/、/u/的最大差别在F2，F3相差较小，F1、F4相差甚微。本文主要考察/i/、/u/在F2

这一维度上的听感分界，而 F3 的听感分界是下一步研究的主要任务。

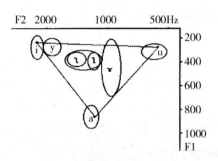

图 1　北京话一级元音格局

综上所述，本实验采用范畴感知的方法，研究普通话高元音/i/、/u/的第二共振峰的听感分界问题。主要任务是找出听感分界点，并厘清实验中涉及的各因素对实验结果的影响。

§二　研究方法

（一）实验对象

实验共分为发音人和听辨人。其中，发音人是一位老北京人，南开大学本科在校生。其中，老北京人是指父母双方为北京人，本人在北京长大。听辨人共 22 位，北京人，首都师范大学、北京语言大学等大学本科或研究生在校生。其中，男生 10 人、女生 12 人。

（二）实验步骤

1. 选择语料

遵循语料选择的原则，即每组字的两个词要求都有意义；词语结构或音节结构基本一致；声调完全相同；目标字必须是零声母字。按照这些原则，选出的词语是：前字组——义诊、误诊；后字组——文艺、文物。

2. 进行录音

使用 Cooledit 进行录音，录音在安静的实验室内进行。使用的采样率是 11025Hz，采样精度 16 位，单声道。

3. 语音合成

在语音软件 Praat 中进行，从高频率的/i/降至低频率的/u/。前字中，合成音 F2 的起点和终点的频率分别为 2349Hz、617Hz；后字中，合成音 F2 起点和终点的频率分别为 2352Hz、613Hz，将 100Hz 作为前后字组 F2 的步长。这样就得到了前后字组各 18 个刺激。

4. E-prime 脚本的制作

实验分为辨认和区分两部分。辨认实验共有前后字组 36 个刺激音，区分实验采用 AX 式——间隔一个刺激音相对比的方法，如 1—3、2—4 等，共呈现 100 个刺激。

5. 数据的收集

听辨人没有听力、视觉障碍，听辨实验在安静的教室内进行。

（三）数据分析方法

使用 Excel、SPSS 软件进行分析。

§三 实验结果

从图 1 中，可以看出：高元音/i/、/u/存在听感分界，位置在第 7 和第 8 个刺激音正中间（1700Hz），交点前曲线平滑，交点后曲线在几处都出现了波折，较大的波折出现在第 15 个刺激音。而区分的峰值为 61%，出现在了两处，刺激 8—10、刺激 13—15。区分率比较平缓，区分效果并不明显。

为了能够清楚地了解语音环境、性别、探测界面这三个因素的差异以及对实验结果的影响，笔者进行了更进一步的分析。

（1）语音环境主要是指目标字与参照字的相对位置，分为前字组和后字组。前字组指"义诊—误诊"组，后字组指"文艺—文物"组。

（2）性别分为女生组、男生组。

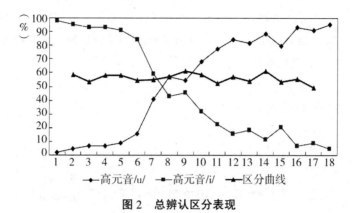

图2　总辨认区分表现

（3）探测界面指在 E-prime 实验中，被试者能够做出的两个不同选择在界面中出现的先后位置，分为正序组和反序组。

（一）语音环境——前字辨认区分图、后字辨认区分图

/i/、/u/的辨认曲线呈现出三个交点，分别出现在刺激7—8、刺激8—9、刺激9—10之间，位于1670Hz、1600Hz、1530Hz处，刺激8、刺激9的辨认率在50%上下，说明这两处的刺激是比较模糊的，边界可能就在这个范围之内。交点前曲线平滑，交点后曲线在刺激15—17处出现反复。区分曲线的峰值64%位于刺激8—10处，曲线较为平缓（见图3）。

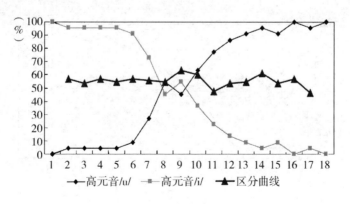

图3　前字辨认区分表现

/i/、/u/的辨认分界出现在靠近刺激7的地方，1750Hz。交点前曲线较为平滑，且开口度较大，交点后曲线渐次达到极值，开口度小，在刺激13—15处出现起伏。区分曲线平缓，整体值在52%—61%间浮动，峰值出现在两处，且均距辨认交点较远。但是在辨认交点之后的刺激7—9的区分率也达到了59%，总体区分效果并不明显（见图4）。

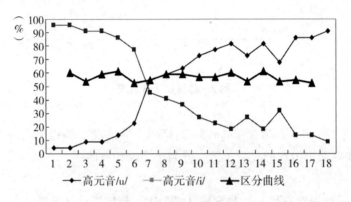

图4　后字辨认区分表现

（二）性别——女生辨认区分图、男生辨认区分图

女生的辨认边界点出现在刺激7与刺激8中间，即1700Hz处。交点前曲线平滑，交点后曲线出现数次轻微波折。区分峰值66%出现在第一个刺激处，而刺激8—10的区分率62%也达到了局部的峰值（见图5）。

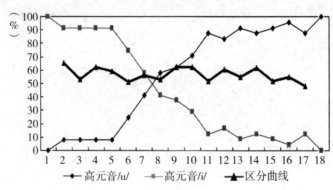

图5　女生辨认区分表现

图 6 中有三处辨认交点，分别位于刺激 7—10 间，大致在 1680Hz、1600Hz、1520Hz 处。交点前曲线有轻微波折，交点后曲线起伏较大，部分呈现出高低的态势。区分峰值 62%出现在刺激 7—9 处，区分曲线整体平缓。

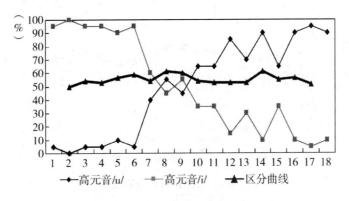

图 6　男生辨认区分表现

（三）探测界面——正序辨认区分图、反序辨认区分图

图 7 中，辨认曲线出现两处交点，分别位于刺激 8 以及刺激 10—11 处（1650Hz、1460Hz）。交点后曲线在刺激 15 处出现波折。刺激 8—10 的区分率 61%在局部内达到峰值，而区分曲线的峰值 63%出现在刺激 13—15 处。

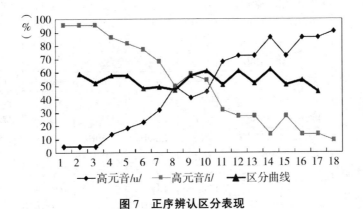

图 7　正序辨认区分表现

辨认曲线有一个交点，出现在刺激 7（1750Hz）处，/i/辨认曲线的刺激 7、刺激 8、刺激 9 在 50%—30% 间浮动，其他的辨认率达到了 90% 以上或 10% 以下。区分峰值 67% 出现在刺激 7—9 处，区分曲线较为平缓。

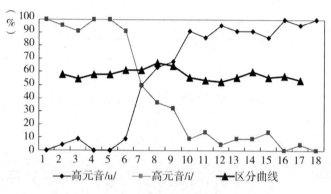

图 8　反序辨认区分表现

§四　分析讨论

表 1 为各组辨认交点、区分峰值位置。

表 1　各组辨认交点、区分峰值位置

		总辨认区分	前字	后字	女生	男生	正序	反序
辨认交点		1700Hz 1600Hz 1530Hz	1670Hz	1750Hz	1700Hz	1680Hz 1600Hz 1520Hz	1650Hz 1460Hz	1750Hz
区分	峰值	61%	64%	61%	66%	62%	63%	67%
区分	位置	1650— 1450Hz	1650— 1450Hz	2050— 1850Hz 1150— 950Hz	2350— 2150Hz	1750— 1550Hz	1150— 950Hz	1750— 1550Hz
局部区分	峰值			59%	62%		61%	
局部区分	位置			1750— 1550Hz	1650— 1550Hz		1550— 1350Hz	

利伯曼（1957）等人指出，判断语音范畴化的依据有三：第一，在辨认实验中，辨认曲线有一个陡峭的上升或下降；第二，在区分实验中，区分率曲线有突起的峰值；第三，辨认曲线的上升或下降与区分曲线的峰值相对应。观察表1，可以得出，在本次普通话高元音/i/、/u/的听感分界实验中，区分率在50%—70%之间起伏，可见峰值作用并不明显。而/i/、/u/的辨认交点集中在1750—1550Hz之间，并且，在之前图表中这个范围内刺激音的辨认率也大多是在50%上下浮动。辨认边界有时是一个明确的点，而有时却是一个带状分布，这说明普通话高元音/i/、/u/的听感分界是动态的，而不像是/b/、/d/、/g/这样稳定的范畴化感知。综上所述，/i/、/u/听辨的边界应该是在1750—1550Hz范围之内。

后字、女生、/u/在前的实验数据较之其他要相对规整。其中，辨认实验中，后字的交点至少比前字提前80Hz，女生的交点至少比男生提前20Hz，/u/在前的交点至少比/i/在前的交点提前100Hz。区分峰值基本与辨认交点相对应。

为了说明语音环境、性别、探测界面是否在统计学上对实验结果造成影响，采用SPSS对统计数据进行检测。辨认实验采用参数检验的独立样本T检验，区分实验采用非参数检验中的曼—惠特尼检验，检验结果如表2。

表2　　　　　　　　　　　　　　SPSS 检验结果

	语音环境	性别	探测界面
辨认	$p=1.000>.05$	$p=.557>.05$	$p=.443>.05$
区分	$p=.983>.05$	$p=.761>.05$	$p=.011<.05$

检验结果表明，只有在区分实验中，探测界面的不同对实验结果造成了显著性差异（$p<0.05$），其他的影响因素并没有显著不同（$ps>0.05$）。

在辨认实验的曲线图中，交点前的曲线斜率较大，两端的开口向两极扩展，但是交点之后的曲线并没有迅速向两极扩展开来，而是呈现出逐步扩展的态势，斜率较小。因此，在听辨人的语音感知中，/i/要比/u/更稳定，使得/u/的辨认率上升幅度较小。

此外，/i/的听觉空间较之/u/要小很多，如图9所示，前字组的听辨结果是一个范围分布，而后字组的听辨结果则是一个点。但无论是在前字组还是后字组，/u/的听感空间要比/i/的听感空间高20%左右。

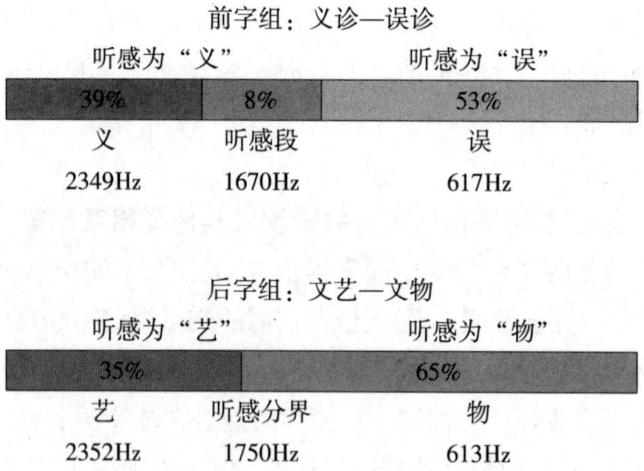

图 9 /i/、/u/听感空间

§五 问题

首先，有些合成音听上去并不自然，这可能是在合成过程中有些细节没有处理到位造成的；也可能是由于/i/、/u/的 F2 跨度太大，在这中间，还存在其他音位，因此造成合成的音节既不像/i/也不像/u/。

其次，本文从开始就讨论了普通话高元音/i/、/u/的共振峰情况。尽管通过改变 F2，对/u/的辨认率达到了95%以上，甚至可以达到100%，但是圆唇与不圆唇的本质区别使得 F3 是不能被忽略的。因此，对 F2、F3 的讨论必须齐头并进。

§六　结论

通过本次实验，笔者得出普通话高元音/i/、/u/的听感分界大致在1750—1550Hz。分界呈现出动态的特点，这与辅音的听感表现不同。同时，在语音环境、性别、探测界面这些不同的因素中，只有区分实验中不同的探测界面存在显著性差异。此外，本次实验也证实了学者前辈们提出的/i/的听感空间小但是更为稳定的特点。而对于本次实验中出现的问题，笔者会在接下来的研究中尽力改进。

参考文献

[1] 陈曦丹、石锋：《普通话阴平和上声的听感分界》，《实验语言学》2012年第1期。

[2] 李幸河、石锋：《普通话阴平和阳平之间的听感分界》，《实验语言学》2012年第1期。

[3] 石锋：《北京话的元音格局》，《南开语言学刊》2002年第1期。

[4] 石锋、王萍：《北京话单字音声调的分组统计分析》，《当代语言学》2006年第4期。

[5] 石锋：《实验音系学探索》，北京大学出版社2009年版。

[6] 石锋、冉启斌、王萍：《论语音格局》，《南开语言学刊》2010年第1期。

[7] 薛鑫：《普通话阴平和去声的听感分界》，《实验语言学》2012年第1期。

[8] 曾炎祥、陈军：《E-prime实验设计技术》，暨南大学出版社2010年版。

[9] James Hillenbrand, Robert T. Gayvert, "Vowel Classification Based on Fundamental Frequency and Format Frequencies", *Journal of Speech and Hearing Research*, Vol. 36, 1993.

本文发表于《实验语言学》2013年第2卷第2期

普通话一级元音/a/、/u/听感分界初探

张 昊 石 锋

摘 要： 本文从范畴感知的研究方法出发，修改/a/的 F1、F2 合成刺激音，通过辨认实验和区分实验，探讨汉语普通话一级元音/a/、/u/的听感分界问题。实验结果显示，普通话一级元音/a/、/u/的听感分界呈现出动态性，目标字的调类、听辨人性别、E-prime 脚本的探测界面等因素会对/a/、/u/的听感分界产生一定的影响。

关键词： 一级元音/a/、/u/ 听感分界 范畴感知 影响因素

§一 引言

范畴化是认知语言学的一个重要概念，在人们认识世界的过程中起着非常重要的作用。在日常交际中，语音纷繁复杂，但是这并不影响人们的交际活动，正是因为人们的听觉系统会对变化多样的语音进行范畴化，将无限的语音归纳成有限的类别，将连续的语音变化感知为离散的音位范畴。

对语音范畴感知的研究始于利伯曼等（1957）对浊辅音/b/、/d/、/g/的实验研究，该研究结果显示，塞音/b/、/d/、/g/的辨认曲线有十分显著的陡升陡降的走势，区分曲线的峰值十分明显并且区分峰值位置和辨认边界位置对应，并由此总结认为，人们对/b/、/d/、/g/的感知属于范畴感知。

在国内外，对声调的感知研究可谓方兴未艾。王士元（1976、1985）、曹文（2010）、王韫佳（2012）等学者的深入研究及南开语音团队的积极探索（如：黄荣佼、石锋，2013），使声调感知研究取得了

重大成绩。但元音、辅音的感知研究相对而言比较薄弱。利伯曼等（1962）对英语元音/i/、/ɛ/、/æ/进行实验研究，认为人们对元音的感知同对辅音的感知不同，对辅音的感知是一种范畴感知而对元音的感知为连续感知。维恩格拉特（Vinegrad）（1972）对塞音、元音、声调的感知研究结果同利伯曼相似，认为辅音的感知为范畴感知，元音感知与声调的感知更为相似，为连续感知。张玉敏（Cheung Yuk‐Man）（2003）对汉语普通话舌尖元音/ʅ/、/ɿ/进行感知实验研究，认为舌尖元音/ʅ/、/ɿ/的感知类型既不是范畴感知也不是连续感知，而是独立于这两种感知类型之外的第三种感知类型。

本次实验运用范畴感知的研究方法，修改 F1、F2 两条共振峰，由高频的/a/等步长降至低频的/u/。通过辨认实验和区分实验，旨在探讨普通话一级元音/a/和/u/的听感分界问题，探索汉语普通话/a/和/u/的听感规律。

§二　研究方法

（一）实验语料

本次实验主要考察零声母单字、不同调类的听辨情况，共分为四组。具体如表1。

表 1　　　　　　　　　　　　　　实验字表

调类	阴平	阳平	上声	去声
字组	啊—屋	啊—无	啊—五	啊—务

需要说明的是，/a/的四个调类的字非常少，不能满足用不同的字标识不同的调类，都用了多音字叹词"啊"来表示，不过在 E‐prime 脚本中用声调标注出了不同的调类。

（二）实验录音

发音人是一位北方人，普通话一级乙等，南开大学在校本科生。录音设备为装有 Windows XP 的电脑；录音软件 Cooledit 2.0，采样率是 11025Hz，采样精度 16 位，单声道。录音环境为安静的实验室环境。

(三) 语音合成

语音合成软件为 Praat 语音软件，通过修改 F1、F2 两条共振峰，由高频的/a/逐次降至低频的/u/，四个调类每组合成八个刺激音。四个调类合成的各个刺激音的 F1、F2 的值，具体如表 2。

表 2   刺激音合成   单位：Hz

调类	共振峰	刺激 1	刺激 2	刺激 3	刺激 4	刺激 5	刺激 6	刺激 7	刺激 8
阴平	F1	808	741	674	607	540	473	406	339
	F2	1248	1163	1078	993	908	823	738	653
阳平	F1	812	742	672	602	532	462	392	322
	F2	1243	1163	1083	1003	923	843	763	683
上声	F1	801	744	687	630	573	516	459	402
	F2	1233	1152	1071	990	909	828	747	666
去声	F1	803	740	677	614	551	488	425	362
	F2	1239	1148	1057	966	875	784	693	602

为了更直观地展示各个刺激音在 F1、F2 上的相对位置，笔者制作了刺激音连续统图，具体如图 1 所示。

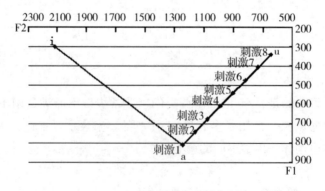

图 1   刺激音连续统

（四）E-prime 脚本的制作

本次实验包括辨认实验和区分实验两部分。辨认实验采取二选一迫选的方式，非此即彼，每个脚本包括 4×8＝32 个刺激；区分实验采取间隔一个刺激音对比的方法，如刺激音 1—3、3—1、2—4 等刺激对形式，再加上相同刺激组成的刺激对，如刺激音 1—1、2—2 等，每个脚本包括 80 个刺激对。同时，根据探测界面/a/和/u/以及"相同"和"不同"选项相对位置的不同，辨认实验和区分实验又分别有正序和反序两种脚本。如图 2，将左侧的两图视为正序，将右侧两图视为反序。

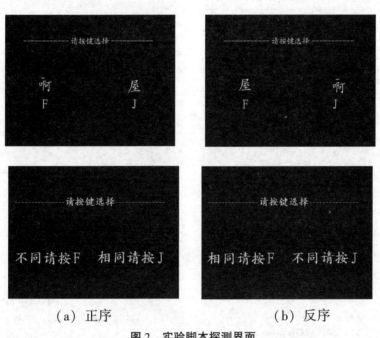

（a）正序　　　　　　　　（b）反序

图 2　实验脚本探测界面

（五）实验听辨

听辨人共 24 名（男生 12 名，女生 12 名），均为北京人，是北京语言大学、中国矿业大学、北京建筑大学等大学本科生或研究生，没有视听障碍，右利手。排除离群值后，实际使用的有效数据为 20 人，男女各半。听辨人在安静的办公室内逐一完成听辨实验。

§三 实验结果和分析

（一）调类对/a/、/u/听感分界的影响

一级元音/a/、/u/四个调类的辨认区分情况如图3。

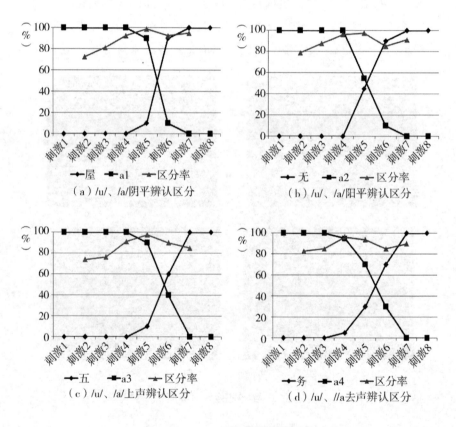

（a）/u/、/a/阴平辨认区分

（b）/u/、/a/阳平辨认区分

（c）/u/、/a/上声辨认区分

（d）/u/、//a去声辨认区分

图3 /u/、/a/四个调类辨认区分

如图3所示，四个调类中/a/、/u/的两条辨认曲线均有一个交点，在刺激5和刺激6之间。界前界后的分离度都达到了100%。/a/的辨认率阴平、阳平、上声从刺激1到刺激4都是100%，去声前三个刺激音都是100%，刺激7、刺激8四个调类都是0。/a/和/u/的辨认曲线在边

界位置处，即刺激 5 和刺激 6 之间都呈现出陡升陡降的走势。总体上说，四个调类的区分率都很高，在 72.5% 以上。阴平、阳平、上声的区分曲线都有一个较为明显的区分峰值，然而去声的情况较为特殊，去声的区分曲线比较平整，区分峰值不太明显。

普通话一级元音/a/、/u/四个调类的感知范围、边界点位置、边界宽度、区分峰值和峰值位置的具体数据详见表 3。

表 3   四调类数据

调类	感知范围（%）		边界点（Hz）		边界宽度（Hz）		区分峰值（%）	区分位置（刺激对）	区分位置（Hz）	
	/u/	/a/	F1	F2	F1	F2			F1	F2
阴平	36	64	507	866	42	53	98.75	4—6	607—473	993—823
阳平	41	59	524	914	78	89	97.5	4—6	602—462	1003—843
上声	31	69	527	844	62	87	97.5	4—6	630—516	990—828
去声	36	64	520	830	86	125	96.25	3—5	677—551	1057—875

从表 3 可知，/a/、/u/在感知范围方面，都是/a/的感知范围大于/u/，四个调类呈现出一致性。在边界点位置方面，F1 的值在 507—527Hz；F2 的值在 830—914Hz。从具体数值上来看，阳平的边界点位置比较靠前，去声较为靠后。在边界宽度方面，F1 的边界宽度在 42—86Hz，F2 在 53—125Hz；总的来说，阴平的边界宽度数值最小，上声、阳平次之，去声最大。在区分峰值方面阴平最高，上声、阴平次之，去声最低；但是，区分峰值总体上都很高，各个调类都在 95% 以上。阴平、阳平、上声区分峰值的位置都在刺激对 4—6 处，峰界位置大致对应；去声区分峰值位置明显前移，出现在 3—5 处，峰界位置不对应。

（二）性别对/a/、/u/听感分界的影响

一级元音/a/、/u/男女性四个调类的辨认区分情况如图 4。

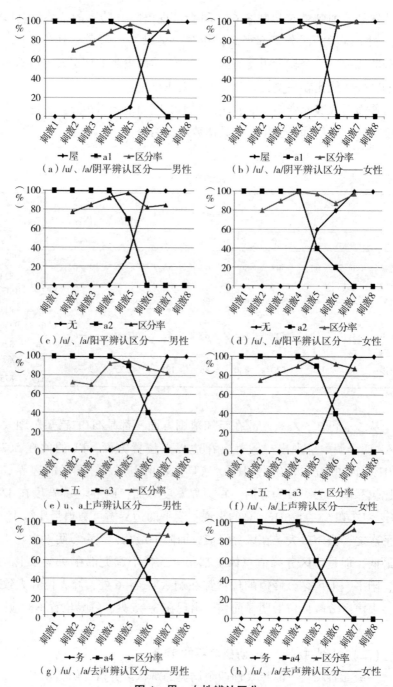

（a）/u/、/a/阴平辨认区分——男性

（b）/u/、/a/阴平辨认区分——女性

（c）/u/、/a/阳平辨认区分——男性

（d）/u/、/a/阳平辨认区分——女性

（e）u、a上声辨认区分——男性

（f）/u/、/a/上声辨认区分——女性

（g）/u/、/a/去声辨认区分——男性

（h）/u/、/a/去声辨认区分——女性

图4 男、女性辨认区分

　　如图 4 所示，男女性四个调类的/a/、/u/的辨认曲线有一个交点。其中男女性的阴平、上声、去声，以及男性的阳平的边界位置都在刺激 5 和刺激 6 之间；而女性的阳平边界位置在刺激 4 和刺激 5 之间。男女性/a/的辨认率从刺激 1 到刺激 4（男性去声从刺激 1 到刺激 3）都是 100%，刺激 7 和刺激 8 都是 0。边界位置处的辨认曲线都有陡升陡降的走势。女性去声的区分曲线较为平滑，没有明显的峰值，其他情况下的区分曲线峰值较为明显。男女性四个调类的感知范围、边界点、边界宽度、区分峰值和峰值位置的具体数据详见表 4。

表 4　　　　　　　　　　　　　　　　　男、女性数据

调类	性别	感知范围（%）		边界点（Hz）		边界宽度（Hz）		区分峰值（%）	区分位置	区分均值（%）
		/u/	/a/	F1	F2	F1	F2			
阴平	男	35	65	502	860	48	61	97.5	4—6	86
	女	37	63	511	871	37	47	100	4—6/6—8	92
阳平	男	39	61	512	900	57	65	97.5	4—6	87
	女	45	55	544	937	93	107	100	3—5	92
上声	男	31	69	527	844	61	87	95	4—6	83
	女	31	69	527	844	61	87	100	4—6	88
去声	男	32	68	504	807	79	114	95	3—5/4—6	85
	女	39	61	535	852	79	114	97.5	3—5	92

　　从表 4 可以很直观地看出，男、女性的辨认区分情况大体上一致，个别情况如上声，男、女性的辨认曲线完全一致。除上声外，男、女性的辨认区分情况还是有一些细小的差别。在感知范围方面，虽然男、女性都呈现出/a/的感知范围要大于/u/，但具体而言，男性/a/的感知范围都略微大于女性。在边界点位置方面，男性 F1 在 502—527Hz，F2 在 807—900Hz；女性 F1 在 511—544Hz，F2 在 844—937Hz；女性边界位置都比男性偏前。女性整体区分率要大于男性，无论区分峰值还是区分率均值都是如此。

（三）探测界面对/a/、/u/听感分界的影响
　　一级元音/a/、/u/在 E-prime 脚本中探测界面正反序四个调类的辨

认区分情况如图 5。

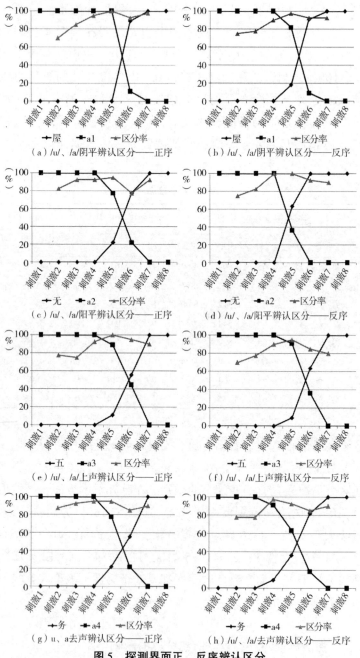

（a）/u/、/a/阴平辨认区分——正序

（b）/u/、/a/阴平辨认区分——反序

（c）/u/、/a/阳平辨认区分——正序

（d）/u/、/a/阳平辨认区分——反序

（e）/u/、/a/上声辨认区分——正序

（f）/u/、/a/上声辨认区分——反序

（g）u、a去声辨认区分——正序

（h）/u/、/a/去声辨认区分——反序

图 5　探测界面正、反序辨认区分

如图 5 所示，探测界面正反序的四个调类的/a/、/u/的辨认曲线有一个交点。除反序阳平图外（边界点位置在刺激 4 和刺激 5 之间），其他情况的边界位置都在刺激 5 和刺激 6 之间。界前界后的分离度都达到了 100%。正反序/a/的辨认率从刺激 1 到刺激 4（反序去声从刺激 1 到刺激 3）都是 100%，刺激 7 和刺激 8 都是 0。正反序四个调类的具体数据详见表 5。

表 5　　　　　　　　　　　　　　正反序数据

调类	正反序	感知范围（%）		边界点（Hz）		边界宽度（Hz）		区分峰值（%）	区分位置	区分均值（%）
		/u/	/a/	F1	F2	F1	F2			
阴平	正	35	65	503	860	38	48	100	4—6	90
	反	37	63	511	871	46	58	97.5	4—6	87.5
阳平	正	36	64	497	883	63	72	95	4—6	89
	反	46	54	547	940	65	74	100	4—6/3—5	90
上声	正	30	70	523	838	64	91	100	4—6	88.3
	反	32	68	530	848	58	83	95	4—6	83
去声	正	36	64	520	830	57	82	95	3—5/4—6	90.8
	反	39	61	532	848	80	116	97.5	3—5	86.7

由表 5 可以看出，在感知范围方面，/a/的感知范围反序比正序都有一定的缩小，阳平缩小的幅度更为显著。在边界点位置方面，正序 F1 在 497—523Hz，F2 在 830—883Hz；反序 F1 在 511—547Hz，F2 在 848—940Hz。在边界宽度方面，除上声外，其他调类反序的边界宽度都要大于正序。在区分率方面，阴平上声的区分峰值，正序大于反序；而阳平去声的区分峰值正序又小于反序，看不出一般性的规律。在区分均值方面，除阳平外，正序的区分均值都比反序的区分均值大。虽然阳平的区分均值正序小于反序，但是差值不大，只有一个百分点。其他调类区分均值的差值相对较大。

（四）辨认反应时长与辨认曲线的关系

一级元音/a/、/u/四个调类的辨认曲线同反应时长（RT）的对应情况如图6。

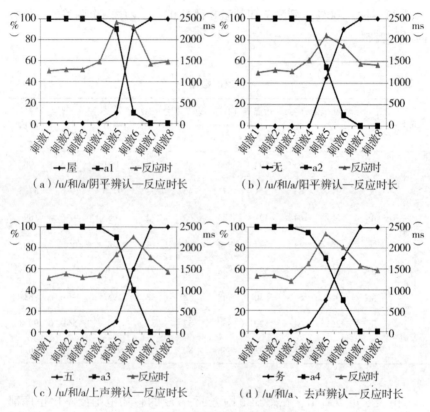

（a）/u/和/a/阴平辨认—反应时长

（b）/u/和/a/阳平辨认—反应时长

（c）/u/和/a/上声辨认—反应时长

（d）/u/和/a、去声辨认—反应时长

图6　辨认曲线与反应时长对应

反应时长是被试做出判断选择所用的时间，单位为ms，对应右侧的纵坐标。由图6可以看出四个调类的边界位置都位于刺激5和刺激6之间，反应时的最大值阴平、阳平、去声都位于刺激5处，上声位于刺激6处。其中阴平反应时长最长，为2421ms；去声上声次之；阳平最短，为2109ms。综上，可以总结出，辨认边界点附近都有一个反应时长的峰值。反应时长越长，说明被试在刺激音是/a/还是/u/上越难做出选择，而边界点附近的刺激音比较模糊，不好确定/a/、/u/范畴的归属。

§四 实验总结

实验结果显示/a/和/u/的感知同利伯曼所描述的范畴感知呈现出的一些特点相契合。如/a/和/u/的辨认曲线都有一个明确的边界点，区分曲线有一个较为明显的区分峰值。区分实验中的区分峰值同辨认实验中的边界点基本对应，辨认边界点所在的辨认曲线都有陡升陡降的走势等。具体说来，/a/和/u/的听感边界并不是一个固定的点，而是呈现出动态特征。综合四种调类的情况，边界位置 F1 在 507—527Hz，F2 在 830—914Hz。为了直观展示一级元音/a/、/u/听感边界的动态性，笔者绘制了/a/、/u/动态听感边界图，图 7 中矩形阴影区域为听感边界的动态分布带，具体如图 7 所示。

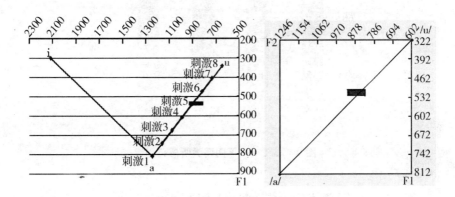

图7 /a/、/u/动态听感边界

将图 7 进行归一化处理，得到/a/、/u/动态听感分界百分比图，具体如图 8。

四个调类中/a/和/u/的感知范围呈现出一致性的特点，即/a/的感知范围大于/u/。其中上声二者的感知范围相差最大，为38%；阳平相差最小，为18%；阴平和去声差值相同，为28%。也就是说，在上声中听辨人更倾向于把刺激音判断为/a/。如柱形图 9。

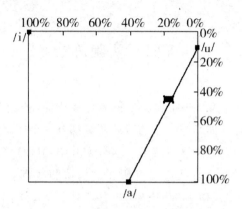

图 8 /a/、/u/动态听感分界百分比

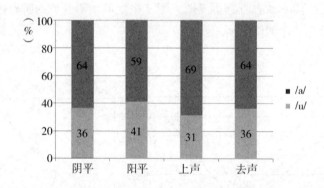

图 9 /a/、/u/不同调类听感范围

/a/、/u/不同调类的听感空间直观图如图 10 所示。

在男女性别方面,辨认实验中,女性的辨认边界点明显较男性靠前,体现在/a/、/u/的感知范围上,女性/a/的感知范围要小于男性。也就是说,在由/a/变为/u/的整个刺激音连续统中,女性比男性更早地将刺激音判断为/u/。区分实验中,无论是区分峰值还是区分均值,女性都普遍高于男性,这说明女性对不同语音之间差异性的感知更为敏感。

在探测界面正反序方面,辨认实验中,反序的辨认边界点明显较正序靠前。在/a/、/u/的感知范围上,正序/a/的感知范围要大于反序。

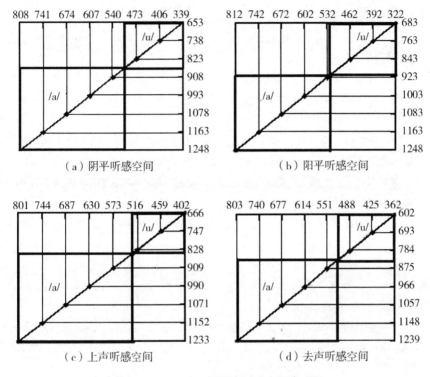

图10 /a/、/u/不同调类听感空间直观图

在这两点上，四个调类都体现出一致性。探测界面中，正序是/a/在屏幕的左侧，/u/在右侧，反序则相反。综合上面的两点，可以得出这样一条结论：在边界点附近范畴归属比较模糊的刺激音，听辨人更倾向于选择屏幕左侧的选项。这就使得当左侧选项为/a/（正序时）的感知范围要明显比/a/在右侧（反序时）要大。同样，/u/的情况也是如此。

在反应时方面，辨认实验中，辨认边界点处对应一个反应时上的峰值。这说明边界点附近的刺激音比较模糊，听辨人不易确定刺激音是/a/还是/u/。在区分实验中，区分率峰值处对应的反应时相对较小。

总的来说，在本次预实验中，调类、性别、探测界面等影响因素，经数据处理得出的图形都十分规整，比较理想。所有的听辨人都将前三个刺激音判断为/a/，将最后两个刺激音判断为/u/，边界点游移程度不高。不同因素影响下 F1、F2 的差值都在 100Hz 以内，边界宽度也都不大。但本次实验仍有一些缺陷和问题，有很大的提升和改进空间。

参考文献

［1］林焘、王士元：《声调感知问题》，《中国语言学报》1985 年第 2 期。

［2］曹文：《声调感知对比研究——关于平调的报告》，《世界汉语教学》2010 年。

［3］王韫佳、覃夕航：《再论普通话阳平和上声的感知》，载《第十届中国语音学学术会议（PCC2012）论文集》，2012 年。

［4］黄荣佼、石锋：《汉语普通话/i/和/y/的听感实验》，《实验语言学》2013 年第 2 卷第 2 期。

［5］Liberman, A. M., Harris, K. S., Hoffman, H. S. et al., "The discrimination of speech sounds within and across phoneme boundaries", *Journal of Experimental Psychology*, Vol. 54, No. 54, 1957.

［6］Fry, D. B., Abramson, A. S., Eimas, P. D. et al., "The identification and discrimination of synthetic vowels", *Language and Speech*, Vol. 5, No. 4, 1962.

［7］M. D. Vinegrad, "A direct magnitude scaling method to investigate categorical versus continuous modes of speech perception", *Language and Speech*, Vol. 15, No. 2, 1972.

［8］Wang, W. S. -Y., "Language change. Annals of New York", *Academy of Science*, Vol. 208, 1976.

［9］Cheung Yuk-Man., 《The influence of acoustic properties on perception of apical vowels in Beijing Mandarin（4. 感知语音学）》，载《第六届全国现代语音学学术会议论文集（上）》，2003 年。

本文发表于《实验语言学》2014 年第 3 卷第 1 期

普通话一级元音/i/、/a/
听感分界初探

蔡晓露　　温宝莹

摘　要：本文以汉语普通话元音/i/和/a/为研究对象，通过辨认实验和区分实验的方法，探索汉语普通话/i/和/a/的听辨规律。实验以"衣—啊"、"姨—啊"、"椅—啊"、"意—啊"四个声调的单字为实验词，运用 Praat 合成语音刺激作为听辨材料，运用 E-prime 呈现实验，被试包括 22 名北京在校大学生，男女各半。实验结果表明，汉语普通话元音/i/和/a/是属于范畴感知的，听感边界是动态的，这要受到性别、选项显示顺序、声调等因素的影响。

关键词：元音　/i/　/a/　听感分界

§一　引言

何江（2006）曾指出世界是由性质不同、形状各异、色彩有别的事物组成的，人们是如何区别这些千差万别的客观事物呢？认知语言学认为，世界上的所有事物和现象都有其特性，人们根据这些特性，对事物进行分类来认识事物，这个分类的过程即范畴化的过程。

音位是语言系统中能够区分词义的最小语音单位，是从语言的社会属性划分出来的语言单位，一个音位就是一个范畴。正如王士元、彭刚（2006）所说，元音是一种连续现象，不是离散现象，我们说某个语言有多少个元音、多少个辅音的时候，实际上已经把无限多的连续现象归纳成很少的几个音位范畴了，这就是所谓的范畴感知。语音感知的研究始于利伯曼等（1957）的研究。近年来，随着语音合成技术的发展，国内关于语音感知的研究越来越多，尤其是汉语声调的听感研究，元音感知的研究还处于初步探索的阶段。本文将对普通话元音/i/和/a/进行探索，探索它们的听感规律。

§二 实验说明

实验词是/i/、/a/四个声调的单字，分别为"衣—啊"、"姨—啊"、"椅—啊"、"意—啊"。发音人是发音标准的北方人，男性，22岁。听辨人是老北京人，共22人，男女各半。

实验分为辨认和区分两部分，通过脚本在 Praat 上进行语音的合成，通过实验发现，/i/和/a/的区别主要在 F1 和 F2 上。改变/i/的 F1 和 F2，制作从/i/到/a/的连续统，分 4 个声调，每个声调 11 个刺激，共 44 个刺激，区分实验将两个刺激合成一个刺激对，包括相同刺激对和不同刺激对，不同刺激对中间相差两个步长，四个声调共 116 个刺激对，在 E-prime 软件中呈现实验。实验数据主要通过 Excel、SPSS 两种软件进行统计和分析。

§三 实验结果分析

（一）辨认区分结果

图1—图4分别为阴平、阳平、上声、去声的辨认区分图。阴平图（见图1）中，从刺激1到刺激3，"啊"的辨认率为0；从刺激4开始，"啊"的辨认率越来越高；在刺激5处，"啊"的辨认率已超过50%；从刺激7到刺激11，"衣"的辨认率为0，而"啊"为100%。两条辨认曲线相交于刺激4和刺激5之间，区分率总体都比较高。在刺激对3—5处达到一个小的峰值，为78.7%；随后有轻微的下降，走势比较平缓；在刺激对7—9处，达到另一个峰值82.3%；在最后一个刺激对处又有所下滑。

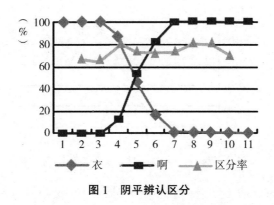

图1 阴平辨认区分

　　阳平图（见图2）中，从刺激1到刺激3，"啊"的辨认率为0；从刺激4开始"啊"的辨认率有显著提升，与此同时，"姨"的辨认率迅速下降；从刺激8处开始，"姨"的辨认率为0，而"啊"为100%。区分曲线先呈上升趋势至刺激对4—6处出现一个峰值为94.7%，然后缓慢下降至刺激对6—8处又开始回升，到刺激对8—10处出现另一个小高峰88%。

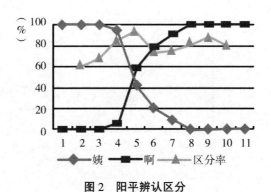

图2 阳平辨认区分

　　上声图（见图3）中，从刺激1到刺激3，"啊"的辨认率为0；从刺激4开始逐步上升至刺激6处，辨认率已超过50%；从刺激9到刺激11，"椅"的辨认率都为0，"啊"为100%。两条辨认曲线相交于刺激5和刺激6之间。区分率曲线总体走势比较平缓，先上升后下降再上升，在刺激对8—10处达到一个高峰90.7%。

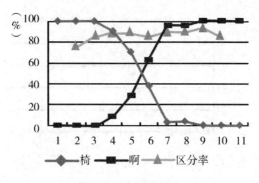

图3 上声辨认区分

去声图（见图4）中，和前几个声调一样，在刺激1到刺激3处，"啊"的辨认率为0，"意"的辨认率为100%；从刺激4处开始，"啊"的辨认率迅速上升，至刺激9处达到100%；直到刺激11，"意"的辨认率已降为0。两条曲线相较于刺激5和刺激6之间。区分曲线有较大程度的波动，先上升至刺激对3—5处开始呈缓慢下降走势，到刺激对6—8处降至谷底，之后又开始上升，在最后一个刺激对9—11处区分率最高为93.2%。

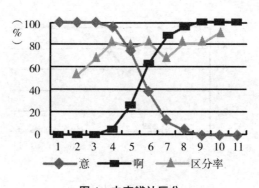

图4 去声辨认区分

（二）辨认反应时

图5为阴平的辨认反应时对应图，从图5中可以看出，反应时曲线的峰值和辨认曲线的交叉处大致对应，从刺激1开始，反应时长缓慢上升至刺激6处达到一个峰值，约1428ms，之后逐渐下降并呈平稳走势。而辨认曲线的交叉点也正处于刺激4和刺激5之间且靠近刺激5处。

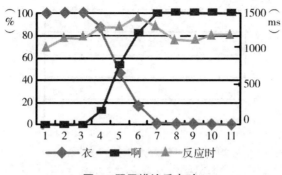

图 5　阴平辨认反应时

　　图 6 为阳平的辨认反应时对应图，反应时曲线上升至刺激 3 处有略微下降，之后上升至刺激 6 处达到峰值，约 1798ms，然后逐渐下降，至刺激 10 处略有回升，反应时曲线的峰值略靠后与辨认曲线的交点。

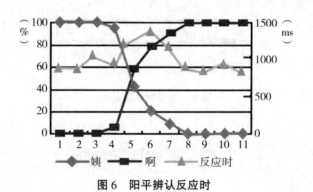

图 6　阳平辨认反应时

　　图 7 为上声的辨认反应时对应图，从图 7 中可以看出，反应时曲线先上升后下降，在刺激 5 处达到峰值约 2098ms。而辨认曲线的交点位于刺激 5 和刺激 6 之间，两点大致对应，说明在辨认交点的前后反应时会相应增加。

　　图 8 为去声的辨认反应时对应图，反应时从刺激 1 到刺激 3 处变动较小，从刺激 4 处开始上升，至刺激 6 处达到峰值约 1707ms，然后下降至刺激 9 处后曲线又比较平稳。辨认曲线的交点位于刺激 5 和刺激 6之间，和反应时的峰值也是对应的。

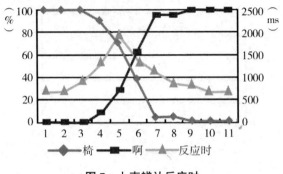

图7 上声辨认反应时

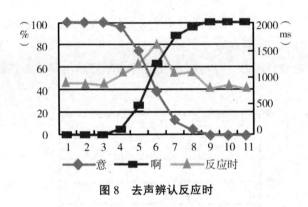

图8 去声辨认反应时

§四 影响因素分析

（一） 性别因素

1. 性别对辨认率的影响

表1是男女生四个声调的辨认数据。从边界位置上看，女生普遍要比男生靠后一点。边界宽度上，阴平和阳平女生的边界宽度比男生窄，但是上、去两个声调则相反，说明在阴平和阳平时，女生更容易察觉到刺激音的变化，上声去声则相反。感知范围上，除女生上声/i/、/a/的感知范围各占一半，其余都是/i/的感知范围要小于/a/的。经过曼—惠特尼检验，在同一个音位的范围内，性别对辨认率的影响是不显著的（$p > 0.05$）。

表 1   男女辨认数据对比

实验词	边界位置（Hz）				边界宽度（Hz）				感知范围（%）			
	F1		F2		F1		F2		/i/		/a/	
	女	男	女	男	女	男	女	男	女	男	女	男
衣—啊	486	476	1782	1799	62	94	101	151	40	38	60	62
姨—啊	488	483	1739	1748	65	85	109	143	39	38	61	62
椅—啊	541	520	1693	1727	111	48	180	77	50	46	50	54
意—啊	527	465	1729	1838	66	31	118	55	48	36	52	64

2. 性别对区分率的影响

从图 9—图 12 中可以看出，男女生区分率都比较高，但是男生的波动幅度略小于女生，判断更为稳定，女生的区分率峰值要高于男生。通过曼—惠特尼检验，说明性别对区分率的影响也不是显著的（$p>0.05$）。

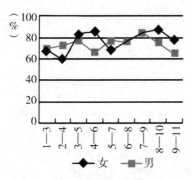

图 9　阴平男女生区分率对比

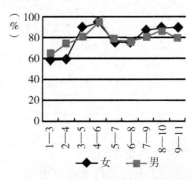

图 10　阳平男女生区分率对比

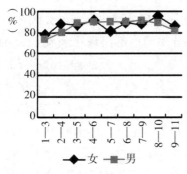

图 11　上声男女生区分率对比

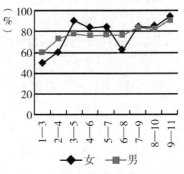

图 12　去声男女生区分率对比

(二) 选项显示顺序

1. 对辨认率的影响

正序为"衣—啊"的显示顺序,反序为"啊—衣"的显示顺序,其他几个声调亦然。

从表2可以看出,除阳平外,正序的听感边界都比反序靠前。除上声外,正序的边界宽度都小于反序,说明正序的显示顺序更利于做出正确的判断。感知范围上,除了去声反序是/i/的感知范围稍大于/a/,其余皆是/i/的感知范围要小于/a/。经曼—惠特尼检验,选项显示顺序对辨认率的影响不显著 ($p>0.05$)。

表2 　　　　　　　　　　　　　正反序辨认实验数据

实验词	边界位置 (Hz)				边界宽度 (Hz)				感知范围 (%)			
	F1		F2		F1		F2		/i/		/a/	
	正	反	正	反	正	反	正	反	正	反	正	反
衣—啊	470	502	1807	1757	52	88	84	143	37	43	63	57
姨—啊	488	483	1739	1748	65	85	109	143	39	38	61	62
椅—啊	505	531	1753	1710	106	64	172	103	43	48	57	52
意—啊	501	547	1775	1693	51	87	91	155	43	52	57	48

2. 对区分率的影响

图13中,正序的峰值出现在刺激8—10处,为88.4%,反序的峰值出现在刺激7—9处,为81.1%,相差7.3个百分点。除刺激6—8外,正序的区分率都高于反序,说明正序的播放顺序有利于被试做出正确的判断。图14中,正序和反序的区分率峰值都出现在刺激4—6处,分别为91.3%和97.6%,相差6.3个百分点,正、反序的区分率互有高低,此时何种播放顺序对区分率都没有多大影响。图15中,除刺激5—7、刺激9—11外,正序的区分率总体上高于反序,此时正序的显示顺序更利于被试做出正确的判断。图16中,正序反序的峰值都出现在刺激9—11处,分别为91.3%和93.8%,除刺激2—4、刺激3—5外,反序的区分率都高于正序,对于去声来讲,反序的显示顺序更利于被试做出正确的判断。通过曼—惠特尼检验,说明选项显示顺序对区分率的

影响也是不显著的（$p>0.05$）。

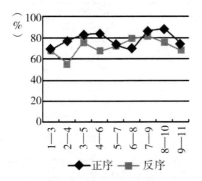

图13　阴平正反序区分率对比

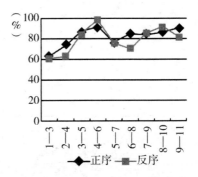

图14　阳平正反序区分率对比

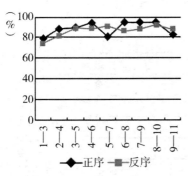

图15　上声正反序区分率对比

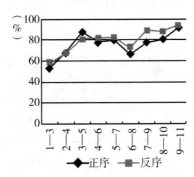

图16　去声正反序区分率对比

（三）声调因素

1. 声调对辨认实验的影响

边界位置：阴平和阳平的边界位置较为接近，相差不大，上声和去声的边界位置要比阴平和阳平靠后一点。

边界宽度：上声的边界宽度最大，说明被试对其听感边界附近刺激音的变化的敏感度不高。阴平和阳平的边界宽度较为接近，去声的边界宽度稍大一点。

目标字感知范围：四个声调/i/的感知范围都小于/a/的感知范围，其中阴平和阳平/i/所占的比例大致相同，分别是39%和38%，/a/分别占61%和62%。上声和去声/i/所占的比例稍大于阴平和阳平，分别是46%和47%，/a/分别占54%和53%（见表3）。

表3   四声辨认实验数据

声调	边界位置（Hz）		边界宽度（Hz）		目标字感知范围（%）	
	F1	F2	F1	F2	/i/	/a/
阴平	481	1790	73	118	39	61
阳平	483	1748	70	118	38	62
上声	507	1727	85	138	46	54
去声	531	1738	77	137	47	53

2. 声调对区分实验的影响

上声的总体区分率稍高于其他三个声调，阴平、阳平和去声的区分率都比较接近，但阳平的区分率峰值最高（见图17）。

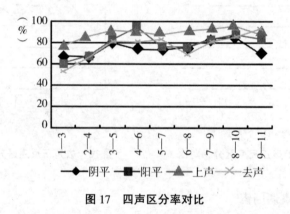

图17　四声区分率对比

§五　结论

图18将/i/和/a/还原到元音舌位图中，将横纵坐标归一化为百分比得到的矩形图，通过实验可以得出普通话元音/i/和/a/的听辨是范畴感知的，听感边界位于图18中阴影部分，是一个动态的边界，这要受到性别、选项显示顺序、声调等因素的影响。此外/i/的感知范围比/a/小。

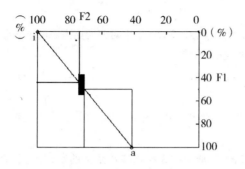

图18 /i/、/a/感知范围

在辨认实验中，女生的边界位置普遍比男生靠后，女生阴平、阳平的边界宽度小于男生，说明女生能更敏锐地察觉到刺激音的变化，上声和去声女生的边界宽度则大于男生，说明男生对这两个声调的敏感度要高于女生。女生对/i/的感知范围略大于男生，对/a/的感知范围也就相应地小于男生。女生的反应时略高于男生。区分实验中，男、女生的区分率没有显著的差别。女生的反应时总体上也比男生长。

除阳平外，正序的听感边界要比反序靠前。正序阴平、阳平和去声的边界宽度小于反序，上声的边界宽度又大于反序，对于前三个声调，正序的显示顺序更利于被试察觉到刺激音的变化，上声则相反。反序的反应时大部分都比正序长。正序、反序对区分率没有显著的影响，除首尾的个别刺激外，反序的反应时长也要高于正序。

在辨认实验中，阴平和阳平的听感边界比较接近，上声和去声的听感边界接近，前两个声调的边界宽度小于后两个声调，/i/的感知范围也是前者小于后者，/a/则是后者小于前者。区分实验中，上声的区分率总体上高于其他三个声调，阴平的区分率最低。

致 谢

本文在研究过程中得到了石锋老师以及众多同门的帮助，在此向他们表示诚挚的谢意。

参考文献

［1］何江：《汉族学生与维吾尔族学生对普通话声调的范畴感知》，硕士学位论文，新疆师范大学，2006 年。

［2］黄荣佼：《汉语普通话元音/i/、/y/听感分界研究》，硕士学位论文，南开大学，2013 年。

［3］石锋、王萍、贝先明：《元音的三维空间》，《当代语言学》2010 年第 3 期。

［4］石锋：《语音格局——语音学与音系学的交汇点》，商务印书馆 2008 年版。

［5］王士元、彭刚：《语言、语音与技术》，上海教育出版社 2006 年版。

［6］Liberman A. M., Harris K. S., Hoffman H. S. & Griffith B. C., "The discrimination of speech sommds untmin and across phoneme hondaries", *Journal of Experimentae psychology*, Vol. 54, 1957.

本文发表于《实验语言学》2015 年第 4 卷第 1 期

汉语普通话元音/u/、/y/
听感分界初探

鹿 牧

摘　要：本实验选取两对含有目标音/u/和/y/且熟悉度较高的二字词"误期—预期"和"公务—公寓"，采用语音软件 Praat 合成所需刺激音，以心理学实验操作平台 E-prime 进行语音范畴化知觉研究的经典任务范式——辨认实验和区分实验，以探索汉语普通话元音/u/和/y/之间的听感分界。实验结果表明，普通话/u/、/y/之间存在听感分界，且目标音的位置、刺激音播放顺序、被试在实验中看到的屏幕上选项的呈现顺序、听辨人性别等因素都会对边界位置和区分率有或多或少的影响。

关键词：普通话　元音　听感　范畴感知

§一　概述

近年来，国内众多学者从听觉实验的角度入手研究汉语普通话，其中声调方面的研究已颇有成果。高云峰（2004）在《声调感知研究》中对汉语普通话的上声做了听辨感知研究，证明普通话高平调（阴平）和低平调（半上）间不是范畴感知，而是连续感知。南开大学语音实验室也对汉语普通话声调的感知进行了系统的探索和研究，在声调感知领域取得了一定的成绩。

国外对元音感知的研究，较早的是弗赖（Fry，1962）关于合成元音的辨认实验和区分实验研究，该研究认为英语中元音/i/、/ɛ/、/æ/的听感是连续性的。而国内对于元音听感和辅音听感方面的研究还处于探索阶段，其中有关/u/、/y/听感分界的文章更是少之又少。石锋

（2002）提出元音格局的概念，并指出汉语普通话有七个一级元音/a/、/i/、/u/、/y/、/ɤ/、/ɿ/、/ʅ/。/u/和/y/是其中十分重要的两个，通过元音舌位图（见图1）可以看出，/u/、/y/都是高元音、圆唇元音，不同的是/u/是后元音，而/y/是前元音，二者具有可比性。

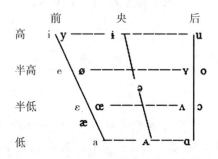

图1　舌面元音舌位

使用 Praat 软件观察二者的共振峰，/u/、/y/的对比如下图2、图3。

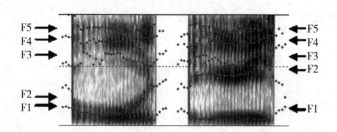

图2　前字组"误期—预期"共振峰对比

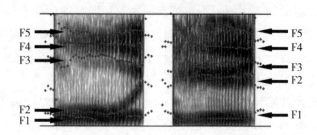

图3　后字组"公务—公寓"共振峰对比

从图 2、图 3 可以看出：

F1：/u/、/y/的 F1 没有明显差别；

F2：/u/的 F2 明显比/y/的低很多；

F3：/u/的 F3 略高于/y/，差异不是很大。

塞罗达尔和戈帕尔（Syrdal & Gopal，1986）提出，对于元音来说，前两个或者前三个共振峰的频率是影响听感的主要因素。本文预测，F2 的不同是决定/u/、/y/音不同的最重要因素。本文通过实验来验证这个预测。运用 Praat 软件，把/u/的共振峰 F1、F2、F3 当成三个变量，每次将其中一个改成与/y/相对应的共振峰值，另外两个不变，结果只有在改变/u/的 F2 时，得到的声音听起来是/y/。由此可以验证本文的预测，F2 是/u/、/y/不同的决定性因素。那么二者的感知是否为范畴化的呢？

关于范畴感知的研究，利伯曼等（1957）提出两种实验方法，一个是辨认实验，一个是区分实验。辨认实验提供给被试一个声音 X，要求被试在给出的选项 A、B 中判断听到的是哪个音；区分实验任务是给被试提供两个音 A 和 B，被试判断听到的声音是相同的还是不同的并做出选择。本文就用这两个实验来检验汉语普通话/u/和/y/是不是范畴感知的，以及其听感分界的位置。

§二　实验设计

（一）实验目的

选取两组实验词：误期—预期、公务—公寓，通过将两组词中"误"和"务"的 F2 分别逐渐变为"预"和"寓"的 F2，每组做 16 个刺激，这些刺激在声学上构成了连续统（通过等量增加 F2 的频率来实现）。利用 E-prime 软件进行心理实验，初步探索/u/、/y/在听感上有无听感分界。

（二） 实验准备

1. 选词

通过调查问卷的方式对词语的熟悉度进行测评，并使用词频词典对词频进行确定，最终选择熟悉度和词频较高的词作为实验词。同时注意到声母、声调等因素对于听辨的影响，经过删选，排除掉一些比较不常见的词和一些声调为三声（声学分析表明，三声比较不稳定）的词，最终确定的每对词语，其参照字相同，目标字都是零声母。

前字对比组：误期—预期

后字对比组：公务—公寓

2. 录音

发音人是南开大学大三学生，老北京人，男，20 岁。录音地点为南开大学文学院语音实验室，使用 Cool edit Pro 软件录音，采样率为 11025Hz，采样精度 16 位，单声道，声音文件保存为 Wav 格式。发音人每个词读三次，后期处理时选择共振峰显示效果较好的。

3. 录音分析

经过分析，得出：

（1）前字组："误" F2：692Hz，"预" F2：2173Hz，差值：1481Hz。

（2）后字组："务" F2：662Hz，"寓" F2：2131Hz，差值：1469Hz。

根据差值的大小，设定相邻的刺激之间步长为 98Hz，因此每一个对比组做 16 个刺激。数据如下表 1 所示。

表 1	各刺激 F2 的赫兹值			单位：Hz
序号	1	2	3	4	5
前字（Hz）	误 692	795	899	997	1095
后字（Hz）	务 662	759	857	955	1053
序号	6	7	8	9	10
前字（Hz）	1193	1291	1389	1487	1585
后字（Hz）	1151	1249	1347	1445	1543

续表

序号	11	12	13	14	15	16
前字（Hz）	1683	1781	1879	1977	2075	预 2173
后字（Hz）	1641	1739	1837	1935	2033	寓 2131

4. 制作实验所需语音材料

用 Praat 软件中元音合成的脚本，将表1中的数据依次代入，把/u/的 F2 逐渐升高，每次升高 98Hz，直到这个 F2 的值是/y/的 F2 的值。每一个对比组共做出 16 个刺激，相邻刺激之间的 F2 共振峰值相差 98Hz。在此过程中，要尽量保证合成音听起来较为自然。

5. 被试

被试是北京语言大学、北京邮电大学、首都师范大学的学生，男女各 10 人，均为北京人，听力正常，从小在北京长大，没有受过其他方言的影响。其中北京语言大学有几个学生是硕士研究生，之前接触过此类实验，其余人均是第一次接触。

（三）实验过程

1. 辨认实验

将 16×2 个刺激做出后，再合成词，将图片和声音文件的名字写入 E-prime 的程序之中，辨认实验所用的脚本分为两种，命名为"id1"和"id2"。二者区别在于被试所看到两个词顺序不同。

选取没有噪声的环境，给被试进行简短的讲解。为了让实验者对实验的步骤认识更清楚，在正式实验之前，会有练习的机会，练习共八个词。实验中，被试听到的是含有合成音的单个实验词，总共会听到 32 个刺激词。被试根据听到的声音，判断自己听到的是哪个词。

2. 区分实验

区分实验中，笔者用 Cool edit Pro 软件将实验词两两配对，两个词之间间隔 0.6s。首先，将两个相同的音合成一对，如 1—1、2—2······然后，将 F2 相差 98×2Hz 的词合成一对，如 1—3、3—1、2—4、4—2······前字组和后字组共 44×2 个刺激词对。

同样的，在区分实验里，被试会听到八组练习用的词，然后开始正式实验。区分实验的程序分为两个，分别命名为"slide"和"slide反序"。二者区别在于被试在实验过程中看到的屏幕上图片中"相同"、"不同"二词的顺序。根据听到的两个词，被试来判断听到的词是否相同。

§三 总体数据分析

（一）前字对比组：误期—预期

"误期—预期"组的听感分界在刺激12上，是1781Hz，边界宽度为4.5×98＝441Hz。界前界后曲线都有一些波动，在交点处没有陡峭的上升或下降，/u/的辨认率最低值仍有25%。该组区分峰值出现在11—13刺激对处，为58.75%，赫兹值为1683—1879Hz，区分率的平均值为52.14%，图4中峰界完全对应。

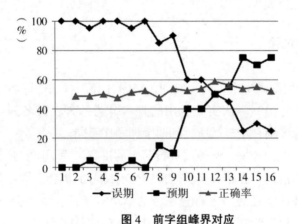

图4 前字组峰界对应

（二）后字对比组：公务—公寓

"公务—公寓"组，辨认实验的听感分界在刺激6和刺激7之间，大约为1200Hz，边界宽度为2.75×98＝269.5Hz。界前曲线有轻微的波动，界后曲线平滑。区分实验的峰值出现在刺激3—5处，峰值为70%，平均值为58.04%，区分率普遍高于50%。辨认实验的听感分界和区分实验的峰值比较不对应，相差较大（见图5）。

前后字对比结果见表2。

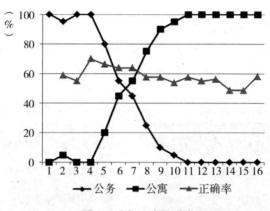

图5　后字组峰界对应

表2　　　　　　前、后字对比组边界位置、宽度，区分位置、峰值

	边界位置（Hz）	边界宽度（Hz）	区分位置（Hz）	区分峰值（%）
前字	1781	441	1683—1879	58.75
后字	1200	269.5	857—1053	70

利伯曼等人（1957）指出，语音范畴化的判断依据主要有三：一是辨认实验中，辨认曲线有一个陡峭的上升或下降；二是区分实验中，正确率曲线有突起的峰值；三是辨认曲线的上升或下降与区分曲线的峰值相对应。满足这三个条件，则证明该语音是范畴化感知的。通过以上的分析，可以看出，辨认实验中前字和后字的边界宽度分别为4.5×98Hz、2.75×98Hz，区分率各点值较为平均，有峰值但差异并非十分显著，辨认曲线没有陡升或陡降，前字组峰界完全对应，但后字组无法完全对应。可以说，汉语元音/u/、/y/的感知无法很好地满足以上三点要求，整体缺乏明显的范畴化识别的特点。

§四 辨认实验中各因素的影响

(一) 呈现顺序的影响

听辨实验中使用了两个脚本，命名为 id1 和 id2，二者不同在于被试看到的屏幕上显示的图片中词语顺序的不同（见图6）。

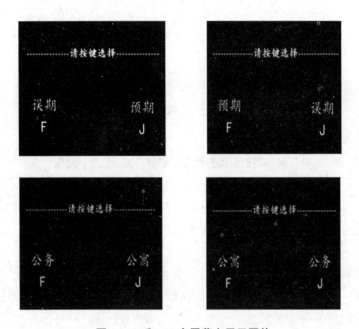

图6 id1 和 id2 在屏幕上显示图片

所得数据分析如下：

1. 前字组

图7（a）听感分界在刺激12—13之间，大概是1830Hz。界前界后的曲线都有一些波动，但是本组/u/的辨认率最低只降到了27.3%，界后曲线"预期"的辨认率没有达到75%，边界宽度无法计算。与上面不分组的前字对比组数据（边界点在第12个刺激上）相比，边界点的位置略有后移。

图 7（b）在 9—12 之间有三个交点，边界宽度为 4.56×98 = 446.9Hz。界前界后曲线波动都比较大，且没有唯一的交点，边界点位置前移。说明此组的边界为动态边界，存在的听感分界不是一个点，而是一个听感范围。

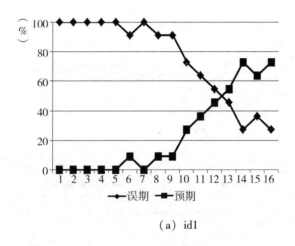

（a）id1

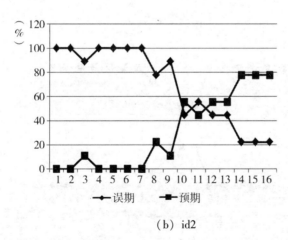

（b）id2

图 7　"预期—误期"辨认表现

2. 后字组

图 8（a）中边界点在刺激 5—6 之间，是 1127Hz，边界宽度为 3.44×98＝337.1Hz。界前界后曲线都有轻微的波动。与上面不分组的后

字对比组数据（边界点在第6—7个刺激之间）相比，边界点的位置向前移动。

　　图8（b）边界点在刺激7—8之间，是1286Hz，边界宽度为2.19×98＝214.2Hz。界前曲线有轻微的波动，界后曲线伸展良好。与不分组的前字对比组数据相比，边界点的位置后移。

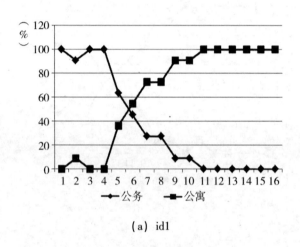

（a）id1

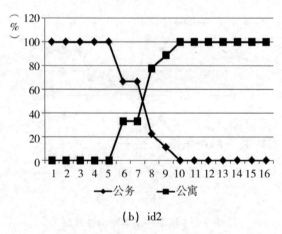

（b）id2

图8　"公寓—公务"辨认表现

词语显示顺序对辨认实验结果影响见表3。

表3　　　　　　　　　词语显示顺序对于辨认实验的影响

	脚本	边界位置（Hz）	边界宽度（Hz）
前字对比组	id1	1830	—
	id2	动态边界	446.9
后字对比组	id1	1127	337.1
	id2	1286	214.2

（二）性别的影响

1. 前字组

图9（a）中的曲线交点在第10和第12个刺激上，分别为1585Hz、1781Hz，为动态边界。可见界点前后曲线波动都比较大。

图9（b）曲线也有两个交点，分别在第12个刺激上和第13—14之间，分别为1781Hz、1903.5Hz，为动态边界。界前曲线较平稳，界后曲线有波动。

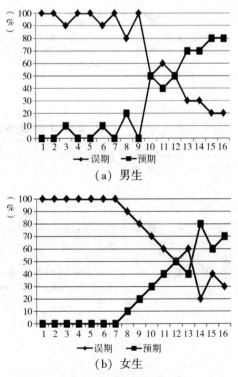

（a）男生

（b）女生

图9　前字组辨认表现

与不分组的前字对比组数据相比，男生边界点的位置向前移，而女生的稍偏后一些。

2. 后字组

图 10（a）曲线交点在第 7—8 个刺激之间，为 1282Hz，界前曲线平滑，界后曲线有轻微波动，边界宽度为 2×98＝196Hz。

图 10（b）曲线交点在第 5—6 个刺激之间，为 1102Hz，界点前后的曲线都有轻微的波动，边界宽度为 261Hz。

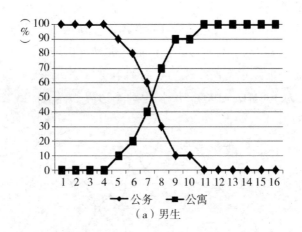

（a）男生

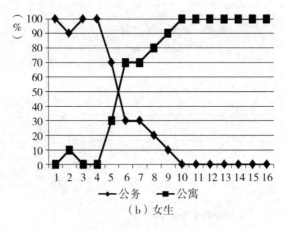

（b）女生

图 10 后字组辨认表现

与不分男女组的后字对比组数据（刺激6—7之间）相比，男生边界点的位置稍向后移，而女生的稍向前移。

性别对辨认实验结果影响见表4。

表4　　　　　　被试性别对于辨认实验的影响

	脚本	边界位置（Hz）	边界宽度（Hz）
前字对比组	男	1585、1781（动态）	—
	女	1781、1903.5（动态）	—
后字对比组	男	1282	196
	女	1102	261

§五　区分实验中各因素的影响

在区分实验中：（1）使用了两个呈现顺序不同的脚本，（2）听辨人的性别不同，（3）声音组合方面有"小+大"（比如2+4、5+7……）和"大+小"（比如3+1、9+7……）的组合。笔者将这些因素一一抽离出来，看各自对于听辨结果的影响。

（一）呈现顺序的影响

使用的脚本有两个，命名为slide和slide反序，二者的不同在于：被试在实验过程中看到屏幕上显示的图片中选项的呈现顺序不同（见图11）。

图11　Slide和Slide反序在屏幕上显示的图片

1. 前字对比组

图 12（a）中峰值出现在刺激 11—13 处，赫兹值为 1683—1897Hz，峰值为 61.4%，各点均值为 52.6%。

图 12（b）中峰值出现在刺激 8—10 处，赫兹值为 1389—1585Hz，峰值为 61.1%，各点均值为 51.6%。

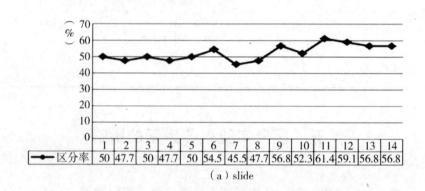

	1	2	3	4	5	6	7	8	9	10	11	12	13	14
区分率	50	47.7	50	47.7	50	54.5	45.5	47.7	56.8	52.3	61.4	59.1	56.8	56.8

（a）slide

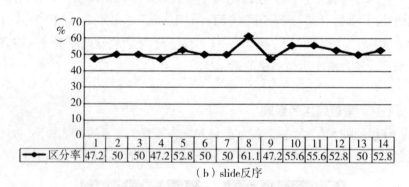

	1	2	3	4	5	6	7	8	9	10	11	12	13	14
区分率	47.2	50	50	47.2	52.8	50	50	61.1	47.2	55.6	55.6	52.8	50	52.8

（b）slide反序

图 12　前字"不同—相同"区分表现

就平均值来说，前者的区分率比后者高约 1%，峰值和平均值的差异都不显著。与不区分显示顺序的前字组数据峰值位置（刺激 11—13 处）相比，前者峰值位置一致，后者前移。

2. 后字对比组

图 13（a）峰值出现在刺激 3—5 处，赫兹值为 857—1053Hz，峰值为 79.5%，各点均值为 62.2%。

图 13（b）峰值出现在刺激 5—7 处，赫兹值为 1053—1249Hz，峰值为 61.1%，各点均值为 53%。

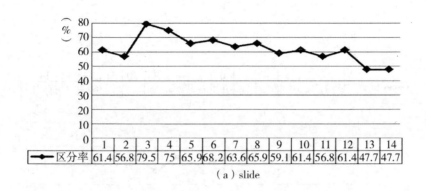

（a）slide

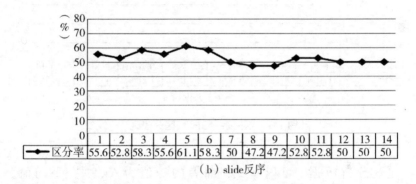

（b）slide反序

图 13　后字"不同—相同"区分表现

就平均值来说，前者区分率比后者高约 9%，无论峰值还是平均值都有显著的差异。与不区分显示顺序的后字组数据峰值位置（刺激 3—5 处）相比，前者峰值位置一致，后者后移。

通过上面两组的对比，似乎可以得出一个结论，对于元音/u/、/y/的听辨来说，使用的图片词语顺序的不同会对区分造成影响，"相同—不同"的区分率要比"不同—相同"的区分率高。

最后，抛开其他不同的因素，只考虑图片显示顺序，看上面得到的结论是否仍成立。实验数据分析结果见图 14。

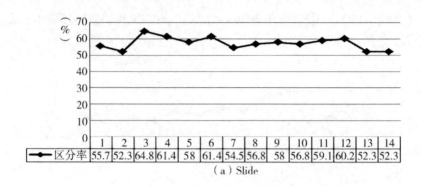

（a）Slide

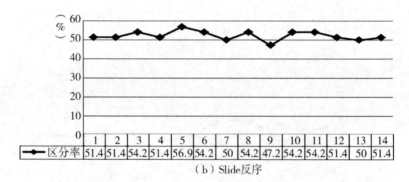

（b）Slide反序

图14　"不同—相同"区分表现

通过分析数据，可以看到，前者的峰值为64.8%，平均值为57.4%；后者的峰值为56.9%，平均值为52.3%。二者平均值相差约5.1%，差异比较大。以上所得的结论成立。

显示顺序对区分实验结果影响见表5。

表5　　　　　　　　　　显示顺序对区分实验的影响

脚本		区分位置（Hz）	区分峰值（%）	区分平均值（%）
前字对比组	slide	1683—1897	61.4	52.6
	slide反序	1389—1585	61.1	51.6
后字对比组	slide	857—1053	79.5	62.2
	slide反序	1053—1249	61.1	53

续表

	脚本	区分位置（Hz）	区分峰值（%）	区分平均值（%）
总情况	slide	—	64.8	57.4
	slide 反序	—	56.9	52.3

(二) 性别因素的影响

1. 前字组

图 15（a）中峰值出现在刺激 10—12 处，赫兹值为 1585—1781Hz，峰值为 57.5%，各点数值都较为平均，均值为 52.3%。

图 15（b）的峰值出现在刺激 11—13 处，赫兹值为 1683—1879Hz，峰值为 62.5%，曲线波动较前者要大，各点均值为 52.1%。

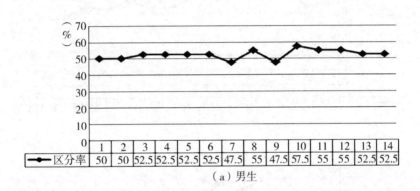

（a）男生

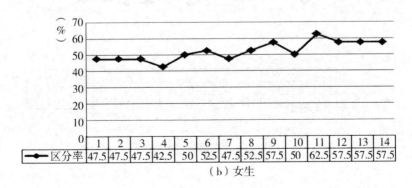

（b）女生

图 15　前字组区分表现

就峰值来说，男生组区分率比女生组低5%，而就均值来说，反而高约0.16%。两组峰值出现的位置与不分男女组的数值（刺激11—13处）相比，男生稍微提前，女生与之一致。

2. 后字组

图16（a）中峰值出现在刺激3—5处，赫兹值为899—1095Hz，峰值为70%，均值为57.1%。

图16（b）中峰值有两点，分别出现在刺激3—5、刺激4—6处，赫兹值为899—1095Hz、997—1193Hz，峰值为70%，各点值均大于或等于50%，均值为58.9%。

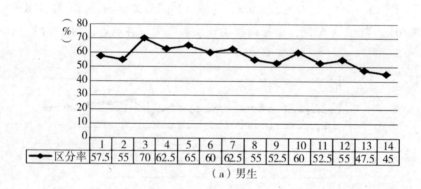

	1	2	3	4	5	6	7	8	9	10	11	12	13	14
区分率	57.5	55	70	62.5	65	60	62.5	55	52.5	60	52.5	55	47.5	45

（a）男生

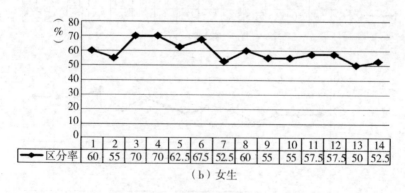

	1	2	3	4	5	6	7	8	9	10	11	12	13	14
区分率	60	55	70	70	62.5	67.5	52.5	60	55	55	57.5	57.5	50	52.5

（b）女生

图16　后字组区分表现

就均值来说，前者区分率比后者低0.18%，差别不显著。两组峰值出现的位置与不分男女组的数值（刺激3—5处）相比，男生一致，女生有一处与之一致，一处稍微后移。

抛开其他因素，只看性别，结果如图 17。

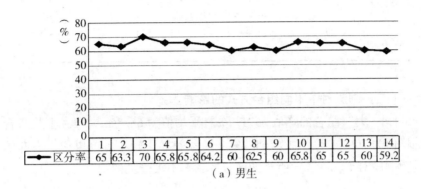

（a）男生

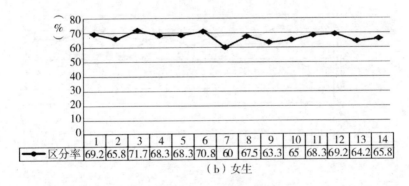

（b）女生

图 17　性别区分表现

男生组区分峰值为 70%，均值为 63.7%；女生组区分峰值为 71.7%，均值为 67%；峰值均出现在刺激 3—5 处，女生区分度高于男生。

性别对区分实验结果影响见表 6。

表 6　　　　　　　　　　**被试性别对区分实验的影响**

	性别	区分位置（Hz）	区分峰值（%）	区分平均值（%）
前字对比组	男	1585—1781	57.5	52.3
	女	1683—1879	62.5	52.1

续表

	性别	区分位置（Hz）	区分峰值（%）	区分平均值（%）
后字对比组	男	899—1095	70	57.1
	女	899—1095、997—1193	70	58.9
总情况	男	—	70	63.7
	女	—	71.7	67

（三）刺激对中不同组合方式的影响

"小+大"组合的峰值为71.7%，平均值为65.5%；"大+小"组合的峰值为70%，平均值为65.2%。二者差异比较小，可以说，不同的刺激顺序对于/u/、/y/听辨的区分率影响不大（见图18、表7）。

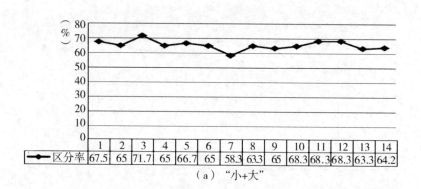

	1	2	3	4	5	6	7	8	9	10	11	12	13	14
区分率	67.5	65	71.7	65	66.7	65	58.3	63.3	65	68.3	68.3	68.3	63.3	64.2

（a）"小+大"

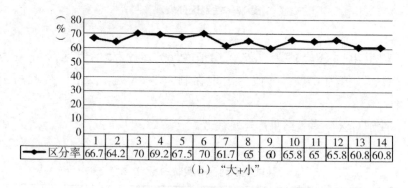

	1	2	3	4	5	6	7	8	9	10	11	12	13	14
区分率	66.7	64.2	70	69.2	67.5	70	61.7	65	60	65.8	65	65.8	60.8	60.8

（b）"大+小"

图18　不同组合的区分表现

表7	刺激组合方式对区分实验的影响		
	刺激组合方式	区分峰值（%）	区分平均值（%）
总情况	小+大	71.7	65.5
	大+小	70	65.2

§六　总结

从此次实验的结果，可以得出以下结论。

（1）普通话元音/u/、/y/听辨的范畴化感知特征并不十分明显，存在一个动态的边界，但它们又确实是两个不同的范畴。通过图1，可以看到，这两个音之间相差较远，它们中间还存在一些过渡的元音，而汉语普通话是没有这些元音的，也就是说，对于被试来说，/u/、/y/之间存在一个空白段，当合成的刺激音处在这个空白段时，就难以辨别究竟是/u/还是/y/，被试也就会根据直觉猜一个，所以没办法保证辨认率。这也是造成分组讨论时有些听感分界是一个范围的原因之一。前字组的听感分界大概在1781Hz处，边界宽度为441Hz。后字组的听感分界大概在1200Hz处，边界宽度为269.5Hz。可画出两组中/u/和/y/在/u/、/y/语音连续统构成的听感空间里所占的比例（见图19）。

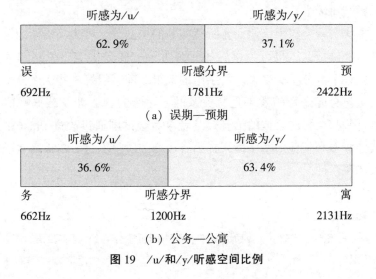

图19　/u/和/y/听感空间比例

图 19 可以看出前字对比组的边界位置与后字对比组的边界位置相差比较大，且后字组比前字组的区分率高 5.9%。但是这个情况是不是整体性的、是不是受到参照字的影响，还需要多选取一些实验词来探讨，这是笔者下一步要做的工作。

（2）辨认实验中，按键页面选项的呈现顺序对于边界位置的影响前移或后移均在 86Hz 之内 ［图 7 (b) 中曲线有三个交点，属于特殊情况，说明此处存在动态边界，听感分界不是一个点，而是一个范围］，可以说呈现顺序对于边界位置影响较小。

在区分实验中，呈现顺序的不同对于区分的峰值和均值影响都较大。总的来说，图片中显示顺序为"相同—不同"的比"不同—相同"的区分率高，平均值相差 5.1%。但是这种现象是个别的还是普遍的，造成这种差异的原因是什么，笔者会通过和其他实验的比对和在以后的实验中加以验证。

（3）不同性别存在差异，对于辨认实验来说，前字组男生边界点的位置向前移，而女生的稍偏后一些，差别在 198Hz 之内；后字组男生边界点的位置向后移，而女生的向前移，都在 98Hz 之内。

对于区分实验来说，女生的总体区分率高于男生，平均值相差 3.3%。

（4）区分实验中，刺激对中两个刺激组合的顺序的不同对实验结果的影响比较小。

本次实验是探索汉语元音听感实验的一部分，可为汉语作为第二语言教学提供帮助，也可为以后的元音听感实验提供实验思路和数据参考。就整个区分实验来说，后字组的效果比前字组好一些，区分率比较高，这与合成语音的效果是有关系的。元音的合成涉及共振峰值和带宽，这些都会影响合成的语音。笔者今后会试图通过改进 Praat 中元音合成的脚本和其他一些手段来提高合成音的质量，进一步提高实验的可信度和科学性。

参考文献

［1］陈曦丹、石锋：《普通话阴平和上声的听感分界》，《实验语言学》2012年第 1 期。

［2］高云峰:《声调感知研究》，博士学位论文，上海师范大学，2004 年。

［3］李幸河、石锋:《普通话阴平和阳平之间的听感分界》，《实验语言学》2012 年第 1 期。

［4］石锋:《语音平面实验录》，北京语言大学出版社 2012 年版。

［5］王士元、彭刚:《语言、语音与技术》，上海教育出版社 2006 年版。

［6］薛鑫:《普通话阴平和去声的听感分界》，《实验语言学》2012 年第 1 期。

［7］张林军:《母语经验对留学生汉语声调范畴化知觉的影响》，《华文教学与研究》2010 年第 2 期。

［8］郑泽芝:《Excel 在语言研究中的应用》，南京大学出版社 2009 年版。

［9］Ann, K. Syrdal, H. S. Gopal, "A perceptual model of vowel recognition based on the auditory representation of American English vowels", *The Journal of the Acoustical Society of America*, Vol. 79, No. 4, 1986.

［10］Fry, D. B., Abramson, A. S., Eimas, P. D. et al., "The identification and discrimination of synthetic vowels", *Language and Speech*, Vol. 5, 1962.

［11］Liberman et al., "The Discrimination of Speech Sounds within and across Phonetic Boundaries", *Journal of Experimental Psychology*, Vol. 54, No. 54, 1957.

本文发表于《实验语言学》2013 年第 2 卷第 2 期

普通话一级元音/i/、/y/单字听感边界
初探及单双字对比研究*

丁　云　黄荣俊

摘　要：本文旨在通过辨认和区分实验考察普通话一级元音/i/、/y/单字的听感边界，并从声调、探测界面、性别、刺激的递增与递减等方面进行综合分析。实验结果表明/i/的感知范围始终小于/y/，且/i/、/y/的听感边界是动态的，不是一个具体的值，而是一个范围。此外，本文还将与前人/i/、/y/双字实验进行对比，在展现个性的同时，以期得到一些验证或发现。

关键词：刺激　辨认　区分　对比

§一　引言

语音感知研究始于 1957 年利伯曼等人对音位内和跨音位语音的区分实验，后弗赖等人（1962）合成塞音/b/、/d/、/g/的连续统，对英语被试进行辨认和区分实验后认为对它们的感知是范畴性的。此后，他们又将元音/i/、/ɛ/、/æ/合成相应的连续统进行听感实验，结果显示被试对这些元音的感知并不如辅音那样边界分明，这表明感知是连续性感知。与此同时，实验还发现次序和听觉环境对元音的听辨起着重要作用。

有关汉语声调范畴感知的实验研究已比较充分，而元音、辅音方面还在进一步的探索之中。本文旨在通过辨认、区分实验对汉语普通话一

---

　* 本文写作承蒙恩师石锋、王萍老师的殷切指导，同时吸取了元音小组成员的宝贵意见，在此谨呈谢意。

级元音[1]/i/、/y/的听感边界进行考察。凯蒂（Katie）、德尔格（Drager）（2010）通过对英语元音的感知实验发现被试的社会特征会影响元音的听感。为此，笔者将综合分析声调、探测界面、性别等语言和社会因素对/i/、/y/单字听感边界的影响，以期得到可靠的结论。同时，本单字实验还将与黄荣佼（2013）的双字实验进行比较分析，以期得到一些验证或发现。

§二　单字实验准备

本次实验字按声调分四组，均为零声母单字，阴平组"衣—迂"，阳平组"仪—鱼"，上声组"以—雨"，去声组"意—遇"。实验发音人为男生，北方人，普通话一级乙等；听辨人共 24 人，均说北京话，无视听障碍，右利手，有效数据男女各 10 人，听辨环境安静。

杰克逊（Jackson，2012）表示/i/、/y/的不同主要在 F2、F3 上。通过语图笔者同样发现/i/、/y/的差别主要是 F2、F3，其中 F3 的差别尤其明显。通过脚本变动 F2、F3 在 Praat 中合成从/i/合成到/y/的四声连续统（见表 1）。

表 1　　　　　　　四声/i/合成至 /y/的连续统具体数据

声调	共振峰	步长	刺激1	刺激2	刺激3	刺激4	刺激5	刺激6	刺激7	刺激8	刺激9	刺激10	刺激11
阴平	F2	31	2085	2052	2021	1990	1959	1928	1897	1866	1835	1804	1773
	F3	98	3029	2928	2830	2732	2634	2536	2438	2340	2242	2144	2046
阳平	F2	24	2061	2033	2009	1985	1961	1937	1913	1889	1865	1841	1817
	F3	88	3003	2913	2825	2737	2649	2561	2473	2385	2297	2209	2121
上声	F2	31	2075	2049	2018	1987	1956	1925	1894	1863	1832	1801	1770
	F3	100	3050	2950	2850	2750	2650	2550	2450	2350	2250	2150	2050
去声	F2	34	2152	2123	2089	2055	2021	1987	1953	1919	1885	1851	1817
	F3	105	3061	2960	2855	1750	2645	2540	2435	2330	2225	2120	2015

---

[1]　一级元音指出现在单韵母中的元音（石锋等，2010：1—14）。

实验分辨认和区分实验：辨认实验即播放一个刺激音，要求被试选择听到的是/i/还是/y/，四声共 44 个刺激音；区分实验即播放 AX 式刺激音（隔一个刺激对比，如 1—3、3—1、2—4 等）和相同刺激（如 1—1、2—2 等），要求被试选择听到的两个刺激音是相同还是不同，四声共 116 个刺激音。

根据探测界面的不同，又将辨认和区分实验各分正、反序两个脚本：辨认实验探测界面默认/i/在前为正序，/y/在前为反序；区分实验探测界面默认"相同—不同"为正序，"不同—相同"为反序。实验共四个脚本，四个脚本中均有练习和正式实验。数据分析主要依靠 Excel 及 SPSS 等软件。

§三　单字实验分析[①]

（一）声调因素

图 1—图 4 分别是阴平、阳平、上声、去声/i/、/y/的辨认区分曲线。

阴平的辨认边界位置出现在刺激 4 和刺激 5 之间，在前两个刺激上/i/的辨认率均达到 100%，经缓降又在刺激 6 处骤降至 0，刺激 6 往后均听辨为/y/，界前界后分离度均达到 100%；区分峰值为 83.75%，出现在刺激 2—4 和刺激 3—5 上，与辨认边界相近。

阳平的辨认边界位置出现在刺激 4 和刺激 5 之间，在前三个和后三个刺激上/i/和/y/的辨认率均达到 100%，而在刺激 3 和刺激 9 间被试并不能有把握地辨认出刺激音是/i/还是/y/，界前界后分离度均达100%；区分曲线出现三处小高峰，分别在刺激 2—4、刺激 3—5、刺激 4—6、刺激 6—8 处，其中临近界的峰值为 76.25%，在刺激 4—6 上，与辨认边界相近。

上声的辨认边界位置出现在刺激 4 和刺激 5 之间，辨认曲线在刺激

---

① 文中所有辨认区分曲线的横坐标均代表刺激，纵坐标分别代表辨认率和区分率，标度均为%；反应时区分曲线图中次坐标轴代表反应时，标度为 ms，之后不再一一标注。

4 至刺激 5 处波动剧烈，在听感上从/i/立马转向/y/，界前界后分离度均达 100%；区分峰值为 82.5%，出现在刺激 3—5 和刺激 4—6 上，与辨认边界相近。

去声的边界位置也出现在刺激 4 和刺激 5 之间，辨认曲线在刺激 4 至刺激 5 处波动剧烈，在听感上实现了/i/到/y/的转变，界前界后分离度均达 100%；区分峰值为 87.5%，出现在刺激 3—5 处，与辨认边界相近。

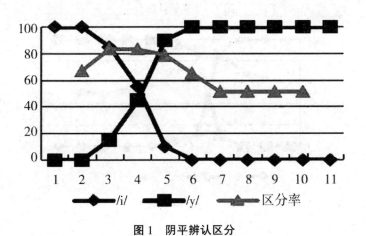

图 1　阴平辨认区分

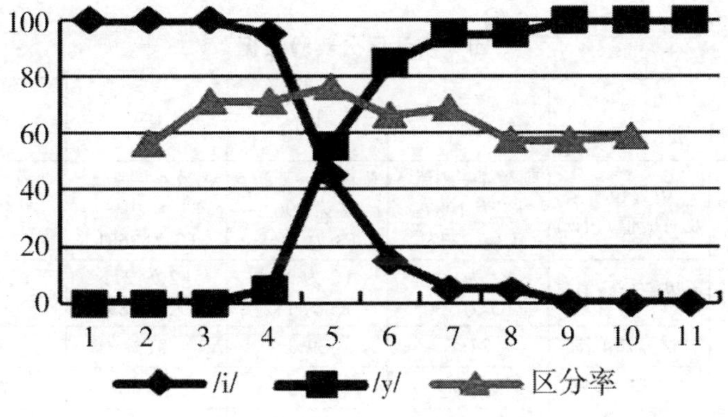

图 2　阳平辨认区分

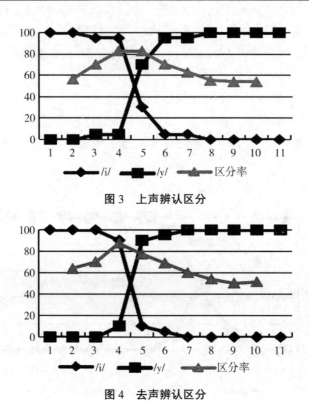

图 3　上声辨认区分

图 4　去声辨认区分

表 2 是四声/i/、/y/的辨认区分具体数据汇总表。

表 2　　　　　　　　　　四声辨认区分实验数据

观测变量 \ 声调		阴平	阳平	上声	去声
辨认实验	边界位置及对应值（Hz）	刺激 4—刺激 5 F2 为 1987；F3 为 2721	刺激 4—刺激 5 F2 为 1963；F3 为 2658	刺激 4—刺激 5 F2 为 1966；F3 为 2681	刺激 4—刺激 5 F2 为 2038；F3 为 2698
	边界宽度（Hz）	F2 为 42；F3 为 130	F2 为 30；F3 为 112	F2 为 27；F3 为 89	F2 为 22；F3 为 65
	/i/感知范围	31%	39%	37%	35%
	/y/感知范围	69%	61%	63%	65%
区分实验	区分峰值位置及对应值	刺激 2—4 和刺激 3—5 83.75%	刺激 4—6 76.25%	刺激 3—5 和刺激 4—6 82.5%	刺激 3—5 87.5%

　　结合图表可得：/i/的感知范围为 31%—39%，/y/的感知范围为 61%—69%，/i/、/y/的听感边界位于 F2：1963—2038Hz，F3：2658—2721Hz。/i/的听感空间始终比/y/的听感空间小很多。四声调在/i/的感知范围上，阳平>上声>去声>阴平（感知为/y/的顺序与之相反），即阴平/i/的感知范围最小，上声和去声次之，而阳平/i/的感知范围最大。但总体而言彼此差值并不大，也就是说声调对/i/、/y/的听辨并没有产生显著影响，通过 SPSS 中 K-W 非参数检验，声调并未对/i/、/y/听辨产生显著影响（$p>0.05$）。在区分峰值上，四声的区分峰值所对应的刺激均与边界位置所对应的刺激相近，区分峰值从大到小依次为去声>阴平>上声>阳平。

（二）探测界面因素

　　图 5—图 12 和表 3 分别为四声正反序辨认区分曲线图及其具体数据汇总表。

　　结合图表可得：四声不论正反序，听感边界与区分峰值位置均相近，听辨效果较为理想，/i/的听感范围始终小于/y/。在达到完全听辨程度上，除阴平的正反序完全一致以外，阳平、上声和去声均是正序在界前不如反序。但在界后优于反序，表明界前听辨为/i/时，反序达到完全听辨的程度更高；而界后听辨为/y/时，正序达到完全听辨的程度更高。正序辨认的边界宽度普遍小于反序的边界宽度，只有去声例外，其正序边界宽度略大于反序。在/i/、/y/的听辨上，正序/i/的感知范围一律小于反序/i/的感知范围。也就是说播放相同的刺激音，因正序/i/—/y/和反序/y/—/i/的不同，对听辨会产生一定影响，但被试对正反序/i/和/y/的感知范围均无显著差异，通过 SPSS 中 M-W 非参数检验，正反序对/i/、/y/辨认区分率并没有显著影响（$ps>0.05$）（见表4）。正序的区分峰值普遍略高于反序的区分峰值，无例外，即"相同—不同"更有利于被试做出正确判断。四声正序数据表明，/i/的感知范围为阳平>上声>去声>阴平，区分峰值为去声>阴平>上声>阳平；四声反序数据表明，/i/的感知范围为阳平>上声>去声>阴平，区分峰值为去声>阴平>上声>阳平。

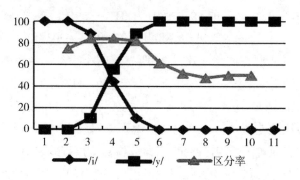

图 5　阴平正序辨认区分曲线

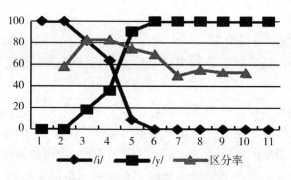

图 6　阴平反序辨认区分曲线

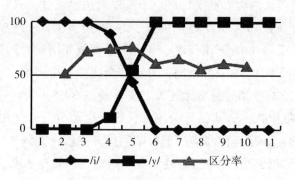

图 7　阳平正序辨认区分曲线

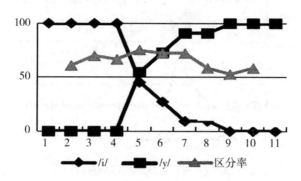

图 8　阳平反序辨认区分曲线

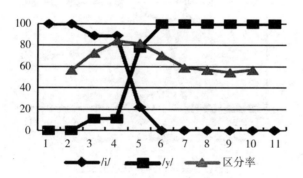

图 9　上声正序辨认区分曲线

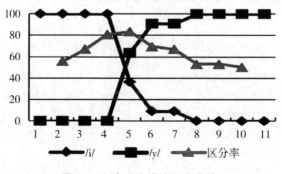

图 10　上声反序辨认区分曲线

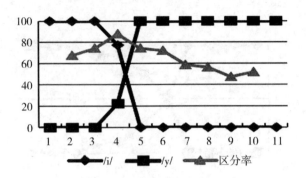

图 11　去声正序辨认区分曲线

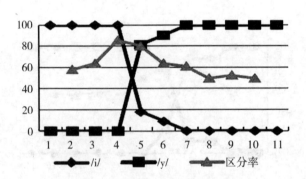

图 12　去声反序辨认区分曲线

表 3　　　　　　　　　　　　　正反序辨认区分数据

观测变量		辨认实验				区分实验
声调及顺序		边界位置及对应值（Hz）	边界宽度（Hz）	/i/感知范围	/y/感知范围	界前界后分高度（%）	区分峰值位置及对应值
阴平	正序	刺激3—刺激4 F2 为 1994；F3 为 2744	F2 为 39；F3 为 124	29%	71%	均为100%	刺激 2—4 和 刺激 3—5 84.09%
	反序	刺激4—刺激5 F2 为 1982；F3 为 2707	F2 为 41；F3 为 130	33%	67%	均为100%	刺激 2—4 和 刺激 3—5 83.33%

续表

观测变量 声调及顺序		辨认实验					区分实验
		边界位置及 对应值（Hz）	边界宽度（Hz）	/i/感知 范围	/y/感知 范围	界前界后 分高度（%）	区分峰值位置及 对应值
阳平	正序	刺激4—刺激5 F2 为 1964; F3 为 2660	F2 为 27; F3 为 99	39%	61%	均为 100%	刺激 4—6 77.27%
	反序	刺激4—刺激5 F2 为 1963; F3 为 2656	F2 为 40; F3 为 147	39%	64%	均为 100%	刺激 4—6 75%
上声	正序	刺激4—刺激5 F2 为 1969; F3 为 2692	F2 为 24; F3 为 75	36%	64%	均为 100%	刺激 3—5 84.09%
	反序	刺激4—刺激5 F2 为 1963; F3 为 2671	F2 为 32; F3 为 103	38%	62%	均为 100%	刺激 4—6 83.33%
去声	正序	刺激4—刺激5 F2 为 2043; F3 为 2712	F2 为 22; F3 为 67	33%	67%	均为 100%	刺激 3—5 88.64%
	反序	刺激4—刺激5 F2 为 2034; F3 为 2686	F2 为 21; F3 为 64	36%	64%	均为 100%	刺激 3—5 86.11%

表 4　　　　　　正反序对/i/、/y/听感的 SPSS 检验结果

声调	辨认 p 值	区分 p 值
阴平	1.000	0.800
阳平	0.493	1.000
上声	0.489	0.736
去声	0.574	0.447

（三）性别因素

图 13—图 20 和表 5 分别为四声女、男辨认区分曲线图及其具体数据汇总表。

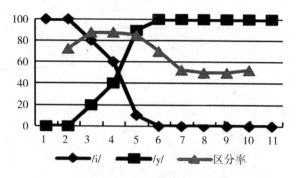

图 13　女生阴平辨认区分曲线

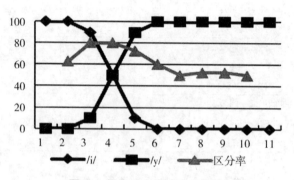

图 14　男生阴平辨认区分曲线

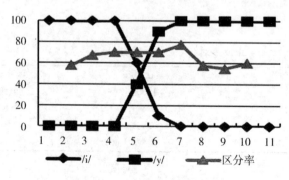

图 15　女生阳平辨认区分曲线

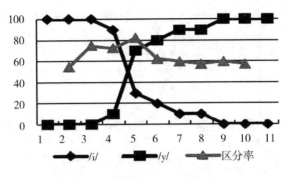

图16　男生阳平辨认区分曲线

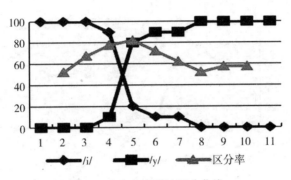

图17　女生上声辨认区分曲线

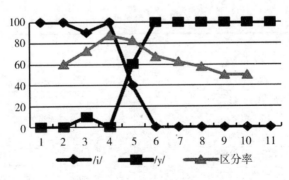

图18　男生上声辨认区分曲线

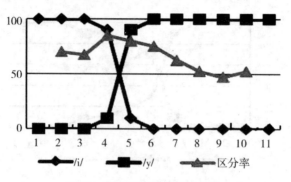

图 19　女生去声辨认区分曲线

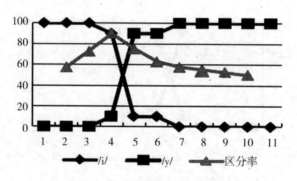

图 20　男生去声辨认区分曲线

表 5　　　　　　　　　　　　女男辨认区分数据

观测变量 声调及性别		辨认实验					区分实验
		边界位置及对应值（Hz）	边界宽度（Hz）	/i/感知范围	/y/感知范围	界前界后分高度（%）	区分峰值位置及对应值
阴平	女生	刺激4—刺激5 F2为1984；F3为2712	45；143	32%	68%	均为100%	刺激2—4 和刺激3—5 87.5%
	男生	刺激4—刺激5 F2为1990；F3为2732	38；110	30%	70%	均为100%	刺激2—4和 刺激3—5 80%

续表

观测变量\声调及性别		辨认实验					区分实验
		边界位置及对应值（Hz）	边界宽度（Hz）	/i/感知范围	/y/感知范围	界前界后分高度（%）	区分峰值位置及对应值
阳平	女生	刺激5—刺激6 F2为1956；F3为2631	26；95	42%	58%	均为100%	刺激6—8 77.5%
	男生	刺激4—刺激5 F2为1969；F3为2678	30；110	37%	63%	均为100%	刺激4—6 82.5%
上声	女生	刺激4—刺激5 F2为1969；F3为2693	22；72	36%	64%	均为100%	刺激4—6 82.5%
	男生	刺激4—刺激5 F2为1961；F3为2667	30；95	38%	62%	均为100%	刺激3—5 87.5%
去声	女生	刺激4—刺激5 F2为2038；F3为2698	22；65	35%	65%	均为100%	刺激3—5 85%
	男生	刺激4—刺激5 F2为2038；F3为2698	22；65	35%	65%	均为100%	刺激3—5 90%

结合图表可得：对同一声调中，女、男的/i/、/y/感知范围大体一致，只是女生/i/的感知范围总体上有略大于男生的倾向，可见性别因素对/i/、/y/的感知并无显著影响。通过 SPSS 中 M-W 非参数检验，性别对/i/、/y/的听辨结果并未产生显著影响（$ps>0.05$）。性别这个社会因素使数据的规律性明显减弱，在同一声调的边界宽度和区分峰值上，总体而言女生的边界宽度要小于男生，而区分峰值却依然呈现出小于男生的趋势，这与笔者对区分峰值和边界宽度成反比的预期相去甚远。对同是女/男生的声调的辨认区分情况进行观察可发现，女生/i/的感知范围遵从阳平>上声>去声>阴平，区分峰值遵从阴平>去声>上声>阳平；男生/i/的感知范围遵从上声>阳平>去声>阴平，区分峰值遵从去声>上声>阳平>阴平。四声不论女、男，听感边界与区分峰值位置均

相近，只是在阳平女生的听感边界与区分峰值位置有较大出入，听辨效果总体良好。此外，/i/的感知范围始终小于/y/的感知范围。

表6　　　　　　　　　　性别对/i/、/y/听感的 SPSS 检验结果

声调	辨认 p 值	区分 p 值
阴平	1.000	0.093
阳平	1.000	1.000
上声	1.000	0.933
去声	1.000	0.501

（四）刺激递增递减因素对区分率的影响

图21—图24和表7分别为四声递增递减区分率对照图及其区分峰值位置与对应值表。

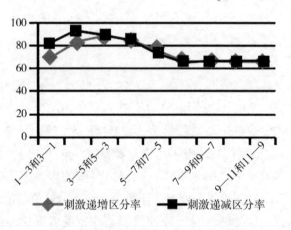

图21　阴平刺激递增递减区分率曲线

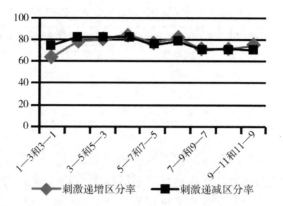

图 22　阳平刺激递增递减区分率曲线

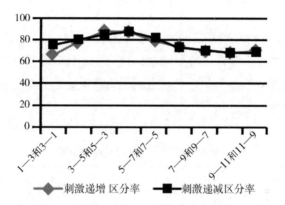

图 23　上声刺激递增递减区分率曲线

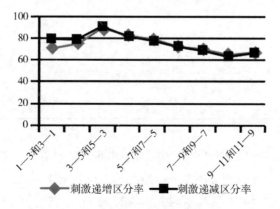

图 24　去声刺激递增递减区分率曲线

表7　　　　　　　　　　四声递增递减刺激区分峰值位置及对应值

声调	递增刺激区分峰值位置及对应值	递减刺激区分率峰值位置及对应值
阴平	刺激3—5，86.67%	刺激4—2，93.33%
阳平	刺激4—6，85%	刺激6—4，83.33%
上声	刺激3—5，90%	刺激6—4，88.33%
去声	刺激3—5，86.67%	刺激5—3，90%

结合图表可得：刺激的递增和递减并未对区分率产生明显的影响，四个声调的递增和递减刺激的区分率折线图的走势几乎一致，阴平、上声和去声尤其明显。区分峰值出现的位置不论刺激递增还是递减，大致对应。

（五）反应时与辨认区分曲线相关关系

由表8可得：辨认边界处都会出现一个反应时峰值，且四声反应时峰值位置与辨认边界大体重合。也就是说在听感边界处，被试需要花更多时间去分辨听到的是哪一个音。

表8　　　　　　　　　　四声辨认边界与反应时峰值对照

观测变量 \ 声调	边界位置	辨认反应时位置及对应峰值（ms）
阴平	刺激4—刺激5 F2为1987；F3为2721	刺激4；1642.1
阳平	刺激4—刺激5 F2为1963；F3为2658	刺激5；1820.5
上声	刺激4—刺激5 F2为1966；F3为2681	刺激5；1919.4
去声	刺激4—刺激5 F2为2038；F3为2698	刺激5；1691.25

由表9可得：四声区分峰值位置会出现反应时谷值，阳平的谷值虽然在刺激5—7处，看似不对应，但实际上在刺激4—6处就已经出现下降趋势而且与刺激5—7反应时相差仅有52ms。

表9　　　　　　　　　　四声区分峰值与反应时谷值对照

观测变量 声调	区分峰值位置及对应值	区分反应时谷值位置及对应峰值（ms）
阴平	刺激2—4和刺激3—5；83.75%	刺激3—5；2533.14
阳平	刺激4—6；76.25%	刺激5—7；2737.23
上声	刺激3—5和刺激4—6；82.5%	刺激4—6；2800.28
去声	刺激3—5；87.5%	刺激3—5；2667.96

§四　单字总结

（1）四声/i/、/y/的听感边界位于 F2：1963—2038Hz，F3：2658—2721Hz；它并非一个固定值，而是一个动态边界。相应的，/i/的听感空间比例为 31%—39%，而/y/的听感空间比例为 61%—69%，/i/的听感空间不论探测界或性别因素，始终比/y/的听感空间小得多。究其原因，笔者认为可能与/i/、/y/的标记性有关，/i/在人类语言中普遍存在且易于习得，相对而言/y/的标记性更强，因此在发/i/时只要稍稍有圆唇倾向，被试便敏感地察觉，认为所听到的音是/y/而非/i/，这在一定程度上解释了为什么/i/的听感空间比/y/小很多的事实。

（2）四声/i/的听感范围基本上是阳平>上声>去声>阴平，即使在探测界面的影响下，仍然体现这个趋势，只是在性别因素的影响下，男生组阳平的/i/的听感范围略小于上声。

（3）四声的区分峰值不论探测界面、性别等社会因素的影响，均为去声>上声>阳平，而阴平的波动性较大，也就是说声调不同的情况下，去声最有利于被试做出正确判断。

（4）同一声调中，正序/i/的感知范围一律小于反序/i/的感知范围。也就是说，播放相同的刺激音，因为正序/i/—/y/和反序/y/—/i/的不同，对/i/、/y/的听辨会产生一定影响，但正反序/i/和/y/的感知范围均无显著差异，说明探测界面对/i/、/y/的听辨无显著影响。此外，正序的区分峰值普遍略高于反序的区分峰值，无例外，也就是说

"相同—不同"更利于被试做出正确选择。

（5）同一声调中，女、男的/i/、/y/感知范围大体一致，可见性别因素对/i/、/y/的感知并无显著影响，但女生/i/的感知范围总体上有略大于男生的倾向。女生的边界宽度基本小于男生，其区分峰值也基本小于男生。

（6）四个声调的递增和递减刺激的区分率折线图的走势几乎一致，刺激的递增和递减对区分曲线并没有显著影响。

（7）辨认边界会出现反应时峰值，而区分峰值处会出现反应时谷值，对于/i/、/y/听感边界处被试会用更多的时间，而在/i/、/y/转换明显处被试能在较少的时间内做出更多的正确选择。

§五　单双字对比分析①

（一）单双字辨认区分实验对比

图25—图28和表10分别为单双字辨认区分图及其具体情况汇总表。

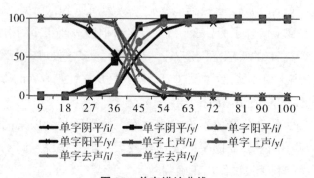

图25　单字辨认曲线

---

① 考虑到比较的可行性，单双字辨认区分图的横坐标均将刺激以百分比形式归一化，纵坐标表示辨认率和区分率，标度为%。

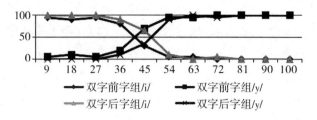

图 26　双字辨认曲线

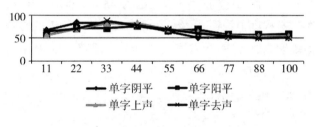

图 27　单字区分曲线

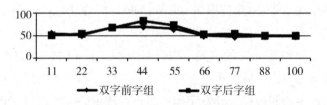

图 28　双字区分曲线

表 10　　　　　　　　　　　　　　单双字辨认区分数据

字组	边界位置 （Hz）	/i/感知范围 （%）	/y/感知范围 （%）	边界宽度 （Hz）	区分峰值 （%）
单字阴平组	2721	31	69	130	83.75
单字阳平组	2658	39	61	112	76.25
单字上声组	2681	37	63	89	82.50
单字去声组	2698	35	65	65	87.50
双字前字组	2822	36	64	96	70
双字后字组	2763	43	57	98	83

结合图表可以发现：单双字辨认曲线走向大体一致，边界位置也较为集中，双字辨认曲线界前界后的波动较大，单字阴平辨认边界较为靠前。单双字区分曲线上，峰值位置总体较为集中，只是单字出现峰值的位置较双字更倾向于靠前，尤其是单字阴平，而单字阳平在峰值后波动较大。辨认边界与区分峰值大致对应，两实验结果均较为理想，单字和双字实验中/i/的感知范围均小于/y/的感知范围，本实验单字/i/的感知范围为31%—39%。而双字前字组/i/的感知范围为36%，在单字/i/感知范围区间内；而后字组/i/感知范围为43%，超出了单字/i/的感知范围，这在一定程度上说明了语音环境对/i/、/y/听感的影响。单字边界宽度变动幅度高达65Hz，双字仅为2Hz，即双字的边界宽度较为稳定。而区分峰值相反，双字区分峰值波动幅度为13%，而单字为11.25%，单双字相差较小。

（二）单双字正反序辨认区分实验对比

通过表11可得：正序/i/的感知范围始终比反序/i/的感知范围要小，单字正序/i/的感知范围为29%—39%，反序为33%—39%，双字前字组正序和反序/i/的感知范围均落在单字正反序/i/的听感区间内，而后字组正序和反序/i/的感知范围分别为42%和44%，均超出单字/i/的正反序听感范围区间；单字正序的边界宽度一般小于反序，而双字并未呈现出特定的倾向性，其双字前字组正序较反序大，而后字正序较反序要小；单字和双字正序的区分峰值均大于反序的区分峰值，也就是说"相同—不同"的选项更有利于被试做出正确判断。

表11　　　　　　　　　　单双字正反序辨认区分数据

观测变量		辨认实验				区分实验
		边界位置	边界宽度	/i/感知范围	/y/感知范围	区分峰值
字组及顺序		（Hz）	（Hz）	（%）	（%）	（%）
单字阴平组	原始值	2721	130	31	69	83.75
	正序	2744（+23）	124（−6）	29（−2）	71（+2）	84.09
	反序	2707（−14）	130（0）	33（+2）	67（−2）	83.33

续表

观测变量 字组及顺序		辨认实验				区分实验
		边界位置 (Hz)	边界宽度 (Hz)	/i/感知范围 (%)	/y/感知范围 (%)	区分峰值 (%)
单字阳平组	原始值	2658	112	39	61	76.25
	正序	2660（+2）	99（−13）	39（0）	61（0）	77.27
	反序	2656（−2）	147（+35）	39（0）	61（0）	75
单字上声组	原始值	2681	89	37	63	82.50
	正序	2692（+11）	75（−14）	36（−1）	64（+1）	84.09
	反序	2671（−10）	103（+14）	38（+1）	62（−1）	83.33
单字去声组	原始值	2698	65	35	65	87.50
	正序	2712（+14）	67（+2）	33（−2）	67（+2）	88.64
	反序	2686（−12）	64（−1）	36（+1）	64（−1）	86.11
双字前字组	原始值	2822	96	36	64	70
	正序	2852（+30）	120（+24）	33（−3）	67（+3）	75
	反序	2802（−20）	84（−12）	39（+3）	61（−3）	65
双字后字组	原始值	2763	98	43	57	83
	正序	2770（+7）	94（−4）	42（−1）	58（+1）	85
	反序	2758（−5）	109（+11）	44（+1）	56（−1）	80

（三）单双字性别辨认区分实验对比

由表12可得：单字中女生/i/的感知范围为32%—42%，男生为30%—38%，双字中前字组的女生和男生/i/的感知范围均落在单字女生和男生/i/的感知范围中，而后字组的女生和男生/i/的感知范围分别为44%和42%，均超出了单字女生和男生对应的/i/的感知范围；双字的女生边界位置均出现前移，而男生出现后移，单字只是有这个倾向，但并不完全如此。就连性别对边界宽度的影响，单字也没有双字那样的规律性，即女生的边界宽度小于男性边界宽度；双字实验中女生的区分峰值不低于男性的区分峰值，而单字实验中男生的区分峰值有高于女生的趋势，双字实验结果并没有得到很好的验证。

表 12   单双字女男辨认区分数据

观测变量 字组及顺序		辨认实验				区分实验
		边界位置 （Hz）	边界宽度 （Hz）	/i/感知范围 （%）	/y/感知范围 （%）	区分峰值 （%）
单字阴平组	原始值	2721	130	31	69	83.75
	女生	2712（-9）	143（+13）	32（+1）	68（-1）	87.5
	男生	2732（+11）	110（-20）	30（-1）	70（+1）	80
单字阳平组	原始值	2658	112	39	61	76.25
	女生	2631（-27）	95（-17）	42（+3）	58（-3）	77.5
	男生	2678（+20）	110（-2）	37（-2）	63（+2）	82.5
单字上声组	原始值	2681	89	37	63	82.50
	女生	2693（+12）	72（-17）	36（-1）	64（+1）	82.5
	男生	2667（-14）	95（+6）	38（+1）	62（-1）	87.5
单字去声组	原始值	2698	65	35	65	87.50
	女生	2698（0）	65（0）	35（0）	65（0）	85
	男生	2698（0）	65（0）	35（0）	65（0）	90
双字前字组	原始值	2822	96	36	64	70
	女生	2816（-6）	89（-7）	37（+1）	63（-1）	75
	男生	2831（+9）	112（+16）	35（-1）	65（+1）	73
双字后字组	原始值	2763	98	43	57	83
	女生	2752（-11）	93（-5）	44（+1）	56（-1）	83
	男生	2772（+9）	116（+18）	42（-1）	58（+1）	83

（四）单双字刺激递增递减区分率对比

双字实验中，当刺激递减顺序时，区分峰值较高，而单字实验并不支持这个观点，刺激递减也有区分峰值比刺激递增小的情况。单字实验在这方面并没有显示出明显的规律性。但不论刺激递增或递减，单字区分峰值均有大于双字的倾向（见表13）。

表 13   单双字递增递减刺激区分峰值对比   单位：%

字组	递增刺激区分率峰值	递减刺激区分率峰值
单字阴平组	86.67	93.33
单字阳平组	85	83.33

续表

字组	递增刺激区分率峰值	递减刺激区分率峰值
单字阴平组	86.67	93.33
单字上声组	90	88.33
单字去声组	86.67	90
双字前字组	71	73
双字后字组	78	88

§六　单双字对比总结

（1）双字和单字实验中/i/的感知范围均小于/y/的感知范围，单字/i/的感知范围为31%—39%，而双字中/i/的感知范围则为36%—43%，都是动态边界；双字的边界宽度较单字更为稳定。

（2）正序/i/的感知范围始终小于反序/i/的感知范围；区分峰值上，正序的区分峰值均大于反序的区分峰值，也就是"相同—不同"的选项更有利于被试做出正确判断。

（3）性别因素的加入使数据的规律性受到影响，单字实验与双字实验在分析性别因素对边界位置、听感范围等方面的影响上很少有共同点。

（4）不论女男、正反序，双字前字组/i/的感知范围均落在单字/i/的感知范围中，而后字组往往超出单字/i/的感知范围，一定程度上体现了语音环境对/i/、/y/听感空间的影响。

（5）刺激的递增与递减对单双字的听辨也没有显示出规律性的特征，但不论刺激递增或递减，单字区分峰值均有大于双字的倾向。

参考文献

［1］胡蔓妮：《韩国学生感知汉语普通话圆唇元音/y/的实验研究》，载《第八届中国语音学学术会议论文集》，2008年。

［2］石锋、冉启斌、王萍：《论语音格局》，《南开语言学刊》2010年第1期。

［3］黄荣佼：《汉语普通话元音/i/和/y/的听感实验》，硕士学位论文，南开大

学, 2013 年。

［4］Fry, D. B. , Abramson, A. S. , Eimas, P. D. & Liberman, A. M. , "The i-dentification and discrimination of synthetic vowels", *Language and Speech*, Vol. 5, No. 4, 1962.

［5］Schouten, B. , Gerrits, E. & Vam Hessen, A. , "The end of categorical per-ception as we know it", *Speech Communication*, Vol. 41, No. 1, 2003.

［6］Aravamudhan, R. , Lotto, A. J. , & Hawks, J. W. , "Perceptual context effects of speech and nonspeech sounds: The role of auditory categories", *Journal of the Acoustical society of america*, Vol. 124, No. 3, 2008.

［7］Katie Drager, "Speaker age and vowel perception", *Language and Speech*, Vol. 54, 2011.

［8］Jackson, M. T. T. & McGowan, R. S. , "A study of high front vowels with ar-ticulatory data and acoustic simulations", *Journal of the Acoustical Society of America*, Vol. 131, No. 4, 2012.

本文发表于《实验语言学》2014 年第 3 卷第 1 期

第六篇

生理和跨模态整合研究

超声波成像技术在生理语音学中的应用

陈　彧

摘　要：本文从三个角度综述了超声波技术在生理语音学领域的应用情况：发音器官的超声波观察和主要研究成果，发音器官超声波检测的实验和分析方法，超声波技术在数据采集方面的优势和不足。最后，本文指出将超声波技术引入我国语言研究实践是具有重要意义的。

关键词：超声波技术　生理语音学　发音器官

§一　引言

从早期的医用浪纹计、肺活量测试计（颜景助，1989：274），到 X 光（Delattre，1951；Ladefoged & Wu，1984；鲍怀翘，1984），再到 MRI（Ong，1998；Wang et al.，2009），实验语音学一直都有借助医学设备开展语言发音现象研究的传统。当然，这也包括"超声波成像技术"（Ultrasonic Imaging）。

超声波是指频率高于 2 万赫兹的声波，它具有方向性好、穿透能力强的特点。在医学领域，基于超声波成像技术的 B 型超声波检测仪（俗称 B 超机），被医生应用于各种疾病的诊断。由于该技术与同类技术相比具有安全、成本低、操作灵活方便等优势，语音学领域的学者近年来开始利用 B 型超声波检测仪观察和分析发音活动中各发音器官的表现。

早在 1969 年，凯尔西等（Kelsey et al.，1969）就开始利用超声波观察发音过程中咽腔的变化情况。近年来，超声波在语音研究中更是得到了越来越多的重视。其具体表现为：第一，研究单位和人员增多，常规化的专门会议出现。例如，许多著名院校或研究所如哥伦比亚大学（加拿大）、爱丁堡玛格丽特女王大学（英国）、马里兰大学（美国）等大学和著名的哈斯金实验室（美国）等都引入了超声波仪器开展发音研究。2002 年，研究人员发起了"对利用超声波从事语言学研究感兴趣的研究者会议"（Meeting of Researchers Interested in Using Ultrasound for Linguistic Investigation，简称 Ultrafest），该会每两年一次，现已成功举办了五次。第二，在语言学学科内应用领域更为广泛。目前，除了发音生理的基础研究（Stone et al.，1987；Stone & Lundberg，1996）外，超声波技术还被学者应用到音系学（Davidson，2005）、方言学（Wrench & Scobbie，2003）、田野调查（Gick et al.，2005）、二语习得（Gick et al.，2008）、语言治疗（Bernhardt et al.，2005，2007；Shimizu et al.，2008）等众多领域。第三，研究方法和手段不断进步。在研究方法上，许多新方法如实现舌部的三维化（Stone，1990；Stone & Lundberg，1996；Lundberg & Stone，1999）、舌和上腭等部位的定位（Epstein & Stone，2005；Iskarous，2005）、SSANOVA 分析方法（Davidson，2006）等都有所探讨。在研究手段上，多种分析软件得以开发（Li et al.，2005；Mielke et al.，2005；Miller & Finch，2011），与其他相关研究工具的合作运用得以加强（Ong，1998；Wrench & Scobbie，2003）。

2005 年，《医学语言学和语音学》（*Clinical Linguistics & Phonetics*）专门推出一期特刊，刊登探讨超声波技术在发音舌体运动研究方面的论文，进一步推动了该项技术在语音学领域的发展。

然而截至目前，除两篇台湾地区学者的文章外（叶为昌，2000；张月琴等，2005），国内尚未见到其他利用超声波技术开展发音器官运动表现的研究报道，说明该项技术对于国内语言研究者而言还相对陌生。本文拟从超声波成像技术和实验范式、发音器官超声波观察的主要研究成果、超声波技术在数据采集方面的优势和不足、以往研究的优势和缺陷四个角度，综述超声波技术在生理语音学领域中的应用情况，以揭示其在生理语音学研究中的重要作用。

§二 超声波成像技术和实验范式

在利用超声波成像技术进行发音器官观察时，需要根据研究目的选择适当的探测部位、制定恰当的实验设计、选取合适的实验设备、采用合理的数据提取工具和分析方法。

(一) 超声波成像的工作原理和探测部位

首先，在实施超声波检测时，研究者需将超声波探头放置在实验对象相应部位的皮肤上①，此时，探头所发出的高频声波穿透皮肤、肌肉等组织并产生反射波；之后，当遇到扫描部位的密度显著改变（例如骨组织密度大于肌肉组织、空气密度小于肌肉组织）时，超声波的衰减亦会急剧改变并反映到超声波图像上。

利用超声波成像技术实施探测时，所得图像实际上是所探测部位厚度为 1.9mm 的组织切片（Stone，2005）。在已有的研究成果中，针对不同的发音器官如喉部、咽腔、舌体等，均有研究者利用超声波成像技术分别对喉部冠状面切片、咽侧壁冠状面切片、舌体矢状切片、舌体冠状切片开展过考察和分析。

(二) 实验设计和实验工具

目前，利用超声波研究发音器官的实验设计，基本都采用实验室语音学的方法，对实验材料、实验对象等因素都予以严格控制。实验前要制定实验词表，词表采取单念字词或负载句的方式，且发音项目不多。实验中发音人人数较少、录音时间不长。总体上，目前所见的超声波发音器官实验研究的实验样本都比较小。

同时，在实验设计上，还可根据研究需要实施发音器官的静态超声波观察或发音器官的动态超声波观察。对于前者，一般选取发音过程中

---

① 探头与皮肤间需涂耦合剂，使得二者接触紧密，避免超声波衰减、减少观察中的噪音。

发音器官极值状态下的超声波图片作为分析对象和数据来源；对于后者则一般选取发音过程中反映发音器官实时变化的视频或连续超声波图片帧作为分析对象和数据来源。

另外，由于超声波探头所处位置的特殊性，在有关舌体运动的实验设计中还要注意去除头动、下颌开合等其他因素的干扰。对此问题，目前常采用的解决方法有两种：一是采用 HATS（Head and Transducer Support System，头部和探头支持系统）（Stone & Davis，1995）或类似的方法对发音过程中的头部和探头进行固定，以最大限度减少头动等因素的干扰，并进行数据校正以去除下颌开合的影响；二是采用 HOCUS（The Haskins Optically Corrected Ultrasound System，哈斯金视觉校正超声波系统）（Whalen et al.，2005）或类似的方法，在录制超声波信号的同时记录发音过程中的头部、探头、下颌运动，之后再进行相应的数据校正。在有关舌体运动的实验设计中，还可根据研究需要获取上腭信息（Epstein & Stone，2005），或与其他相关研究手段如 EPG、EMA 等结合起来共同进行分析发音中的舌体运动情况（Wrench & Scobbie，2003）。

实验工具分为硬件设备和软件工具两类。其中，发音器官超声波检测实验的主要硬件设备是 B 型超声波检测仪。目前，所见的 B 型超声波检测仪按型号可分为台式和可移动式两类，按扫描频率可分为 30Hz 和 60Hz 两类。另外，需要的硬件设备还包括发音人座椅、音频采集工具（以录制音频数据）、外置摄像机（以录制头动、下颌开合、唇形变化的视频数据）等。实验中所需的软件工具包括视频、音频采集软件如 Adobe Premiere、Sony Vegas 等。

（三）实验数据的提取和分析

对于前述的静态超声波数据和动态超声波数据，所采取的提取思路也不相同。其中，静态超声波数据规模一般较小，可以采用手工测量的提取方法；动态超声波数据规模相对较大，则可利用软件实施数据提取。

手工测量的提取过程是：在连续帧中选取某帧为代表帧，选取该帧图像上的一点或数点作为测量点，再用 B 型超声波检测仪上的自带标尺或图像处理软件 iMage 进行测量点数据的测量和提取。

　　软件提取所涉及对象一般是动态超声波舌体数据。目前，常见且可免费下载使用的软件为 Edge Trak 和 Ultra-CATS。其中，Edge Trak 的工作对象是由超声波视频转换而来的连续图片帧。在 Edge Trak 中，软件在每一帧图片的舌体轮廓上均匀提取 100 个数据点，之后再将所有点的 X 轴、Y 轴数据（单位为 cm 或 mm）存入文本文件，以便相应统计软件的读取。Ultra-CATS 的工作对象是超声波视频。它以探头所在处为圆心、大致间隔 5°左右做出一条射线，射线与舌体轮廓曲线相交点即为测量点，测得数据为测量点的角度及其与原点的距离。最终，所测数据（包括信息有数据帧序号、数据帧时间、各帧各测量点数据）也存入文本文件以备统计软件读取。图 1 的左右两图分别显示了 Edge Trak 和 Ultra-CATS 的工作界面。①

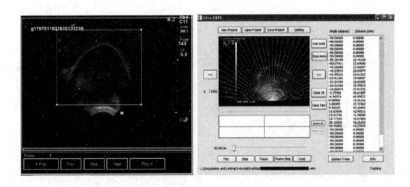

图 1　Edge Trak 和 Ultra-CATS 的工作界面截图

　　经手工测量或软件提取的数据，一般可由统计软件进行处理和分析，并根据需要进行相关图形的绘制。在目前已发表的研究成果中，研究者所运用的统计和分析软件包括 Matlab、S-plus、SPSS、Excel 等。

　　有关音频和头动视频数据的提取和分析，为节省篇幅，此处不再赘言。

---

　　①　两图分别来自戴维森（Davidson，2006）文中的 Figure 4 和布雷斯曼（Bressmann，2008）文中的 Figure 5，为节省篇幅，笔者在此处将它们归为一图。

§三 发音器官超声波观察的主要研究成果

由于发音器官如口腔、咽腔、喉部等均处在较为封闭的环境下，使得研究者必须通过技术手段才能考察它们在发音活动中的运动变化情况。相对而言，超声波技术是一项相对便利、安全的观察方法。

截至目前，利用超声波成像技术研究发音过程中主动发音器官——舌体的活动表现、咽腔在左右维上的宽窄变化、喉部在高低维上的运动状态，均已有所报道。其中，舌体的运动变化情况最受关注、成果最为丰富，咽腔的咽侧壁变化最早为学者所重视，喉部的升高和降低是新近为学者所关注的问题。

（一）舌体

舌体是活跃在口腔中的主动发音器官，因而其在发音中的运动情况也是研究者最为关注的问题。在过去的 30 年中，利用超声波技术所开展的发音器官研究，大部分都集中在对舌体的考察上。

关于舌体部位的超声波观察，斯通（Stone，2005）曾做过专门介绍。在开展舌体的超声波检测时，研究者需将探头放置在发音人的下颌部位并根据研究需要调整探头方向：当探头的方向与头部的前后方向平行时，所得到的超声波图像为舌体的矢状轮廓切片，如图 1 左右两图中的舌体轮廓均为其矢状轮廓切片；当探头的方向与头部的前后方向垂直时，则会得到舌体的冠状轮廓切片；将舌体矢状轮廓切片和冠状轮廓切片的信息结合起来，还可得到舌体的三维轮廓形态。一般而言，语言学领域的相关研究以观察舌体的矢状轮廓线在发音过程中的运动变化为主。

从 20 世纪 80 年代开始，医学语音学领域的研究者开始利用超声波技术观测发音过程中的舌体形态（Sonies et al.，1981；Keller & Ostry，1983；Stone et al.，1983；Shawker et al.，1984）。此后，随着技术的进步和发展，超声波图像的解析度日益增高，语言学领域利用超声波技术观察舌体表现的研究成果亦逐渐增多。

1. 明音/l/和暗音/l/

英语/l/的变体是语音学和音系学的重要问题，早期研究者主要利用 X 光和 EPG 技术观察/l/发音时舌体表现（Giles & Moll，1975；Recasens & Farnetani，1990；Sproat & Fujimura，1993）。近年来，学者开始在发音音系学的理论框架下，利用超声波技术观察在"明音/l/"（clear /l/）和"暗音/l/"（dark /l/）发音过程中的舌体"发音姿态"（Articulatory Gesture）。

伦奇和斯科比（Wrench & Scobbie，2003）考察了 MOCHA（Multi-Channel articulatory Database，多通道发音数据库）中英语/l/的齿龈姿态的变体和人际变异。在研究中，他们分析了库中不同英语方言背景的7 名发音人共 1365 个样品的 EPG、EMA 和超声波数据。结果发现，在辅音性的/l/（明音/l/）和元音化的/l/（暗音/l/）之间，有些变体性变异是细微的、连续的，而另外一些变体性变异则是范畴化的。

吉克（Gick，2006）利用超声波舌体检测技术考察了六种语言或方言的流音①在"元音前"（Prevocalic）、"元音间"（Intervocalic）、"元音后"（Postvocalic）三个位置上"姿态间时间选择"（Intergestural Timing）现象。该研究证实了"听觉还原能力"（Perceptual Recoverability）和"下颌旋转运动"（Jaw Movement Cycles）对于姿态间时间选择类型的决定性作用。

2. 增音现象

近年来，超声波技术也被应用于增音现象的研究之中。戴维森（Davidson，2005）以英语/səC/、/sC/音节和波兰语/zC/伪音节为实验材料，以五名零波兰语经验的英语母语者为实验对象，以发音舌体运动的超声波检测为实验手段，对辅音间的"词元音"（Lexical Vowel）和因"姿态时误"（Gestural mistiming）造成的"过渡增音"（transitional epenthesis）现象进行了考察分析。她的实验假设是，英语母语者在发英语音系中所不具备的波兰语/zC/伪音节时，若采用在两个辅音间插入一个央元音［ə］的策略，则其舌体表现应与发英语/səC/时相似；若采用姿态时误的策略，则其舌体表现应与发英语/sC/时相似。实验结果

---

① 除汉语普通话的流音为/r/外，其余语言或方言中均为/l/。

表明，三名发音人/zC/发音中舌体的表现大致与发/sC/时相似，两名/zC/发音中舌体的表现大致与发/səC/时相似。这个情况说明，不同发音人在非母语辅音音节的实现上，可能会采用不同的实现方式。

3. 协同发音现象

利用超声波技术，胡杜（Hudu，2008）对 St'át'imcets 语①处在 CV、VC 音节中的低元音/a/的舌体根部位置实施了考察。结果发现，在 VC 音节中，处在"缩舌辅音"（Retracted Consonant）前的低元音/a/与处在非缩舌辅音前的/a/相比，前者在发音时出现了明显的舌根收缩现象；在 CV 音节中，处在缩舌辅音后与处在非缩舌辅音后的低元音/a/，在舌根位置上没有明显区别。这说明，在 St'át'imcets 语中，低元音/a/更易受到右侧辅音的发音姿态影响。

（二）咽腔

利用超声波技术，研究者可以测量一侧"颈部外壁"（External Neck Wall）至同侧"咽侧壁"（Lateral Pharyngeal Wall）的距离以及该距离在发音过程中的变化情况，从而考察咽腔通道的宽窄变化情况。

咽侧壁是学者最早利用超声波技术进行观测的区域之一。上文提到的凯尔西等的研究，就是一篇利用超声波技术测量协同发音中咽侧壁变化情况的文章。在该文中，针对三名发音人四个 VCV 音节（/aba/、/abi/、/iba/、/ibi/）各 25 次发音的样品，凯尔西等测量了 VC 和 CV 协同发音颈部外壁至咽侧壁距离的变化数据。结果表明，在低元音/a/情况下咽侧壁的位移大于高元音/i/，发音过程中协同发音的影响在咽部有所体现。

20 世纪 70 年代，"实时多探头二维心脏 B 型扫描仪"（Real Time Ultrasonic Multi-Transducer Two Dimensional Cardiac B-Scanning Equipment）问世，使得发音器官实时运动的观测如咽侧壁的实时变化成为可能（Skolnick et al.，1975）。图 2 的左中右三图分别示例了咽侧壁测量

---

① St'át'imcets 语是一种分布在加拿大不列颠哥伦比亚省南部的一种濒危语言。

时探头的位置、一帧超声波图和三种状态下左咽侧壁的形状。①

图 2　咽侧壁测量时的探头位置及超声波图

图 2 的右图左侧三条曲线分别显示了某发音人在平静呼吸时（左侧点线）、发 E 时②（左侧实线）、吞咽时（左侧虚线）咽侧壁的形态，右侧的黑色粗实线和箭头标志了发音人颈部外壁的位置。通过该文，斯科尔尼克等示例了利用超声波技术测量发音过程中咽侧壁的实时变化的可能性。

（三）喉部

除了咽腔和舌体之外，目前还可见一例利用超声波技术进行喉部观察的研究。

摩尔伊西克（Moisik，2010）同时利用喉镜和超声波技术观察了汉语普通话发声时喉部的运动情况。其中，超声波被用来观察喉部在高低维上的运动表现。实验中，他们将探头放置在喉结下约 1cm 处，以得到喉部上下运动时的冠状切片数据。研究结果表明，在高调情况下，喉部未有收缩且高度上升；在低调情况下，发音人可能采取两种发声策略：一是喉部未有收缩但高度下降（产生正常发声或气嗓音），二是喉部出现收缩但高度上升（产生紧喉嗓音）。据此观察结果，摩尔伊西克

---

①　图 2 中左、中、右三图分别源于斯科尔尼克（Skolnick）等文中的 Figure 1、Figure 2 中的左图和 Figure 5。为节省篇幅，笔者在此处将它们归为一图。左右两图显示，该实验所用的 8cm 平行多点探头具有扫描范围大但图像解析度较差的特点。

②　斯科尔尼克等的原文是 phonation of E（solid line），笔者怀疑 E 可能是笔误造成的，但此处为忠实于原文，不作改动。

等在前人研究的基础上进一步发展了对于汉语发声过程中声调与喉部收缩、升降间的关系的认识。

§四 超声波技术在数据采集方面的优势和不足

此前的研究（Davidson，2005；Mielke et al.，2005；Zharkova，2007）已经指出了与其他相关技术相比，超声波在数据采集方面的优势和不足。现对此问题予以简要总结。

（一）超声波技术在数据采集方面的优势

首先，超声波技术适合大样本数据的收集。相较于 X 光技术，超声波不会对人体造成伤害，可以安全地进行多发音人、长时间的数据收集；相较于 EMA（需在发音人发音器官中植入触点）、EPG（需为每一发音人特制人工假腭并在发音器官中植入）等，超声波费用低廉，录制时省时省力；相较于 MRI 技术（成像时间长，录制难度大），超声波技术更为便捷、迅速。因此，超声波技术是多人次、长时间、大样本采集的良好工具。

其次，基于超声波技术的数据采集更为自然、连续。X 微光束和 EMA 需要植入人工触点，而触点的放置不仅干扰发音时发音器官的运动，还会直接影响所获取数据的准确度（Moody，1999；Fowler & Brancazio，2000）。MRI 技术最大的弱点是图像处理时间过长。要得到发音时声道形状的单帧静止图像，就需要经过训练的发音人持续发音较长时间，因而无法用之开展连续发音动作的获取。而超声波技术则不会造成发音人的不适，也不需要发音人事先进行发音训练。

最后，超声波技术在采集数据时灵活方便。以舌体数据为例，超声波技术既可以用来观察舌体矢状中线轮廓，也可以观察舌体冠状轮廓，还可以根据需要集中观察舌尖、舌面或舌根等特定部位。同时，所得信息可以即时从监视器上获得，具有所见即所得的效果，因此实验者可以随时监视数据采集情况，并根据需要调整实验方案，进行补录、重录等相应操作。另外，超声波检测所需仪器较少、安装调试相对方便、实验准备也不复杂，因而可以用于田野调查；而其他相关设备则不具有这一优点，只能在实验室中使用。

(二) 超声波技术在数据采集方面的不足

首先，超声波检测不能同时获取两个以上发音器官的发音数据。例如，在利用超声波技术研究舌体轮廓时，往往不能同时提供硬腭、软腭等声道信息作为参照，更无法像 EPG 那样获取舌—上腭接触的详细信息。因此，在实际分析中，研究者需要提前获取相关信息，并在分析时作为参考。

其次，在实际录音过程中，超声波技术也会产生一定的噪音，影响数据的获取和分析。例如，录音中的头动、探头和下颚的接触位置、接触角度等，都会影响最终数据的获取。因此，在录音过程中，研究者需要利用各种手段，去除上述因素的影响。

最后，超声波的数据采集频率相对较低。目前常用的超声波仪器的数据采集频率为 30 帧/秒或 60 帧/秒，而人类发音则是以毫秒计的，很可能会造成某一发音动作正好处在两帧图像的中间，从而被仪器"遗漏"的情形（Davidson，2005）。因此，研究者需要注意这个问题并通过其他方法予以补救，尽量避免因数据遗漏造成的分析错误。

§五　以往研究的优势和缺陷

基于对超声波技术的优势和不足的清醒认识，以往研究在实验设计上往往能够发扬其优势、规避其不足。例如，此前研究在实验设计上往往能够就某一问题选取最小区分特征，并就该特征进行细致的超声波观察；在实验中注意避免头动等噪音所造成的影响、获取参照信息、避免数据遗漏等。

然而，以往研究还存在一定的缺陷，影响了其科学性：其一，总体实验样本偏小，实验结果仅具有示例性；其二，数据获取多以手工测量为主，容易产生误差；其三，分析方法过于单一，对于新方法如数据的软件获取、SSANOVA 分析方法、舌体的三维化等应用程度不够。

对于以往研究的优势和缺陷，我们只有在今后的研究实践中加以注意、努力做到有所扬弃，才能不断促进超声波成像技术在生理语音学领域的应用与发展。

§六 结语

在本文中，笔者简要介绍了超声波技术在语音发音研究中的应用情况，总结了超声波发音器官研究的实验和分析方法，探讨了超声波技术与其他相关技术相比的优势和不足，总结了以往研究的优势和缺陷。我们看到，尽管超声波技术有一定的局限，但更重要的是其具有其他相关技术所不具备的优势，因此其在语言学特别是生理语音学领域逐渐得到认可，必将在今后的研究实践中发挥更大的作用。

笔者认为，将该技术引入我国，引入汉语和其他民族语言的本体研究、语音教学、语言治疗的实践中来，无疑是有重要意义的。

参考文献

［1］Bernhardt, B. & B. Gick et al., "Ultrasound in speech therapy with adolescents and adults", *Clinical linguistics & phonetics*, Vol. 19, No. 6-7, 2005.

［2］Bernhardt, B. M. & P. Bacsfalvi et al., "The Use of Ultrasound in Remediation of North american English /r/ in 2 adolescents", *american Journal of Speech-Language Pathology*, Vol. 16, No. 2, 2007.

［3］Bressmann, T., "Quantitative assessment of Tongue Shape and Movement Using Ultrasound Imaging", In Colantoni L. & J. Steele, ed., *Selected Proceedings of the 3rd Conference on Laboratory approaches to Spanish Phonology*, Somerville, Ma: Cascadilla Proceedings Projects, 2008.

［4］Davidson, L., "Addressing phonological questions with ultrasound", *Clinical linguistics & phonetics*, Vol. 19, No. 6-7, 2005.

［5］Davidson, L., "Comparing tongue shapes from ultrasound imaging using smoothing spline analysis of variance", *Journal of Acousticel Society America*, Vol. 120, No. 1, 2006.

［6］Delattre, P., "The Physiological Interpretation of Sound Spectrograms", *PM-*

LA, Vol. 66, No. 5, 1951.

[7] Epstein, M. A. & M. Stone, "The tongue stops here: Ultrasound imaging of the palate", *Journal of Acoustincal Soaciety of America*, Vol. 118, No. 4, 2005.

[8] Fowler, C. A. & L. Brancazio, "Coarticulation Resistance of American English Consonants and its Effects on Transconsonantal Vowel—to—Vowel Coarticulation", *Language & Speech*, Vol. 43, No. 1, 2000.

[9] Gick, B. & B. Bernhardt et al., "Ultrasound imaging applications in second language acquisition", in J. G. Hansen Edwards & M. L. Zampini, ed., *Phonology and Second Language acquisition*. John Benjamins Publishing Company, 2008.

[10] Gick, B. & F. Campbell et al., "Toward universals in the gestural organization of syllables: a cross—linguistic study of liquids", *Journal of Phonetics*, Vol. 34, No. 1, 2006.

[11] Gick, B. & S. Bird, et al., "Techniques for field application of lingual ultrasound imaging", *Clinical Linguistics & Phonetics*, Vol. 19, No. 6/7, 2005.

[12] Giles, S. B. & K. L. Moll, "Cinefluorographic study of selected allophones of English /l/", *Phonetica*, Vol. 31, No. 3-4, 1975.

[13] Hudu, F., "The Low Vowel and Retraction in St'át'imcets: an Ultrasound Investigation", *SKY Journal of Linguistics*, Vol. 21, 2008.

[14] Iskarous, K., "Detecting the edge of the tongue: a tutorial", *Clinical Linguistics & Phonetics*, Vol. 19, No. 6/7, 2005.

[15] Keller, E. & D. J. Ostry, "Computerized measurement of tongue dorsum movements with pulsed-echo ultrasound", *Journal of Acousticel Society of America Journal of Acoustical Society of America*, Vol. 73, No. 4, 1983.

[16] Kelsey, C. A. & R. J. Woodhouse et al., "Ultrasonic Observations of Coarticulation in the Pharynx", *Journal of Acoustical socity of America*, Vol. 46, No. 4B, 1969.

[17] Ladefoged, P. & Z. Wu, "Places of articulation: an Investigation of Pekingese Fricatives and affricates", *Journal of Phonetics*, Vol. 11, 1984.

[18] Li, M. & C. Kambhamettu et al., "Automatic contour tracking in ultrasound images", *Clinical Linguistics & Phonetics*, Vol. 19, No. 6/7, 2005.

[19] Lundberg, A. J. & M. Stone, "Three-dimensional tongue surface reconstruction: Practical considerations for ultrasound data", *Journal of Acoustical Society of America*, Vol. 106, No. 5, 1999.

[20] Mielke, J. & A. Baker et al., "Palatron: A technique for aligning Ultrasound

Images of the Tongue and Palate", in D. Siddiqi & B. V. Tucker. ed, *Coyote Papers*, Vol. 14, 2005.

[21] Miller, A. & K. B. Finch, "Corrected high—speech anchored ultrasound with software alignment", *Journal of Speech, Language, and Hearing Research*, Vol. 1, No. 54, 2011.

[22] Moisik, S. R. & H. Lin et al., *An investigation of laryngeal behavior during Mandarin tone production using simultaneous laryngoscopy and laryngeal ultrasound*, PCC2010, Tianjin, China, 2010.

[23] Moody, J. T., *Visualizing Speech with a Recurrent Neural Network−Trained on Human acoustic−articulatory Data*, Ph. D. diss., University of California, 1999.

[24] Ong, D. A. S. M., "Three Dimensional Vocal Tract Shapes in [r] and [l]: a Study of MRI, Ultrasound, Electropalatography, and acoustics", *Phonoscope*, Vol. 1, No. 1, 1998.

[25] Recasens, D. & E. Farnetani, *Articulatory And acoustic Properties of Different allophones of /l/ in American English, Catalan and Italian*, ICSLP 90. Kobe, Japan., Vol. 9, 1990.

[26] Shawker, T. H. & B. C. Sonies et al., "Soft tissue anatomy of the tongue and floor of the mouth: an ultrasound demonstration", *Brain and Language*, Vol. 21, No. 2, 1984.

[27] Shimizu, R. & P. Bacsfalvi et al., "Ultrasound as visual feedback in speech habilitation: Exploring consultative use in rural British Columbia, Canada", *Clinical Linguistics & Phonetics*, Vol. 22, No. 2, 2008.

[28] Skolnick, M. L. & J. A. Zagzebski et al., "Two dimensional ultrasonic demonstration of lateral pharyngeal wall movement in real time−a preliminary report", *Cleft Palate J*, Vol. 12, 1975.

[29] Sonies, B. C. & T. H. Shawker et al., "Ultrasonic visualization of tongue motion during speech", *Jaurnal of Acoustical Society of America*, Vol. 70, No. 3, 1981.

[30] Sproat, R. & O. Fujimura, "Allophonic Variation in English /l/ and Its Implications for Phonetic Implementation", *Journal of Phonetics*, Vol. 21, No. 3, 1993.

[31] Stone, M., "A three−dimensional model of tongue movement based on ultrasound and x−ray microbeam data", *Jaurnal of Acoustical Society of America*, Vol. 87, No. 5, 1990.

[32] Stone, M., "A guide to analysing tongue motion from ultrasound images", *Clinical Linguistics & Phonetics*, Vol. 19, No. 6/7, 1990.

［33］Stone，M. & A. Lundberg，"Three‐dimensional tongue surface shapes of English consonants and vowels"，*Jaurnal of Acoustical Society of America*，Vol. 99，No. 6，1995.

［34］Stone，M. & B. Sonies et al.，"analysis of real‐time ultrasound images of tongue configuration using a grid‐digitizing system"，*Journal of Phonetics* 11，Vol. 11，No. 9，1983.

［35］Stone，M. & E. Davis，"A head and transducer support system for making ultrasound images of tongue/jaw movement"，*Jaurnal of Acoustical Society of America*，Vol. 98，No. 6，1995.

［36］Stone，M. & K. A. Morrish et al.，"Tongue Curvature：A Model of Shape during Vowel Production"，*Folia Phoniatrica et Logopaedica*，Vol. 39，No. 6，1987.

［37］Wang，G. & X. Lu et al.，"A Study of Mandarin Chinese Using X‐ray and MRI"，*Journal of Chinese Phonetics*，Vol. 2，2009.

［38］Whalen，D. H. & K. Iskarous et al.，"The Haskins Optically Corrected Ultrasound System"，*Journal of Speech，Language，and Hearing Research*，Vol. 48，No. 3，2005.

［39］Wrench，A. A. & J. M. Scobbie，"Categorising vocalisation of english /l/ using epg，ema and ultrasound"，*Proceedings of the sixth international seminar on speech production*，Sydney，2003.

［40］Zharkova，N.，*An Investigation of Coarticulation Resistance in Speech Production Using Ultrasound*，Ph. D diss.，Queen Margaret University，2007.

［41］鲍怀翘：《普通话单元音分类的生理解释》，《中国语文》1984 年第 2 期。

［42］颜景助：《附录一：常用的语音实验仪器装置和使用方法》，载吴宗济、林茂灿主编《实验语音学概要》，高等教育出版社 1989 年版。

［43］叶为昌：《由超音波观察成人发音时之舌头运动》，硕士学位论文，台北医学院，2000 年。

［44］张月琴、洪佳庆等：《苏州话的舌尖元音是否有标的?》，载《行政院国家科学委员会补助专题研究期中进度报告》，2005 年。

本文发表于《南开语言学刊》2013 年第 1 期

汉语跨模态加工整合

——以斯特鲁普实验为例

刘　叶　彭　刚

摘　要：本文采用斯特鲁普（Stroop）实验模式，用视觉听觉信息的相互干扰，对汉语的跨模态加工整合进行了研究。实验任务包括颜色块命名任务、颜色词阅读任务和颜色词听辨任务。实验发现汉语的跨模态加工中，在 SOA±100 ms 范围内，当视听两个刺激不一致时，两种模态加工之间会相互干扰，产生斯特鲁普效应。当视听两个刺激一致时，听觉信息加工没有对视觉信息加工产生促进效应，而视觉信息加工可以促进听觉信息加工。视觉信息和听觉信息的加工虽能互相影响，但有着不同的权重，无论是干扰还是促进，视觉信息对听觉信息的作用都大于听觉信息对视觉信息的作用。本文假设了非目标刺激是决定干扰效应的主要因素，当非目标刺激具备语义，且与目标刺激有所指上的关联（但并不完全一致），干扰效应产生。语义关联越多，干扰效应越强。

关键词：汉语　跨模态　加工　斯特鲁普实验

§一　引言

美国学者斯特鲁普（Stroop）用 red（红）、blue（蓝）、green（绿）、brown（棕）、purple（紫）这五个词及其表示的颜色做了一组关于抑制和干扰的实验。干扰组的实验刺激包括颜色和词两个维度，并且颜色和词不一致（如蓝色字体的"red"）；参照组的实验刺激只有颜色（如红色的方块）或词（如黑色字体的"red"）单一维度。实验结果显示：（1）在没有另一维度影响的情况下，颜色命名的反应时间明显比读词的反应时间长。（2）在有不一致颜色的干扰时，被试读词的反应速度没有明显的下降；在有不一致词的干扰时，被试命名颜色的反应速度明显下降。词对颜色的干扰大于颜色对词的干扰，这种词义对颜色命名的干扰后来被称作斯特鲁普效应。

斯特鲁普实验中用到的刺激涉及了两种不同的一致性条件，即不一致条件和中性条件。戴尔（Dyer，1971）在实验中加入了颜色与词的一致条件，在一致条件下，颜色命名的速度有所加快。

在传统斯特鲁普实验中，目标刺激（被试需要对其做出反应的刺激）和非目标刺激（被试需要排除其干扰的刺激）在时间和空间上都是统一的。为了更细致地研究颜色和词的加工机制，戴尔（1971）首先将目标刺激和非目标刺激进行了时间上的分离，这一段间隔就是SOA（stimulus onset asynchrony）。格拉泽和格拉泽（Glaser & Glaser，1982）用投影的方法在同一屏幕上先后呈现词和颜色，这样颜色和词在空间上完全统一，而又可以更严格地遵守时间上的间隔。SOA为负，表示非目标刺激先于目标刺激出现；SOA为正，表示非目标刺激晚于目标刺激出现；SOA为0，表示两个刺激同时出现。麦克劳德（MacLeod，1991）综合之前学者的研究得出：对于颜色命名任务，当非目标刺激出现在目标刺激前后100ms范围内，干扰和促进的效应最明显。在一致词前置的时候，促进效应的SOA范围比干扰效应的稍大些。不同的SOA对读词任务没有什么影响。

斯特鲁普实验还被运用到听觉模态的研究中。哈默斯和兰伯特（Hamers & Lambert，1972）运用声音的音高和表示音高的语音词（"high"、"low"）作为刺激的两个维度，要求被试判断发音人的频率高低。格林和巴伯（1981、1983）运用发音者的性别（男或女）和表示性别的语音词（"man"、"girl"）作为刺激的两个维度，要求被试对声音的性别做出判断。这些实验的结果都表明与物理属性不一致的词会影响被试对于物理属性的判断，证明斯特鲁普效应在听觉模态中是存在的。

视觉或听觉单一模态的斯特鲁普效应被大量研究，而视听跨模态的斯特鲁普效应也日趋完善。考思和巴伦（Cowan & Barron，1987）的实验中，发现命名视觉呈现的颜色会受到听觉呈现的颜色语音词的干扰，被试对视觉词的反应速度有所下降。但是当听觉呈现的语音词与颜色无关时（中性），被试对视觉词的反应不受干扰。实验表明被试不会在视觉模态中自动限制词汇加工。岛田（Shimada, 1990）的实验发现，当听觉刺激为表示颜色的语音且与视觉颜色一致时，会对颜色命名产生促进效应，加速被试的反应；当听觉刺激与视觉刺激同时呈现，或稍晚于视觉刺激呈现时，不一致条件的反应时长比"中性"条件（嗡鸣声）的反应时间长。实验结果与考思和巴伦（1987）的相似。埃利奥特（Elliott）、考思和瓦尔—因克兰（Valle-Inclan）（1998）在实验中发现：在 SOA 为 0 ms 的条件下，斯特鲁普效应产生，各种条件的反应时长从长到短依次为：不一致条件>中性条件>无声条件；而在 SOA 为 -500ms 条件下，没有发现斯特鲁普效应，甚至听觉刺激加速了被试的反应，而且不一致颜色词条件下的反应速度比其他两种条件要快。埃利奥特等因此假设不一致的听觉刺激对颜色命名的干扰出现在以下两种条件中：（1）在颜色处于加工阶段时，语音词在记忆中的呈现还很活跃；（2）不一致的非目标刺激的呈现还没来得及被抑制加工（inhibitory process），即负启动（negative priming）所影响。

斯特鲁普实验模式被广泛地运用在认知理论和认知模型的研究中。麦克劳德（1991）对几种加工理论进行了归纳。主要理论有：相对加工速度理论（relative speed of processing）、知觉编码理论（perceptual encoding）、自动化理论（automaticity）、平行加工模型（parallel models）和平行分布式加工模型（a parallel distributed processing model, PDP）。其中平行分布式加工模型综合了自动化理论和相对速度理论，也是平行加工模型的延伸，是对前人理论的升华。

斯特鲁普实验引出的另一个重要问题是：是否刺激中的所有成分，或部分成分的加工，都是针对某种特定语言的。在比德曼和曹（Biederman & Tsao, 1979）的实验中，来自中国的被试做汉语斯特鲁普实验，来自美国的被试做英语斯特鲁普实验，结果表明汉语比英语引起了更大的斯特鲁普效应。对于这个结果，比德曼和曹认为，颜色加工发生在大脑右半球，英文的加工发生在大脑左半球；而汉字和颜色一样，都是在大脑右半球加工的，因此这两种相似的信息同时进行加工，引起相同感知源的竞争，导致了汉语实验中颜色命名任务出现了更大的干扰。

综合上述研究，可得出"正字法变化假说"（orthographic variation hypothesis），即阅读不同正字法的文字，会有不同的加工机制（Lee & Chan，2000）。而史密斯和克里斯那（Smith & Krisner，1982）、李和陈（Lee & Chan，2000）的实验结果表明，汉语的颜色命名同英语的颜色命名没有显著的区别，汉语正字法同英语正字法引发相似的斯特鲁普效应。并指出，当今的汉语更趋向于表音文字，而不是完全的表意文字。

§二 实验说明

为研究汉语跨模态加工整合的表现，本次实验采用斯特鲁普实验的方法，以汉语为对象进行研究。在视觉或听觉单一模态下的研究仅能支持两个维度中的一个含有语义（另一个是物理属性），而在视听跨模态条件下，可以使两种模态的刺激都具有语义。所以本次实验突破前人"颜色—词"的研究模式，加入"视觉词—语音词"的研究模式，考察二者相互干扰会产生怎样的后果，进而探索汉语加工整合的进程。

本次实验对跨模态研究的一致性条件进行了完善，设计了一致条件、不一致条件和中性条件，这样可以既考察干扰的情况，又考察促进效应存在与否。在格拉泽和格拉泽（1982）的研究中，实验结果表明在 SOA±100ms 的区间内，不一致词对颜色的干扰最明显。所以为了研究干扰的最大效应，本次实验中设计了 SOA 为-100ms、SOA 为 0ms 和 SOA 为 100ms 这三种条件。

根据前人的研究，100ms 的刺激间隔还是语音词和颜色加工的交会时间，所以笔者设想在本实验的颜色块命名任务中，不一致的语音词应该干扰被试对颜色的加工，而一致的语音词会促进颜色的加工。自动化理论认为词的加工是自动加工，并且习得情况越好，影响力越强。本次实验考察颜色词和阅读词互相干扰的实验任务中，目标刺激和作为干扰的非目标刺激同时具有语义。我们可以通过实验结果观察视觉词和语音词哪个加工更为自动化，干扰效应（斯特鲁普效应）是否能在视觉词和语音词的相互干扰之中双向出现。

§三　实验方法和材料

（一）实验被试

参加本次实验的有 10 名男性，9 名女性，均来自中国科学院深圳先进技术研究院，平均年龄为 24.3± 1.7 岁。被试的视力或矫正视力正常，没有色盲、色弱等视力疾病，听力正常，没有韩语学习经历。

（二）实验刺激

实验包含视觉、听觉两种模态的刺激。

视觉刺激分为三组：（1）颜色块组，由红、黄、蓝、绿四个颜色块组成。（2）颜色词组，由"红"、"黄"、"蓝"、"绿"四个表示颜色的汉字组成，为黑色背景白色字体。（3）韩语字组，由"재"、"꽃"、"뭃"、"삑"四个韩语字组成，这四个韩语字的结构和复杂度与汉字"红"、"黄"、"蓝"、"绿"分别对应，为黑色背景白色字体。视觉刺激大小均为 88×88 像素。

听觉刺激分为两组：（1）颜色语音组，由"hong 2"（红）、"huang 2"（黄）、"lan 2"（蓝）、"lv 4"（绿）四个表示颜色的汉语语音组成。语音来源于一位女性发音人，普通话标准。（2）钢琴音组，由 F3、A3、C4、E4 这四个不同音高的钢琴音组成，这四个音所在的音高频率范围同第一组的四个语音字的音高范围大致相同。听觉刺激时长均为 300ms。具体见表 1。

表 1　　　　　　　　　　实验中的刺激分类

视觉刺激	颜色词	"红"、"黄"、"蓝"、"绿"
	颜色块	红、黄、蓝、绿
	韩语字	"재"、"꽃"、"뭃"、"삑"
听觉刺激	颜色语音	"hong2"（红）、"huang 2"（黄）、"lan 2"（蓝）、"lv 4"（绿）
	钢琴音	F3、A3、C4、E4

（三）实验过程

实验中的每一次核心实验过程都包括两个刺激：目标刺激和非目标刺激。目标刺激和非目标刺激中，一个是视觉刺激，一个是听觉刺激。视觉刺激呈现在电脑屏幕上，听觉刺激通过电脑上的耳机播放。

根据不同目标刺激与非目标刺激的设置，本次实验任务有三种：（1）听觉刺激影响下的颜色块命名任务，简称"颜色块命名任务"。被试需要尽量排除听觉干扰，对视觉呈现的颜色块名称进行判断。（2）听觉刺激影响下的颜色词阅读任务，简称"颜色词阅读任务"。被试需要尽量排除听觉干扰，对视觉呈现的颜色词进行判断。（3）视觉刺激干扰下的颜色词听辨，简称"颜色词听辨任务"。被试需要尽量排除视觉刺激的干扰，对听觉呈现的颜色语音词进行判断。此外，目标刺激和非目标刺激有着三种不同的一致性关系：一致条件、不一致条件和中性条件。实验任务与一致性条件的具体搭配见表2。

表2　　　　　　　　　　不同的任务和一致性条件的刺激搭配

		目标刺激	非目标刺激
颜色块命名	一致条件	颜色块	*颜色语音（同）*
	不一致条件	颜色块	*颜色语音（异）*
	中性条件	颜色块	*钢琴音*
颜色词阅读	一致条件	颜色词	*颜色语音（同）*
	不一致条件	颜色词	*颜色语音（异）*
	中性条件	颜色词	*钢琴音*
颜色词听辨	一致条件	*颜色语音*	颜色词（同）
	不一致条件	*颜色语音*	颜色词（异）
	中性条件	*颜色语音*	韩语字

注：斜体字代表听觉刺激。

每次核心实验过程中的两个刺激之间存在不同的刺激间隔时间（stimulus onset asynchrony，SOA），三种不同的SOA条件分别为SOA为100 ms（非目标刺激在目标刺激呈现起始100ms后呈现）、SOA为0 ms（非目标刺激和目标刺激同时呈现）和SOA为−100 ms（非目标刺激在目标刺激呈现起始前 100ms 开始呈现）。

整个实验过程通过 E-prime 呈现。实验共分为三个模块，每一模块都由一种单一任务构成，任务模块的顺序在被试间平衡，以便将实验因顺序产生的影响降到最低。每个模块的实验正式开始之前，被试会先做一个相应任务的练习，以便更好地适应任务的要求。每个模块结束之后，被试会在屏幕上看到该模块正确率的反馈。

实验的具体流程（见图 1）为：首先，电脑屏幕的中心部位出现十字注视点，时长为 500 ms，随后出现一段 500 ms 的空白，接着出现一个 1000 ms 的注视点及 300 ms 的目标刺激。非目标刺激根据不同的 SOA 条件在不同的时间呈现，呈现时间为 300 ms。目标刺激呈现后，被试被要求尽量快和准确地在反应盒上按下目标刺激所表示的颜色的对应按键。计时从目标刺激开始呈现的时刻开始。

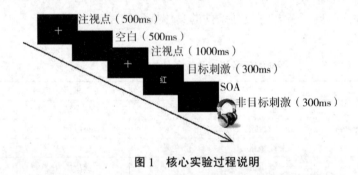

图 1　核心实验过程说明

§四　实验结果

（一）跨任务的反应时长分析

笔者对反应时长的结果进行了筛选：只统计反应正确的时长，错误反应的时长不在统计范围之内，一些离群值（平均值±2 倍标准差之外的结果）也不在统计范围之内。各条件的平均反应时长见图 2。

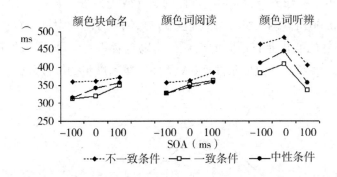

图2 所有任务的平均反应时长

　　将所有被试的时长结果按照实验的不同任务和条件，进行了任务×一致性条件×SOA条件的三因素重复度量分析。通过统计分析，可以发现：任务条件的主效应显著 [$F (2, 36) = 7.058$, $p<0.01$]。其中颜色词阅读任务的平均反应时长为353.5 ms，颜色块命名任务的平均反应时长为343.4 ms，颜色词听辨任务的平均反应时长为411 ms。这说明在有另一模态影响时，被试对语音的反应速度最慢。为了考察这三种不同任务之间的差异是否显著，笔者又对三者进行了成对比较（见图3）。比较结果发现，颜色块命名任务与颜色词听辨任务的反应时长差别显著（$p<0.01$），颜色词阅读任务与颜色词听辨任务的反应时长边缘显著（$p=0.074$），然而颜色词阅读任务与颜色块命名任务的反应时长差别不明显（$p=1.000$）。三种任务的平均反应时长表明，被试对语音的加工速度慢于对颜色和视觉词的加工速度。

　　一致性条件的主效应十分显著 [$F (2, 36) = 34.655$, $p<0.001$]。其中不一致条件的平均反应时长最长，为395 ms；一致条件的平均反应时长最短，为350.7 ms；中性条件的反应时长为362.2 ms。SOA条件的主效应十分显著 [$F (2, 36) = 13.501$, $p<0.001$]。其中SOA为-100ms条件的平均反应时长为362.32ms，SOA为0ms条件的平均反应时长为380.46 ms，SOA为100ms条件的平均反应时长为365.11 ms。

　　此外，任务条件×一致性条件的交互效应显著 [$F (4, 72) =$

7.552，$p<0.01$]；任务条件×SOA 条件的交互效应显著［F（4，72）=
50.947，$p<0.001$］。两个交互效应说明，在不同的任务中，一致性条
件和 SOA 条件的变化会有不同的表现，所以笔者将对三种不同的任务
结果分别做二因素（一致性条件×SOA 条件）重复度量的统计分析。

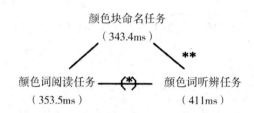

图 3　不同任务反应时长的差别

注：经过统计分析，＊代表 $p<0.05$，＊＊代表 $p<0.01$。此外，本文中（＊）代表边缘
显著，p 在 0.05—0.08 之间。下同。

（二）颜色块命名任务的反应时长分析

一致性条件有显著的主效应［F（2，36）= 9.583，$p<0.01$］。其
中不一致条件的反应时长最长，为 364.4 ms；一致条件的反应时长最
短，为 327.4 ms；中性条件的反应时长是 338.3 ms。通过对三种一致
性条件的成对比较可发现：被试对于一致条件刺激和不一致条件刺激的
反应时长差别显著（$p<0.05$），对于不一致条件刺激和中性条件刺激的
反应时长差别十分显著（$p<0.001$）。结果表明不一致的听觉刺激能够
给颜色加工带来明显的干扰和抑制，而一致的听觉刺激没有给颜色加工
带来促进效应。

SOA 条件有显著的主效应［F（2，36）= 14.040，$p<0.001$］。
SOA 为 100 ms 条件（359.5 ms）的反应时长与 SOA 为 -100 ms 条件
（329.3 ms）、SOA 为 0 ms 条件（341.3 ms）的反应时长差别显著（$p<$
0.01）。

将不同的一致性条件×SOA 条件的结果分别列出，表 3 显示了不同
一致性条件×SOA 条件的具体结果，其中"干扰/促进"一栏是用不一
致条件或一致条件的反应时长与中性条件的反应时长相减得出的，正值

为干扰，负值为促进。结果显示，不一致的语音词对颜色块的命名有显著的干扰效应，而一致的听觉词对颜色块命名没有促进效应。

表3　　　　颜色块命名任务各种一致性条件×SOA 条件的具体结果

	SOA −100 ms		SOA 0 ms		SOA 100 ms	
	反应时长	干扰/促进	反应时长	干扰/促进	反应时长	干扰/促进
不一致条件	359.4 ms	43.3 ms***	362.1 ms	20.5 ms*	371.6 ms	14.4 ms（*）
一致条件	312.2 ms	−3.9 ms	320.1 ms	−21.5 ms	363.1 ms	5.9 ms
中性条件	316.1 ms		341.6 ms		357.2 ms	

（三）颜色词阅读任务的反应时长分析

一致性条件的主效应显著 $[F(2, 36) = 9.340, p< 0.01]$。其中不一致条件的平均反应时长最长，为 368.9 ms；中性条件的平均反应时长最短，为 343.8 ms；一致条件的反应时长是 347.9 ms。通过不同一致性条件的成对比较可发现：被试对于不一致条件刺激和中性条件刺激的反应时长差别十分显著（$p<0.001$），对于一致条件刺激和不一致条件刺激的反应时长差别显著（$p<0.05$）。结果表明，不一致的听觉刺激对视觉词的加工有显著的干扰，而一致的听觉刺激不会促进视觉词的加工。

SOA 条件有显著的主效应 $[F(2, 36) = 22.749, p<0.001]$。其中 SOA 为−100 ms 条件的反应时长最短，为 334.5 ms；SOA 为 100 ms 条件的反应时长最长，为 369.4 ms；SOA 为 0 ms 条件的反应时长为 353.8 ms。三者之间的差别均显著。

各种条件的具体结果见表 4。结果显示不一致的听觉词对颜色块的命名有显著的干扰效应，而一致的语音词对颜色词阅读没有促进效应。

表4　　　颜色词阅读任务各种一致性条件×SOA 条件的具体结果

	SOA −100 ms		SOA 0 ms		SOA 100 ms	
	反应时长	干扰/促进	反应时长	干扰/促进	反应时长	干扰/促进
不一致条件	357.5 ms	29.9 ms***	363.2 ms	18.4 ms*	386 ms	27 ms*
一致条件	327.3 ms	−0.3 ms	353.2 ms	8.4 ms	363.1 ms	4 ms
中性条件	327.6 ms		344.8 ms		359.1 ms	

（四） 颜色词听辨任务的反应时长分析

一致性条件的主效应显著 $[F (2, 36) = 35.310, p<0.001]$。其中不一致条件的反应时长最长，为 457.1 ms；一致条件的反应时长最短，为 376.8 ms；中性条件的反应时长为 404.4 ms。不同一致性条件的成对比较显示：被试对于一致条件刺激和不一致条件刺激的反应时长差别显著 $(p<0.001)$，对于不一致条件刺激和中性条件刺激的反应时长差别显著 $(p<0.001)$，对于不一致条件刺激和中性条件刺激的反应时长差别显著 $(p<0.01)$。SOA 条件的主效应显著 $[F (2, 36) = 55.355, p<0.001]$。其中 SOA 为 0 ms 条件的反应时长最长，为 446.4 ms；SOA 为 100 ms 条件的反应时长最短，为 366.4 ms；SOA 为 −100 ms 条件的反应时间为 420.2 ms。三者之间差别均显著。

各种条件的具体结果见表5。结果显示不一致的听觉词对颜色块的命名有显著的干扰效应，而一致的视觉词对颜色词听辨在 SOA 为−100 ms 和 SOA 为 0 ms 时产生促进效应。

表5　　　颜色词听辨任务各种一致性条件×SOA 条件的具体结果

	SOA −100 ms		SOA 0 ms		SOA 100 ms	
	反应时长	干扰/促进	反应时长	干扰/促进	反应时长	干扰/促进
不一致条件	464.9 ms	53.4 ms***	484.1 ms	38.9 ms***	406.5 ms	49.9 ms***
一致条件	384.3 ms	−27.2 ms(*)	409.8 ms	−35.4 ms*	336.2 ms	−20.3 ms
中性条件	411.5 ms		445.2 ms		356.6 ms	

§五 讨论

(一) 实验结果与前人实验的联系

在本实验颜色块命名任务中，发现了不一致的语音词对颜色加工的干扰，证明传统意义上的斯特鲁普效应在颜色块命名的跨模态加工中是存在的。这一结果与埃利奥特等（1998）、哈诺尔和布鲁克斯（Hanauer & Brooks，2003）的结果（SOA 0 ms 条件）一致，也符合笔者的预期。然而，一致的语音词对颜色加工的促进效应没有在实验结果中出现。埃利奥特等（1998）、哈诺尔和布鲁克斯（2003）的实验中没有一致条件的设置，所以在跨模态的实验中难以进行对比。在视觉斯特鲁普实验中，格拉泽和格拉泽（1982）的实验结果表明，在 SOA 为 0 ms 及 SOA 为 100 ms 条件下，一致的颜色词没有提高被试对颜色命名的速度，而不一致的颜色词降低了颜色命名的速度。可见跨模态的斯特鲁普实验与视觉斯特鲁普实验的结果十分相似。

埃利奥特等（1998）、哈诺尔和布鲁克斯（2003）的实验结果分别表明，在 SOA 为 -500 ms 左右的情况下，颜色语音词对颜色命名没有产生干扰，因为 500 ms 的时间足以使被试对非目标刺激进行加工，并且意识到这个刺激在实验中的地位，抑制对其的加工。本实验缩小了刺激间隔时间，使听觉刺激呈现在颜色前后 100 ms 范围之内，语音和颜色的加工还处于同一平台，被试没有充足的时间去分辨并抑制对非目标刺激的加工，因而产生干扰效应，本实验结果可对埃利奥特等（1998）、哈诺尔和布鲁克斯（2003）的实验结果做出补充。

(二) 干扰效应的主要影响因素

颜色词阅读任务与颜色块命名任务的总体反应时长，以及反应时长随不同刺激条件变化的时间进程，都十分相似。两种任务的结果都表明，在听觉刺激出现在视觉刺激（视觉词或颜色块）前后 100 ms 范围内的时候，不一致的听觉刺激能够干扰视觉信息的加工，而一致的听觉刺激对视觉信息加工的促进效应十分有限。

颜色词阅读任务与颜色块命名任务的目标刺激分别为颜色词和颜色块。自动化理论认为，词的加工是自动加工，而颜色的加工是控制加工，因此两种任务的目标刺激在自动化程度上有了较大的差别。根据平行加工理论，两方面的权重决定了维度对决策的贡献大小：一个是稳定的自动化的权重，另一个是灵活的战略型注意力的权重。本次实验所有任务都要求被试尽量排除非目标刺激的干扰，对目标刺激进行反应，所以颜色词阅读与颜色块命名在"灵活的战略型注意力的权重"方面是相同的。可见颜色词阅读与颜色块命名两个任务中的目标刺激的决策还是不对等的。然而在两种任务中起到干扰作用的非目标刺激都是语音词。由此，笔者假设颜色词阅读任务与颜色块命名任务之所以有相似的结果，是因为决定干扰效应的主要因素是非目标刺激。

两种任务中，对视觉刺激产生干扰的听觉刺激都是与颜色相关的语音词，具备语义。在西摩（Seymour, 1974）的实验中，被试被要求判断一个方框外的符号相对于这个方框的位置，是否与方框内表示位置的词（"above"或"below"）的语义相同，回答"yes"或"no"。方框外的符号有四种条件（见图4）：（1）中性的叉；（2）供被试对实验做出反应的词（"yes"或"no"）；（3）与需要回答的词有语义关联的词（"right"或"wrong"）；（4）与方框内的方位词有语义关联的词（"up"或"down"）。通过对被试反应时长的统计发现，第四种条件的反应时间长于其他三种，差别显著，说明只有在非目标刺激和目标刺激语义相关的时候，产生斯特鲁普效应。这个实验说明了语义在干扰中起到十分重要的作用。

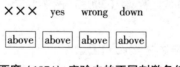

图4 西摩（1974）实验中的不同刺激条件

考思和巴伦（1987）的实验结果（见图5）证明了语义关联越多，干扰效应越强。横坐标表示视觉颜色的不同载体：用非词符号"××××"作为载体（如红色的"××××"）和用不一致颜色词作为载体（如红色的"blue"）。结果表明，当听觉刺激为不一致颜色语音词时，被试命名视觉颜色的时长最长。并且，当不一致的视觉颜色词作为颜色载体时，这种干扰更为强烈，视觉上的语义冲突与听觉上的语义冲突叠加，干扰效应的程度也加强了。

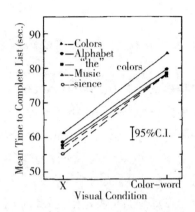

图5　考思和巴伦（1987）的实验结果

因此笔者假设，非目标刺激的性质在干扰效应中起到重要作用。在非目标刺激具有语义，且与目标刺激有所指关联的情况下，才会使干扰效应产生。语义的权重越大，干扰效应越强。

（三）视觉词与听觉词的相互作用

颜色词听辨任务的反应时长明显比另外两种任务要长，各种条件下的反应时间进程也有所不同，主要表现为视觉词对听觉词的干扰效应更强，在视觉词呈现在听觉信息前后100 ms范围内，这种干扰效应都十分强烈。通过对颜色词听辨任务与视觉—听觉任务的比较发现：一致的听觉信息不能促进视觉词的加工；不一致的听觉信息能够干扰视觉词的加工；而一致的视觉信息能够为听觉加工带来一些促进效应；不一致的视觉信息能够干扰听觉信息的加工，并且干扰效应十分显著。

颜色词听辨任务与视觉—听觉任务，对立的双方都是视觉词和听觉词，但是因为目标刺激和非目标刺激的转变，产生了加工方面的变化。根据上文的"非目标刺激决定假设"，设想视觉词比听觉词在加工中更为自动，具有更大的权重。无论是干扰还是促进，视觉信息对听觉信息的作用都大于听觉信息对视觉信息的作用。

§六　结论

本文采用斯特鲁普实验模式，对汉语的跨模态加工整合进行了研究。

实验发现汉语的跨模态加工中，在 SOA±100 ms 范围内，当视听两个刺激不一致时，两种模态加工之间会相互干扰，产生双向的斯特鲁普效应。当视听两个刺激一致时，听觉信息加工没有对视觉信息加工产生促进效应，而视觉信息加工可以促进听觉信息加工。在颜色块命名任务、颜色词阅读任务中，目标刺激的性质不同，但反应时长的模式相似，因此本文假设，非目标刺激是决定干扰效应的主要因素，当非目标刺激具备语义，且该语义同目标刺激有所指上的关联（但并不完全一致），干扰效应得以产生。语义关联越多，产生的干扰效应越强。视觉信息和听觉信息的加工有着不同的权重，无论是干扰还是促进，视觉信息对听觉信息的作用都大于听觉信息对视觉信息的作用。

参考文献

[1] Biederman, I. & Tsao, Y. C., "On processing Chinese ideographs and English words: Some implications from the Stroop-test", *Cognitive Psychology*, Vol. 11, 1979.

[2] Cowan, N. & Barron, A., "Cross-modal, auditory-visual Stroop interference and possible implications for speech memory", *Perception &Psychophysics*, Vol. 41, 1987.

[3] Dyer, F. N., "The duration of word meaning responses: Stroop interference for different preexposures of the word", *Psychonomic Science*, Vol. 25, 1971.

[4] Elliott, E. M., Cowan, N. & Valle-Inclan, F., "The nature of cross—modal color‐word interference effects", *Perception & Psychophysics*, Vol. 60, 1998.

[5] Glaser, M. O. & Glaser, W. R., "Time Course analysis of the Stroop Phenomenon", *Journal of Experimental Psychology: Human Perception and Performance*, Vol. 8, No. 6, 1982.

［6］Green, E. J. & Barber, P. J. , "An auditory Stroop effect with judgments of speaker gender", *Perception and Psychophysics*, Vol. 30, 1981.

［7］Green, E. J. & Barber, P. J. , "Interference effects in an auditory Stroop task: congruence and correspondence", *Acta Psychologica*, Vol. 53, 1983.

［8］Hamers, J. F. & Lambert, W. E. , "Bilingual interdependencies in auditory perception", *Journal of Verbal Learning and Verbal Behaviour*, Vol. 11, 1972.

［9］Hanauer, Julie B. & Brooks, Patricia J. , "Developmental change in the cross-modal Stroop effect", *Perception & Psychophysics*, Vol. 65, No. 3, 2003.

［10］Lee, Tatia M. C. & Chan, Chetwyn C. H. , "Stroop Interference in Chinese and English", *Journal of Clinical and Experimental Neuropsychology*, Vol. 22, No. 4, 2000.

［11］MacLeod, C. M. , "Half a century of research on the Stroop effect: an integrative review", *Psychological Bulletin*, Vol. 109, 1991.

［12］Seymour, P. H. K. , "Stroop interference with response, comparison, and encoding stages in a sentence-picture comparison task", *Memory & Cognition*, Vol. 2, 1974.

［13］Shimada, H. , "Effect of auditory presentation of words on color naming: The intermodal Stroop effect", *Perceptual & Motor Skills*, Vol. 70, 1990.

［14］Smith, M. C. & Kirsner, K. , "Language and orthography as irrelevant features in colour-word and picture-word Stroop interference", *Quarterly Journal of Experimental Psychology*, Vol. 34, 1982.

［15］Stroop, J. , "Studies of interference in serial verbal reactions", *Journal of Experimental Psychology*, Vol. 18, 1935.

本文发表于《实验语言学》2013 年第 2 卷第 1 期